# Nunca miras mis manos

SUSANA PÉREZ-ALONSO

# Nunca miras mis manos

Grijalbo

La autora destina parte de los beneficios de la venta de este libro a Proyecto Hombre (Fundación Cespa) y a la casa de acogida de Cano Mata-Vigil.

Primera edición: noviembre, 2003



Printed in Spain – Impreso en España

ISBN: 84-253-3822-0
Depósito legal: B. 42.252 - 2003

Fotocomposición: Revertext, S. L.

Impreso en A & M Gràfic, S. L.
Santa Perpètua de Mogoda (Barcelona)

GR 3 8 2 2 0

*A la vista.*
*Al tacto.*
*Al olfato.*
*Al gusto.*
*A los sonidos.*
*Al sentimiento.*
*A Jean Reno.*

*A mi tierra, a mi gente: Asturias. Patria que mal paga a sus hijos más que ninguna otra. A mi tierra, que pide voz y no la tiene. A mi tierra, ahogada por políticos difuntos, muertos en vida que ahogan la nuestra. A mi patria. Al verde de los prados; a las montañas, al mar. A mi lengua, en la que hablo cada día sin saber que lo hago. A las palabras en bable que utilizo a cada momento y escritas van en este libro. A mi tierra que dio cobijo y trabajo a emigrantes y nadie parece recordarlo. A mi tierra, regada por sangre de mineros de ojos tiznados y lágrimas de madres. A Llanes, donde conviven la Arcadia y el jardín del Edén. A Llanes, antes que la especulación termine con lo que la naturaleza creó. Mi pueblo, mi tierra, no es menos interesante que un pueblo del Medio Oeste americano. Si leéis historias que transcurren allí, yo os acerco a lo mío, que es lo vuestro.*

# ADVERTENCIA

Las pociones, pócimas, brebajes, infusiones y cualquier tipo de mezclas que se describen en el libro no pueden ser utilizadas. Las mezclas son fruto, en su mayoría, de la imaginación de la autora. Por lo que ni ésta ni la editorial se hacen responsables de su preparación ni de cualquier circunstancia derivada de la misma.

# NI ARCADIA NI «EGO SUM»

Corina Jacoby no recuerda cuánto duró su historia de amor. Yo no recuerdo cuándo comencé a escribir este libro. Sé que fue el primero que inicié, la primera página en blanco que llené de letras. Han pasado, creo, seis años y he publicado tres libros. La vida de Corina Jacoby cambió desde entonces; desde el día en que se enamoró. La mía ha cambiado también. Ahora me pagan por escribir y la gente se empeña en hacer interpretaciones de lo que escribo. He tenido que acostumbrarme a no gritar que no creo en la crítica literaria al uso, cuando la prensa me lo pregunta. Soy muy temperamental...

Sólo creo en las emociones que un libro puede transmitir; el resto no me importa. Lo que quiso decir un autor, jamás lo sabrá nadie. A esta autora nunca le importó. Importa lo que se logra transmitir, lo que cada uno siente al leer lo que un desconocido escribe en un papel.

Pena de mí que no cambié por amor...

Los enfermos se curan en los libros y se mueren en las camas.

Eso dicen unos...

Algunos se mueren en los libros y renacen en la cama.

Eso dicen otros...

Esto es una historia de amor. Algunos dirán que es una historia de desamor. Yo no lo creo. No voy a gritar: ¡Yo soy Corina Jacoby! Puede que quedase muy literario, pero no lo haré nunca. Lo único que puedo decir a los lectores es que siento como Corina Jacoby. Y metida de lleno en el mundo literario, me he enterado de que el morbo vende. Así que siempre sembraré la duda:

¿Es ella? ¿No es ella? ¿Él es quien pensamos?

Es algo tan deliciosamente absurdo que ha llegado a divertirme. Aclarar que en ocasiones la búsqueda de semejanzas y de los «Él» raya en la villanía. La villanía es algo encantador. Sin villanos no hay historias, no hay novelas. Sin villanos, al fin, no hay vida. La Arcadia es pura fantasía. El jardín del Edén no lo es. Existe. En él moramos.

Si el morbo vende, estarán de acuerdo conmigo en que es algo a tener en cuenta.

Yo escribo para ustedes, para vender, para que me lean. Si no me leen, no me publicarán y no podré continuar escribiendo, así que entenderán estas notas morbosas en mis libros y prólogos, estoy segura.

Esto es una historia de amor en toda regla. Una historia que defiende el sentimiento por encima de todo. Defiende la vida ante cualquier otra consideración.

Los burkas, los velos que llevamos las occidentales, no tapan nuestros rostros: suelen ser velos invisibles que tapan estrías en el alma y en el cerebro. Si las mujeres diesen un paso al frente, si tuviésemos el valor de reivindicar nuestra propia forma de ser, nuestra diferencia en el sentir, puede que muchas cosas cambiasen. Ser diferentes no nos convierte en inferiores. Al hilo de las letras anteriores aclaro algo que los lectores y los periodistas me preguntarán hasta provocar mi hastío (los periodistas): esto no es una novela «de género», entendiendo la palabra como definición de sexo. No es una novela para féminas delicadas y sufridoras que vamos pegándonos golpes en el pecho o cabezazos por las esquinas. Es una novela de amor. Que yo sepa, los hombres se enamoran. Al menos, esa esperanza me queda.

Así que, por favor, no me hagan preguntas que no le harían a un caballero, ya me aburre. Como géneros literarios recuerdo la tragedia, el ditirambo, la comedia o la epopeya, la poesía, la novela... Pero no quiero preguntas sobre mi supuesta condición de mujer al escribir. ¡Odio eso! Madame Bovary, Anna Karenina... Ni a Flaubert ni a Leon Tolstoi les preguntaron nunca cosas como las que me preguntan a mí:

—¿Quién es Alexei Vronsky? ¡Confiese! En realidad, usted es Anna, señor Tolstoi...

El autor de la Bovary nos hizo un gran favor con su grito, pero nadie parece entenderlo... Mi paisano Clarín creó a la buena Ana y a nadie se le ocurrió pensar que era él, supongo. De nuevo: en fin... Es por ser mujer.

Yo leía y leo El Coyote; me gusta mucho el olvidado señor Mallorquí. El Capitán Trueno es mi héroe; a Sigrid siempre la encontré yo muy digna quedando en la torre de Thule o dando bastonazos a los malos. Añoré toda mi infancia a unos amigos como Crispín y Goliat, para que pegasen por mí a los enemigos de Villavazal, La Villa o San Andrés. Del Jabato, Claudia y Taurus copiaba nuevas estrategias de pelea con los chicos de mi barrio, en Turón. Así que ¡no me pregunten por mi condición femenina a la hora de escribir! Ni a la hora de leer, que es lo mismo. A la hora del amor, puede que sí deban preguntarme.

Un recuerdo para Hipatia, a quien mataron. No sé si por ser mujer y astróloga, no lo sé... Y en esta historia algo de astronomía hay...

A los buenos hombres. A las buenas mujeres. A ellos dedico este libro que está lleno de olores, sabores y, sobre todo, de sentimientos.

De los buenos y de los malos.

Sin sentimientos, la vida no es tal.

Hasta el odio, en algunos momentos, ayuda a vivir.

Y a los malos, a la mala gente, a los envidiosos, a los perversos, a los que rompen vidas, a los villanos. A ésos se lo dedico con la esperanza de que los ataque la pelagra, la loanda, el mal de buba, el mal de alma y corazón, y cualquier especie de enfermedad purulenta. Que sufran todo lo que hicieron sufrir a los demás.

A vosotros, a los que no sentís más que vuestro propio placer o sufrimiento, os dedico el libro. Con rencor.

Advirtiendo que sus páginas, todas y cada una de las páginas del libro, están impregnadas de una sustancia que detecta la maldad y causa los males deseados y provocados al prójimo. Pura magia, pura alquimia... Magia blanca... Magia negra...

Si lo pienso con detenimiento, el libro, la propia historia, es la historia de una venganza. O una forma de hacer justicia...

La justicia es el sinónimo racionalizado de la palabra venganza.

Está claro.

Sabina, indiferencia. Saxífraga, afecto. Pino, revolución. Higuera, penuria. Peonia para la vergüenza. Ojicanta para la esperanza. Hipérico para la falsedad. Olivo para la paz. Rododendro, peligro. Perejil para el festín y pensamientos para el recuerdo.

El que olvida, muere...

# LOS SENTIDOS

La vida la componen sensaciones. Nos mantienen vivos. Cuando no sientes, aunque sea odio, no vives. Los sabores, el tacto, los olores, el sonido. Los matices de cada color marcan el ritmo de cada vida. Por eso, y dependiendo de cómo sientas, cada vida es distinta. Diferente.

En ocasiones, cuando crees que estás medio muerto, cuando casi nada te conmueve, surge algo, alguien, que te hace recordar un olor; ver los matices de cada color y no sólo los colores de una puesta de sol. El cielo se llena de visos y explota el arco iris en los ojos, en el pecho, en el cerebro.

Oyes música y bailas aunque nunca lo hayas hecho. Confundes las calles de la ciudad más provinciana con los Campos Elíseos. Llevas unos tejanos con el atractivo de quien mide 1,70 y ve el mundo con ojos verdes cegados por mechones de pelo rubio en la cara.

Cuando el chocolate con nata y un churro te hacen sonreír de manera canalla. Cuando olvidas los valores aprendidos. Cuando estás como de niño, asombrado ante cada cosa aparentemente nueva. Cuando la lluvia parece siempre hermosa. Cuando la tierra húmeda huele más, traspasa cada poro, te llena de ese aroma que algunos dicen es ozono. Cuando el sudor no molesta porque es recuerdo. Cuando los ojos se llenan de vida, de deseo. Cuando cantas porque sí. Cuando nada más que sentir importa. Cuando frenas el paso rápido y te detienes a mirar de nuevo los gorriones. Cuando corres por un prado persiguiendo mariposas. Cuando al despertar besas el aire, pasas la yema de los dedos por el cristal de tu ventana, enfrías los labios entreabiertos con el vidrio de un vaso en medio de la noche, a oscuras y buscando una luna que no está. Cuando te miras los granos de la cara aun sin tenerlos, abandonas los bombones, te cuentas las arrugas. Cuando murmuras palabras como: amor mío, cariño, te quiero... sin ningún tipo de miedo, de rubor. De vergüenza. Sin temer al ridículo. Cuando haces todo eso y vas a cumplir cuarenta años, el amor se deja sentir, aparece ante ti y suele producirse el desastre. Sobre todo si no te conformas con una noche de batalla.

El amor es un enemigo que ataca de forma diferente en cada instante de la vida, emboscado de maneras distintas, con diferentes matices. Con diferentes caras. A los cuarenta, el ataque suele ser mortal: te desangra y no hay remedio. Ninguna transfusión pone freno a la hemorragia de sentimientos que te hieren, que hacen que cada poro deje fluir gotas de sangre. El corazón es un manantial aunque los ojos queden secos.

Corina Jacoby había comenzado a bailar, a tener mirada canalla, a observar de nuevo a los gorriones, a sentir, hacía tiempo. No recordaba cuánto.

El tiempo, en eso, no importaba. El sentimiento sí.

# CORINA JACOBY

Corina Jacoby fue precoz en el sentir. Nació con los ojos muy abiertos. El oído atento a todo. Las manos estiradas a la vida. Pero Corina Jacoby aprendió pronto que sentir, en el mundo en que vivía, era pecado. Pasó parte de su vida fingiendo que había entendido la lección; procuraba no sentir. Y sufrió. Se hizo aparentemente dura y se ganó a pulso fama de diferente.

Le hicieron creer que era mala. Hubo un tiempo en que pensó que diferencia y perversidad eran sinónimos. Ahora, al recordarlo, sonreía. Pero en ocasiones, en realidad todos los días, durante un minuto o cinco, pensaba que aún no era adecuada.

Tardes o mañanas, caminaba llorando por la calle. Con la sonrisa puesta como un broche. Corina se colocaba la sonrisa igual que otras mujeres colocan broches en la solapa de su blusa. El pelo recogido, los ojos sin una sola lágrima. Únicamente ella sabía que lloraban. Saludaba a cada paso. Sonreía sin parar. No era una mueca, era negar la pena que sentía y la mataba. Matar la pena, ésa era su obsesión. Toda la vida lo había sido.

De pequeña comenzó a ver luces amarillas. No eran visiones de santos o demonios. Las luces tenían un tono amarillento que en nada se parecía a un amarillo Nápoles. Era un amarillo mortecino. Nada sobrenatural ni mágico. Provocaba tal angustia en ella que renegaba de la noche. No tendría más de ocho años cuando se dio cuenta de que las únicas luces mortecinas eran las de su propia casa. Del portal a la escalera, hasta llegar a la lamparilla que alumbraba su cama. Se metía debajo de las sábanas esperando que amaneciese. Pensaba que a la luz del sol nadie moría.

Cuando descubrió que la muerte no respeta luz ni oscuridad, sintió aún más miedo. A la muerte y a la vida. Corina temía a todo. Hasta a sí misma.

Corina vivía en diferentes mundos. El suyo, el que estaba en su cabeza. El mundo a la orilla de un río turbio y negro. La casa de su abuela a orillas del río negro. La casa de su abuela tranquilizaba el espíritu de Corina, los olores de aquella casa lo hacían. Alzaba la nariz, imitaba el movimiento de los perros del patio, aspiraba los olores y guardaba ese recuerdo en su memoria. Lo conservaba hasta la vez siguiente. Y en los días llenos de tristeza o de luz amarillenta, Corina, tumbada en el suelo, encima de una alfombra y con los ojos muy abiertos, dejaba salir un poco del olor. Y el olor se convertía en sabor y el sabor en recuerdo y el recuerdo en alegría. Y la alegría traía la paz a su cabeza llena de palomas, pájaros, ríos, hierba y olores. Porque Corina, igual que guardaba olores y los convertía en sueños, guardaba los sonidos. Como en un rito extraño, coleccionaba sentimientos.

Descubrió que todo podía convertirse en sentimiento. Un sonido podía convertirse en una lágrima. Y a la lágrima podía ponerle un son. Y el son sabía. Y esforzándose, el sonido podía oler. Nunca cerraba los ojos, pensaba que era como estar muerta. Y al recordar con los ojos abiertos, las imágenes eran más claras, parecía que el recuerdo no era tal. Era esperanza. Había pasado, estaba pasando y podía volver a suceder.

El mundo de la magia no le era ajeno. La alquimia y el sortilegio estaban al lado del mar. Melania Jacoby ponía esos instantes en su vida. El resto del mundo temía o negaba las cosas que sucedían en la casa de Melania. Corina simplemente los vivía como una parte más de sus mundos.

Quien muchas mañanas de sábado o domingo despertó en una cama viendo una pared llena de mapas del mundo, teme viajar. Podría descubrir que todo era mentira. Que no es tal y como se lo habían contado.

Sumatra, Java, Sumba, Sumbaba... Eran un son. Un recuerdo. Una imagen. No quería perderla nunca. No quería perder nada.

Corina Jacoby atesoraba un baúl de recuerdos en su cabeza. Un baúl del que dejaba escapar dosis de sonidos, de olores, de querencias, según fuese necesario. Vivía con el corazón abierto a la esperanza y al amor. Corina era como un perro callejero en busca de caricias y la acariciaron poco. Casi nada. Convirtió la falta de cariño en aspereza, en agresividad y rebeldía. Corina Jacoby fue una rebelde con muchas causas para serlo.

En una sociedad católica por decreto, el no ir a misa no era nada bueno y Corina decidió comenzar por ahí sus gestos de rebeldía. En los rosarios combinaba el avemaría con la risa. Interrumpía los rezos, los vía crucis, con una risa contagiosa que llenaba la capilla del colegio de alegría. Del altar al coro se oía la risa de Corina, que encontraba aquello mucho más devoto y claro que un rosario lleno de dolores. Comenzaba empapizándose, riendo a trompicones y después toda la capilla la seguía. No había rosario, las tocas se volvían y alguna monja musitaba: Corina...

A la risa, seguía la tortura, que nunca era excesiva. Como aquello no daba resultado decidió ser piadosa: se ofreció a leer las escrituras. Un gesto que alguna mente buena pensó que era milagro. Y en mitad de la lectura del Nuevo Testamento se paraba bruscamente y, gesticulando, como un cura al que ella odiaba, comenzaba a dar su opinión de los hechos. Se empeñó en hablar de Darwin desde el púlpito; combinaba los mandatos divinos con las doctrinas del científico. Revolvía las ideas de tal forma que las monjas y el capellán prestaban atención, hasta que alguien se percataba de la incorrección del discurso en un santuario mariano. Quería quitar dramatismo a toda aquella liturgia demasiado negra, demasiado llena de sombras. Si era verdad o mentira nunca le importó; era lo que le daban y con ello, como si de arcilla se tratase, moldeaba a su conveniencia. Con todo, con cualquier elemento de su vida, hacía lo mismo. Era la única manera de sobrevivir en un mundo que no entendía.

Nunca la habían interrumpido con excesiva brusquedad. Una mano saliendo de un hábito blanco y negro la conducía a la salida de la capilla. Después de varios meses ya no era divertido. Alguien decidió que Corina podía dejar de asistir a los oficios. Y mientras sus compañeras continuaban el camino a la oración, ella daba un giro que la conducía directamente a la salida.

A la calle. Y la calle era casi libertad. En la calle estaba el cielo. El de verdad. Gris o azul, no importaba. Aquel cielo sí que podía verse y casi tocarse, y tenía ruidos las noches de tormenta. El otro lo había visto en postales de santos y, por mucho colorido que le dieran, Corina no estaba segura de que fuese a gustarle. No tenía referencias sensitivas del cielo lleno de santos y arcángeles. Prefería el que veía cada día. Con humos negros, rojos. Con nubes. Las nubes olían, el humo olía, el mar olía, el río negro olía.

En la salida del colegio había piedras, saltaba y les daba patadas, las llevaba por la calle a punta de zapato y la gente la miraba. No debía de ser muy normal; Corina tenía quince años y un cuerpo que no era de niña. El problema estaba claro: Corina no quería crecer; quería seguir siendo niña. Pero nadie parecía darse cuenta.

A los niños se les quiere porque sí. Quería pescar renacuajos sin que nadie la riñese por llegar mojada a casa. Quería hacer la guerra, ser capitana de una tropa de bárbaros. Ser general, eso es lo que Corina deseaba. Pero una mujer, a lo máximo que podía aspirar era a ser generala, que era la mujer del general. Podía no estar mal, pero no era lo mismo.

Así que a mal tiempo buena guerra; y dando patadas a las piedras, tirándose a las fuentes de cabeza, no creciendo, libraba batallas cada día.

La adolescencia no fue risueña; era guapa, alegre, simpática, pero era peleona, era fría. Fría. Corina no entendía la expresión, no lograba entender nada.

Las tardes de los viernes, vestida con pichi azul marino, camisa blanca —que a esa hora y debido a los revolcones por el patio y a diversos avatares, tenía zonas marrones, negras y manchas de caramelo de fresa—, tomaba un refresco y un pastel escuchando las andanzas de Virginia, Clara o Asunción. Las andanzas eran ajenas al universo masculino de Corina. Ella pegaba puñetazos, daba patadas o simulaba guerras tribales con su pandilla de chicos, en el pueblo del río turbio, así que no era exactamente lo mismo. Ellas tenían otra clase de trato con los hombres.

Asunción Montenegro explicaba de manera muy explícita cómo su lesión en los labios no era un grano infectado. Matías

Llorente, el sábado anterior, la había besado. Corina chupaba el pastel —así duraba más— con los ojos muy abiertos como siempre que sentía algo. Abrir los ojos era aumentar la sensación, buena o mala. Al abrir los ojos a las malas sensaciones, las encaraba con más conocimiento y, para Corina, el conocimiento era esencial.

Al oír cosas como aquella que contaba Asunción, daba un puñetazo en la mesa y decía:

—Asunción, ése es un animal, supongo que le habrás enganchado por donde yo pienso y se los habrás retorcido a conciencia. Yo los habría tomado como un trofeo, Asunción, eso habría hecho yo.

Asunción, Virginia y Clara decían al unísono:

—Cállate, Corina; calla o te echamos ahora mismo.

Y repetían: Sí, claro que se los tocó, Corina, claro que sí... Y reían como loros fastidiosos, sin que ella supiese el porqué.

Matías Llorente, en la actualidad diputado nacional, nunca encontró explicación a que, durante una buena temporada, la canija de la Jacoby pasase a su lado, y, fingiendo no mirarle, le llamase criminal o cerdo. Claro que para él, Corina era una desequilibrada. En la actualidad pensaba lo mismo, pero nunca lo diría por miedo. Corina aún daba miedo. Lo mismo que Matías Llorente no entendía los insultos de aquellos años, Corina era incapaz de entender que un anormal como aquel Matías fuese diputado.

Cuando sus amigas la llamaban al orden, cerraba la boca. Siempre le decían lo mismo: ¡Cállate! En casa, en el colegio, hasta sus amigas. Tenía una maldición, era eso, pero ya vivía resignada. Volvía a chupar el pastel y escuchaba.

Virginia Mallo contaba cómo esperaba que Miguel Álvarez, al día siguiente, sábado, la dejase asfixiada; cómo notaría el sabor de café y tabaco en la boca, y Corina —que ya no se molestaba en opinar— se imaginaba el asco que debía de producir todo aquello a Virginia, en lo buena que era su amiga, en lo que hacía por un hombre. No podía concebir ningún placer en el sabor a tabaco o café en otra boca, pensaba mientras daba un nuevo chupetón a la crema pastelera. Se estaba terminando y era una lástima. Su madre no le daría más dinero y tenía a buen recaudo el monedero, no podría sisar para un relicario. Y Andrés, el hijo de los pasteleros, se empeñaría en llevarla a ver una película de miedo para saltar encima de ella a la menor gota de sangre y tendría que zumbarle un puñetazo, por sobón. No sabía si merecería la pena tanto esfuerzo a cambio de un pastel. Lo buenos que estaban el azúcar glasé y el chocolate y el hojaldre y la crema...

Una de aquellas tardes quiso contar algo que las dejase impresionadas. Había sucedido hacía unos domingos, en una reunión de jóvenes católicos.

—El otro día yo estaba jugando al fútbol con Máximo García, ese que tanto os gusta a todas, el de los ojos grises. Él tenía la pelota y, como no había manera de hacerlo de otro modo, pues le enganché del pantalón y casi se lo bajo. Me cogió, me tiró al suelo y se puso encima de mí, quería bajarme los míos.

—¿Qué dices, loca? ¿Cómo va a querer Máximo bajarte los pantalones a ti?

Tres voces pronunciaron la frase.

—Pues sí. Me dijo que yo se los había bajado y que él haría lo mismo. Claro, le expliqué que yo era una chica y que había sido sin querer. Me acarició la cara y me ayudó a levantarme.

«Ti» habitualmente llevaba el pelo rebajado al dos, pantalones y ropa holgada. Asunción, Virginia y Clara hicieron los comentarios pertinentes.

—Hay que ser idiota. ¿Por qué le dijiste que eras chica?

O el más hiriente.

—De haber sabido que eras chica no habría intentado hacer eso. A ti no, Corina, seguro que a ti no. No tienes nivel para Máximo.

Y se habían reído.

Después de esa derrota se había marchado arrastrando los pies y chupando el resto de la crema que aún tenía en los dedos. Algunos días, en ese lamentable estado, se tropezaba por la calle con su madre. Y Corina no se percataba del trascendental hecho. Y su madre hacía como que no la veía. La mujer se avergonzaba de su hija. No daba la talla, no tenía su nivel. Bernarda de la Vega nunca había sido una madre. Era otras cosas: una buena gobernanta, un transmisor de las costumbres católicas y de los valores que ella entendía eternos; pero nunca fue madre. Ni buena ni mala. Simplemente no era eso. Corina tardó años en comprender y aceptar aquel hecho que tanto desequilibró su vida. Cuando lo aceptó, sin entenderlo, fue más feliz, pero siguió buscando los abrazos y caricias que nunca tuvo, que ansiaba haber recibido de aquella mujer dura y fría. Deseaba hacer algo, lo que fuese, no necesariamente subsidiario de agradecimiento a su madre; si era algo bueno, siempre se lo debía a ella. Una matrícula de honor era: «Gracias al dinero que gasté en las clases de latín...». No haber sido drogadicta ni prostituta: «Gracias a mi mano de hierro, porque tú eres capaz de cualquier cosa...». Bernarda de la Vega era implacable con todo el mundo. Corina nunca pudo perdonarle la ausencia de cariño, la falta de comprensión y la crítica agria, desabrida.

En ocasiones, en muchas, deseó ser hija de los Pelogochos, lo más tirado del pueblo, diría su madre. Sucios pero felices; con una madre sentada a la puerta de una planta baja en una silla de anea, despiojando a cinco niños con los mocos colgando. Cantaban todos juntos, salían todos juntos, lloraban todos juntos. Eran una familia y eso Corina siempre lo echó de menos. La suya estaba desintegrada por tanta norma, tanto respeto, tanta falsa dignidad. Ninguna demostración de afecto estaba bien vista. Una risa era cortada en el acto; una lágrima hacía surgir amargos reproches.

Sentir sin que se sepa; llorar sin lágrimas. Habría dado muchas cosas por un abrazo espontáneo, aún añoraba eso.

A los quince años dejó de importarle, ya no le importaba. Asumió que por culpa de la maldición o lo que fuese, no la querían y dejó de padecer. En realidad, sólo dejó de demostrar que le importaba. Terminó el bachiller sin muchos triunfos académicos y llegó la hora de decidir qué estudiaría. Corina Jacoby quería ser biólogo. Era una vocación clara, sin fisuras, siempre lo había deseado. Pero su padre decidió que ésa era una carrera poco apropiada para una mujer. Corina Jacoby se encontró matriculada en la Escuela de Arquitectura. Estaba decidido. Corina sería arquitecto y, como siempre, en lo importante, Corina no discutió. Corina hizo lo que otros pensaron que debía hacer. Se fue de su ciudad a otra ciudad. Sin entusiasmo. En aquella etapa no ocurrió nada digno de mención. Corina estudió lo que debía y nada más. No fue la suya una carrera brillante. Odiaba las matemáticas. Toleraba la física. La historia y el urbanismo fueron lo más interesante que vio en aquellos años. El diseño y el dibujo artístico le amargaron la existencia. El cálculo logró doblegar su mente. Odiaba proyectar y a poco termina loca. Era arquitecto, lo mismo que su padre, lo mismo que su abuelo, como sus tíos. El primer paso en el destino de Corina, no lo habían escrito las estrellas. El destino de Corina, en eso, estaba escrito en los apellidos. Gracias a ellos y a que su ex marido era profesor de la escuela, Corina Jacoby terminó la carrera y colgó su título en una pared de la empresa familiar.

Ni se acordaba de cómo ni sobre qué había sido el proyecto de fin de carrera. De esa época sólo recordaba una cosa buena: había conocido a Sol del Valle, una de sus mejores amigas desde entonces.

Cuando terminó los estudios, regresó al mundo cercano al mar y al río negro, a la ciudad pretendidamente perfecta, a la apariencia que tanto había odiado y aún odiaba. La apariencia es como las nubes oscuras, lo tapa todo.

La tarde en que recordaba todo aquello, la tarde en la que repasaba su vida dejando salir olores y sensaciones, Corina Jacoby estaba encogida, arrebujada en una manta de piel de lobo forrada con vicuña; una manta centenaria, vieja como todo lo que la rodeaba. Tumbada. Tapada hasta las cejas. Siempre tenía frío. Sonrió al pensar en el frío. En las sensaciones plácidas que el frío podía producir. Él y el frío. Él. La nada. La brasa que llega con el hielo. De nuevo la nada. De nuevo él.

El cielo estaba oscuro. Escuchaba la voz de Nina Simone, cantaba con ella, a dúo, «Papa, can you hear me».

El mar rugía y ella había sido capaz de unir sentimiento con sentidos. A las puertas de una madurez que predecía el fin, lo había logrado. Le habían regalado olores y sentimientos. Le habían enviado tal cantidad de sentimientos que tenía suficiente para vivir el resto de su vida. Le habían dado las palabras, los olores, los sabores. La piel. El color. El hombre que había hecho eso fue el catalizador. Así lo llamaba Amalia. La doctora era experta en el tema. Decía que el hombre sólo había sido el instrumento. Sólo eso.

Había ocurrido un mes de octubre. Volvía a ser octubre. Lo había conocido un octubre de un año que no deseaba recordar y ahora estaba arropada, casi escondida, en el cenador, bajo el aloe de Socotora. Intentando olvidar sin perder los recuerdos. Necesitaba poder vivir sin eso. Necesitaba recordar lo que ya no podría volver a tener nunca. Necesitaba el recuerdo para no morir ni matar.

# EL INICIO

Un mes de junio, el colegio de arquitectos había instalado internet en el estudio de Corina. Ella se había resistido. No le llamaba la atención. Pensaba que no aportaría nada al trabajo. Pero una vez más, cedió. Sol insistía en que era importante, podrían ver obras de otros arquitectos, enviar archivos, abaratar costes. Internet cambiaría el mundo, decía Sol. Se instaló en todos los ordenadores y Corina pasaba horas navegando, miraba todo lo que se ponía ante sus ojos.

Abría el navegador dos veces: la primera en una web de arquitectura, después la minimizaba, abría una nueva ventana y buscaba lo que fuese. Leía periódicos, buscaba libros de plantas y pócimas. Paseaba por la red tantas horas que al final terminó siendo una experta. Todos pensaban, como siempre, que Corina tenía una voluntad de hierro y que anteponía el cumplimiento del deber a su aversión a la informática.

Una tarde de lluvia y calor, Jaime Arias llegó al estudio.

Jaime Arias era el mejor amigo de Corina. Ella lo quería mucho porque Jaime Arias nunca imponía nada; Jaime Arias la quería porque sí. Hiciese lo que hiciese, quería a Corina. Era guapo. Un dentudo guapo y de ojos verdes. Original dentro de un orden. Casado y padre. En apariencia, un modelo de ciudadano. La apariencia es la palabra más preciada en casi todos los mundos. Vivir hacia el exterior era lo importante; el sentimiento y la verdad tenían —tienen— poca importancia.

Jaime Arias era un lobo, un depredador disfrazado de manso. Le gustaba lo prohibido. Se dejó caer en un sillón frente a Corina. La vio dar un manotazo al ratón; vio cómo se ponía colorada y se rió. No hizo referencia a la actitud de Corina.

—¿Nunca has entrado en un chat?

Corina lo miró con cara de susto, tan propia en ella cuando la pillaban en falta.

—¿Un qué? No sé qué es eso. Estaba mirando unas cosas en http://www.arch-mag.com. ¿Qué es eso de un chat?

—¿Nunca hablas con nadie, Corina?

Pensó que Jaime se había vuelto bobo. Pensó que estaba borracho. Ella nunca lo había visto así, en veinticinco años nunca lo había visto borracho, pero siempre había una primera vez para todo.

—Sí, Jaime, ya estoy mejor, la timidez se me está curando, ya estoy casi bien. Tomo menos ansiolíticos y de vez en cuando salgo.

Supuso que se refería a eso. Volvió a ponerse colorada por haber pensado mal del pobre Jaime. Se estaba interesando por su salud.

—Por internet, Corina, por internet. Te pregunto si hablas con personas, con gente de internet.

Volvió a pensar que él se había pasado con la bebida. ¿Qué era aquello de hablar por internet? Debía de estar tomándole el pelo. Siempre lo hacía y no se le escapaba la risa, ella nunca sabía cuándo hablaba en broma o en serio.

—En un chat se habla con la gente, Corina. Gente de todo el mundo. Mira.

Y, antes de que ella pudiese evitarlo, Jaime Arias rodeó la mesa y se puso frente al ordenador. Cogió el ratón y lo movió con rapidez. El navegador se abrió donde no debía. Era una página de *Cosmopolitan*, el hombre del mes. Un cachas de ojos azules que Corina había estado mirando hacía un momento. Le hacían gracia aquellas cosas, aquellas revistas supuestamente femeninas. No pensaba explicar a Jaime nada. No lo haría.

—¿Estos ejemplares los diseñan ahora los arquitectos, Corina?

No hizo más comentarios. Tecleó una dirección y esperaron. A los pocos minutos, según Jaime el módem era lento, apareció una pantalla que Corina nunca había visto. A la derecha una fila de nombres y en el centro esos mismos nombres con frases. Eran nombres raros. En la pantalla alguien escribía:

—Hola, Corina. ¿Cómo estás?

Ella miró con cara de no creer lo que estaba viendo. Gritó a Jaime.

—¿Qué es esto? ¿Quién es este que me dice hola? ¿Por qué sabe que estoy aquí y que me llamo Corina?

Jaime Arias respondió con una orden:

—Contesta, Corina, están esperando.

Sin saber qué hacer tecleó:

—Hola, buenas tardes.

La respuesta no se hizo esperar.

—Buenos días, Corina. Te hablo desde México DF. Soy Marcos. Tengo veinticinco años. Estoy soltero. Trabajo como ingeniero de sistemas en una empresa de audiovisuales.

Corina Jacoby tecleó:

—Hola, yo soy Corina Jacoby. Soy arquitecto. Tengo treinta y nueve años. Estoy separada. Dirijo un estudio de arquitectura en España.

Los mensajes continuaron pasando, pero ninguno fue para Corina. Marcos se despidió con un encantado y continuó hablando con una tal Venus. Jaime Arias la miraba con cara seria.

—Bueno, ya aprenderás. Apunta la dirección. Y cuando no tengas mucho trabajo puedes hacer amistades. Pero una advertencia, Corina: no se puede ir diciendo la verdad en internet ni en la vida. Ya lo sabes. Procura practicar la mentira, ya tienes edad de hacerlo. Tu época de la inocencia debes mandarla al carajo, hazme caso. Además, quien no te conozca tomará eso como una pose, Corina. Nadie podrá creer que eres tan tonta. En fin, inocente, quería decir. Y eso atrae a los hombres. Espabila, querida amiga.

La besó en la frente, le revolvió el pelo y salió por la puerta el espíritu del lado oscuro de Corina. Eso era Jaime. El lado oscuro bajo control.

Corina no contó a nadie del estudio lo del chat. Ni a Sol del Valle. Era una bobada. Los demás seguro que sabían qué era aquello. Si contaba lo que había pasado se reirían de ella. Cerró el ordenador, colocó los objetos esparcidos por la mesa y se fue a casa.

El calor y la lluvia continuaban. Abrió la puerta de aquella casa grande y vacía que tanto despreciaba. Le gustaba la gente, la risa, las voces, y allí no había nada de aquello. Sólo silencio. Encendió las luces, la televisión.

El sonido de la televisión hacía que la casa pareciese llena de algo más que de vacío. No solía mirar a la pantalla, ni siquiera estar en la misma habitación, pero la encendía al llegar, la soledad parecía espantarse con los sonidos de aquel aparato. En la cocina, Raquel había dejado la cena preparada: ensalada y tortilla de queso. Corina comía como un pájaro. Cenó de pie, la aburría masticar. El teléfono sonó. Sería su madre, se había olvidado de llamarla y ahora estaría media hora escuchando reproches; oyéndola decir que nunca cambiaría, que nunca sería responsable. Era ella y, cómo no, hubo reproches. Colgó al cabo de un rato de escuchar lo abandonada que Bernarda se encontraba, lo infeliz que era desde que «tu padre está en casa todo el día y me agobia, tus hermanos y tú no venís jamás a vernos, sólo cuando os apetece, cuando necesitáis algo. Venís a pedir, sólo venís a esta casa a pedir...».

Bernarda nunca entendería que poca gente puede soportar un lamento continuo de infelicidad, y ella ejercía de plañidera perpetua. Nadie se acercaba a ella más de lo preciso, nadie quería escuchar lamentos o reproches a cada palabra. Corina no replicó nada a toda la palabrería desplegada por su madre. Hacía tiempo que guardaba silencio ante aquella marea de frases disgustadas. Las dejaba entrar y pasar por el cuerpo; como una onda entraban y salían sin dejar rastro alguno en ella. Volvió a descolgar el teléfono, esta vez para llamar a su marido. Se habían separado sin llegar nunca al divorcio, no había necesidad: no había problemas entre ellos.

—Hola, Alberto. ¿Todo bien? ¿Raquel te lavó los calcetines de hilo a mano? Tienes que decirle que lo haga así, ya sabes que es un desastre para esas cosas. ¿Salir? No, no voy a salir. ¿Adónde quieres que vaya?

Alberto Rueda no contestó. Sonreía al otro lado del teléfono. Corina, siempre Corina. La había querido, odiado y ahora la quería otra vez. Era una mujer incómoda, pero le había hecho la vida fácil. Ahora compartían una asistenta, parte del trabajo y alguna que otra cena. Y él compartía las soledades de Corina. Ese día, Alberto Rueda tenía compañía femenina. No deseaba que Corina lo supiese, pediría la filiación completa de ella; sería capaz de preguntarle si le había pedido la prueba del sida y Alberto Rueda no quería dar explicaciones aquella noche. Ni aquella noche ni nunca.

—Voy a acostarme pronto esta noche, Corina. No me llames a no ser que estés enferma. Y no te enfades, por favor, estoy cansado; sólo es eso.

—Yo nunca me enfado, Alberto.

—Duerme bien, Corina; un beso.

Corina pensó que él le había colgado el teléfono. Se quedó con la sensación de que Alberto la había despachado de malos modos; pensó en volver a marcar otra vez, pero estaba cansada y le dolía la cabeza. Esa noche lo dejaría tranquilo.

Alberto Rueda mantuvo la mano sobre el teléfono durante unos minutos. Ella volvería a llamar. Sonrió al ver que no sonaba de nuevo. Estaba cambiando, se estaba haciendo mayor y no llamaba. Corina estaba creciendo. Se volvió y dijo:

—Era Corina.

La mujer que estaba sentada en uno de los sofás, asintió con la cabeza.

—Sí, Corina. Nuestra querida Corina.

Y bebió un sorbo de rioja. Alberto Rueda no respondió. Para él sí era su querida Corina, no tenía motivos para no quererla. Pasase lo que pasase, él la querría. Ella le había dejado. Él no lo había entendido, pero lo respetaba. Así estaba mejor. En el fondo nunca la había entendido ni soportado. Su ex mujer era rara, extraña. Alberto jamás soportó las explosiones de llanto o de alegría súbita. Lo enfermaban. Nunca había estado enamorado, eso no hacía falta. A él no.

Si Corina Jacoby hubiese sabido que otra mujer estaba con su ex marido, habría tenido un ataque de ansiedad. No por celos; no sería un arrebato de pasión. Sería rabia al pensar que ella podía estar en su vida, que podía alejarla de Alberto Rueda. Y Corina no soportaba perder nunca a nadie. Nunca se apartaba de nadie a quien hubiese querido ni dejaba que se apartasen de ella.

El día que Bernarda de la Vega supo que había decidido separarse sin tener un sustituto en el horizonte la llamó cabeza loca. Le cerró durante un mes la puerta de su casa y, al final, cedió. De mala gana, pero terminó haciéndolo. Su madre no entendía cómo era capaz de separarse de un hombre como Alberto. Él no le pegaba, tenía dinero, era guapo y, lo más importante, socialmente era la persona adecuada para Corina. Lo más dramático y a la vez cómico fue la frase:

—Él no te pega, Corina; no te hace nada.

¿Cómo explicar que la nada es el peor de los castigos? Su madre nunca lo habría entendido. Podía haber soportado muchas cosas, pero el afecto era vital para ella. No quería morir sin haber intentado conocer lo que es una mano deslizándose por su pelo, un beso robado al pasar por un pasillo, al tropezar en el cuarto de baño; que alguien la empujase contra una pared y la abrazase, alguien a quien ella nunca rechazase, alguien que no le respondiese con una mala cara o un golpe en el alma; ese alguien tenía que existir: un hombre como ella.

En lo que ella llamaba la recta final de su vida —al fin y al cabo lo era— deseaba encontrar y sentir lo que nunca había conocido. Su padre la entendía y, desde el silencio, la había apoyado frente al rechazo que su decisión había provocado en su madre, frente a la incomprensión que había producido en parte de la gente que la rodeaba y se decían amigos. Corina no quería esperar las rosas de otoño: quería margaritas, campanillas, clavelinas, azucenas, ramos de laurel y hortensias. Quería eso y lo quería ahora. Lo había querido siempre. Que la inundasen los olores de las flores sencillas, no necesitaba rosas ni camelias, sólo el aroma y la frescura del auténtico sentimiento, de la pasión que nunca había conocido más que en la discusión acalorada. Quería la pasión en su estado más puro y auténtico.

Amor, deseaba amor de la clase que había conocido en los libros de caballería, en las novelas baratas que leía a escondidas en una casa que adoraba la cultura de una manera tan falaz. Adoraban lo que desconocían. Aquella noche, después de hablar con su ex marido, Corina terminó de colocar las cosas que Raquel había dejado fuera de su lugar habitual. Tenía un malhumor notable y una afición a cambiar objetos de sitio sólo comparable a la de Bernarda de la Vega. Corina recompuso un jarrón de rosas rojas, les cambió el agua mientras mantenía una conversación con las flores, abrió las ventanas y apagó las luces. Entró en la habitación que utilizaba como estudio en casa, puso recto el tablero, colocó unos cartabones y metió en un bote lápices y rotuladores. Aquella noche no trabajaría. El ordenador estaba destapado. El técnico había instalado aquella tarde internet en casa. Aquel lío de los IP, de las DNS, aquello en lo que Corina no había querido ni pararse a pensar. Era más cómodo pagar, que lo hiciese alguien que supiese. Ella habría estado horas sin lograrlo. Guardó un afilaminas en el cajón y pasó un trapo por la mesa.

Miró el reloj, eran las once. Encendió el ordenador y conectó con su servidor de internet. Funcionaba. Vio una web dedicada a Foster. Paseó por la obra de Le Corbusier, Mies van der Rohe y Antoni Gaudí. Después de un rato buscó el papel que Jaime Arias le había dado. Tecleó la dirección de Volano Chat. La página tardaba en cargarse, y Corina pensó que estaba poco logrado aquello de hablar por un ordenador. Al fin entró. Buscó un nombre. Sara estaría bien. Escribió: «Hola», y al momento le respondieron varios holas. Una pantalla pequeña apareció en la pantalla de Corina. Era un privado. Hotdog le preguntaba: «¿Cómo estás?». Y Corina contestó a todas las preguntas que le hizo: edad, profesión, país. El tal Hot, educadamente, se despidió de Corina. Exactamente tres líneas después de: «Treinta y nueve años, arquitecto...». Corina pensó que aquello no podía ser casual. En la pantalla grande Corina leía sin parar. Los hombres, todos, casi todos, eran ingenieros de sistemas y ella no sabía qué era aquello. Las mujeres eran todas jóvenes y se describían como rubias de ojos verdes, delgadas, altas. Debía de ser un chat especial de guapos. Curiosamente ellos siempre eran listos y ellas siempre guapas. Orlando le envió un privado.

—Hola, ¿cómo estás?

—Bien, gracias.

A la pregunta —ya habitual— de edad, profesión, etcétera, Corina contestó con toda serenidad y casi convencida de que no mentía:

—Treinta años. Secretaria en un despacho de arquitectos.

Continuó hablando con Orlando. Era venezolano, tenía veintisiete años y la llamaba, entre palabra y palabra, «cielo, cariño». Después de leer eso cuatro veces Corina le escribió:

—No me llames cielo, no es correcto.

Y Orlando respondió:

—¿Por qué no, amor?

Y Corina no supo qué responder. Al fin y al cabo no le conocía y no le volvería a ver. Realmente no lo veía. Así que no importaba. Orlando le decía cosas bonitas que nadie se habría atrevido a decirle cara a cara, era amable. Quedaron en verse al día siguiente. Mientras desconectaba el ordenador, Corina pensaba que aquello era agradable. Internet podía ser entretenido. Nadie sabía quién era. Podía decir lo que quisiese. Podía desaparecer a su antojo. Nadie la vigilaría. Era estupendo. Estirada en la cama grande no dejaba de pensar en que le gustaba aquel Orlando, era reconfortante leer palabras como «cariño, cielo, amor» y que nadie la viera ponerse colorada, reírse o enfurruñarse al leerlas.

Internet era un buen invento. Sí que lo era.

Nadie sabrá nunca si Corina Jacoby habría continuado conversando por la máquina de conocer lo que iba a suceder no pasando mucho tiempo. Yo, que la conozco, y soy uno de los protagonistas de la historia, diría que sí lo hubiese hecho. Corina creía, y aún cree, que el mundo puede cambiarse y que el futuro de cada persona está en sus manos. Para Corina, que se plegaba al destino con fatalidad, el destino no estaba escrito en las estrellas. El destino era uno mismo y sus propias acciones. Sabedora de eso, la desesperación era aún mayor. El conocimiento la hacía sentirse débil y en ocasiones despreciable.

# EL NUDO

El módem fue más veloz. El ordenador de casa tuvo más memoria. El estudio necesitó otra CPU en el despacho de Corina. Sol del Valle veía aquello con asombro. Corina no le contaba nada y eso era raro. Corina no paraba de hablar. Siempre, desde que la conocía, Corina tenía una verborrea incontenible, pero últimamente se encerraba en el despacho, ponía los cartabones, el papel vegetal, las gomas de borrar en orden y no dejaba el Autocad. Corina odiaba la informática, y desde hacía días, cuatro semanas para ser exactos, no levantaba la cabeza del ordenador. Cada vez que Sol o cualquiera del estudio entraba en el despacho, Corina les gritaba:

—Cierra la puerta al salir, estoy trabada, este proyecto no me sale; quedé trabada.

Hacía años que Corina Jacoby no se interesaba tanto por un proyecto, sólo dirigía la empresa. Buscaba el trabajo, lo repartía, comía con clientes y supervisaba lo que hacían los demás. Sol del Valle estaba convencida de que ya no sabía ni coger un tiralíneas, menos aún utilizar el Autocad. Nadie tenía la certeza de cuál era el proyecto en el que trabajaba Corina. Por el estudio corría el rumor de que estaba preparando algo para un concurso internacional. Entre risas decían que el proyecto sería de jardines y plantas. Cara a cara nadie se habría atrevido a poner en duda la pericia de Corina.

Corina Jacoby estaba proyectando algo nuevo: ser feliz. Y pensaba, estaba convencida de que internet era el medio. Noche tras noche hablaba con Orlando. Dejó que le dijese cosas hermosas.

Aprendió palabras nuevas y escribía sin parar. Una noche, Orlando le dijo que en unos meses visitaría España. Corina creyó haber leído mal cuando en la pantalla apareció:

—Me quedaré en tu casa, amor. Será lindo tenerte...

No lo entendió muy bien. No lo quiso entender.

—Orlando, en mi casa no puedes quedarte, mi madre me mataría.

—Vives sola, amor, tu madre no tiene por qué enterarse. Y tu casa es grande, espaciosa; será lindo estar juntos, recorrer tu tierra juntos...

Corina Jacoby, una vez más, había cometido el error de contar la verdad: casa grande, profesión y hasta su edad. Lo había hecho pasados unos días y, desde entonces, cada noche esperaba que Orlando le pidiese el número de su visa. Estaba convencida de que no era ni más ni menos que un chulo de esos que Sol del Valle contaba se anunciaban en el periódico. Cortó la relación con Orlando de la manera más correcta que pudo. Comenzaba el mes de junio y ella se marchaba de vacaciones. Le aseguró que le escribiría a la vuelta. Corina se prometió que nunca más caería en aquella trampa tonta. Palabras agradables no merecían ni esfuerzo ni disgusto. Orlando era más o menos un tipo como el de los anuncios de Sol y Leonor, sólo que camuflado. Cuando le comentó a su padre lo de la ingeniería de sistemas, el hombre le acarició la cabeza y sonriendo le dijo:

—Corina: al cambio, una FP europea. Los americanos son seres rimbombantes, siempre lo han sido. Tienen un complejo de inferioridad que jamás entenderé. Lo esconden con esa palabrería.

En julio Corina ya era experta en IRC, manejaba internet con soltura y tenía varios nombres de guerra: Acaparadora, Bestia y cómo no, Inés o Ginebra. Tenía un nombre para cada una de las personalidades que adoptaba. Había aprendido que la dureza en el chat era importante, tanto como en la vida. Y el sexo, fundamental. Bestia era para la guerra, para el insulto, para la batalla descarada y descarnada. Bestia era quien sustituía a Inés en los momentos difíciles. Acaparadora era sexo, disfrutaba jugando con eso. Inés de Castro, la dulce reina triste, era la auténtica Corina, la que se dejaba ver pocas veces. Ginebra era una extraña variedad de Inés.

El chat era una esquina por la que pasaba gente sin parar y Corina aprendía rápido. Puso un interés desproporcionado en todo aquello. Corina Jacoby, la loca inconformista, la bohemia de lujo, encontró el medio ideal de decir lo que quería, de ofender, de cantar canciones de Chavela Vargas con letras de color rojo. Bebía tequila y pagaba rondas como en una taberna chusquera. Gritaba lo que le daba la gana y era la reina en un mundo de locos. Aprendió las reglas rápido. Tenía que decir lo que quería de manera pronta. Tenía que esforzarse en ser concisa, en escribir bien. Por eso utilizaba frases cortas o canciones. Copiaba letras de canciones; era una buena manera de llamar la atención y eso era lo importante. Llamar la atención. Lo que era incapaz de hacer en el mundo real, cada noche lo sacaba en internet.

Durante el mes de junio y julio fue la reina del chat de Latintop. Su pantalla se llenaba de privados y Corina decía lo que cada uno quería oír. Era fácil. Ella siempre había manipulado a los demás desde la observación, desde la comprensión de los problemas ajenos pasados por el tamiz de su mente.

Corina era fría y apasionada. Esa mezcla extraña surtió efectos mágicos en el chat y en internet. En la vida real no podía hacerlo. Era demasiado arriesgado y no quería que su fama de diferente aumentase. Había aprendido a controlarse un poco y a sujetar la lengua. En ocasiones se le escapaban dardos hirientes. Hería con la palabra como quien maneja una espada.

Una tarde aburrida, en la que el estudio fingía trabajar a pesar del calor y la humedad, Corina tecleaba en el chat. A esas alturas todo el mundo sabía lo que Corina hacía cada día. Corina guerreaba y sus asociados, todo el estudio, gozaban de una paz de la que carecían desde hacía años. Por primera vez en su vida, la canija de los Jacoby, la primogénita, que sí habría vendido tal honor por un plato de lentejas, lo habría regalado, estaba encontrando el camino.

Entre los cientos de nombres que aparecían en la columna derecha del chat de Latintop, una tarde había aparecido uno: Abd al-Rahman. Y sin pensarlo, Corina, dejó de ser Acaparadora, se quitó los zapatos con tacón de aguja, arrojó lejos la peluca negra, hizo desaparecer de golpe la parafernalia de pendón que tenía en su cabeza y sacudió el pelo al viento, dejó que por su cuerpo se deslizase un vestido de terciopelo carmesí y fue Inés de Castro.

La forma de entrar en contacto era obvia:

—Buen día, Califa. Infiel, una reina cristiana te saluda...

Hablaron de moros y cristianos, de flores, de poesía. Hasta que Corina vio que era un camino peligroso. Aquel califa sabía mucho de poesía árabe, hablaba varios idiomas y no sería presa fácil. Quedaron esa noche a las once. Desconectó IRC, pinchó encima del icono del correo electrónico y escribió a Jaime Arias.

```
ASUNTO: Oye...
Conocí a un hombre. Es un califa. Es casi como un califa
de verdad. Pero tienes que recordarme lo de Omar Khayyam,
lo de los tres amigos. Las Rubaiyat. Esta noche tengo una
cita y tengo que saber eso.
Un beso :0)))))
```

Esa tarde, Corina Jacoby dijo en el estudio que le dolía la cabeza, que no iría a trabajar. Estar en casa le sentaría bien, estaba agotada. Nadie se atrevió a preguntar de qué provenía el agotamiento. Corrió a la librería que surtía los estantes de su biblioteca. Buscó como desesperada la poesía y la vida de Omar Khayyam. Y no sólo encontró las Rubaiyat de Khayyam: encontró las de Yalal ud-Din Rumi. Con ellas en la mano, salió de casa de su librero con una cara de alegría parecida a la que ponen los niños cuando les dan un juguete nuevo.

Ella tenía un nuevo juguete, nadie lo sabía, sólo Jaime Arias y él nunca le había quitado sus juguetes: al contrario, los ponía al alcance de su mano. No comió, hacía un mes que había dejado de comer en condiciones, la bulimia no atacaba cuando Corina era feliz. Releyó las Rubaiyat. Sacó de su biblioteca un libro de Valdeavellano y estudió con cuidado la vida de aquel califa. Pasó la tarde jugando en internet. Jaime Arias le había escrito:

ASUNTO: OUM, OMAR Y YO

¡Jelou, Corina! Espero que hayas localizado el libro de Omar. Nos separan mil años. Me gusta de él que nos una la pasión por el vino. También las mujeres. Por más que al final, nada como el vino. El vino, cuando menos, ayuda a sobrellevar mentiras tan dulces como esta que vives con tu califa. No olvides escuchar canciones de Oum Khalsoum. Es la música perfecta para la lectura de esos versos. Hace unos meses en la terraza alta del café París de la plaza de Xemaa-el-Fna, llegaba hasta mí la melodía que conoces. El viejo que la tocaba entonces es hoy patrimonio de la humanidad. Sin que interviniera en ello una concejala rancia de capital de provincia norteña ni loara el hecho un columnista de tercera. Mientras tañía, un grupo cercano recitaba poesías. Omar llegó a nosotros gracias a ellos. Hace dos semanas, quizá tres, la UNESCO declaró, por primera vez, a unas personas patrimonio de la humanidad, no por el hecho de ser personas, sino por ser contadores de historias. Compra el libro «Lectura del espacio en Xemaa-el-Fna» de Juan Goytisolo. Por dotar de geografía el verso de Omar y la música de Oum Khalsoum. Me sigue ganando la irreverencia del verso. Sobre todo allí, en la ciudad que da nombre a nuestro Marruecos. Recuerda la Azora I, donde dice: «La alabanza a Dios, Señor de los mundos, el Clemente, el Misericordioso, rey del Día del juicio. A ti adoramos y a ti pedimos ayuda. Condúcenos al camino recto, camino de aquellos a quienes has favorecido, que no son objeto de tu enojo y no son los extraviados».

Me quedo más que nunca con el Rubaiyat 212: «Sólo quiero tener siempre una copa llena en mi mano, un amor en mi pecho. Me dijo alguien: Que te dé Dios el arrepentimiento. Mas ni Dios me lo ofrece ni yo se lo he pedido».

Un beso, Corina

Jaime

Corina Jacoby respondió en ese mismo instante:

ASUNTO: Todo precioso...

... Pero creo que me estoy volviendo loca. ¡Esto no es normal! ¡Qué hago yo a los treinta y nueve años aprendiendo cosas del mundo árabe! Claro que tú no estás mucho mejor. Estamos locos. El libro de Goytisolo hace meses que lo tengo.

Corina

Y, desde esa noche, Corina Jacoby fue una reina cristiana atrapada por la palabra de un infiel. Con la mesa del despacho de su casa atestada de libros, los abría, los cerraba, consultaba datos y escribía. Abd Allah, fue un nombre que escribió y pronunció muchas noches. Dátiles, almendras, pan ácimo, especias. Miel con mantequilla. Puestos llenos de naranjas, tomates de Trara, judías verdes, alcachofas, melones, mariscos y pescado. Jardines con fuentes de agua perfumada. Canciones.

Corina recordaba sin parar *Los cuentos de la Alhambra* que había leído de niña; le sirvieron de escenario. Nunca agradecería suficiente a Washington Irving la descripción de ese mundo. Ahora le era útil. Era mucho menos profundo que todo aquello de Jaime Arias, pero servía a sus propósitos. Vivió a caballo entre un castillo de piedra, cielos grises y las vegas granadinas o cordobesas. Cada mañana, al leer su correo en el estudio, recibía una sorpresa de su califa. En letras rojas y grandes aparecía en su pantalla: «Princesa...», y ella enviaba otro mail diciendo: «Dime...».

Nada era cursi, nada era suficiente, y el día que oyó su voz por el teléfono, Corina decidió que aquel califa sí era un ser especial. Nunca había conocido a nadie así. De nada servía que Sol del Valle y su hermana Leonor le dijesen:

—Corina, es que tú nunca tuviste tratos con los hombres, no puedes comparar. Tu relación con el sexo opuesto siempre fue de guerra, de amistad o como jefe, y no es lo mismo, no lo es. Alberto no cuenta.

Pero Corina sólo sabía que la sonrisa se le escapaba de la boca. Que cada día la boca se le llenaba de sonrisas, y que un día ella le envío un mail diciéndole:

Sé que esta expresión no existe, que es boba, pero cada día, al pensar que te conozco, al abrir el correo electrónico y ver tus mensajes, se me llena la boca de sonrisas...

Y él, esa misma mañana, respondió:

Creo que Borges escribió un día: Esta habitación no existe, pues ella no la ha visto... Yo, hoy, te digo: Esa expresión existe, pues tú la has pronunciado...

Cada noche hablaban horas. Cada mañana, él le escribía. Cada momento libre, ella respondía. Dejó salir recuerdos, y, sin puntos ni comas, ni acentos, le decía cosas llenas de ternura. De las que no podía decir a nadie cara a cara. Corina Jacoby mezclaba aromas y sabores en aquellos mails.

Cerca de Burundai, de Talgar, al pie de los montes Kungei Alatau, a la vera del lago Issyk-Kul, casi en la frontera china, alejada de Samarkanda, está Alma-Ata. Desde allí partiré en tu busca sorteando las fronteras...

Y en la noche recorría El Tugurio y Latintop buscando de manera frenética, casi como un caballo desbocado, el nombre de Abd Allah. Las noches en que internet no funcionaba bien, Corina fumaba compulsivamente. Caía de la red, volvía a conectar y maldecía si él se había ido. Corina Jacoby estaba convencida de que el califa la quería. Tenía que quererla para hablar con ella cada noche; para llamarla princesa. Él nunca se lo había dicho, nunca le había dicho que la quería, pero nadie habla de esa manera si no te quiere. De eso, Corina estaba convencida.

Corina nunca le dijo su nombre. Era más cauta, aun en el desenfreno de aquella relación lo era. Un día recibió un mail en que claramente lo ponía. Y él escribía: «críptico». Ella le envió otro mail preguntándole cómo lo había sabido. Había intentado no romper la regla del anonimato, y sin querer, lo había hecho, pero no le gustaba.

ASUNTO: Tu nombre...

Bueno, Jacoby, como puedes ver tus apellidos van en el encabezado de tu mail. La noche en la que no encontrabas la flor que te envié, me escribiste un mensaje con tu nombre y apellidos. Lo de críptico era por el miedo que pareces tener... No, en realidad, el motivo de mi mensaje era decirte que me hubiera apetecido hablar contigo ayer, pero no quería utilizar el mail; parece que todo el mundo tiene acceso a él...

Ahí empezaron los problemas. En algún momento, Corina no supo cuándo ni por qué, comenzaron los malos entendidos. Incluso Corina escribía y decía palabras de reproche. Él le enviaba mails que decían cosas que Corina no entendía:

Cuando quieras, hablamos. Pero hablamos, no cruzamos indirectas... si te parece, princesa... Hola Inés, llegaron los dos mensajes. Y tengo las fotos, tienes la cara triste... ¿Por fin vamos a conseguir trabajar algo? Yo estoy que me caigo de sueño...

Y eso era cierto, Corina apenas dormía. Abd al-Rahman padecía de cansancio crónico. A ella comenzaba a resultarle difícil explicar en el estudio tantos dolores de cabeza.

Hola, Inés: No sé qué es lo que pasa, en cuanto coincidimos en un chat, uno de los dos se cae... He visto tu mensaje de la 1.30. Tienes razón, todo esto es una locura. Los nicks me persiguen, sueño por las noches que estoy teniendo conversaciones y las imagino con líneas que pasan delante de mí en una pantalla. No creo que las relaciones tortuosas ni torturadas sean las mejores... Pero te escribo, como tú me escribiste: «Aunque bajo la tierra mi amante cuerpo esté, escríbeme a la tierra que yo te escribiré...».

Un beso

Abd al-Rahman

P.D. Aunque nunca llegues a atrapar la estrella, sale ganando quien hace el intento.

Y así transcurrían los días y las noches. Hablando de Samarkanda, del hachís, de la secta de los asesinos, de los sufíes, del trabajo. Mails llenos de ternura que cambiaron al reproche en poco tiempo. Corina presionaba sin saberlo. Sin querer pedía algo que ni ella misma sabía lo que era, no terminaba las frases y se explicaba mal.

ASUNTO: TUS SENTIMIENTOS...

Hay algo en todo lo que dices que es una manifestación de lo que digo. Una especie de adversación entre uno y otro; entre tú y yo. Tus sentimientos son muchísimo más elevados que los míos; tu sufrimiento, incomparablemente más profundo; tu espera, más larga que la noche de los tiempos... Resulta curiosa tu preocupación por la palabra «normal», por lo que es normal, por lo que no lo es. Tú sabrás qué te pasa... Por lo de princesa, preciosa, etc., no creo que debas preocuparte: tú eres una mujer fría y dura, además de buena profesional. Igual hasta no quedaba «normal» un poco de dulzura en ti...

Abd Allah

De nuevo había salido la palabra: dura. Ella era dura. No sabía por qué. Pero él se lo decía. Dureza y normalidad. Las odiosas palabras salían de las manos de su amigo, del califa. Y ella no podía responder. Al cabo de unos días él comenzó a hablar de relaciones viscerales, destructivas y, poco a poco, Corina vio cómo los mails se iban distanciando. Cómo él dejaba de llamarla princesa. Cómo el teléfono dejaba de sonar. La visceralidad, la destrucción... Corina Jacoby lloró amargamente un nuevo alejamiento.

Y una vez más caminaba por la calle arrastrando los pies y dando patadas a las piedras que encontraba a su paso. Con la cabeza baja, con la mirada húmeda. Él nunca le había dicho que la quería. Pero sí cosas que nunca ningún hombre había pronunciado tan cerca de su oído.

Llamó a Jaime Arias, se lo contó y él respondió con el silencio. Pero esa tarde recibió un mail de Jaime:

C'est l'unique question. Pour ne pas sentir l'horrible fardeau du Temps qui brise vos épaules et vous penche vers la terre, il faut vous enivrer sans trêve. Mais de quoi? De vin, de poésie, ou de vertu, à votre guise. Mais enivrez-vous. Et si quelquefois, sur les marches d'un palais, sur l'herbe verte d'un fossé, dans la solitude morne de votre chambre, vous vous réveillez, l'ivresse déjà diminuée ou disparue, demandez au vent, à la vague, à l'étoile, à l'oiseau, à l'horloge...*

Y Corina respondió muy enfadada:

¿Qué es esto? ¡Ya soy mayor y no estoy para estos sustos! ¿Qué quieres que pregunte a los pájaros y a los relojes? ¡Con preguntarte a ti tengo suficiente! Es menos romántico, pero más práctico. ¿Es una broma? ¿Es una advertencia?

No tenía necesidad de contestación. Lo de siempre, era lo de siempre. No sabía qué significaba ni por qué pasaba. Pero había sucedido. Era el miedo. Ella daba miedo sin querer. Sin saberlo. Se entregaba a todo con demasiada pasión, arrastraba cualquier obstáculo. Ni siquiera una pantalla de ordenador había podido contener eso.

A los pocos días anunció en el estudio que tenía que marcharse. Necesitaba descansar. Sol del Valle no preguntó nada. Compadecía a Corina. Ella odiaba la compasión y habérselo dicho haría más daño. Leonor y ella se harían cargo. Corina tendría su móvil conectado y no habría ningún problema. El mes de julio estaba a punto de terminar y en agosto cerrarían el estudio.

* Es la única pregunta. Para no sentir el terrible fardo del Tiempo que quiebra vuestra espalda y os inclina hacia el suelo, debe embriagarse sin tregua. Pero ¿con qué? Con vino, con poesía o con virtud, según vuestro antojo. Pero embriagaos. Y si alguna vez, en la escalera de un palacio, en la verde hierba de un foso, en la soledad mortecina de vuestra habitación, os despertáis con la embriaguez atenuada o ya disipada, preguntad al viento, a la ola, a la estrella, al pájaro, al reloj...

Todos se volverían a encontrar al cabo de unos días en las casas de verano. Vivían en un mundo en el que aparentemente no había distancias ni fisuras. Podían viajar a cualquier parte del planeta, estar una semana de compras en Nueva York, París o Londres, pero al final todos volvían a la ciudad, a la ciudad de siempre, y en el mes de agosto se retiraban a los cuarteles de verano. Norteños.

En el mundo de Corina Jacoby era impensable visitar Venecia en agosto. Sería tan inusual como esquiar en Navidad. Demasiada gente, demasiado bullicio. El suyo era un mundo de silencios. En todo.

Corina condujo durante dos horas. Todo estaba cerca. Había mucho tráfico, el norte se estaba poniendo de moda y era una pena. Al pasar, se fijaba en las casas que estaban construyendo. Colmenas. Colmenas feas. Malas imitaciones de las construcciones típicas de Asturias. Más que colmenas, allí habían levantado conejeras. El alcalde de la villa la odiaba. Corina denunciaba la escandalosa especulación de aquel villano; bailaba al son de los intereses bastardos de cuatro constructores enriquecidos a base de recalificaciones urbanísticas inexplicables. Se vendía por un plato de lentejas mal cocinadas.

Llegó a casa; a La Casa de los Vidrieros; el sueño de su padre. Su madre jugaba una partida de cartas con varias amigas. Los perros saltaron a su alrededor. Vio las hortensias y las rosas. Los ciruelos. Los guindales. El membrillo. Las hojas de los tilos se movían al compás del aire. Nada había cambiado. Aquello era paz. Desde la terraza contempló los elefantes dormidos, las montañas llenas de niebla que tanto se parecían a dos elefantes descansando.

Su padre dormitaba bajo la higuera como un viejo paquidermo al que nadie dejaba recorrer el sendero hacia la muerte deseada. Sus sobrinos se tiraban agua del estanque. Otra parte de aquella recua de enanos rubios se peleaba en la hierba; uno de ellos había atropellado a un pato con la bicicleta y el resto pretendía hacer justicia: arrancaban trozos de hierba y trataban de meterlos en la boca del criminal, que se resistía como podía.

Su hijo tenía que estar allí, jugando entre los árboles, escondiéndose entre los matorrales, nadando en el estanque. Agitó la cabeza. Agitó el pensamiento, así se diluía. Así dolía menos. No había tenido más hijos, los había querido, los deseaba con fuerza. Querer. Quería tantas cosas. Las plantas, los árboles, las flores, habría deseado tanto trabajar con eso. Y el niño. Nadie hablaba de él. Jamás. Pensaban que con el silencio, dejando pasar el tiempo, ella olvidaría. Era como si nunca hubiese sucedido. Nadie quería ver las estrías del alma, las que de vez en cuando enseñaban los ojos de Corina. Ni ella misma.

El verano pasó en la playa. Con chaquetas viejas que cada año se sacaban de los armarios en un ritual necesario. El frío no permitía otra cosa: todos tenían su chaqueta de playa, era un signo de identidad. Como los toldos raídos. Casi tanto como los bañadores y las toallas. En aquellas playas no tenía cabida el lujo aparente. No había bañadores de colores detonantes ni bolsas de playa llamativas. Alpargatas, bermudas viejas y una camiseta era el uniforme casi obligado. El atractivo lo daban los bañistas. Con la mirada, con la palabra desabrida. El encanto lo daba la distancia con la que se veía llegar a un autobús cargado de turistas. La media sonrisa que aquello producía. La rapidez con la que se extendían las toallas alrededor de los toldos para evitar la invasión de cuerpos ajenos.

Paseos con Sol y sus hijos. Con Leonor. Con sus primos, sobre todo con Pablo. Cenas en casa de amigos; meriendas bajo hórreos; terrazas de verano con jerséis de algodón en las noches; exposiciones de acuarelas de amigas de su madre o de sus tías; tardes de conferencias aburridas de algún amigo de su padre o del padre de cualquiera de ellos, porque todo era un círculo. Catiuscas y chocolate. Tortos de maíz untados con mermelada de manzana o membrillos de la huerta y queso. Hierba y perros. Así era el verano: descanso, paz y aburrimiento.

Corina no volvió a la ciudad al terminar agosto. Siempre permanecía en la villa unos días. Septiembre era el mejor tiempo del verano, el más calmo. Las playas estaban vacías, los turistas de pantalón corto a cualquier hora del día o de la noche ya no estaban. Las bandas de pies en chanclas regresaban a las ciudades para enfundarse en zapatos y los móviles, colgando de riñoneras, dejaban de sonar por las calles empedradas, dejaban de formar parte del paisaje.

El paisaje era entonces el maíz crecido. Desde niña Corina vigilaba cómo crecía el maíz. Cuando estaba alto, cuando era tiempo de cortarlo, llegaba la hora de la marcha. Se terminaban las puestas de sol rojas. Se terminaban tantas cosas que a Corina le gustaban, que siempre, cada vez que tenía que volver a la ciudad, no podía evitar mirar aquello con la fuerza de quien piensa que nunca más volverá a ver algo o a alguien. Metía el verde dentro del baúl de su cabeza. Aspiraba la hierba, la arena, hasta el agua de mar. Guardaba todo para dejarlo salir en las noches de invierno en cualquier lugar del mundo que estuviese. Cuando la angustia se enroscase de nuevo a su cuerpo dejaría salir el recuerdo que más le conviniese, el necesario para sobrevivir al desastre. Ella, y no sabía por qué, vivía siempre de recuerdos.

Llegado el tiempo de la marcha, ordenaba la ropa de verano en los armarios y dejaba lista su habitación. Nunca sabía cuándo iba a regresar, pero siempre la dejaba como si fuese a dormir cada noche en ella. Con las velas en tarros de cristal, el incienso listo para encender en cualquier momento, el libro de la mesilla de noche señalando la última página que había leído.

Aborrecía las sábanas con que se cubrían los muebles y las camas, daba orden de que su habitación jamás tuviese aquel aspecto fantasmagórico y de ausencia que provocan los muebles cubiertos por paños blancos. Orden que, por supuesto, nunca se cumplía y, al regresar, retiraba todo aquello con rabia, hasta con saña.

Uno de los últimos días que pasó en la casa, Corina encontró a su padre sentado debajo de la higuera.

—Voy a comprar la cabina de teléfono, Corina; esta vez, diga lo que diga tu madre, lo haré. Será para los dos, para ti y para mí. Cuando llueva, los dos nos meteremos en ella y pasaremos horas escuchando cómo el agua repica en el techo, veremos cómo cae por los laterales y todos pensarán que estamos locos. Te gustará el sonido del agua en la cabina, ya verás.

Corina no respondió que ese sonido lo escuchaba muchas noches en su habitación. Que el tejado de la casa era el techo bajo el que ella dormía, esa habitación que su padre le había regalado, sólo para ella, en lo más alto y con un difícil acceso. Una habitación grande robada a los desvanes, una habitación que todo el mundo pensó que era un intento de aislar a Corina para que no molestase y que su padre ideó como un lugar en el que Corina pudiese refugiarse del resto de ellos, para que nadie pudiese interrumpir cavilaciones ni sueños ni proyectos de vida.

A falta de ventana al uso, Alfredo Jacoby construyó un gran ventanal en horizontal; de esquina a esquina, lo que no tenía de alto lo tuvo de largo. Unos peldaños permitían acceder a la ventana, y un sillón de piedra, a Corina arrebujarse entre mantas y cojines y ver la luna y las estrellas, las montañas y los campos de maíz. Podía salir al tejadillo y sentarse en las tejas, observar desde allí a los pájaros, tomar baños de luna o de sol, escuchar los graznidos de los grajos y mirar. Sobre todo, observar sin que nadie la viese. Lo que al principio era la peor habitación de la casa terminó por convertirse en la mejor. Corina iba arrastrando muebles viejos que nadie quería, cuadros abandonados en alguna parte del desván, portarretratos rotos con fotos viejas de sus abuelos y bisabuelos. Un armario sin puertas se convirtió en algo fantástico —en opinión de familia y amigos— gracias a unos trozos de tela comprados en el mercadillo. Poco a poco fue llenándose el cuarto de colores, de pañuelos colgados en puntas, de collares repartidos por cada esquina de la habitación. Por la escalera no entraba un somier y su padre había encargado unos tableros de madera que un carpintero mañoso del pueblo convirtió en bastidores. Madera que Corina vistió con más trozos de tela regateada en los puestos del mercado. Edredones, cuadrantes, almohadas con forma de salchicha. Lo que podía haber sido un horrible pastiche se convirtió en algo bonito, original y, sobre todo, cómodo.

Como siempre, nadie había tenido confianza en el proyecto de Corina. Habían transcurrido años desde que comenzó a trabajar en aquella habitación y ahora a todo el mundo le gustaba. Su propio mundo gustaba a los demás. Hasta los tremendos cuadros de Corina empezaban a tener cierta gracia, eran diferentes, así los calificaban. Dudaba si lo hacían por educación y diferentes era igual a malísimos o simplemente era la verdad, que la diferencia se notaba hasta en los cuadros que pintaba. Parecía que esa diferencia comenzaba a gustar.

Un raitán, volando al ras de su pelo, la devolvió a la realidad.

No le habló a su padre del sonido del agua en el tejado porque Alfredo Jacoby no podía subir la escalera empinada y estrecha: hacía años que un cáncer de pulmón estaba acabando con su aliento.

—Sí, padre, digan lo que digan, tendremos nuestra cabina y mejor aún sería un vagón de tren para los dos.

—Ni hablar, Corina, un vagón sería de todos; es algo con demasiado espacio, todos querrían estar en él, les gustaría y cualquiera de las locas mujeres de esta casa se pondría a decorarlo como si fuese un salón de té. La cabina la encontrarán una extravagancia incómoda. Por supuesto, tú serás quien la compre. No quiero tener que aguantar a tu madre.

Se rieron a la vez y Corina apoyó la cabeza en el hombro de su padre. Él la acarició, pasando la mano por su pelo suavemente. Corina sentía el ritmo inquieto de un corazón que aún no era lo suficientemente viejo para latir de forma tan descompasada. Sentía el ruido del aire al entrar en los pulmones. Era un sonido quejumbroso, aire queriendo entrar y salir sin conseguirlo del todo. Aire atrapado en membranas; aire que nunca llega al fondo; aire viciado que recorre el cuerpo por las venas, matando poco a poco, con malicia, con retorcida lentitud. No salía ni entraba con la necesaria cadencia, simplemente repetía una tortura a cada respiración. Parecía que iba a llegar al fondo sin hacerlo nunca.

Aun así, a Corina continuaba gustándole la respiración de su padre. La aterraba el padecimiento pero, fuese como fuese, si respiraba, él estaba allí, a su lado. Fuese como fuese, el sonido y hasta la mueca amarga de dolor apenas disimulada eran vida.

—¿Tú estás bien, Corina? Bien de verdad, sin esos dolores de cabeza, sin mareos, arrojando la parte más amarga del corazón y aprendiendo a vivir más pura con la otra.

Corina se rió y musitó:

—Más bien como Ofelia, padre, más bien como ella, como siempre.

—¿Estás así? Bueno, ya pasará, algún día pasará. De todas formas, tú eres más Hamlet. Sí que lo eres. Una mezcla de los dos. Nunca pensé que podrías vivir sola, nunca lo creí. Y menos aún dormir sola, jamás te gustó eso. Pagabas a Dumbo con cuentos y canciones a cambio de que te diese la mano por debajo de la almohada, para que te la aferrase y no la soltase en toda la noche. Y ahora duermes sola, supongo. Si no lo haces, procura que la ropa interior sea bonita, Corina, procura siempre eso. Hace tiempo que no te regalo ropa interior, se me olvidan las cosas, Cora.

Entre risas, Alfredo Jacoby se agarró el pecho con las dos manos. Corina se asustó por un momento, pero después todo volvió a ser como hacía unos segundos, ella recostada y él acariciándole el pelo.

«Dumbo» era Leonor Jacoby, la hermana que la seguía en el escalafón de hijos. Corina, la primogénita que nunca ejercía de tal, y Leonor, la segundona que nunca había querido serlo. Los demás no contaban, eran varones a los que su padre había relegado a la categoría de no necesarios, sin que nadie supiese el porqué. Hombres débiles como él. Casados con mujeres dominantes que en todo momento quisieron imitar a Bernarda de la Vega sin conseguirlo.

Bernarda era inimitable, Corina pensaba que ni siquiera clonándola podría surgir un ente parecido a su madre. Leonor se autodenominaba «Dumbo» al proclamar que ella nunca había podido hablar más de tres frases seguidas con Corina, siempre era su hermana quien hablaba; ella sólo era una gran oreja pegada a un cuerpo cuya única dedicación era escuchar las aventuras inventadas de Corina. Se querían, pero habitualmente en la distancia.

—Realmente no vivo sola, papá. Estáis vosotros, Alberto, mis amigos... Y muchas noches Pablo duerme en casa. Casi nunca estoy sola. No podría estarlo. Sola moriría.

—¿Duermes con Pablo? ¡Eso ya es preocupante, Corina! Podrías tener hijos imbéciles; no por la consanguinidad: por él, que lo es. Dejar a tu marido me pareció una idea excelente, aunque no entiendo por qué no te divorcias, pero que duermas con ése me preocupa. Es igual que su madre: un repipi insoportable. Y siempre va peinado, Corina, siempre lleva todos los pelos en su sitio. Eso en un hombre no es nada natural.

Volvieron a reírse. Cuando estaban solos siempre se reían, de la gente, de situaciones que para el resto eran normales, ellos se reían. Las reuniones de verano eran un buen caldo de cultivo para sus risas. Se reían con los ojos, con las manos. Hacían gestos que sólo ellos entendían y pronunciaban palabras en idiomas inexistentes ante algún invitado que presumía de sus viajes y de su cultura. Solía ocurrir que la persona en cuestión abandonaba la casa pensando lo cultos que eran padre e hija y lo dura que Bernarda era con ellos. La señora de la casa era una dama educada, los reñía de manera agria cuando utilizaban un idioma que los demás no entendían, era una mujer considerada con los invitados.

Corina pensaba que su madre envidiaba esa camaradería. Allí ella no tenía cabida, no era necesaria y por ese motivo durante años procuró alejarlos. Daba vuelta a las cosas que Corina decía; interpretaba los silencios del padre de manera negativa hacia Corina y el padre callaba. Corina aprendió a distinguir los silencios y a leer las miradas, pero aun así nunca estaba segura y eso la dañó siempre.

Un sonido estridente rompió la calma: era una trompeta. En aquella casa la gente se movía a toque de corneta porque Bernarda no encontró método más adecuado para llamarlos cuando estaban en la huerta. Simplemente se asomaba a uno de los balcones o ventanas y soplaba, lanzando al viento aquel sonido monstruoso que provocaba saltos en las hamacas, cortes en los dedos de quien tenía una tijera de podar en la mano o alguna palabra malsonante posada en los labios de algún habitante de la casa. Quedaban prendidas entre la carne y el aire por miedo a que Bernarda las escuchase, el aire podía hacer llegar a sus oídos incluso las palabras no pronunciadas. La única que mascullaba palabrotas y las gritaba a su cara era Corina, sólo ella no tenía ya nada que perder. El dinero no le importaba y el cariño nunca lo había tenido ni lo tendría. Se levantaron cuando la trompeta sonó por segunda vez y Corina dijo en voz alta:

—Vamos o suelta a los perros.

—¡Corina, basta ya! Sólo es un trompetín de cartero. Ella es así, ya lo sabes.

—Sí, lo sé...

Alfredo Jacoby no la escuchaba; caminó por el guijo hacia la casa saludando a Bernarda con la mano y sin mirar ni escuchar a Corina. Siguió a su padre dando patadas a las pequeñas piedras que formaban el camino entre la hierba. Su madre la vio.

—¡Corina! ¡Deja de hacer eso, me pones nerviosa! Tu tía Melania ha llamado, dice que necesita saber a qué hora piensas ir. Alfredo, ¿esa hermana tuya no dejará en paz a Corina? Ella es la responsable de que esta niña sea así. Vámonos ya, mi madre está gritando y no puedo más, necesito salir de esta casa.

De tantas palabras ninguna logró ser amable para nadie. Corina vio cómo su padre subía al coche con esfuerzo, cómo retorcía su cuerpo para ponerse al volante. No quiso ver más. Subió las escaleras de piedra de dos en dos y al llegar al pasillo se dio de cabeza con su abuela.

Envuelta en una toquilla malva, con dos vueltas de perlas falsas alrededor de su cuello, enseñando un pedazo de saya por debajo de una falda torcida, apoyada en un bastón negro, Asunción Martínez caminaba con la mirada perdida.

—¡Que alguien me ayude! ¡Tengo hambre! ¡Que alguien me ayude, este hombre no me deja en paz! ¡Que venga la guardia civil! ¡El comandante de puesto! ¡Quiero que venga!

—¡Abuela! ¿Qué estás diciendo?

—¡Ah, eres tú! ¿Cómo te va, Corina? ¿Ya se fue tu madre? Bien, entonces podré dejar de exclamar estupideces como una vieja chocha. Llévame a la cocina y merienda conmigo un trozo de chocolate, Corina. Vamos. ¡Ella no está!

—¿Qué era eso de la guardia civil, abuela?

—Nada, Corina, nada de nada. Si digo cosas raras durante un rato, mi hija, tu querida madre se va y no me obliga a rezar el rosario. Así de sencillo: de esta manera deja de martirizarme. Vamos a merendar.

—No puedo, abu; me voy a casa de Melania, me espera.

—Voy contigo. Ésa está loca, pero no es tan abusona como tu madre y la criada prepara buen chocolate y buena tarta de moras. Y el licor de hierbas no está mal. Si me da la lata grito lo de la guardia civil y en paz, me traes a casa.

No sirvió de nada intentar convencer a su abuela de la conveniencia de estar en casa una tarde que amenazaba lluvia. La vieja gritaba:

—¡Quiero mojarme, bastante estuve en casa de joven! ¡Quiero mojarme! ¡Quiero mojarme!

Caminaron lentamente por un paseo de plátanos, Asunción apoyada en el brazo de Corina y en el bastón. Faltaba poco para llegar a las puertas del jardín de Melania Jacoby cuando unas gotas de lluvia comenzaron a caer. La abuela gritó: ¡Agua!, y levantó el bastón golpeando el aire, como hacen los niños con las manos para demostrar alegría. Corina estaba mareada; pensaba lo que su madre diría por aquella escapada, oía ya los gritos y las palabras de reproche. Pensando que era mejor esperar que escampase o llamar para que fuesen a buscarlas, se desvió un poco del camino y llegaron a una ermita cercana. Estaba en medio de un bosque difícil de adivinar desde la carretera. Nadie podría haber imaginado una masa de árboles que no se veía hasta no estar dentro de ella. Aparecía de pronto, de repente, como la ermita. Sentó a su abuela en uno de los poyos del atrio y ella lo hizo en el que estaba enfrente.

—Esta vez nos la hemos ganado, abuela. Me mata. Lo hará. Te pondrás enferma de algo raro y como siempre escucharé que alguien se muere por mi culpa, ya verás: me matará.

—Tienes razón; si me muero ella te cargará con la culpa, es su especialidad: buscar responsables de cualquier cosa. Pero descansará. Y yo lo mismo, Corina. Descansaremos todos, así que en el fondo harás un bien. Baila y deja de llorar.

Corina miró a su abuela, sonrió y desató los cordones de las botas de cuero, se quitó el chubasquero amarillo, arrojó lejos el jersey azul de algodón, volvió a subir un pie y luego otro al banco de piedra, se quitó los calcetines y descalza cruzó las piedras del atrio hacia la hierba.

—Bien, abuela, moriremos bailando. Tienes razón: si morimos, todos estaremos mejor, yo incluida; pero para estar mejor debo morir, supongo.

—¡No bailes descalza, Corina! ¡No digas idioteces de morir y ven aquí! ¡Tú y tu manía de andar siempre descalza, pareces una gitana!

—Sí, abuela, la condesa descalza, igual que Ava Gardner, pero me faltan sus ojos, me sobra culo y no hay gitano que me enganche.

Asunción se rió olvidando los pies descalzos sobre la hierba.

Las manos llenas de sortijas falsas —las buenas Bernarda las había guardado para evitar que se perdiesen— agarraron el bastón y comenzaron a golpear el suelo de piedra. Corina cerró los ojos y comenzó a bailar al son del palo de madera contra la piedra, al son de la lluvia sobre las hojas de los nogales, al son del silencioso vacío que provocan los ojos cerrados. Bailó al son del cielo silencioso. Extendía los brazos al cielo y giraba como un derviche sin necesidad de religión ni droga alguna: ella se había creado una propia. Giraba riéndose y entafarrando la cara con las gotas de lluvia; las extendía por la cara y el cuello, abría la boca para que entrasen, sacaba la lengua y chupaba hasta donde alcanzaba y se reía, se reía a gritos y bailaba al son de su propia risa. En una de las vueltas retorció un pie y dio con el cuerpo en el suelo. La abuela dejó de golpear la piedra y por un momento su cara mostró una expresión que desmentía cualquier indicio de locura.

—¿Te encuentras bien?

Sin necesidad de abrir los ojos, Corina supo que no era la voz de su abuela: era una voz de hombre y con un acento extraño. Cuando los abrió, encontró una mano extendida y a punto de tocarla. La mano salía de un gabán negro, el gabán llegaba a un cuello, el cuello sostenía una cabeza con el pelo muy rapado y del pelo nacía una frente despejada que descendía hasta perderse en una nariz aguileña que sostenía unas gafas que apenas se veían. Las gafas aumentaban el tamaño de unos ojos profundos y, de regreso al suelo, Corina tropezó con una boca rodeada por una barba de varios días. Corina se alejó instintivamente de todo aquello y respondió:

—Sí, gracias, estoy bien, muy bien.

—Vale.

La abuela miraba desde el banco de piedra y ya no tenía cara de preocupación: Corina se estaba levantando sin dificultad.

—¿Te ayudo?

—No, gracias.

Corina intentaba levantarse del suelo con la mayor dignidad posible.

El hombre no volvió a preguntar, se dirigió a la ermita, limpió con la mano el poyo que estaba enfrente de la vieja y se sentó. Encendió un cigarrillo y permaneció en silencio. Corina arrastró los pies por la hierba retrasando todo el tiempo que pudo llegar junto a él. Allí estaban sus botas, los calcetines; tendría que vestirse delante de aquel hombre. Sonrió, no estaba desnuda, era igual de idiota que siempre. Caminó más rápido, con más seguridad. Se sentó en la piedra y con una mirada desafiante hacia el hombre comenzó a ponerse lo que se había quitado. Los calcetines entraron sin dificultad, la pedicura era perfecta. El individuo de la barba le miraba los pies. Estaba poniéndola muy nerviosa.

—¿Estás bien, abuela?

—Esa pregunta es estúpida; no fui yo la que me caí de culo en el prado.

El hombre continuaba fumando sin hablar. Sonreía a la abuela. Corina se dirigió hacia ella e intentó levantarla sin éxito.

—Ya que esta aquí Petronilo, que me levante él.

—No es Petronilo, abuela.

—Sí que lo es; es Petronilo. Vamos, levántame ya, Petronilo. Estoy cansada de estar aquí, llévame a casa.

El hombre se levantó, enganchó a la vieja por debajo de un brazo.

—Vamos, abuela.

—¿Abuela? ¡Desde cuándo me llamas abuela tú a mí!

—Perdón, señora; quería decir señora. Cuando quiera nos vamos.

Corina miró a su abuela con fiereza y le dijo al hombre:

—No está loca, se hace la loca; y yo no acostumbro a dar estos espectáculos.

—Es una pena.

—¿El que no esté loca o lo mío?

—Las dos cosas. Loca estaría más feliz, y los espectáculos de esa clase pueden resultar liberadores para ti y para quien ve esa falta de vergüenza. Paseas las manos por el cuerpo de una manera extraña, es bonito. Es música. Haces del cuerpo un pentagrama.

Corina Jacoby optó por el silencio, sería más prudente; esa tarde se había metido en demasiados líos y no quería llenar su vida con más discusiones. El individuo estaba chiflado. Su cuerpo un pentagrama. Sonaba obsceno. Segundos después pensó que era una frase hermosa.

Su abuela hablaba sin parar con el hombre —que en ningún momento preguntó adónde se dirigían—. Había dejado de llover y llegaron a las puertas de hierro del jardín de Melania. La abuela invitó al hombre a merendar con ellas, y él, mirando a Corina, respondió:

—No sería correcto, señora: debo regresar al trabajo que, doy por supuesto, será en el campo.

—Tú no eres un campesino, señor mío. ¡No lo eres! Mira qué manos, Corina, parecen de pianista. Pídeselo tú, a ti te hará caso, y a tu tía la loca no le importará; igual éste le regala otra semilla de algún lugar extraño. Habla raro, debe de ser extranjero.

Corina Jacoby puso cara de pena cuando miró al desconocido. La abuela la estaba poniendo enferma, se estaba mareando y él la miraba sin parar con un gesto mezcla de burla y desprecio. Se despidió y se fue. Corina lo vio caminar de forma desgarbada. Era un hombre extraño; no era feo, era distinto. Alto, de espaldas anchas y manos largas. Sobre todo las manos eran muy bonitas. Era cierto lo que la abuela decía, de pianista; pero los pianistas no tienen pelo en los nudillos, al menos ella nunca habría imaginado un pianista con esas manos llenas de vello negro. Y los ojos eran cálidos y profundos. Las había mirado con desprecio pero eso no restaba calidez a la mirada profunda del hombre vestido de negro. Corina sonrió pensando en lo mucho que se había fijado en él. No le había dicho cómo se llamaba ni le había dado las gracias. Lo de no darle las gracias estaba mal, pero no tenía por qué decirle su nombre, eso no. La abuela continuaba parloteando y Corina intentó prestar atención. Entendió: Luisa. En ese momento, Luisa se acercaba con un paraguas colgando del brazo. Caminaba con madreñas entre la hierba buscando atajar hacia el camino.

—Tu madre ha llamado, Corina; está gritándole a tu tía por el teléfono.

—Como siempre, Luisa, no es novedad —se adelantó a responder la abuela.

Corina avanzó con paso rápido entre los árboles buscando la casa, rodeó el ébano, miró con ternura una chumbera y una yuca;

nunca entendería cómo podían haber crecido allí, en aquel clima tan diferente al que les era común. Lo mismo pasaba con la henna y el cedro y el sándalo. Todos aquellos árboles, los arbustos, eran un misterio, más bien un milagro; magia al alcance de la vista de los que pudieran entrar en el jardín, y eran pocos. Luisa y Petronilo se encargaban de eso, de ahuyentar a quien no debía ver ni oler la ulmaria, la angélica, la salvia. La casa de ladrillo visto tenía las luces apagadas y Corina se temió lo peor: merendarían en el cenador. Melania Jacoby desconocía lo que era el frío; por el contrario, ella terminaría dando diente con diente. Caminó de nuevo por la hierba, mojó los dedos en una mata de lirios del valle y arrancó una margarita a su paso. En el jardín las estaciones no contaban.

Bajo el aloe de Socotora estaba el cenador, lleno de luz aún a aquella hora de la tarde, medio escondido entre ramas, tapada más de la mitad de la piedra por enredaderas y matas de flores. Distinguió entre los arcos la cabeza de Melania moviéndose al son de una música que nadie más podría haber escuchado, estaba en su cerebro. Corina entró en el cenador y le dio un beso en la frente.

—Hola, Melania. Si continúas meneando la cabeza de esa manera terminará por caerte. No tienes edad para esto, querida mía.

—De momento, mi cabeza se mueve mejor que tus pies y tu culo, Corina. Yo no voy dejándome caer por ahí junto al primer desconocido que me sale al paso para después rechazar su mano y poner cara de virgen inocente.

—No me dejé caer, tropecé. Caí sin darme cuenta. No necesito dejarme caer al paso de los hombres, nunca hice eso.

—Siempre lo hiciste, Corina, por llamar la atención lo hacías y pienso que aún lo haces: por llamar la atención eres capaz de cualquier cosa. No sería la primera vez que haces eso: yo lo vi alguna que otra vez, con ocho, dieciocho y creo recordar que con veintiocho años.

—¿Qué es lo que quería mi madre? —No pensaba discutir, cada día mejoraba su estilo; a semejanza de Alfredo Jacoby, cada día discutía menos. Y no se molestó en preguntar cómo su tía sabía lo del ridículo baile, la caída y aquel hombre, habría sido inútil.

—Nada, ya está tranquila. Le dije que paseabais por el jardín, que no había ningún problema, que hacía rato que estabais aquí, resguardadas de la lluvia.

Melania Jacoby reposaba estirada en los cojines que cubrían los bancos del cenador. Estaba a punto de cumplir cien años y nadie podría haberlo imaginado. Las arrugas de las manos, del cuello y de la cara no eran más que pequeños rasguños, no eran surcos profundos de los que delatan la edad: sólo simples rasguños en una piel tersa. Melania Jacoby tenía una cara hermosa, pero era necesario mirarla varias veces para darse cuenta de ello. No era una belleza explosiva ni al uso. Una frente despejada daba paso a unos ojos verdes llenos de manchas color miel; la nariz era recta hasta la punta, ahí se desviaba hacia abajo y, sin ser aguileña, tenía rastro de la sangre sefardí que corría por sus venas. La boca era fina, limpia, trazada a compás o por un tiralíneas que se había desviado en el dibujo haciendo que la comisura de los labios le diese un gesto de hastío que se rompía al sonreír levemente.

Melania Jacoby todavía era bella; con esa clase de hermosura que es necesario escudriñar para verla, tal vez fuese la clase de belleza que sólo se expone a los demás cuando quien la posee deja abierta la puerta para que pueda contemplarse. Ésa es la belleza más pura, la más perfecta, la que exige esfuerzo para mostrarse en todo su esplendor.

Las manos eran largas, blancas; unas pequeñas manchas marrones desmentían que no eran las de una mujer joven. Las uñas estaban perfectamente pulidas y arregladas; cortas, así las había tenido toda la vida. Los dedos de las manos llenos de sortijas, unas de metales nobles y piedras preciosas y otras de plástico. Una serpiente de oro con ojos de esmeraldas sacando la lengua bífida; un reloj rodeado de pequeños brillantes en el dedo anular; un ojo de plástico que, cada vez que el dedo se movía, abría y cerraba el párpado dejando ver unas pupilas sanguinolentas; una amapola abierta formada por rubíes. Ésas y así eran las sortijas de Melania; extraña mezcla, como ella. Cinco vueltas de perlas llegaban a la cintura, un solo collar que extendido tenía varios metros de largo; cada año iba añadiéndole perlas, siempre blancas, sin un solo defecto, todas de la misma calidad. El collar reposaba encima de una blusa de flores. Las piernas estaban cubiertas por la tela de un pantalón ancho, color verde menta, y los pies aparecían entre los pespuntes del bajo del pantalón enfundados en unas botas de charol blanco. Un pañuelo de gasa morada sujetaba parte del pelo, unos rizos caían hacia la cara. Melania Jacoby era pelirroja; de no ser por eso, alguien podría haber jurado que era Corina. Eran igual de diminutas, había algo en ellas que no era común; dejando de lado la vestimenta habitual de Melania, era una mujer que irradiaba algo que hacía volverse a los demás para mirarla.

—¿Continúas conectando cada noche con un chat distinto, Corina?

—Sí, ahora menos. En verano no lo hago, Melania.

—He cambiado el módem por otro más rápido, Corina. Es un gran invento internet. A pesar de lo que la gente dice, creo que lo es. Desde hace años no recibía tanta correspondencia; reencontré el placer de escribir y recibir cartas. Sólo por eso, porque la gente escribe otra vez, merece la pena.

—Tienes razón. Me ocurre lo mismo. Me gusta escribir cartas y me gusta recibirlas. Me gusta por eso y sobre todo porque puedo decir todo lo que quiero, sin esconder nada; digo lo que quiero y a quien quiero y pienso que la gente hace lo mismo. Internet, los chats, son una esquina, un bar por donde ves pasar a muchas personas, y yo me fijo en cada una de ellas, Melania. Me dicen y digo cosas que nunca me sentí capaz de expresar y ahora lo hago; es más barato y mucho más rentable que el psicólogo.

Luisa y la abuela aparecieron entre la hiedra. La abuela parloteaba sin cesar y Luisa asentía con la cabeza. Con grandes dificultades y protestando, la vieja subió los escalones y se dejó caer entre los cojines, tiró al suelo la toquilla color malva y movió el bastón delante de la cara de Melania Jacoby.

—Estás como siempre, Melania: ni chocheas ni envejeces. Me resulta molesto, eres veinte años más vieja que yo y pareces mi hija. Claro que, vestida de esa manera, cualquiera lo parecería. Pero mi Bernarda no se vestiría así, nunca lo haría. Esas botas de charol habrás tenido que encargarlas, nadie fabricaría en serie una cosa tan horrible. Y perdona que te lo diga así de claramente: son horribles, como casi todo lo que te pones en los últimos tiempos. ¿Cuándo merendamos?

Sin hacer caso de los comentarios de Asunción, Melania hizo un gesto a Luisa, se incorporó y se dirigió a la mesa del cenador. Estaba cubierta por un mantel de hilo crudo, bordado y lleno de puntillas que dejaban ver otro mantel de hilo que tapaba la piedra de la mesa. En un tarro de cristal gigantesco —que en otro tiempo debió de contener una poción contra algún mal extraño— Melania Jacoby había colocado unas hortensias azules. El cristal dejaba ver los tallos de las flores entre el agua cristalina y no resultaba fea la mezcla de hilo y vidrio burdo; por el contrario, hacía bonito. Dos candelabros de plata, de una sola luz, cayéndoles la cera por los lados formando churretones, estaban en el centro.

Existían cuatro candelabros semejantes en el mundo: dos estaban allí y los dos restantes iluminaban las cenas solitarias de Corina Jacoby. Los candelabros estaban fundidos en plata mexicana, plata proveniente del tesoro de una princesa azteca que había muerto contagiada de la gripe por un pacense del que se había enamorado. Al saber que estaba embarazada, el español la había abandonado. Uno de los amantes de Melania Jacoby —descendiente de la azteca y el pacense— se los había regalado hacía setenta años; por una vez, el amor no se había consumado en forma de semillas, pero era igual de mágico. Los candelabros parecían aumentar la llama de las velas hasta el extremo de que su luz se veía desde muchos kilómetros de distancia.

En las noches de tormenta, Melania Jacoby los encendía. Su luz había salvado la vida de más navegantes que el propio faro del puerto. Melania encendió las velas y la luz subió hasta la bóveda del templete extendiéndose por todo el jardín, saliendo fuera de sus límites. Los habitantes de la villa sabían ahora que ella estaba en el cenador, que merendaba, pintaba o simplemente dormitaba al resguardo de la piedra y del aloe. Un humo azulado, un humo que desprendía aromas de sándalo y vainilla, atravesó el centro de la mesa y se extendió entre las columnas saliendo a pasear por el jardín. Ahora nadie debía importunar a Melania; nadie debía pedir una poción.

—Éstas son las últimas velas que fabriqué, Corina. ¿Aún te

quedan de las otras que te di? Éstas ayudan a ahuyentar la soledad, impregnan los poros de una mezcla que hace imposible sentirse solo. Ahuyentan la tristeza. Crean mentiras piadosas, Corina.

—Melania, eso son sandeces de loca. Puede que me ponga contenta esta tarde, puede que estés comenzando a chochear y yo presencie ese prodigio.

—Abuela, no seas desagradable, seguro que esas cosas pasan, es posible que las mezclas de Melania tengan esas propiedades. ¡Pero a mí no me hacen falta, Melania!

—Asunción, si algún día me hubieses escuchado no estarías en esta situación. Podrías ir dando saltos por los prados como yo. La incredulidad en ocasiones es mala consejera, casi siempre lo es. Cada palabra o cada acción, aun no siendo cierta en su conjunto, tienen algo de verdad. Mi vida habría sido un infierno sin mis árboles, sin las plantas, sin este jardín y todo lo que encierra. Y no lo ha sido. Transmití sueños con aromas y sabores. Hice feliz a mucha gente, a quien lo pidió o quiso serlo. Sin todo eso ya estaría muerta hace años y mi vida habría sido ver pasar las horas y los hechos sin escribir historia. Yo no nací para eso, Asunción, yo no.

La abuela agachó la cabeza y asintió.

—Has sido valiente, Melania, es cierto. Siempre te he admirado por eso, incluso te envidié durante años. Yo no dejo más historia que unos hijos a los que estorbo, unos hijos que critican cada una de mis acciones pasadas y actuales, unos hijos para los que soy una carga insoportable, unos hijos que hablan de lo buenos que son conmigo. Individuos que jamás hicieron el mínimo esfuerzo por comprender lo que yo hacía o dejaba de hacer. Sólo Corina me entiende. Sabe que quiero morir y lo acepta; los otros se ponen a dar gritos y a llamarme loca. El pequeño está tratando de convencer a los demás para que me incapaciten. Me salva Bernarda, ella no necesita mi dinero y nunca haría eso. Por la vergüenza que le daría que la gente hablase y dijese que me incapacita para poder vender las tierras o quedarse con mis joyas. Las joyas ya las tiene, aunque jamás se las pondrá hasta que me muera. Ella es más lista que los otros. No les dará ni una sola de esas piezas, aguantará insultos e improperios pero nunca se las entregará. Eso me parece muy bien, no soportaría que ninguna de mis nueras llevase piezas semejantes. Conociéndolas, no pertenecerían a la familia De la Vega, serían de sus familias; ya sabes cómo son. Y ya me diréis cómo la Leocadia iba a tener esmeraldas semejantes siendo dueña de una casquería y presumiendo de honrada. ¡Ni que naciesen en el culo de los pollos! Claro que te envidio, Melania: yo sólo quiero morir. Morir y encontrarme con el hombre que entre bofetón y bofetón me amaba en las noches heladas del pueblo de mierda donde me obligaron a vivir; a orillas del río negro, turbio como toda aquella vida. Si él estuviese vivo, ninguno de mis hijos se atrevería a ejercer ninguna acción judicial contra mí. Los habría matado antes que permitir una cosa semejante. Él, a pesar de todo, me quería; por mí habría matado. Las putas que me metía en aquella casa infernal no tenían importancia, no la tenían. Eran juguetes. Yo era su mujer, la única. A esas otras podía desearlas, pero dormir, quería dormir conmigo cuando estaba enfermo o triste. Siempre regresaba. Lo demás, con el tiempo, dejó de importarme.

—Abu, deja de pensar esas cosas, déjalo ya. No tiene remedio. La vida es como es; no cabe desesperarse ahora, cuando tantas cosas no tienen marcha atrás.

—En eso te equivocas, Corina. Lo recuerdo con amor, sin pizca de odio hacia él. Fueron las circunstancias, todo lo que nos rodeó las que hicieron un infierno de mi vida. Pero la única culpable fui yo. Tu tía Melania se apartó de un hombre semejante a tu abuelo, tuvo decisión para hacerlo y consiguió ser feliz a su manera. Yo quiero que tú logres ser feliz, Corina. En esta familia parece que ninguna mujer puede serlo; no importa el siglo en el que viva, es una especie de maldición que nos acecha a cada momento y tú estás recorriendo la misma senda. Desprecias a los hombres, creo que por nuestra culpa; peleas con ellos, no dejas que ninguno se acerque a ti lo suficiente y a la vez eres incapaz de vivir sola. Necesitas estar permanentemente junto a nosotros, pidiendo nuestra opinión para cada cosa que haces. En las bobadas, en lo que carece de importancia, al final haces lo que te da la gana. En lo esencial, en lo que nadie más que tú puede decidir, en lo que a nadie le da miedo —ser feliz o intentarlo—, en eso te agachas como un animal asustado ante la primera opinión en contra y te dejas llevar. Así nunca lograrás encontrar lo que quieres. Sin riesgo no hay nada que merezca la pena, Corina. Ahora mismo moriría si supiese que encontrarás lo que buscas. Tú quieres a un hombre, un hombre que te zarandee, que te domine. Un hombre que te busque en las noches de invierno; que te desnude en las tardes húmedas de verano, en el jardín; un hombre que te bese hasta dejarte sin resuello. Y tienes tanto miedo a encontrarlo para después perderlo que nunca lograrás nada. Esta misma noche moriría tranquila si supiese que ibas a intentarlo al menos. Daría los pocos días que me quedan por que intentases ser feliz.

—Asunción, si es por eso muérete tranquila. Esta misma tarde Corina tropezó con el destino entre la hierba y los árboles. Esta misma tarde el destino, con ojos oscuros, te acompañó hasta mi puerta. Puedes estar segura de eso. No sé cómo terminará, ahí no alcanzo a saber. Pero sé que la vida de Corina ha comenzado a cambiar hoy. Esta tarde, en esa ermita.

—Bien, Melania, la abuela te ha contagiado la chochez, está claro. No sé de qué habláis ni quiero saberlo, prefiero merendar a enterarme de estas cosas raras que decís. No tenéis razón ninguna de las dos, pero no pienso discutir.

—Mírala, Melania, se está volviendo igual que Alfredo: nunca discute. Ahora, esta niña corta cualquier conversación que no le interesa con la famosa frase de tu hermano: «No pienso discutir».

La abuela se rió a carcajadas y volviéndose a Melania continuó hablando.

—¿Estás segura de eso que me dices? Si es la verdad, mañana mis ojos no verán la luz. Yo ahora te creo, Melania. Si estás hablando en serio te creeré y mañana esa panda de mulos que tengo por hijos llorarán y pasada una semana estarán peleándose por mi patrimonio.

—No es necesario que te mueras, Asunción, pero si sólo esperas a eso, puedes hacerlo. Yo lo haré, moriré el día que la vea sonreír, gritar y ofrecer su boca a un hombre, ese día yo me alejaré hacia una nube cercana a la tuya y desde allí continuaremos vigilándola.

—Estáis locas, sólo puedo decir eso.

Luisa llenó la mesa con tazones de porcelana, bollos de miel y pasas; pasteles de jengibre que vendrían bien para el mareo de Corina. Tomaron el chocolate con nata y unas copas del licor que Luisa y Melania fabricaban. Las copas eran de cristal fino, achatadas, con unas iniciales que se entrelazaban en la mitad. Una M y una S unidas. Casi parecían bordadas en el cristal.

—Otra que no logró nunca ser feliz; la dignidad que atenaza a esta familia, la falsa dignidad, se lo impidió. No dejes que te hagan eso, Corina, no te impidas buscar lo que quieres. No llegues a mi edad renegada por no haberlo intentado. —La abuela repetía eso una y otra vez mientras tomaba sorbos de licor y miraba el nombre grabado en las copas—. Dame más, Luisa; parece ser que esta noche salgo de viaje y prefiero ir durmiendo para no marearme.

—Me encantaría tener una familia más normal; todas mis amigas la tienen —suspiró Corina.

—¿Y qué haría un ser anormal como tú en una familia normal, Corina? Te despreciarían, serías más infeliz aún. Aquí estás bien, hasta tu madre te sirve de trinchera. Lo que he dicho esta tarde, lo del hombre que os ha acompañado hasta la entrada, es cierto: un día él entrara en mi casa, cuando yo ya no esté y sea tu casa. Ese hombre entrará en mi casa y los pétalos de las flores, las hojas de los árboles, caerán aunque sea pleno verano, Corina. Te dije que no sé cómo terminará, pero él hará que caigan muchas cosas en tu vida, para bien o para mal, ocurrirá eso.

—¡Ni siquiera sé cómo se llama! Estáis mal de la cabeza, me estoy mareando. Dejadlo ya.

—¿Qué importa el nombre ni el país? Eso carece de importancia, Corina.

—Eso, el idioma: ese individuo hablaba raro. En eso me fijé, tenía una forma de hablar extraña, muy extraña. Era un extranjero, seguro que lo era. Pero a mí me gustó, no estaba nada mal. —La abuela volvió a beber más licor y a reírse cuando terminó de parlotear.

El sonido de un coche entrando por el camino de la casa cortó en seco el recuerdo del supuesto extranjero. Por un momento, Corina recordó los ojos del hombre y la mirada. Era desprecio, seguro que era eso.

—Sí, te desprecia, Corina; piensa que eres tonta. Mejor para ti, ésa es una baza a tu favor: deja que lo piense durante un tiempo, la sorpresa lo volverá loco.

Melania Jacoby había dicho aquello mientras acariciaba el pelo rubio de Corina.

—Deja de hacer eso, Melania. Hay veces que tengo que hacer esfuerzos para mantener la mente en blanco ante ti, no está bien que hagas eso a la gente.

Bernarda de la Vega se acercaba y la fiesta se había terminado. El paso rápido, la mirada airada, el gesto de la boca crispado.

—De estas dos viejas cascadas no podía esperar menos, pero de ti sí. Nunca tendrás juicio. Da igual la edad que tengas, siempre serás la misma. ¿Crees que tu abuela está para caminatas bajo la lluvia? Pensarán que lo hacemos adrede para matarla. Todo el mundo sabe que eres un poco boba, creerán que te lo encargamos a ti porque ni te darías cuenta. Nunca cambiarás. Es una pena. Vamos, madre. Adiós, Melania, otro día volveré a verte.

—No te preocupes, Bernarda, podré soportar un año más sin verte en mi casa. Ni mil pociones tranquilizan mi espíritu ante ti. Cuida a mi hermano y a Corina. Ella necesita lo que nunca le has dado: amor y paz.

—No necesito tus consejos, Melania. Crié a mis hijos sin tus consejos, y a ésta, tu hermano y tú me la echasteis a perder metiéndole en la cabeza que es un ser prodigioso, especial. Y lo único especial que tiene es su poca capacidad para ser normal, para enfrentarse a la vida de una vez y dejar de ser tonta; ésa es la única particularidad que le veo yo a ésta. Y, por supuesto, haber quedado veinte centímetros más pequeña que el resto de sus hermanos. No creo que nada de eso sea meritorio, más bien es algo absolutamente insólito en una casa como la mía.

Corina Jacoby estaba a punto de comenzar a llorar. Una mirada de su tía y la voz de su abuela se lo impidieron. Tragó saliva, tragó el sabor a sal de las lágrimas y bajando la cabeza, se dirigió al coche.

—Bernarda, tú ponte así de gallito que mañana tendrás una sorpresa bien gorda. Y quiero que sepas que la sorpresa será por tu culpa. Bueno, te lo voy a decir: pienso morirme esta noche y en tu casa, de golpe. Para que te chinches, para que te duela la cabeza, para que te pongas mala, para que nunca puedas olvidar que fuiste la culpable de mi muerte. No eres la culpable, pero conociéndote pensarás que sí. Tu religión no te dejará descansar ni una noche pensando cómo me has tratado. Tendrás remordimientos toda la vida. Y no intentes culpar a Corina: su vida cambiará muy pronto y no tendrás ningún poder sobre ella. Yo me reiré desde una nube viendo cómo te desesperas al ver a tu hija ser feliz. Veré cómo te carcomes por dentro viéndolo. Así que vámonos: pronto será de noche y tienen que bañarme antes de morirme.

Nadie dijo nada. Caminaron hacia el coche y por primera vez vieron a Petronilo. Estaba mayor, pero tuvo la suficiente fuerza para ponerle un banco a la abuela, un banco de madera a la altura de los pies, para que pudiera subirse al todoterreno. La empujó por el culo y de un solo envite la colocó en el asiento delantero. Petronilo sonrió a una Corina cabizbaja y derrotada; fue otra caricia en el pelo.

—¿A qué hora me muero, Melania?

—Sin prisa, Asunción, sin prisa.

—¡Ya basta! —tronó la voz de Bernarda de la Vega—. ¡Ya está bien de tanta idiotez! De todas formas, no te mueras hoy, madre: tengo una cena y me gustaría ver esa muerte tuya tan anunciada.

El humor aparecía de vez en cuando en la vida y en la voz de Bernarda.

Arrancó el coche a toda velocidad, dejando la huella de las ruedas en el guijo y la hierba. Enfiló el camino entre los plátanos y salió derrapando entre las verjas de hierro. Al llegar a casa no dirigió la mirada a Corina ni una sola vez, ni la palabra. Subió deprisa las escaleras de piedra y se metió en su habitación. Ésa era otra forma de castigo. El silencio.

La abuela se empeñó en que la bañasen temprano esa noche; tenía prisa en morirse, decía. Bernarda de la Vega se fue a las nueve en punto seguida de un Alfredo Jacoby sin ganas de acompañar al torbellino que tenía por mujer, pero que, una vez más, cedía. Antes de irse, Bernarda se dirigió a Corina con voz zumbona:

—Si se muere, ya sabes dónde estamos. Leonor llegará dentro de una hora: no estarás sola si no hay *exitus* antes de ese tiempo.

La abuela se había encerrado en su cuarto. Repetía sin cesar que tenía que vestirse para el viaje. Corina subió a su habitación y se tiró a la larga encima de la cama. Tenía que superar los sentimientos que su madre provocaba en ella: odio, rechazo, lástima. Lo principal era aprender a defenderse de ella. Evitar que Bernarda le hiciese daño. Tenía que construir una coraza, una costra que hiciese rebotar todo lo que su madre le lanzaba. El día que Corina no pusiese cara de disgusto, el día que no llorase, el día que lograse controlar la ira profunda que sentía contra su madre, ese día, Bernarda dejaría de atacarla. Tenía que lograrlo, tenía que proponérselo y lograrlo. Se levantó despacio, estaba mareada. Fue quitándose la ropa poco a poco. Cambió los pantalones negros y estrechos por unos de pijama masculino, holgados, de franela. Una camiseta de algodón y un jersey del mismo material la ayudarían a estar caliente y cómoda. Colocó la ropa en el armario y, cuando sostenía un cojín en la mano, dispuesta a lanzarlo sobre la cama que siempre estaba vacía, escuchó un ruido en la escalera que conducía a su cuarto. Dejó el cojín sobre la cama y caminó descalza hasta la puerta de su habitación.

La abuela se arrastraba por los escalones. Subía reptando; arrastrándose sobre la panza, ayudándose con las manos y con los pies. Asunción Martínez utilizaba las últimas fuerzas que parecían quedarle en arrastrarse hasta aquel cuarto al que nunca había subido por lo abrupto del acceso. Antes de que Corina pudiese articular sonido alguno, su abuela logró decir casi en un suspiro:

—Niña, cálzate; siempre andas descalza y es malo para los ovarios. Jamás lograrás tener hijos si continúas caminando así. ¡Cálzate de una vez!

Corina se apresuró a bajar un escalón para enganchar a su abuela por cualquier trozo de ropa que lograse agarrar. Lo hizo y después le quitó el bastón, lo arrojó dentro del cuarto y tomó con la mano libre las dos de su abuela. Con un esfuerzo tremendo logró izar a la vieja hasta el estrecho rellano. Allí quedaron las dos sentadas, mirándose sin hablar. Corina sentía cómo el corazón le salía por la boca, cómo palpitaba en su pecho y zumbaba en sus oídos. La abuela respiraba con dificultad, su pecho emitía un silbido, un lamento. Corina recordó a su padre.

—Vamos, Corina, ayúdame a llegar. A poco muero antes de la hora, que no sé muy bien cuál es, pero morir en una escalera no es muy digno.

Corina no podía hablar, el asombro y el susto se lo impedían. Se incorporó como pudo y ayudó a su abuela a que lo hiciese. Asunción arañaba la pared intentando agarrarse a algo que no fuese la frágil muñeca de Corina o algún otro miembro del cuerpo diminuto de su nieta.

Avanzando a trompicones lograron llegar a la cama más cercana, la más próxima al ventanal. Se dejaron caer sobre la colcha de hilo al mismo tiempo. En silencio se miraban y hacían esfuerzos para normalizar la respiración. Corina murmuró:

—Me matarán por esto. Yo no hice nada, pero sé que me matarán. Ahora no sabrán cómo bajarte y yo sola no me atreveré. Abuela, esto me traerá muchos problemas, no sé cómo has podido hacer esto. Todos dirán que yo tengo la culpa y como siempre gritaré, chillaré y nadie me creerá. ¿Cómo puedes hacerme esto, abuela?

—No te apures, Corina; con un poco de suerte mi hija obligará a tu padre a que te expulse de casa. Puede ser una buena solución: te echa y así tienes una mínima oportunidad de ser feliz. Tú no te irías voluntariamente, así que puede ser bueno que te culpen de esto. Ya te lo expliqué esta tarde. Déjame prepararme, vine a morir y debe de quedarme poco tiempo. No pienso viajar hecha una piltrafa: tengo que arreglarme.

Se levantó Asunción y caminó entre los muebles arrastrando los pies, balanceando las caderas desgastadas, agarrándose donde podía. Se quitó una bata de lana que llevaba puesta. Quedó al descubierto una blusa blanca llena de vainicas y puntillas. Una blusa de manga corta y abombada que terminaba estrechándose en un puño por debajo del codo, abrochado con dos botones de nácar y rematado por una fila de puntilla. El cuello de la blusa era redondo y pegado, a modo de gola. Una cinta de terciopelo negro corría de atrás para adelante y formaba un lazo perfectamente anudado. Asunción atusaba la blusa frente a un espejo. Pasaba las manos una y otra vez por la tela. Llevó las manos a la cintura y comenzó a desenroscar el tejido que se había sujetado a ella, tela enroscada de forma cuidadosa. Cada vez que soltaba un trozo de tela, que había ajustado a la cinturilla de la falda, la abuela adquiría una presencia vaporosa. El tejido le caía hasta los pies y parecía que se hinchaba alrededor del cuerpo giboso; se arremolinaba envolviendo aquella figura enjuta.

Corina aún continuaba intentando respirar con normalidad pero la imagen la hizo sonreír. Su abuela estaba muy guapa con aquella ropa, la falda de color ciruela que no abarcaba la cintura; la blusa que tampoco llegaba a tapar la camiseta de hilo blanco que asomaba por entre los dos trozos de tela que la anciana no había podido cerrar a su espalda. Ajena a las miradas de Corina, Asunción continuaba acicalándose: movía la falda, ponía derecho el lazo que pendía de las puntillas del cuello; colocaba los pendientes de azabache brillante que colgaban de las orejas caídas. De un pliegue de la falda sacó una cadena de oro de la que pendía un medallón.

—¿Ves? Esto no pudo quitármelo tu madre, lo escondí bien. Ven y verás qué bonito es, somos tu abuelo y yo cuando éramos muy jóvenes. No sabes cómo lo quise; nadie lo supo nunca. No importa lo que él me hiciese. Me quería, yo sé que me quería.

Corina abrió el medallón y vio la foto. Una Asunción muy joven, con su cara redonda iluminada por una sonrisa; los ojos, vueltos hacia su abuelo, parecían mirar la boca del hombre y sonreírle desde toda la piel del rostro. El abuelo estaba más serio; pero el semblante dejaba asomar un gesto de cariño, la miraba a ella con una especie de ternura posesiva. La había querido. A su manera. Terrible manera de querer aquélla, la expresión «a mi manera» siempre había aterrado a Corina respecto al querer. Respecto a todo. No significaba nada bueno. Egoísmo. Ella lo había visto en sus abuelos, en sus padres. Bernarda quería a su manera a Alfredo y él la adoraba. La abuela adoraba al abuelo y él la quería a su manera. Esa expresión encerraba voracidad. Estaba cansada de oírla.

—Bueno, Corina, vamos; ayúdame a colocarme para morir.

—Abuela, ya está bien. Estoy empezando a encontrarme mal, muy mal. No me dan miedo los muertos, pero sí me lo da mi madre, así que al menos muérete otro día en que esté ella. Y no en mi habitación precisamente. Estoy mareada y me temo que antes moriré yo si continúas haciendo esto.

—Deja de quejarte, niña. ¿Qué te parecen la falda y la blusa? Tu madre las tenía guardadas, eran de mi suegra. Hoy son para mí, me encuentro guapa y tendrán que enterrarme con ellas, no creo que puedan quitármelas. Tu madre lo encontrará un desperdicio.

—Sí, abuela, estás guapa. Extraña; pareces la reina madre de Inglaterra, te pareces a ella.

—Espero que no, Corina, espero no parecerme nada a esa vieja, tenía unos dientes horribles y dicen que bebía. Claro que, bien pensado, yo también bebo. Esta tarde lo hice. Bueno, seré como esa reina, no me importa. Cuando muera, quién verá la cara de tu madre... Espero que muerta aún pueda ver, no quiero perderme nada; será espectacular ver cómo se las arreglan para sacarme de aquí. Por la escalera dudo que puedan, va a ser divertido.

Se había dejado caer en la cama cercana al ventanal, la que siempre estaba vacía. Corina no podía hacer otra cosa que ayudarla a que se acomodase. Colocó la cabeza de la abuela en un almohadón; los pies los puso sobre otro; estiró la colcha de hilo para que las arrugas no molestasen; arregló la posición de unos zapatos de tacón que casi colgaban de los pies menudos de su abuela, unos pies muy pequeños, pero hinchados, los zapatos no lograban encajar. La abuela puso las manos sobre el pecho, con los dedos entrelazados.

—Así se ponen los muertos, Corina. Me muero porque Melania dice que ese hombre que conocimos hoy te ayudará a saber lo que es la vida fuera de estas paredes y de nuestro mundo. Si eso es cierto puedo morir tranquila, porque pase lo que pase aprenderás y conocerás otras formas de entender la vida. Ojalá te enseñe a pecar, Corina: quiero que peques mucho. Matar, no; pero, menos matar, quiero que peques. Y en caso de peligro, mata, no sería pecado. Todo lo que los de esta casa consideran pecado no lo es. Ni siquiera existe. Miedo a vivir y a conocer, de eso padecen. Tanta dignidad amarga sus vidas y yo no quiero que vivas amargada. —Interrumpió un conato de contestación de Corina con un gesto de las cejas—. Tú escúchame; entretanto, puedes ir encendiendo unas velas y conos de esos que empapizan a la familia: quiero que huela a espíritus y ese olor es lo más parecido al olor a espíritu. Lástima que no tengamos lirios, los lirios siempre me recordaron a los muertos, la puesta en escena sería aún mejor.

Corina comenzó a encender velas, conos de incienso y barras de vainilla y mirra mientras su abuela continuaba hablando.

—Esta tarde, al bailar, me recordaste a un hipocampo. Tu abuelo decía que eras como un potro desbocado; eso siempre le gustó. Aunque no lo encontrase femenino, en ti le gustaba. Pensaba que serías un desafío para cualquier hombre, que ninguno llegaría a poseerte. A mí siempre me pareciste un caballito de mar; al bailar, al caminar, te deslizas por la vida bailando entre aguas, entre corrientes y olas. Te dejas llevar, Corina, y crees que todo es permanente movimiento. Hasta eres pequeña como esos caballitos. Tienes colores; tú no los ves, casi nadie ve tus colores, pero los tienes. El color de la alegría, el del llanto, el de la tristeza; tienes los colores de la vida. La gente piensa que los colores de la vida son los del arco iris y no es verdad. Los colores de la vida nacen de la gente y surgen cuando algunas personas caminan, hablan o ríen; cuando aman. El día que conozcas la auténtica pasión, el amor verdadero, el que tú sientas como tal, ese día asustarás a quien esté contigo. Explotarás en mil colores, tendrás el aroma de cientos de flores. Me gustaría ver eso.

—Esto raya en la pornografía, abuela. —Y continuó encendiendo candelas. Apagó la luz y las sombras danzaron para las dos mujeres.

—No es nada pornográfico, niña: es vida. Y al éxtasis no se llega sólo con el sexo, Corina, ya verás. Hay un problema en ser como un caballito de mar. Las hembras nunca paren; ellas preñan a los machos, es algo extraño... Esta vez no dejarás que te lo quiten, Corina. Bueno, veremos qué ocurre. Y no quiero lágrimas cuando hables de esto. Nunca queréis recordar a ese niño. En eso eres como ellos.

Corina encendió un cigarrillo y guardó silencio. Miró al vacío.

Melania Jacoby estaba sentada en el cenador de piedra observando el mar, que se agitaba por momentos. Encima de la mesa tenía un tarro de vidrio con un líquido del color de las algas secas, y una vela delgada y larga en uno de los candelabros de plata. Miró la luna y pensó que ya era la hora. Desenroscó la tapa del bote, encendió una cerilla y llevó la llama hasta la vela. Del tarro de cristal surgió una nube transparente con partículas doradas. De la vela, un humo gris y azul. La nube y el humo tomaron dirección este. A los pocos minutos penetró por la ventana del cuarto de Corina Jacoby una nube con partículas doradas, y un humo azul y gris llenó el aire. Las velas daban sombras y el humo y la nube danzaban entre ellas. La nube envolvió el cuerpo de la abuela. El humo llenó su pelo.

—Es la hora, Corina. Te quiero. Cuídate y no dejes que te hagan más daño. Aprende a quererte, deja que vea cómo eres feliz al menos por un tiempo.

Corina Jacoby presenció todo aquello y escuchó las palabras de la abuela como si estuviese en otro lugar. No podía ser verdad, no había nube ni humo, pero estaba viéndolo. Asunción cerró los ojos. El pelo blanco se volvía negro como el ala de un cuervo, negro y brillante como los pendientes de azabache. El humo azul danzaba entre las hebras plateadas y al salir y al entrar lo teñía. El humo cubrió la cara de Asunción como una gasa y, al ir penetrando por los poros de la cara, los cerraba. Recorría las grietas profundas que eran las arrugas de la abuela y, a su paso, parecía planchar la superficie. La cara adquirió un tono blanco, como las mantecas que ella misma había hecho durante años; el tono de la nata. Y como la propia manteca brillaba la piel de Asunción. Sin arrugas. El humo azul las había borrado. La boca estaba sonriente y los labios tenían un tono rosa. La nube cubrió el cuerpo desde el cuello hasta los pies. La falda y la blusa quedaron impregnadas de partículas doradas. Asunción se convirtió en un bonito cadáver. En unos segundos recuperó la belleza perdida; en unos segundos su cuerpo fue embalsamado. El humo y la nube abandonaron el cuarto por el balcón. El humo se perdió en el mar; la nube regresó al tarro de cristal que Melania Jacoby había dejado abierto.

Convertida la nube en líquido, Melania despabiló la vela y enroscó de nuevo la tapa al tarro de vidrio. Caminó por la hierba hacia la casa. Mañana o pasado iría de funeral.

El cuerpo de la abuela estaba tieso. Las ropas parecían impregnadas en algo más duro que el almidón; desde luego, no podrían quitárselas. Corina Jacoby besó sus párpados y no derramó ni una sola lágrima.

Escuchó la voz de Leonor llamándola. Leonor entró en el cuarto, hablando de algo que Corina no entendió. Dejó de hablar, encendió la luz y, con un suspiro, preguntó:

—¿Está muerta?

—Sí, creo que duerme, Leonor.

Bernarda de la Vega lloró la muerte de su madre. El dolor y la sensación de liberación se mezclaban. Los hermanos de Corina murmuraban la palabra brujería. Alfredo Jacoby se encargó de pedir una grúa a un constructor del pueblo y sacaron el cadáver de la abuela por el balcón, encima de unas tablas de madera de las que servían para cargar ladrillos. Su destino siempre había estado unido a la teja y al ladrillo y su camino hacia la sepultura no podía ser de otra manera. Los campesinos miraron el espectáculo con ojos incrédulos.

Dos criadas se despidieron a la mañana siguiente. Cuando se empeñaron en contar la visión de una nube y un humo azul, Bernarda de la Vega negó la posibilidad de tal fenómeno y, ante la incredulidad de la señora de la casa, ellas, ofendidas, se marcharon. Bernarda no preguntó nada a Corina, no hizo comentario alguno. Enterraron a la anciana entre muestras de dolor y algún velo negro y, al día siguiente, la vida continuó como si nada hubiese sucedido.

A mediados de septiembre Corina atravesó Francia en compañía de Sol del Valle, su primo Pablo de la Vega y su hermana Leonor. En París los esperaban Jaime Arias y Amalia Rodríguez. Amalia era médico y hacía meses que trabajaba en un hospital de París. Pasarían dos o tres días en aquella ciudad llena de alegría y que a Corina tan poco le gustaba. Era demasiado grande, y siempre había ido a París sola. Los demás, sus amigos, tenían un recuerdo de París unido a un nombre de persona y ella no. Ella lo unía a la Sorbona, a congresos y a conferencias aburridas. Habitaciones de hotel, aeropuertos y gente con prisa. Nunca compraba nada especial, le aburría ir de tiendas. Le gustaba pasear por

Montmartre o visitar el Museo de Orsay. Le gustaba sentarse en una terraza con su cámara de fotos y ver pasar a la gente. Hacer fotos, eso sí le gustaba. Casi no sabía manejar las cámaras, pero siempre compraba la más nueva, la más fácil de utilizar. Sacaba fotos a todo lo que veía y le parecía interesante. Nunca, o casi nunca, fotografiaba monumentos ni edificios. Guardaba montones de fotos de gente desconocida. Gente que caminaba por la calle, vendedores ambulantes, poetas que vendían fotocopias de sus versos. Corina las marcaba con fecha, hora y lugar. Cuando regresaba las miraba y las fotos fortalecían el recuerdo. No sabía de qué, pero eran recuerdos agradables, de gente con historia. Los edificios no tenían historia, era la gente quien la tenía: quién había construido el edificio, por qué lo había hecho y quiénes lo habían habitado o lo habitaban aún. Sin eso no eran más que hierro, ladrillo, hormigón o piedra inerte.

Antes de llegar a París tuvieron que desviarse y visitar Biarritz. Pablo de la Vega no podía pisar Francia sin visitar esa ciudad decadente y hermosa. Pablo era el más parecido a Corina de todos sus primos, incluso más que sus hermanos. Pasearon al borde del mar y se acostaron casi al amanecer.

Viajaron por carreteras secundarias; todos aborrecían las autopistas llenas de espacios muertos, de áreas de servicio cuajadas de cemento y hormigón. Leonor decía que las autopistas eran prácticas, pero se doblegaba a la voluntad de los demás. Sobre todo a la de Corina. Leonor Jacoby sabía que su hermana necesitaba un paseo por la soledad que aquellas carreteras le ofrecían. Aún se admiraba de los gritos que Corina daba al ver un tejado de forma distinta a los que habían dejado atrás. Se admiraba Leonor de la admiración, sin llegar a entender que esos gritos, esa capacidad de sorpresa, era lo que hacían del alma de su hermana un ser libre, sin ataduras. Como los niños, Corina no se avergonzaba cuando descubría formas nuevas en lo que mil veces había mirado.

—Mira, Sol: los tejados saludan a las nubes, tienen forma de sombrero de holandesa. Es precioso...

Y Sol del Valle respondía:

—Sí, Corina, pero no puedo mirar, estoy conduciendo.

Corina pensaba que daba igual que mirase o no, Sol era una

suicida al volante y Pablo de la Vega y Corina estaban al borde del ataque de nervios cada vez que la pelirroja reclamaba su derecho a conducir. La noche que llegaron a París todos salieron con Amalia y Jaime. Todos menos Corina. Se alegró de quedar sola. La ducha, la cama, la televisión y, al poco rato, estaba dormida. La mañana siguiente fue como ella había pensado: terrible. Leonor y Sol lanzadas a la búsqueda de objetos glamourosos sin lograr entender que eso no existía. Entraban en las tiendas y en los almacenes como si hubiesen vivido toda su vida en una remota aldea caucásica. Se admiraban de los nuevos cortos de falda, de los nuevos largos de chaqueta que no eran ni más ni menos que los de tres o cuatro años antes. Volvieron a pasear hacia la Torre Eiffel. Corina y Pablo de la Vega, como siempre, se negaron a subir. El vértigo se lo impedía. Jaime, Leonor y Sol lo denominaban miedo a vivir. Comieron en un café del Barrio Latino. Amalia llegó al poco tiempo. Corina y Amalia se abrazaron, hacía meses que no se veían. Todos hablaban al mismo tiempo; todos tenían cosas que contar. Del trabajo, de la vida, de los hombres o de las mujeres. Corina Jacoby, cosa extraña en ella, permanecía en silencio. El trabajo le importaba más bien poco. La vida, la suya, era la de siempre. Y de hombres no podía ni opinar. Jaime Arias miraba a Corina con una cara indefinible. Podía ser pena, risa. Podía ser cualquier cosa.

—Corina tiene un novio...

Sol del Valle y Leonor miraron a Jaime con desaprobación. Pablo le dio un codazo y Amalia preguntó:

—¿El árabe? ¿Eso es un novio?

Corina Jacoby hizo acopio de calma y de modales para contestar a Jaime Arias con la mayor suavidad que pudo. Pero no le salía nada original ni gracioso ni siquiera insultante, estaba perdiendo facultades.

—Hace meses que no sé nada de él. No es mi novio, nunca lo ha sido; confundo estas cosas, ya lo sabéis. No veo necesidad de hablar de ello.

—Pues tienes que buscarte otro, Corina, eso es lo que debes hacer —insistió Jaime Arias—. Un yugoslavo, por ejemplo. Después de un árabe, nada mejor que un hombre de esa tierra, ambos encajan perfectamente en el concepto de lo que nosotros entendemos por ser moro. Puede que hasta pudiese dominarte; en todos los sentidos, ya me entiendes.

Corina lo miró con desprecio. Jaime Arias enseñó sus dientes:

—¿Ves como sé lo que te gusta?

Amalia, Leonor, Pablo y Sol intentaron poner paz entre ellos. Amalia explicó que ella estaba conociendo a mucha gente por internet; desde que estaba en París hacía amigos cada noche: argentinos, australianos, tunecinos, holandeses. Amalia tenía una colección de amigos, todos hombres por supuesto, en los chats.

—Puedes hacer amigos, Corina. Lo que no puedes es pensar que el primer hombre que te diga algo agradable será el hombre de tu vida; siempre has hecho lo mismo. En los chats o en un bar se busca aventura, Corina. No puedes pensar que con cada hombre que te acuestas tienes un romance y que al cabo de unos meses te casarás con él. Es lo que es: sexo sin complicaciones.

—Amalia, yo no me acuesto con hombres —al mirar a Jaime Arias vio que ya tenía una réplica en los labios— ni con mujeres. Sabéis perfectamente lo que quiero decir. Yo no voy por ahí acostándome con la gente; no censuro a quien lo hace, pero no es mi estilo. Necesito querer a la persona y mi experiencia en ese tema se reduce a un solo hombre. De todas formas, no quiero andar mendigando cariño. No encuentro a ningún hombre que me guste lo suficiente y los que me gustan se van siempre.

—Ahí está el problema —Pablo de la Vega hablaba por primera vez—, ése es tu problema: renegaste de la pasión; sólo quieres querer y así no se puede ir por la vida, Corina. No todo es amor y querer, hay otras cosas. Si continúas buscando lo que no existe nunca tendrás nada.

—Ésa es vuestra opinión. Yo quiero pasión. Quiero amor. Que me quieran. Que me lancen contra una pared y me besen hasta que yo pida tregua, pero que después me acaricien el pelo con amor. Sexo sin amor o cariño nunca lo quise ni lo quiero. No estoy tan desesperada como para pedir caridad, queridos.

—No sería caridad, Corina, eres muy guapa: pelo revuelto, ojos encendidos, contoneo de caderas; cualquiera tendría un lío contigo —Jaime Arias no pensaba ceder en nada aquella tarde—.

Un lío es algo estupendo, Corina: no hay compromiso, no hay obligaciones; comidas, cenas, paseos y sexo. Mucho sexo mientras el cuerpo aguante.

—Supongo que es verdad, tu verdad, la vuestra, la de todos vosotros. La mía no. Algún día veréis que yo tenía razón en esto.

—¡Ya está bien! ¡Yo no he dicho nada! —dijeron a la vez Leonor Jacoby y Sol del Valle.

—Yo no opino como ellos, Corina, yo no. Creo que pueden tener parte de razón cuando te dicen que vivas, pero no de esa manera. Tienes que intentar no apartar a los hombres de tu lado, pero entre eso y lanzarte a la cama del primero que encuentres hay un abismo. Hace dieciocho años que estoy casada y soy feliz. Quiero que tú lo seas como yo, de una manera ordenada, no como éstos dicen —matizó Sol del Valle.

—Opino lo mismo, Corina; éstos son una panda de pervertidos que sólo piensan en sexo sin nada más —dijo Leonor.

—Sí, yo cada día pienso más en eso y no veo nada malo en ello; es algo que necesito y el día que me suelte seré una máquina —apostilló Amalia.

—Ya eres una máquina, Amalia. Si no te controlas terminarás siendo una ninfómana. —Pablo de la Vega dejó escapar el humo de un Gaulois a la vez que sus palabras.

Amalia no pudo responder. Corina continuó hablando.

—En el fondo me conocéis muy poco, en esto más bien nada. ¿Qué sabréis vosotros de la pasión? Yo sí. Y como lo sé, reservo las fuerzas para cuando encuentre a alguien que merezca la pena. Si pensáis que mi máxima aspiración en una cama es el lanzar cuatro estúpidos gritos durante media hora es que no sabéis nada de mí ni del sexo. Lo de la pared es el comienzo: la pasión requiere sangre, sudor y hasta lágrimas. Gritos, jadeos que te salen del alma escondida en un lugar tan profundo que al llegar a la boca suenan a lamentos. Es una batalla permanente. Es pasear la punta de la lengua por otro cuerpo con una fuerza y una suavidad que provoca el suspiro; es desear que te den la boca y te la quiten y suplicar que te la vuelvan a dar; es querer que te aten las manos y otras manos te acaricien con lentitud hasta que grites pidiendo que te calmen con un beso y otro más y otro más profundo; es mirar los ojos de quien provoca esos sentimientos y notar una descarga que recorre tu espalda y llega a la boca desde la nuca, y te llena la boca de saliva y los labios se hacen grandes y lo único que calma todo eso es la mano, la boca, el otro cuerpo. Es ver un caramelo y desear ponerlo entre los labios y comerlo boca a boca, y querer meterlo en cada oquedad del cuerpo junto con tu lengua y sentir que tu alma está más cerca del cielo que nunca. Eso es la pasión. Pero sin el deseo de quedarse dormido junto a quien te hace sentir todo eso, de dormir cada noche, de despertar cada día con esa mano enganchada en tu cintura y de que esa boca te bese de mañana, sin eso, sin ese deseo que es el auténtico, el de verdad, no hay pasión, sólo carne contra carne y ansia fácil, sólo respuestas a estímulos mecánicos perfectamente orquestados en el cuerpo. Eso es lo que yo creo y algún día encontraré a quien piense lo mismo. Así que no tenéis ni idea de lo que es la pasión, no la tenéis ninguno de vosotros.

Había dicho todo aquello atragantada, deprisa, estrellando las letras una contra otra, con la mirada brillante, moviendo las manos sin parar. Le había cambiado la cara por completo: ni sombra de fastidio ni de hastío. Corina Jacoby perdió, por primera vez en treinta y nueve años, el pudor de hablar de sexo de una manera explícita y personal. Ya no era una virgen de pelo claro y mirada perdida: Corina había hablado de la pasión como quien lleva años preparándose para una batalla en la que le va la vida. Todos se quedaron sin habla. Leonor Jacoby miraba con cara de susto a su hermana, Sol parecía una esfinge, Amalia murmuraba, Pablo de la Vega sonreía y Jaime Arias afilaba sus dientes de lobo contra los labios cortados.

Amalia fue la primera en hablar:

—Tú no eres la Corina que miraba a los ojos de un hombre y le decía: «Puedes tocarme lo que quieras y en donde quieras, no me excitas lo más mínimo...». Esa frase humilló a muchos hombres, esa indiferencia hacía que te insultasen. ¿De dónde has sacado todo esto? Estoy sin habla.

—Bueno, esas cosas no pasan; creo que estás un poco trastornada esta tarde, querida hermana —Leonor hablaba suave y continuaba con la mirada al frente—, creo que sí lo estás. Pareces una fulana de esas que pasean por aquí, acabas de describir todo esto como lo haría una de ellas: enamorada de un chulo, por supuesto.

—La pasión es eso, Leonor, y creo que sólo yo la vi antes que vosotros, reflejada en los ojos de Corina, tirada en la alfombra y mirando recuerdos que proyecta en una pared. Si nunca visteis cómo se revuelca por las alfombras cuando escucha música y se le mete en la cabeza, si no la escuchasteis decir que esa música es como un dedo paseando por su cuerpo, si no visteis eso no visteis nada de la pasión de la señorita Jacoby. Sois tontos si pensáis que Corina sólo pone pasión en la guerra cotidiana: la pone en todo, y el día que encuentre lo que quiere será capaz de matar por ello. En el fondo sería divertido si no lo tomase tan en serio. Pobre Corina y pobre objeto de su deseo.

—Razón tienes, Pablo. Has definido bien a tu prima. Yo lo sabía y quiero poder ser testigo de eso cuando suceda, pagaría por verlo. Será un festival de dolor y placer; a eso me refería cuando afirmé que sabía lo que te gustaba, exactamente a eso.

Jaime Arias retiró la cabeza a tiempo: un servilletero de plástico había salido volando de las manos de Corina; se estrelló a los pies de un transeúnte, que gritó en francés lo que ninguno de ellos quiso entender.

—No quiero hablar más de esto. Vámonos. —Corina ya estaba lejos de la mesa cuando pronunció las últimas sílabas.

Pidieron la cuenta y caminaron hacia el hotel. En un aparte, Leonor le dijo a su hermana:

—Ni lo de Amalia ni lo de Sol. Ni una ni otra son felices, Corina. Eso no existe. Amalia no sabe lo que busca y Sol se pone una venda en los ojos porque no le queda más remedio. Medio mundo vive así, engañándose. Y tú estás lanzada, francamente. Si eso te pasa, cuéntamelo rápido, sería brutal. Viniendo de ti sería algo tremendo. Pablo tiene razón: pobre hombre.

Al día siguiente salieron de París rumbo al norte, hacia el Franco Condado. Corina hizo el viaje silenciosa; no le importaba nada. Ni mesetas ni llanuras ni montañas. Miraba distraída las encinas, abedules, alerces, hayas y pinos del norte. Se acordaba del jardín de Melania, tenía ganas de regresar a casa. El último día visitaron la capilla que Le Corbusier había construido en Ronchamp.

Mientras Sol, Leonor y Pablo se entusiasmaban con la construcción, los materiales y todo lo que incumbía a su oficio de constructores, ella pensaba en la hermosura del lugar, en el verde que rodeaba todo aquello, en la mata de flores rojas que crecía junto a la iglesia en forma de barco. Estaba sentada al pie de las tres campanas, le parecía el lugar más hermoso: las campanas colgando de algo tan sencillo, las campanas al alcance de la mano. Cualquiera podía tocarlas. Ahí estaba su auténtica belleza, en la simplicidad.

Jaime Arias estaba sentado junto a Corina y la miraba. Sabía lo que pensaba y lo que le pasaba. Por un motivo u otro su amiga siempre se había negado la posibilidad de ser feliz. No había tenido una infancia normal. A la entrada de la madurez, Corina Jacoby comenzaba a desesperarse por no encontrar lo que buscaba. Era difícil. Corina pedía, exigía perfección en todo o casi todo. Jaime sabía que el día que encontrase un hombre adecuado y se enamorase de él, Corina sufriría. Nadie podía soportar el ritmo de sentimiento de aquella mujer. Sólo Alberto lo había logrado. Él quería a Corina, pero nunca la había amado; por eso lograba vivir junto a ella. La había dejado hacer su vida, entrar, salir, porque Alberto era lo suficientemente inteligente como para saber que jamás podría dominar a una mujer como aquélla. Alberto nunca le había dado a Corina nada y por eso le pedía poca cosa.

Corina necesitaba a alguien especial, dominante, alguien que pusiese fin a todas sus correrías en busca de algo indefinido. Jaime no estaba seguro de que existiese un hombre así y, si ella lo encontraba, temía por la suerte de los dos. La explosión sería terrible. Si no era el momento adecuado en la vida de ambos, terminarían destrozados, hundidos; él lo había visto muchas veces. Dejó que Corina llenase los ojos de aquella belleza en la que los demás ni se habían detenido y encendió un cigarrillo. Se lo dio a Corina y ella, sin hablar, lo llevó a los labios, sonrió a Jaime, se lo devolvió y continuó mirando las campanas. Con una mano movió una de ellas, con miedo. El badajo tropezó con el metal y un sonido fugaz llenó el aire.

—Vámonos, Jaime, tengo ganas de regresar a casa. Quiero mi cama y mi bañera.

Volvieron todos a París. Jaime y Amalia iban a quedarse juntos unos días, él regresaría a la semana siguiente. El retorno a casa estuvo amenizado por las canciones de Sol y Leonor que enfermaban a Pablo de la Vega y a Corina; era como una excursión de la parroquia, Leonor incluso rezó el rosario en algún tramo del camino.

Esta vez regresaron por autopista, sería más rápido, menos hermoso, pero ganaban en rapidez. A Corina, por una vez, no le importó verse rodeada de tanto hormigón; simplemente no lo miraba.

El último día de septiembre era domingo y volvía a estar sola en casa. El mes de septiembre era fiesta en su ciudad. La gente llenaba la calle, las funciones de teatro, ópera y conciertos saturaban la vida del pueblón norteño. Corina no salía de casa: ni teatro ni ópera ni conciertos. Algunos días iba al parque, sola o en compañía de Pablo de la Vega y, sentada en un banco cerca del quiosco de la música, veía cómo los jubilados bailaban al son de la salsa cubana. Podía pasarse horas mirándolos y escuchando aquella música. Casi nunca bailaba en público, pero los sonidos la hacían mover los pies y los brazos como si fuese a volar. Los conciertos la ponían nerviosa: la obligaban a estar sentada y quieta; sin poder toser y, cuanto más esfuerzo hacía para no hacer ni un ruido ni un movimiento, más acudía la tos a su garganta y más se revolvía en el asiento.

Cuando Corina y sus hermanos eran niños, su padre había comprado un tocadiscos muy avanzado para la época; al terminar el disco, la aguja se retiraba automáticamente y el tocadiscos se paraba. Antes de meterse en la cama, Alfredo Jacoby sacaba un disco grande y negro de su funda de cartón, lo limpiaba y con cuidado colocaba la aguja sobre el vinilo. Corina y sus hermanos se dormían al son de Pachelbel, Corelli, Mozart o Bach. Corina amaba la música clásica. Pero tirada en una alfombra y con los ojos cerrados, tendida en la cama con los brazos en cruz, de cualquier manera que no fuese sentada y tiesa, sintiéndose observada. Volaba por casa al son del *Concierto para violín número tres* de Mozart, volvía a la serenidad moviendo los brazos con el sonido del *Canon* de Pachelbel; lloraba y sentía el sufrimiento con el

*Dúo de las Flores* de Lakmé; Delibes había entendido bien la pena al componer aquello. El *andantino* del *Concierto para flauta y arpa* de Mozart deslizaba una pluma de oca por su piel, haciéndole sentir mil sensaciones que nunca nada le había provocado. Algunas tardes de domingo Pablo de la Vega y ella, tirados en la alfombra del salón, escuchaban música en silencio y Corina decía:

—El sentimiento no debe mostrarse en público, Pablo. ¿Para qué vamos a ir al concierto? Allí no podríamos llorar de esta manera. —Y sonreía a su primo, que guardaba silencio.

Siempre había odiado los domingos; eran días muertos si alguien no te llevaba el desayuno a la cama: una bandeja con pollo frío, sin piel y una copa de cava, ése era el mejor desayuno de domingo. Y, después, alguien metiéndose entre las sábanas y acariciándote la piel despacio. No tenía nada de aquello.

Llamó a sus hermanos; no a todos, algunos no eran merecedores del sonido de su voz. A Melania. Alberto no estaba en casa, era raro. Leyó los periódicos y apenas comió. A las cuatro conectó el ordenador a internet y esperó la aparición de Amalia, que estaría peleándose con las teclas. Conectaría, daría a un botón equivocado y volvería a caer. Iba a necesitar mucha paciencia para poder mantener una conversación medianamente inteligible con Amalia. Estaba claro que lo de su amiga no era la informática. Mientras esperaba conectó IRC; entraría un rato en Latintop, hablaría con alguno de sus amigos del chat. Lo intentó varias veces, y cada una de ellas el ordenador le respondía algo extraño en inglés, lengua que durante toda su vida le había provocado alergia y que, por lo tanto, se negaba a hablar, escribir o entender. En el fondo, era una incapacidad más que manifiesta para los idiomas, pero ella se escudaba en el «que aprendan ellos y, si no, me pago un traductor». Golpeaba el ratón y las teclas con furia, pero el programa no respondía. Copió en un papel las frases en inglés, cerró el programa y abrió el correo electrónico, puso un montón de direcciones —todas las que pudo— en el mail y escribió.

ASUNTO: SOCORRO, NO FUNCIONA MIRC

Hola :=))) A muchos ni os conozco, pero tengo un problema: el IRC no funciona. Dice algo del servidor y no pue-

do entrar y me moriré; quedé con una amiga y no puedo entrar. Por favor, ayuda pa' esta pobre chica :=))) ¿Vale?
Espero pronta respuesta :O)))

Envió el mail y, una y otra vez, intentó entrar en el chat sin resultado alguno. Amalia estaría riéndose si supiese lo que le ocurría; diría que la torpe era ella. Corina se mordía las uñas, paseaba, conectaba y desconectaba. Entraba en el correo electrónico sin parar y no recibía ninguna respuesta. Domingo y a esa hora era difícil que alguien estuviese conectado. Desconectó el equipo y caminó hacia su cama. Se tiró encima de ella y puso los brazos en cruz, después se metió entre la colcha de ganchillo y la de algodón que tapaba mantas y sábanas. La despertó el sonido de la melodía extraña que había compuesto ella misma para su teléfono móvil.

—¡Corina! ¡Me arruinaré! Hace horas que te espero sentada frente a ese cacharro y no estás, no has venido a la hora prevista. —La voz de Amalia resonaba en el oído de Corina sin que pudiese entender muy bien lo que decía.

—No funciona, Amalia. No sé lo que pasa, pero dudo que esta noche pueda conectarme a IRC, no sé qué pasa y no funciona; estaba durmiendo. Mañana quedamos; te escribo un mail y, si funciona, quedamos.

—¿Estás bien? —La voz de Amalia era más pausada al preguntarle a su amiga—. Supongo que no habrás tomado una pastilla para dormir a media tarde, Corina; espero que no hayas hecho eso. Últimamente abusas de ansiolíticos y tabaco. Menos mal que no le das al vodka, menos mal. Cuídate, mañana hablamos por la máquina. ¡Me arruinaré!

Corina no pudo responder, Amalia había colgado su móvil y estaría peleándose de nuevo con su ordenador. No había tomado ninguna pastilla aquella tarde; fumar, sí había fumado más de lo necesario y conveniente, y beber, no había bebido. Cualquiera que hubiese escuchado a la doctora sin conocer a Corina habría pensado que estaba hablando de una paranoica enganchada a todo tipo de drogas legales, un ama de casa neurótica y amargada. Sonriendo, dejó el móvil en la mesita de noche, se levantó y fue al baño. Se miró en el espejo que recorría la pared de esquina a esquina frente al lavamanos, abrió el grifo y, juntando las manos, dejó que se llenasen de agua fría. Bajó la cabeza y el agua le cubrió la cara, lo hizo una y otra vez. Al terminar puso sus manos mojadas en el pelo y lo echó hacia atrás, rayándolo con las yemas de los dedos. Al mirarse en el espejo vio su imagen: la cara pálida, los ojos hundidos rodeados de ojeras, las mejillas apenas sin color. Los labios eran una mancha rosada que poco tenía que ver con las descripciones que hacían las novelas de unos labios con gancho.

—Doy pena, mucha pena, soy horrible, no tengo vida en la cara. ¡Qué asco! —Mientras decía eso al espejo apagó los focos que un día había puesto para poder maquillarse más correctamente; era la luz de un camerino de artista y ella nunca se maquillaba. «Otra incongruencia —pensó Corina—, estoy llena de ellas.»

Abrió la ventana y escuchó el ruido provocado por la multitud; los murmullos, las voces. Estaba a punto de cerrar de nuevo la ventana, pero encogió los hombros y caminó hacia la puerta, la cerró tras ella y dejó de oír los ruidos de la calle que tanto la molestaban. Aquella gente paseando arriba y abajo, vestidos de domingo, agarrados del brazo. La mayor parte de las parejas con cara de aburrimiento. Algunos irían besándose enganchados de la cintura, pero al final terminarían con la misma cara de tedio. No lucharían ni saldrían de aquella ciudad que ahogaba cualquier sentimiento, que no lo dejaba crecer, que lo mataba de aburrimiento o envidia. Pensando aquello encendió la luz del salón; qué vacío estaba, qué falto de todo, a pesar de la cantidad de muebles que había ido amontonando en tantos años. Era vacío. Vacío total. Aquella madera carecía de historia, de vida. Casi no estaba rayada ni usada; era algo puesto allí sin ilusión, sin discutir con nadie su emplazamiento. Nadie más que ella se preocupaba de esas cosas, Alberto nunca discutía de muebles ni de nada. Sólo los candelabros de plata con churretones de cera parecían más cercanos al mundo que Corina había intentado crear en aquella casa. Curiosamente, la cera pegada a la plata enfermaba a su madre y a sus hermanos. Corina siempre les respondía que eran unos burgueses advenedizos, que la plata de un candelabro no era nada sin la marca de la cera por ella; sin esa huella perdían gracia, eran objetos colocados encima de cualquier mueble, de la misma manera que los libros colocados en una biblioteca para decorar, una ridiculez de paletos, decía Corina. Eso pensaba y, sin darse cuenta, se encontró con una botella de vodka en la mano.

—Por ti, Amalia. Hacía años que no bebía, pero quizá deba hacerlo hoy. Así todo será perfecto, resultaré más patética aún para todos vosotros. ¡Mira! De momento ya hablo sola, Amalia. Hablo sin parar y no me contesta ni Dios. Yo me contesto, desde siempre me contesto; así no me da la sensación de que me ignora todo el mundo. Hasta Dios, vuestro Dios, me ha dejado de la mano, Amalia.

Continuó el soliloquio camino del aparador donde guardaba los vasos. Se sirvió una buena ración de vodka y dejó la botella encima de una mesa. Con el vaso en la mano fue hacia el despacho, encendió el ordenador y continuó hablando sola.

—Bien, vamos a ver cuántos de éstos han contestado a la llamada de socorro de la pobre chica, a ver cuántos lo han hecho. Seguro que ninguno.

Encendió todo lo necesario para realizar la conexión y esperó a que se cargase el sistema. Abrió el correo y, sorprendida, vio que tenía nueve mails. Los leyó con atención: todos eran correctos, amables y le enviaban diversas soluciones. Hizo los cambios que le indicaban unos y otros. Puso un CD de Maria Callas y bebió un sorbo de vodka. Volvió a mirar los mails; en uno de ellos había una lista completa de servidores de IRC. Lo imprimió y volvió a mirarlo; tendría que pasarles aquella lista a Melania y Amalia, les vendría bien. Era un chico educado aquel que se los mandaba; no lo recordaba, pero seguro que sería alguno de aquellos niños de quince años con los que tropezaba cada día en los chats. Los jóvenes actuales eran poco educados y ella llamaba la atención a los que se excedían con palabras malsonantes, insultaba a quienes ofendían a las adolescentes y su fama de buena consejera sentimental corría por la red de manera alarmante, hasta el punto de que su correo estaba lleno de mails de gente a la que no conocía pidiendo consejo. Pensó que no estaría mal ganarse la vida en internet con una web de asesora sentimental, todo muy americano.

Cuántas tardes había pasado merendando chocolate y bollos con la voz de Elena Francis. Siempre había encontrado aquellas respuestas demasiado conservadoras y discutía con la voz de la radio ante la mirada de Luisa y Petronilo, que no decían nada. Ahora, ella era peor aún que aquella mujer que al final era un hombre, por eso sería tan conservador en las respuestas. «Hombres», pensó Corina. Dando dos tragos al vodka entró en Latintop. Saludó:

—¿Cómo va todo, chicos? ¿Alguna guerra a la vista? Bien, pues vamos a lo de todas las noches. ¡Un novio! ¡Quiero un novio!

Jugó un rato a eso. Cantaba y gritaba pidiendo un novio, jugaba a buscar lo que deseaba. Un montón de ventanas se abrían y se cerraban en su pantalla de ordenador. Ella quería un novio y lo máximo que encontraba eran amantes fugaces de los que se burlaba. Las preguntas eran siempre las mismas y por este orden: «¿De dónde eres?», «¿Cuántos años tienes?», «¿Profesión?», «¿Estás en casa?,» «¿Estás sola?», «¿Cómo eres?», «¿Qué llevas puesto?». Así una y otra vez. La respuesta solía ser: «España. Treinta y cinco años —al fin y al cabo representaba esa edad y no la edad que tenía—. Secretaria en un despacho de arquitectos. En casa, sí, estoy en casa, ¿dónde voy a estar a estas horas? Sí, sola. Normal, soy normal, ¿cómo voy a ser? No soy una miss de esas que hay por aquí. No tengo por qué decirte lo que llevo puesto, pero si quieres saberlo: un pijama muy masculino con botones, así que no creo que sea nada sexy. Adiós». Era lo mismo cada noche, el mismo juego. Alguna vez encontraba una persona interesante y hablaban de libros, de música, de cine o de plantas. Pero casi nunca sucedía eso, y ella se contentaba con cantar y reírse. Vio que un nombre aparecía en la ventana de su ordenador, un privado, con gesto de fastidio pinchó encima de aquel nombre: Fohn.

La ventana se abrió y leyó:

—Hola.

—Hola, viento. Tienes un nombre bonito. En mi tierra ahora sopla cada día el viento de las castañas, es algo parecido a ti ese viento :=)))

—Gracias. Sí, el Fohn es un viento que provoca muchas cosas, reina. No todas buenas. ¿Te arreglé algo con los servidores de la lista? Parecías muy apurada.

—¡Sí, gracias! No me di cuenta de que habías sido tú, gracias.

—Sí, siempre estás muy ocupada y muy contenta. Te pasas el día cantando.

—Pues tú no pareces muy alegre :=))) Eres serio :=))) ¿Eres grande?

—¿Grande? No entiendo...

—Que cuántos años tienes; pareces muy reposado, eso quería decir :=))

—Sí, soy grande, supongo que soy grande; mayor que tú seguro, Inés.

—No creo; viento, no creo eso :=))

—¿Siempre sonríes tanto?

—Sí, claro, sonrío para no llorar; lo hago siempre, es costumbre :=)

—¿Una reina triste? Vaya...

—Sí, claro. Cualquier reina lo estaría sólo por serlo. Debe de ser terrible eso de la realeza, yo soy republicana.

—Reina, triste y republicana, extraña mezcla...

—Sí :=))

—¿De dónde eres, tristeza?

—¡Jajajaajajajaja! ¡Ya salió!

—¿El qué?

—De dónde soy, cómo soy, cuántos años tengo... ¿No vas a preguntarme qué llevo puesto? Eso será lo siguiente :=))

—Pues no, no pensaba preguntártelo, pero si tienes mucho interés te lo pregunto: ¿qué llevas puesto?

En ese momento Corina Jacoby sufrió un ataque de sofocaciones, rubor y mareo. Tomó el último sorbo de vodka que había en el vaso y se apresuró a contestar:

—No me interpretes mal, no quería decir eso...

—Lo dijiste, reina.

—Es que todos me preguntan lo mismo, siempre es lo mismo y es aburrido, por eso lo dije. A mí no me apetece nada que me pregunten qué llevo puesto, me parece ridículo...

—A mí no, pero bueno... De todas formas, no suelo preguntarlo. ¿Tú eres grande?

—Oye, te estás riendo de mí. Sí, soy grande, ¿qué pasa?

—Grande y violenta, creo...

—No soy violenta, pero sí soy grande :=)

—Bueno...

—Tú eres grande y desde luego poco hablador :=)))

—¿Siempre te ríes tanto? Es extraño, nunca conocí a nadie que riese tanto, y menos aún que cantase tanto, sobre todo esas canciones...

—No río: sonrío, que es diferente. Y sí, casi siempre canto: sonreír y cantar ahuyentan las penas. ¿Qué les pasa a mis canciones? Son totales :=)) A mí me gustan. Soy poco sofisticada yo para la música; no soy sofisticada para nada :=))

—Ya... ¿A qué te dedicas reina triste?

—Secretaria, soy secretaria de un despacho de arquitectos. Hago de todo, ya sabes...

—No, no sé, pero bueno...

—¿Y tú? ¿Tú qué haces?

—Tecleo, casi soy un secretario.

—¿Qué es eso de que tecleas? ¿Qué tecleas?

—En un ordenador, ya sabes...

—No, no sé :=))) ¿Administrativo?

—¿Administrativo? Bueno, no sé, preciosa. Sí, se podría decir que soy algo así.

—¿Te molestaría no llamarme preciosa? Es algo absurdo; no me conoces y no sabes cómo soy, así que es absurdo.

—Como quieras. ¿Siempre eres así? Así de áspera; sólo es una manera de hablar...

—No creo ser áspera, no creo serlo; simplemente lo encuentro fuera de lugar.

—Es extraño, en este sitio lo más normal es que te digan cosas así. ¿Qué buscas? Bueno, lo que buscas se anuncia cada día en este chat: quieres un novio, eso dices cada día.

—¡Eso es una broma! Sólo es jugar, sólo es broma.

—Bueno, esas cosas en estos sitios no se toman como bromas, reina. Algún día tendrás un disgusto.

—Eso es cosa mía :=))) Y no tendré ningún disgusto. Dime qué tecleas, qué trabajo haces, viento.

—Unos cuantos, en estos sitios de administrar se hace de todo, ya sabes...

—Tienes cierta manía con eso del ya sé y yo no sé nada, nada de nada. No te entiendo...

—Da igual, qué importa mi trabajo, Inés.

—Bueno, era por hablar de algo. Creo que eres una persona grande y aburrida...

—Inés, porque soy grande y creo que tú eres más bien pequeña, joven diría yo, no te contesto, ¿ok?

—¿OK? Eso es una parrulez gringa :=)) Si al menos fuese oka tendría chispa. Bueno, creo que me tomaré una «pirina», tendría más gracia que eso :=)) Lo vi en una película.

—Ya... «Jaula de grillos...»

—Es terrible llegar a ser un viejo monosilábico como tú :=)) Sí, ésa era la película.

—¿Qué es monosilábico? No entiendo esa expresión.

—¿Eres extranjero? Y bueno, no sé si eso existe o no, pero no me importa: una vez dije una cosa y me contestaron que existía porque yo la había pronunciado.

—¿Extranjero? Según se mire lo soy... ¿Qué dijiste para que te contestasen eso?

—Que al ver la letra o escuchar la voz de alguien se me llenaba la boca de sonrisas :=)) Eso dije y eso me respondieron :=))))

—Esa expresión es preciosa, la tuya. Y la respuesta muy romántica...

—Sí, muy romántica, pero yo no soy romántica.

—Cualquiera lo diría, reina :=)

—¡Te ríes! Te reíste :=)))

—Sonreí, que como tú dirías, no es lo mismo. Bueno, preciosa (perdón), cuídate y a ver si un día encuentras ese novio que tanto quieres. Un beso.

Corina no pudo responder, el hombre había desaparecido del chat. No había dejado rastro, en un chat no hay rastros. Era una persona rara. Corina se despidió de sus amigos con otra canción y desconectó el ordenador. Pensaba en aquel hombre mientras ponía las fundas al ordenador; a él seguro que le gustaban U2 o algún grupo así. Terminó de colocar la mesa pensando en aquel viento del norte y cantando con voz potente «Caro nome». Rigoletto sufriría al escuchar aquella voz que destrozaba su composición. Era una persona extraña, el viento del chat. Hablaba poco y escribía de una manera triste.

Corina había aprendido a distinguir los tonos de las letras; era algo singular, pero siempre acertaba. Las letras tenían sentimientos; según se escribían y aparecían en la pantalla Corina sabía si eran tristes, alegres o simplemente falsas. Corina pensaba que la mentira era sentimiento; no podía explicarlo, pero lo sabía. La mentira se ve, se huele; la mentira tiene sonido a eco y ella podía distinguirlo incluso en la red.

Tenía que aprender a distinguir de una vez por todas la *ll* de la *y*, no podía continuar diciendo a la gente si era grande o no, todos se armaban un lío. No sabía escribir «mayor», no lograba centrarse en eso; y no le gustaba preguntar: «¿Cuántos años tienes?». «Lo repetiré cien veces», pensó sonriendo. Sería inútil; nunca lograría escribir nada correctamente. Las palabras se le resistían desde siempre, y si algo o alguien la ponía nerviosa la crisis se agudizaba y casi era necesario un traductor para entender lo que escribía o decía. En realidad, debía de formar parte de su personalidad. Su hermana Leonor siempre le decía que su vida estaba unida a la construcción de un diccionario que la ayudase a comprender a Corina. En las palabras; en los sentimientos; el humor y las cosas que hacía. Leonor afirmaba que nadie la conocía mejor que ella y aun con eso era incapaz de distinguir sus estados de ánimo y su forma de pensar. Leonor había intentado confeccionar un diccionario de caras, gestos, risas y sonrisas de Corina; de dedos entre los labios, de ceños, de miradas. Leonor Jacoby tenía un diccionario de los sentimientos que la cara o el tono de voz de su hermana mostraban en cada momento y, después de treinta y ocho años, aún era incapaz de descifrar todos sus ademanes.

Corina era demasiado compleja. Necesitaba demasiado amor, demasiados cuidados, eso era lo único que podía hacer desaparecer la furia incontrolada y el llanto que seguían a los ataques de furia desatada por cualquier cosa que pusiese en duda que la persona que Corina tenía enfrente la estaba tratando bien. Lo cierto es que Corina solía tener razón en esos ataques de furia, pero nadie había sido capaz de hacerla entender que no podía ponerse a la altura de quien no la quería o la despreciaba contestando de una manera que dejaba al contrario inerme.

Lo de llorar era realmente curioso. Le costaba llorar. Si sentía alguna pena, se sentaba, se concentraba y, mirando a Leonor o a cualquiera que estuviese cerca, decía: «Voy a llorar...». Entonces comenzaba a emitir un sonido extraño. Fruncía el ceño, apretaba los ojos, cerraba la boca y al abrirla un sonido chirriante salía de los labios; en ocasiones sonaba como un mugido de vaca. Volvía a intentarlo, volvía a repetir todos los gestos y de repente saltaba y gritaba: «¡No puedo! ¡No puedo llorar! ¡No sé llorar! ¡Quiero llorar!». Y los presentes —siempre había alguien delante de ella cuando lo intentaba— respiraban aliviados al ver que Corina dejaba de esforzarse. Era laboriosa aquella puesta en escena, y nadie sabía el porqué de aquel empeño en llorar y, sobre todo, por qué razón no podía hacerlo.

En ocasiones, sin querer, las lágrimas fluían de los ojos de Corina Jacoby como un torrente desbordado: cuando escuchaba el himno nacional; en la iglesia, cuando cantaban el avemaría; en las procesiones de Semana Santa, al ver las imágenes de Cristo y la Virgen llorando y con las manos extendidas hacia el aire, en la cabalgata de Reyes. Ahí se desbordaba el llanto. Salía al balcón de casa de su madre a ver la cabalgata, con los niños. El resto de la familia, desperdigada por los miradores, esperaba el momento en que Corina, con disimulo, sacaba las gafas de sol de un bolsillo, se las ponía y sus lágrimas resbalaban entre la piel y los cristales. Algunas veces sus hermanos miraban hacia ella y decían: «¡Atención! ¡Corina Jacoby llora! ¡A cubierto! ¡La cámara, que alguien le haga una foto! ¡Momento histórico: Jacoby llora!».

Cuando lloraba en esas ocasiones, Corina lo hacía de una manera silenciosa, sin ruido, sin gestos, dejaba resbalar y fluir las lágrimas sin preocuparse. Mantenía la cabeza erguida, la vista al frente y ni oía ni veía. Sentía. No sabía el qué, pero era algo doloroso, algo que nacía en algún rincón de su cuerpo y le provocaba una tremenda angustia rayana en el dolor. En esos momentos de tormento provocados por supuestos sentimientos de alegría, únicamente lloraba, sin querer saber más, sin analizar nada. Pensando en todo aquello se durmió, con la sonrisa en la boca.

La vida de Corina Jacoby continuó de manera plácida, amargada, solitaria, alegre o triste, según el momento del día. Octubre trajo el viento de las castañas con más fuerza, y con él vinieron los mareos, los dolores de piernas y de cabeza. El estudio dormitaba a la sombra de la luz del otoño, de los días cálidos al mediodía y fríos en la madrugada. El trabajo llegaba de manera regular; era más abundante que otros otoños. Aún faltaba un año para la entrada del euro, pero ya se dejaba notar su presencia.

—Es una vergüenza cómo lavan éstos su dinero, es infame —era la frase preferida de Corina en aquellos días.

—Mejor te callas, Corina; las cosas no nos iban muy bien y ahora estamos por encima de nuestras posibilidades. Esos comentarios no son ni buenos ni normales. Quejarte de tener trabajo no es normal ni siquiera en ti, Corina.

Sol del Valle y Leonor levantaban la voz más de lo necesario cuando respondían a Corina: sabían que ella podía repetir esas palabras en público y hacer perder muchos proyectos al estudio.

—Bueno, no digo ninguna mentira: es la pura verdad y las dos lo sabéis. ¡Qué manía con no querer decir la verdad!

—Hay muchas cosas que son ciertas y no por ello voy contándolas por ahí, Corina. Por ejemplo, tu manía, tu adicción a internet. Yo no la cuento a nadie y es una verdad.

Sol del Valle se arrepintió durante mucho tiempo de haber articulado aquella frase. Corina Jacoby se encontraba de espaldas a su hermana y a Sol cuando ésta había pronunciado aquellas palabras: miraba pasar a la gente bajo su ventana, las farolas de la calle, la luz de la tarde pegada a la luz de las farolas sin querer irse del todo. Aunque aún era octubre, pensaba en su padre y en el regalo que le haría en Navidad, un ordenador portátil de última generación. Con él, su padre podría conectarse con cualquier parte del mundo y hablar de todo lo que le gustaba con quien le apeteciese, ahora que ya no salía de su casa y apenas de su cuarto. Desde hacía un mes, Alfredo Jacoby dependía de una bombona de oxígeno y de calmantes. Corina pensaba cómo ella misma podría hablar desde su casa con su padre. El MIRC sería el medio perfecto, crearían su propio canal y hablarían sin que nadie los interrumpiese, sin que nadie supiese lo que se decían. Internet alejaría a su padre de lo que no le gustaba y la acercaría a ella. El ordenador supondría un gasto terrible, pero no le importaba: sería el mejor regalo que podía hacerle. A él, como a ella, le gustaba jugar. Ahora que él estaba en casa, ahora que poco a poco iba perdiendo el control de sus negocios, de sus cuentas bancarias y, en ocasiones, hasta de sí mismo, no podía darle dinero a Corina: Bernarda de la Vega habría puesto el grito en el cielo. Pero aun así compraría el ordenador, y ya pensaría en cómo pagarlo.

Miraba la luz y pensaba en eso: en el ordenador, en su padre; pensaba que no iba a esperar a Navidades para dárselo. En todo eso pensaba cuando Sol del Valle había dicho que ella, Corina Jacoby, era una adicta a internet. Cerró los ojos, procesó la frase en su cabeza, volvió a abrirlos y, con los brazos cruzados, con las manos aferradas como garras a sus antebrazos, se giró. Estaban frente a ella. Sol del Valle de pie, Leonor sentada. Las separaba la mesa tallada que había pertenecido a Alfredo Jacoby. Demasiado grande para saltar por encima, demasiado esfuerzo. Leonor no decía nada y Corina entendió su silencio como aquiescencia a la frase de Sol. Los ojos de Corina Jacoby fueron entrecerrándose, afiló la mirada contra la madera de nogal como quien afila la hoja de un cuchillo contra la piedra. Leonor Jacoby conocía aquello e intentó mediar, pero era demasiado tarde; la boca de su hermana se estaba abriendo.

—Adicta a internet. Piensas que soy adicta a internet. Una de mis mejores amigas piensa eso: Corina es adicta a internet. Y una de mis mejores amigas se cree muy buena por no contar a sus amigas o a esta ciudad repolluda o tal vez a toda la provincia que Corina Jacoby es una adicta a internet. Supongo que se lo contarás a tu confesor, a él sí se lo dirás en la misa del domingo. Se lo contarás como quien confiesa un crimen ajeno. Les dices a tus cuatro hijos que se estén quietecitos mientras tú te arrodillas en el confesionario; les dices que no den la lata a su padre, no sea que le dé un ataque de ira y se ponga a lanzar improperios en plena eucaristía. Y después confiesas. Pero como eres tan buena, tan completa, pues cuentas las cosas de los demás. Porque tú, realmente, poco tienes que confesar. Entonces es cuando le pides consejo a tu confesor sobre qué hacer con la pobre Corina. Y él te lo da encantado. En realidad, es una obra de caridad de las tuyas, eso es lo que estás haciendo ahora. Tés de caridad, conferencias en hoteles de lujo para informar a madres de drogadictos que sus hijos lo son porque ellas trabajaban todo el día. Y ahora añadimos a la lista la adicción de Corina.

—Corina, déjalo ya —musitó Leonor Jacoby.

—No, Leonor, no voy a dejar nada. Y espera, ahora te toca a ti. Bien, Sol, dile a la gente lo que quieras. Nunca me importó la gente ni lo que hablaban de mí ni del prójimo, crecí aprendiendo a sobrevivir a ello. Sólo intento no criticar en demasía los actos de los demás. No voy a misa los domingos pero al menos intento cumplir con unos preceptos que no son exclusivos de tu fe, si es que la tienes. Yo prefiero pensar que el infierno está aquí y que yo vivo en él, eso es lo que hago. Mi padre siempre dice que nada es cierto del todo y que las cosas que pueden parecer claras no lo son, que casi nunca es lo que se ve; él lo dice y yo lo creo. Por supuesto, tu matrimonio no es lo que parece. Ni tú misma lo eres. Haces obras de caridad y vienes al estudio para escapar de tus hijos y tu casa. Odias la vida que tienes, no soportas darles la merienda a esos niños que pariste y que viven rodeados de criadas. Eso sí, a las reuniones del colegio no faltas y a la parada del autobús los llevas tú, porque eso es ser una buena madre; así de paso tomas el café con alguna marquesa arruinada de esas que a la gente como tú los deja con la boca abierta al contaros grandezas y miserias pasadas. Da igual que su título y su fortuna estén unidos al tráfico de esclavos, eso forma parte del pasado... El prepararles la comida a tus hijos, escucharlos cuando regresan del colegio, pasarles la mano por el pelo cuando cuentan que cualquier cabrón les zurró en el *cole*, eso lo hace Ester, que para eso fue quien te crió a ti y para eso le pagas ese sueldo de mierda y le pones un plato a la mesa. Eso es cosa de ella. No es nada pecaminoso marcharte los fines de semana con tu marido a jugar al golf a Marbella o a Estoril; los niños están atendidos y al regreso les traes un regalo a cada uno. Llevas el móvil, y ante cualquier contratiempo medio ejército se movilizaría, porque para eso te casaste con el hijo de un general en la reserva, faltaría más. Estas cosas no las cambia la democracia, éstas no. Así que tienes que preocuparte por Corina. No tienes que llamarla ni preguntarle cómo está; ya lo sabes, la ves cada día. Tomar un café con ella fuera del estudio no podrías, porque Corina no va a los tés de caridad ni a las comidas de antiguas alumnas de nada. Así que no tienes tiempo de saber cómo está tu mejor amiga. Eso sí, sabes que tiene una nueva adicción: internet. Lo que no sabes es que Corina no es adicta a internet. Corina es adicta al sentimiento, a la charla, a poder decir lo que quiera y expresarse sin que nadie la llame rara, distinta, diferente. Eso es lo que tú no sabes, Sol. Porque tu vida está medio llena y la mía casi vacía. Pero ahora tengo este nuevo juguete y hablo con gente que me gusta, gente que se parece a mí. Hablo de teatro, libros, música, sentimientos, plantas, de cosas con las que contigo sería imposible hacerlo. Eres una analfabeta en cualquier tema que no sea la arquitectura, cómo poner una mesa o cómo vestirse para asistir al banquete anual del Arzobispado. Y hasta en eso eres analfabeta, querida amiga, porque últimamente te vistes como una provinciana, que al fin y al cabo es lo que eres. Criticas las cosas de Amalia sólo porque no las entiendes. A Pablo lo aguantas porque tiene el suficiente dinero y apellidos como para que te infunda respeto. Pero cuando crees que nadie te escucha dices que es maricón. Y no es verdad, eso te lo garantiza tu amiga del alma Corina: Pablo no es maricón y, aunque así fuera, no sería un insulto, sino una manera de ser distinta, nada más. De Leonor no opinas porque le tienes miedo, pero te parece una amargada. Mi hermano Julián es un imbécil con un acta de diputado por el que no sientes ningún afecto, pero le enganchas del brazo cada vez que lo ves y así sales en el periódico de vez en cuando, junto a ese lerdo que comparte mi sangre. A mis cuñadas las consideras papanatas presuntuosas, pero compartes mesa y mantel con ellas a la primera oportunidad. De mi madre no te atreves a decir nada porque la temes más que a una galerna. Respetas a mi padre, eso sí es cierto, a él lo respetas. Y yo, yo te doy pena. Despierta, Sol: no soy adicta a nada. Yo puedo pasar de internet y de la gente, crecí en la soledad. Sólo es un juego, un medio de conocimiento que nunca entenderías. Tú sí que no podrías pasar sin los tés, sin la ópera o el teatro, sin la foto con Julián y sin tus zapatos de golf; sin eso no vivirías ni una hora. Cuenta eso y a mí déjame con mis manías, que a nadie dañan. Las tuyas, en cambio, sí lo hacen.

Sol del Valle se había puesto colorada; parecía que iba a estallar de un momento a otro. Sus ojos estaban llenos de lágrimas, las mejillas encendidas y el cuello hinchado.

—Eres una hija de puta, Corina. Sabes dar donde duele —gritó Sol del Valle.

—Eso es cierto; cuando ataco o hiero, lo hago a sabiendas. Es menos peligroso que decir, hablar y murmurar sin saber que dañas al prójimo; yo, al menos, soy consciente de ello. Y no he dicho ninguna mentira, ni una sola. Lo de ser una hija de puta díselo a mi madre; nunca me pareció a mí eso, pero en el fondo ese hielo de Bernarda tiene que ser fuego, estoy segura... En eso debemos de ser iguales.

Sol no escuchó la última frase; la puerta del despacho de Corina dio un portazo y se pudo escuchar cómo otra puerta —la de la calle— se cerraba con estruendo. Ángeles Iriarte, la secretaria de Corina, abrió la puerta y preguntó:

—¿Qué pasa? Terminarás matándome, Corina.

—No pasa nada, Ángeles; el viento de las castañas, eso debe de ser. Hace unos días conocí a un viento y hoy nos dio a todos la ventolera. Octubre y los vientos siempre fueron malos, enfermizos, hacen que las lenguas y los pensamientos se desaten más de lo debido.

—No entiendo nada de lo que dices, Corina, pero no me interesa. Me duele la cabeza demasiado como para preocuparme de tus pensamientos filosóficos sobre el viento. Si necesitáis algo me llamáis.

Ángeles cerró la puerta y Corina dejó de apretar las uñas contra el músculo de los antebrazos. Parecía más relajada. Mirando a Leonor dio una vuelta al sillón de la mesa y se desplomó encima del cojín.

—¿Qué? ¿Tienes algo que decirme, Leonor?

—No, Corina: espero a lo que tengas que decirme tú. Quiero saber cuáles son mis pecados, quiero saberlo y arrepentirme. No saldré medio llorosa de este despacho. Descarga conmigo, Corina, hazlo mientras quede algo de ira y rabia dentro de ti. Soy presa fácil, como Sol.

—No he dicho ninguna mentira, Leonor, y lo sabes, empezó ella. Yo no me meto con sus tés de caridad ni con las comidas esas de rancias a las que va. Yo no empiezo nunca nada, Leonor.

—Sí que lo empiezas, te arreglas para que no lo parezca, pero sí lo haces. Tienes la habilidad de hacerlo de esa manera: pones cara de inocencia, de no saber de qué hablas y logras que todo el mundo se enzarce en una pelea, Corina.

—Hoy no he hecho eso: estaba mirando por la ventana y pensaba en mi padre.

—Llevas días provocando a Sol con comentarios ácidos. Le reprochas que no se preocupe de sus hijos; te ríes de ella porque va a esas comidas. Le hablas de Julián como si fuese un monstruo; nuestro hermano es imbécil, un pobre imbécil con suerte. Nada más que eso: un imbécil a quien la familia entera utiliza; es lo que es porque nos interesa que lo sea, Corina. Haces comentarios insultantes sobre el marido de Sol a cada momento, como quien no quiere la cosa. Tienes un grave problema, Corina: no soportas que la gente viva su vida como le venga en gana. Sol descuida un poco a sus hijos, pero no es mala madre, simplemente es así; piensa que con traer hijos al mundo, misión cumplida. Yo no haría lo mismo, pero no lo critico: lo observo, lo veo; pero me da igual que presuma de buena madre o de lo que sea, simplemente tengo mi opinión y nada más. Y su marido no es ningún fatuo como tú pretendes a cada momento. En el fondo, envidias su vida de familia, envidias incluso el que ella tenga hijos y tú no. Eso te corroe cada día que piensas en ello. Cada día añoras un hombre como su marido. Él logró meterla en vereda, le dio lo que ella quería, y si Sol se queja es de vicio. Y tú envidias o añoras, ponle la palabra que más te guste, algo parecido. Sin tés, rastrillos o comidas de caridad, porque en el fondo lo tuyo es el rock duro. Quieres ir a conciertos y desmelenarte, quieres volver a ser bohemia, pero después deseas la tranquilidad de un hombro y la caricia y esa pasión de la que hablaste en París. Eso es lo que quieres y no te atreves a reconocerlo, Corina.

—No lo sé, Leonor. De todas formas, seguro que no quiero a nadie como Tacio y menos aún con ese nombre. Y eso de ir a un concierto de rock no es para presumir, Leonor, no me daría por ahí. Yo jamás cuento las obras de caridad o las cosas aparentemente buenas que hago; sabes que nunca digo nada de eso.

—A cada momento lo dices, Corina; no presumes de ello, pero no lo ocultas. Cada vez que nuestras cuñadas y Sol dicen algo de sus beneficencias, tú les dices de inmediato que eso no sirve para nada, que se vayan contigo a pasar la tarde en un hospital o en un albergue o a ver cómo alguien se desengancha del *caballo*. Se lo tiras a la cara en cuanto puedes. Se merecen parte de lo que les dices, pero creo que no hay necesidad de eso. Todos sabemos lo que son; todos sabemos que no se hacen la manicura por higiene sino por presunción; todos sabemos que presumen como gallinas de Guinea, pero si en algo somos diferentes es en eso: no nos preocupa, simplemente las conocemos y las dejamos hacer. Son ridículas, es cierto. ¿Y? A mí no me molestan; ni las escucho. Demasiada energía derrochada por tu parte en escuchar y en rebatir. Déjalas consumirse en esas cosas y tú busca lo que quieres. A ti no te decimos que nos parece inmoral que sigas acostándote cuando te apetece con Alberto, ninguna de nosotras te lo dice, Corina, y nos lo parece.

—¡Lo sabía! Tanta suavidad de tu parte no podía traer nada bueno, Leonor. Sabía que tenías que decir algo así, hiriente. ¡Eso es por ser católica! De lo tuyo tiene la culpa tanta religión, eso es lo que te pasa. ¡No veo nada malo en acostarme con mi marido cuando me da la gana! Tú no lo entiendes. Y no me acuesto casi nunca con él, porque no quiere. No le gusto. Eso, en el fondo, lo hace todo aún más patético.

—Será eso, Corina; pero es curioso que Alberto sea tu marido cuando quieres y no lo sea cuando te estorba, es algo curioso. Lo mismo que tu manía con la religión.

Leonor Jacoby no pudo continuar. Con la cara muy pálida, Ángeles Iriarte abrió la puerta y con voz alterada dijo:

—¡Don Alfredo, es don Alfredo! Vuestra madre acaba de llamar; dijo que fueseis ahora mismo. ¡Llamadme, por Dios, llamadme nada más saber qué sucede!

Salieron sin hablar. O Bernarda había tenido un ataque de

aburrimiento y nervios o su padre estaba realmente mal. Corina se protegió pensando en el ataque de nervios de Bernarda, puso cara de pasota y ni siquiera se molestó en coger su mochila, guardó el tabaco en un bolsillo de la chaqueta. No tardaría en volver al estudio, estaba segura. Leonor Jacoby sabía lo que había estado ocurriendo. Llevó a su hermana cogida de un brazo hasta la casa de sus padres. Corina no lo sabía, pero el médico había pasado toda la tarde en casa de los Jacoby. Su padre se ahogaba, se estaba ahogando en su propia sangre. Leonor había mantenido a Corina alejada de aquello; no quería pensar qué le ocurriría a su hermana tras la muerte del padre. Lo de él ya no tenía remedio; lo de Corina había que frenarlo de la manera que fuese.

Julián Jacoby les abrió la puerta; tenía los ojos enrojecidos y llenos de lágrimas. La casa estaba llena de gente, hermanos, cuñados y hasta la tía Melania estaba sentada en el salón.

—¿Alguien va a decirme qué es lo que pasa? ¿Qué hace aquí Melania? No es normal, nunca viene a casa de mi madre.

—Eres una insensata; estás en las nubes, como siempre. Tu padre se está muriendo, Corina, lleva toda la tarde agonizando. Y a ti te tienen apartada de esto como si fueses una niña tonta. —La mujer de Julián Jacoby enseñó los dientes y dejó de ser la apocada chica de melena rubia y pañoleta de seda para mostrar la zafiedad que guardaba celosamente en su interior.

—¿Qué está diciendo? ¿De qué habla ésta, Leonor?

Melania Jacoby se levantó de un salto del sillón, cogió de la mano a Corina y la llevó hacia la habitación de Alfredo Jacoby.

—Se va, Corina, se va. Entra y despídete de él. Es un camino hacia un lugar mejor, hacia la nube de Asunción o alguna cercana a ella, sólo es eso. No hay que temerle al tránsito, Corina: es un paseo...

Corina a punto estuvo de perder el respeto y el amor que sentía hacia Melania. «Paseo —decía la vieja chocha—. La muerte era un paseo.»

A la puerta de la habitación, Ernesto Muñiz hablaba en voz queda con un sacerdote de la parroquia. Ernesto había sido el médico de Alfredo Jacoby durante años; más que médico era su amigo. Tocó el brazo de Corina y en voz baja le dijo:

—Lo siento, nena; no pudimos hacer nada.

—Lleváis años sin poder hacer nada, Ernesto; confundisteis una bronquitis con un cáncer de pulmón; eso es como confundir cemento armado con arena. Hasta le racionaste los calmantes, porque decías que tenía una úlcera. Y ahora se me muere.

—Se nos muere a todos, Corina, no tengas ese sentido de la posesión. Hay que resignarse, la muerte es el camino hacia Dios. Tu padre fue un buen cristiano y esta noche dormirá en el cielo.

Llamar capullo al cura que le había dicho aquello le parecía un exceso, pero Corina no pudo aguantarse: su padre nunca había sido un buen cristiano. Buena persona, compasivo, pero con una moral muy alejada de la que la Iglesia católica o cualquier iglesia podía marcar. Lo único que apreciaba de la religión era la puesta en escena: apreciaba la belleza de las iglesias, de los cantos, de la liturgia. No creyó en un solo dios verdadero ningún día de su vida. Ni en la vida eterna. Jamás.

—No pedí tu opinión, «Willy», o Federico, o como coño te llames ahora. Con tanto nombre no logro aclararme. Y no soy una feligresa del Perú a la que le sirvan esas palabras idiotas: no voy a caer convertida de repente. Por cierto, ¿qué haces aquí y con ese trapo morado colgando del cuello?

—Estás nerviosa, Corina, y no voy a tener en cuenta tus palabras; sabes perfectamente cómo se llama «el trapo morado» y lo que significa. Voy a dar la extremaunción a tu padre, para eso he venido. Para eso y para acompañar a la familia en estos momentos. Cálmate, bonita. Resignación.

Leonor separó a Corina de los dos hombres y entró con ella en la habitación. Bernarda de la Vega estaba sentada junto a la cama de su marido. Alfredo Jacoby tenía la boca torcida; el gesto de la cara, siempre plácido, estaba contraído por el dolor. Junto al lecho había un gotero y una bombona de oxígeno. Su mentón descansaba sobre una sabanilla blanca con manchas de sangre. Bernarda de la Vega hizo un gesto a Leonor, y ésta la cambió por otra limpia. Al momento, su padre tosió apenas sin fuerzas y un reguero rojo brotó de la comisura de sus labios. Bernarda de la Vega limpió la sangre con una gasa y, mientras acariciaba la frente de Alfredo Jacoby, se dirigió a Leonor:

—Llama a tus hermanos. Sólo a ellos y a Melania, a nadie más. Y dile al padre Federico que entre. Antes tu padre no quiso comulgar, no tenía fuerzas; que venga ahora.

—¿Qué estás haciendo, madre? Él nunca comulgó; si antes no quiso, no puedes obligarle, no puedes hacerle pasar por eso. Déjalo en paz de una vez, déjalo morir en paz. ¡Déjalo ya, madre!

Alfredo Jacoby movió una mano bajo la sábana que lo cubría; Bernarda volvió a pasar la palma de la mano por su frente y ni siquiera miró a Corina. Entraron todos los hijos, Melania Jacoby y el cura. Todos se colocaron alrededor de la cama, mientras Corina permanecía apartada contra el balcón. Vio cómo le quitaban la sábana, cómo ungían su cuerpo en aquella ceremonia que tenía algo de magia negra. No veía la cara de su padre ni quería verla. Aquello terminaría con su vida más rápido; él se daría cuenta de que se estaba muriendo, de que no se trataba de un sueño profundo en el que hubiera caído. Los moribundos agudizan los sentidos hasta el límite y él se estaría dando cuenta de todo. Cuando concluyó el ritual que Alfredo Jacoby había odiado en vida —como filosofía, no como ceremonia—, sus hijos fueron besando su frente. Julián Jacoby continuaba llorando y Corina vio cómo dejaba rastros de mocos en la frente de su padre. Alfredo Jacoby debía de estar renegando, siempre había odiado los ataques de llanto de su hijo Julián. Los mocos de Julián pegados a la frente de su padre sacaron a Corina del sopor en el que se había sumido ante lo irremediable y dejó escapar un sonido muy parecido al de una carcajada suave, que se filtra entre los labios y los dientes. Sus hermanos la miraron y Julián dijo entre lágrimas: «Imbécil». Salieron todos, menos Corina. Se acercó a su padre, apartó la mano de Bernarda, que tenía asida y con los dedos entrelazados la de Alfredo Jacoby, y acarició aquella mano huesuda y amarillenta, la besó con cuidado y volvió a pasar sus dedos por aquella piel tan querida. Notó cómo la mano de su padre la empujaba, cómo se arrastraba por la sábana buscando algo. Lo encontró. Alfredo agarró con fuerza la mano de Bernarda de la Vega, la apretó con un vigor extraño en aquel cuerpo apenas con vida. Bernarda de la Vega dejó que Alfredo la agarrase y cubrió su propia mano y la de su marido con la mano que reposaba en su regazo.

—Estoy aquí, estoy aquí. Ya pasa el dolor, estoy contigo, estamos juntos también en esto; pronto pasará, Alfredo. Ojalá pudiese irme contigo, Alfredo. Estoy aquí, junto a ti.

Días después, Corina pudo recordar que su padre había rechazado su mano y asido la de Bernarda; pero en ese momento sólo escuchaba cómo su madre le hablaba al moribundo. Bernarda nunca les había hablado así ni a ella ni a sus hermanos. Por primera vez, Corina Jacoby comprendió que tanta entrega hacia alguien mata cualquier otro sentimiento hacia los demás. Para bien o para mal de todos ellos, aquella mujer había dedicado su vida a una única causa: Alfredo Jacoby. El resto habían sido incidentes en su camino y carecían de importancia. Incluidos sus hijos.

Alfredo Jacoby abrió los ojos y miró a Bernarda; por un momento, Corina pensó que la miraba a ella, pero su padre miraba a Bernarda. Una mueca, que parecía querer ser la sonrisa amable de siempre, apareció en su boca. El pecho dejó de moverse, los ojos permanecieron abiertos y la mano se abrió entre las de Bernarda.

Corina salió del dormitorio procurando no hacer ruido. No sabía por qué a los muertos tenía que molestarles el ruido, pero todo el mundo hacía eso y ella no iba a ser diferente aquella vez. Caminó entre la gente que llenaba los pasillos, sin ver ni mirar a nadie, hacia la puerta de la calle y salió. Llegó al estudio.

—Ya está. Se murió y a mí casi ni me lo dicen, Ángeles.

Ángeles Iriarte se dejó caer en uno de los sillones de la sala de juntas y lloró en silencio. Alfredo había sido su jefe durante muchos años; un buen jefe, un buen hombre. Corina recogió el bolso y el impermeable y salió a pasear por las calles azotadas de gente y de viento. Una vez más lloraba sin lágrimas, sin que nadie lo notase. Una vez más pegaba patadas a las piedras o a las hojas que encontraba en su camino. Llegó al portal de su casa sin saber para qué iba allí; no quería estar sola, no quería estar con nadie de los que estaban rodeando a su familia ahora, pero necesitaba a alguien.

Al entrar vio que en el salón una luz tenue brillaba; pensó que Raquel habría dejado alguna lamparilla encendida. Tenía la manía de encender sus velas y se marchaba sin apagarlas; el día menos pensado provocaría un incendio. Caminó hacia la luz y dio un respingo: Melania Jacoby estaba sentada en una de las sillas que rodeaban la mesa del comedor. La cabeza baja, el cuerpo arqueado; parecía más vieja que de costumbre.

—Me asustaste, Melania. ¿Qué haces aquí?

—Pensé que no volverías a casa de tu madre y creí que no te gustaría estar sola. Ni con gente ni sola; es tu forma de ser, Corina. Y acerté: aquí estás.

Corina Jacoby tenía un nudo en la garganta; casi no podía respirar y quería llorar, llorar sin consuelo, tenía que sacar la pena que llegaba de algún lugar misterioso del cuerpo, que ascendía por el estómago hacia el esófago y le tapaba la boca. Una pena que debía de tener forma; una pena que le estaba obstruyendo los pulmones; una pena eterna y profunda; una pena que nada tenía que ver con la pérdida de un padre. Era la pena en estado puro y asfixiante. Pena por ella, por el muerto, por la vida que no quería vivir de aquella manera, pena por todo. La pena negra como la peste que la estaba matando desde hacía casi cuarenta años. La pena cobarde que la corroía desde que el recuerdo tenía memoria. Corina intentó exhalar algún sonido; intentó respirar, se arrancó la mochila de la espalda, se peleó con la cremallera del chubasquero. Oyó cómo Melania decía algo, pero le pareció un sonido vacío; no entendía nada, sólo quería poder quitarse toda la ropa. Intentó arrancarse de cualquier modo el impermeable y escuchó el sonido de su propia voz como en un extraño grito, profundo, sordo.

Melania Jacoby, con una fuerza que no era propia de un cuerpo tan viejo y tan menudo, la zarandeó por los hombros y Corina cayó de rodillas. Melania apoyó la cabeza de Corina en su regazo y la acunó como a una niña. Le quitó el chubasquero, desabrochó con paciencia los botones de la chaqueta y después de la blusa. Metió las manos entre la tela y la piel, llegó a la espalda de Corina, de un golpe arrancó los corchetes del sostén y volvió a tomar a Corina entre sus brazos, meciéndola sin parar.

—Respira, respira despacio, Corina, no intentes respirar deprisa, el aire va a llegar, está en tu boca y desciende a los pulmones, Corina. Déjalo llegar, no opongas resistencia, princesa, está llegando ya. Supongo que no tendrás ningún aerosol en casa que nos ayude con esto, supongo que no lo tendrás. Respira, Corina...

Poco a poco, el jadeo de Corina Jacoby fue convirtiéndose en una respiración dificultosa. Dejaba entrar el aire de la mejor manera que podía, cerraba los ojos e intentaba no oponer resistencia a nada. Pensaba en el aire sin forma ni color, dejaba que entrase en la boca y lo imaginaba atravesando la garganta, pasando entre los bronquios esponjosos hasta llegar al pulmón. Veía cómo el aire hinchaba los pulmones y después recorría su cuerpo. El aire con pigmentos. Con estructuras. El aire que nadie veía tenía formas y colores para Corina; de esa manera había aprendido a superar aquellas crisis. No era asma, nadie sabía exactamente lo que era. Corina lo llamaba crisis de no respirar; se sentía morir, intentaba respirar, pero el aire no llegaba, daba bocanadas al aire intentando atraparlo, pero era incapaz de hacerlo pasar de la boca; siempre que le ocurría pensaba que se moriría. Melania le había enseñado a controlar aquello, la había enseñado a imaginar el aire, a ver cómo pasaba hasta el pulmón, y eso que a los médicos les pareció una tontería ayudó a Corina a controlar su afección sin necesidad de aerosoles ni artilugios semejantes.

El aire entraba acompasadamente, ya estaba bien, el flujo se equilibraba y le volvía la vida. Melania continuaba acariciándole la cabeza y meciéndola. Pasó así mucho tiempo, meciéndole el cuerpo, acariciándole el cabello y respirando como si el respirar no fuese algo normal. En ese momento, para Corina, era un milagro.

Melania acostó a Corina en la cama grande y ella lo hizo en una habitación contigua. Escuchaba a cada rato los suspiros de Corina. Eran profundos, de perreta de niña pequeña, esos suspiros que lanzan los niños cuando el llanto y el cansancio los agotan, los suspiros que agitan todo el cuerpo de los bebés. Pero Corina no había llorado; había sido incapaz de hacerlo. Melania permaneció toda la noche en vela. Pensaba en lo sola que había quedado Corina. Cuando ella muriese, cuando ella fuese a acompañar a su hermano, Corina estaría completamente sola.

Alfredo, pobre Alfredo. Había llegado tarde a la familia; fue casi un nieto para sus padres y un hijo para Melania. Se había criado con sus propios hijos. Al pasear con todos los niños, los suyos y Alfredo, la gente pensaba que era su hijo, se parecía a ella más que los suyos propios. Ella había educado a su hermano hasta que se marchó a la universidad. Al regreso se había casado con Bernarda de la Vega y ella lo veía poco. Como casi siempre ocurre en las familias numerosas, todos se habían ido separando. Se reunían en los consejos de administración. Pura tristeza. Y aquella niña de Alfredo, Corina, era tan especial que asustaba a la propia Melania. Corina nunca había crecido, era una niña; no conocía más sentimiento que el de un niño pequeño. Sólo el poder que Melania y Bernarda tenían sobre ella hacía que no cometiese mil insensateces en un mundo por el que la maldad planeaba a ras de suelo. Corina no conocía el mal en su estado puro y auténtico. Corina Jacoby podía ser dura, enérgica, manipuladora, insoportable, pero carecía de maldad para las cosas comunes. Aquel cuerpo diminuto que suspiraba en la habitación cercana no había visto el mal cara a cara, todos se habían preocupado de alejarlo de ella. Demasiada protección, pensaba Melania aquella noche, demasiado empeño en crear un Emilio leído; le habían hecho mal, entre todos se habían equivocado.

—Yo no tardaré en seguirte, Alfredo, y sin ti, sin Asunción y sin mí, ¿qué va a ser de ella? Nadie es un niño eternamente: nos equivocamos. Puede que Bernarda tuviese razón, puede que la hayamos malcriado y ahora su vida se termine de una manera precipitada por nuestra culpa. Nunca tendrá lo que quiere a no ser que alguien la ayude o le haga daño. Nos equivocamos, Alfredo.

Melania pensó en Alberto Rueda. No había sido un hombre adecuado para Corina; como amigo tal vez, como marido, completamente inadecuado. No la había entendido jamás ni la había ayudado a crecer. Simplemente la dejaba hacer lo que quería. Ni la había amado ni le había enseñado nunca lo que era el amor. Alberto Rueda era un ser anodino y aparentemente tranquilo. Tranquilo mientras algo o alguien no lo sacasen de quicio. Entonces la tranquilidad dejaba paso a una ira incontenible, esa ira que tanto había afectado a Corina; los ataques de ira y malhumor de Alberto dejaban a Corina desarmada y rota. Se arrugaba ante aquel hombre que no tenía más poder sobre ella que la pena. La pena que le causaba a su sobrina aquella mente atormentada por algo que ninguno de ellos supo entender nunca. Buscando la salvación, la libertad, Corina había caído en algo aún peor: el vacío.

Corina había tenido un matrimonio vacío de todo: de cariño, de comprensión y de cualquier valor que acompaña a una pareja normal, sea cual sea el siglo en el que vivan. Melania había tenido una experiencia semejante, pero le había puesto fin y había rehecho su vida alrededor de sus hijos, su jardín y los hombres que la acompañaron siempre.

Corina se equivocó casándose; los mejores proyectos de Alberto eran obra de Corina, aunque los había firmado él. Su sobrina podía haber perdonado a aquel hombre, pero ella no. Lo soportaba, pero jamás perdonaría los años que Alberto Rueda había robado a Corina. Algún día Corina decidiría divorciarse de aquel hombre amargado, huraño y triste cuando le convenía, y ese día cortaría la soga del ancla que, de alguna manera, la mantenía en el pasado. Ese día, Corina Jacoby crecería.

Crecería a golpe de dolor, así había sido siempre. Y ahora, Asunción y Alfredo se alejaban y ella lo haría pronto.

Se levantó de la cama y caminó descalza hasta la habitación de Corina. La vio dormida, con aquella cara de niña cansada y sintió ganas de llorar. Tantas cosas que dar, tanto que enseñar al mundo y se estaba perdiendo entre penas sin sentido. Corina le había contado cómo todo esfuerzo para ser feliz con Alberto era inútil. Algo, aparentemente absurdo, le hizo tomar la decisión de separarse.

—Estábamos en la biblioteca viendo la televisión, Melania. A mí me habría gustado salir a pasear o hacer algo, pero Alberto no quería. Yo dibujaba un boceto del cuadro que tengo en el estudio, ese que mamá dice que es una obscenidad. Me había lavado el pelo, estaba recién duchada. Recuerdo que tenía la melena lisa, reluciente. Me había puesto ropa de pintura porque pensaba comenzar con el color en el cuadro nada más completar el esbozo. Pantalón negro, una camiseta negra y una blusa color azul, de ese azul que tienen las noches de verano en tu jardín, Melania. Yo estaba contenta porque me veía guapa y pensaba que él me diría algo, pensaba que algún día él tendría que decirme algo agradable. En la televisión apareció una modelo, anunciaba una crema de manos. Alberto, sin mirarme, dijo: «Qué manos tan preciosas, son unas manos preciosas...». Yo miré mis manos: blancas, los dedos largos, las uñas pulidas. Miré mis manos y le dije: «Nunca miras mis manos». Me levanté y me fui a pintar. Destrocé toda la paleta de colores, los mezclé con furia mientras pensaba que Alberto no miraba mis manos ni nada de lo que yo podía ofrecerle. Yo siempre pensé que tenía tantas cosas que ofrecer, Melania, tantas cosas... No soy nada difícil, el malhumor es una máscara; cualquiera que viva conmigo se da cuenta enseguida. No miró mis manos. Ni mi alma. Ni mi boca. Ni mi cuerpo. Nunca miró nada. Siempre despreció todo lo que yo podía darle. Tiene que ser culpa mía, seguro. Tengo risas y sueños guardados para repartir como quien da dulces a los niños, puedo hacer feliz a los demás con una facilidad que en ocasiones me asusta, pero nadie parece verlo, algo lo impide. Todos creen que soy fuerte, dura y me cansa eso, Melania. Esa frase que escucho cada día: «Corina puede con todo...». Ese día pensé que lo mejor era separarme de Alberto. No era justo ni para él ni para mí. Hay algo en mí que impide que los demás vean las cosas que puedo ofrecer, tengo las manos llenas de cosas que dar. O no las enseño bien o algo impide que los demás se den cuenta de ello. Es culpa mía, es como una maldición que me acompaña siempre. ¿Piensas que hice bien al separarme?

Hacía poco tiempo de aquella conversación y Melania aún recordaba la cara de pena que había puesto Corina al contárselo. La debilidad engañosa de Alberto Rueda había podido durante años con la aparente fortaleza de su sobrina. Era cierto, Corina Jacoby habría sido una buena esposa, una buena amante y madre. Necesitaba cariño y mucho amor. Ahora estaba allí, dormida, teniendo algún sueño tormentoso, culpándose hasta de la muerte de su padre. El despertar sería sereno; tardaría días en llorar, en aceptarlo. A la mañana siguiente despertaría, intentaría racionalizar todo aquello y volvería a ser la Corina Jacoby tranquila, la Corina que daba paz a los demás cuando el orden se transformaba en caos, la Corina sensata que pondría orden en el desconcierto producido por la muerte del padre. Recibiría los pésames con la mano extendida y con la sonrisa agradecida de quien cumple un deber ineludible. Aquella mañana de funeral sería una princesa, nadie adivinaría una sombra de dolor ni un mal gesto. La dignidad sería la compañera de aquella alma rota durante unas horas o días; después, cualquier cosa podía suceder. Se metería en casa, encerrada, sola, sin querer ir al estudio. Cerraría la puerta de la casa a cualquiera que intentase entrar y deambularía por los pasillos hablando con los espíritus que ella imaginaba presentes.

Al cabo de un tiempo, algo, alguien, cualquier palabra haría que se despertase y que la fiereza volviese a su mirada y a su palabra. Saldría de todo aquello sin dignidad, a gritos, humillando a cualquiera sin motivo que justificase esa reacción extemporánea. Sus gritos querían decir: «Ayúdame», pero Corina no pronunciaría esa palabra. Lo había hecho demasiadas veces, había extendido las manos tan a menudo buscando ayuda sin que nadie pudiese o quisiese dársela que ya había dejado de hacerlo. La furia sustituía a la petición de ayuda.

Melania Jacoby sintió cómo se abría la puerta. Pensó en Raquel: las ocho y media era su hora. Caminó pasillo adelante hacia la cocina, saludó a Raquel y dejó que hablase de lo bueno que había sido Alfredo Jacoby mientras preparaba una bandeja con el desayuno de Corina. Cuando estuvo listo, las dos se dirigieron al dormitorio. Corina ya estaba despierta, boca arriba, con los brazos en cruz y los dedos de las manos plegados sobre la palma, miraba al techo. Se parecía mucho a Alfredo, pensó Melania, tenían la misma boca, los mismos ojos y hasta el mismo carácter. La única diferencia era que Alfredo había controlado el suyo.

—¿En qué piensas?

—En nada, creo que por una vez en mi vida no pienso en nada, Melania; es raro, pero creo que no pensaba en nada. Bueno, puede que estuviese pensando qué abrigo y qué zapatos tendré que ponerme esta mañana, hará frío y después calor. En eso y en la abuela mirándonos desde su nube. Déjame desayunar, que supongo que dentro de un momento vendrán a darnos la tabarra. ¿Aún no han llamado por teléfono, Raquel?

—No, aún no, Corina, pero tienes razón: date prisa, llamarán de un momento a otro. ¿Qué ropa saco?

—Sácame la ropa de siempre, la de funeral; el abrigo de paño negro y los pantalones con las botas negras; no quiero falda hoy.

Raquel continuó parloteando mientras Corina se arrastraba hacia la ducha. Encendió las luces del espejo y se miró: no tenía mala cara. No sentía dolor, más bien algo parecido a un susto grande y a un vacío. No le había salido ninguna nueva arruga aquella mañana. Mirando hacia el espejo, mientras se quitaba el pijama, comenzó a hablar:

—Bueno, padre, al fin solos y tú ausente, lo cual no deja de ser una frase estúpida y casi sin sentido. No han derramado veneno en tu oído, así que no me será posible culpar a nadie de tu muerte; claro que esos inútiles de matasanos podrían haberte ayudado más, pero quizá uno de estos días me ocupe de ellos. Pensaré qué coño puedo hacerles a esos aprendices de chamanes para que purguen de alguna manera lo que hicieron contigo. Y no quiero oír que no debo ser rencorosa, no me lo digas; no es rencor, es justicia. Ahora se celebrará tu funeral; tus nueras estarán en primera fila con cara de pena, puede que alguna llore. La mujer de Julián, seguro; ésa tiene que llorar delante de todos y, como no te apreciaba mucho, seguro que hará algo así. La mujer de mi hermano Ricardo no llorará, ésa no; tendrá que preocuparse de sus collares, de las perlas que mi pobre y tonto hermano le regala para que vaya a comprar el pan y a tomar café. No sé ni cómo puede coger la taza con tantas sortijas en las manos, no logro entenderlo, padre. Menudos hijos tuviste, padre: los varones son medio inútiles; supongo que te habrán quitado los mocos que Julián dejó ayer pegados en tu frente; sí, mamá debe de haberlo hecho. Te quiere mucho mi madre; eso no fue bueno para nosotros, pero a ti sí te quiere de verdad. A su manera, ya sabes, esa terrible manera de querer, pero te quiere. Me hiciste la puñeta muriéndote tan pronto, ahora no sé quién va a darme la razón, nadie me acariciará el pelo ni me ayudará a pagar mis inversiones. Por cierto, te había comprado un ordenador, un portátil, pero ya no podré dártelo, así que me quedaré con él.

Corina Jacoby habló con Alfredo Jacoby mientras se lavaba la cara, con la boca llena de pasta de dientes, en la ducha, cuando se secaba el pelo y mientras se vestía.

—Está hablando sola, señora, está haciéndolo de nuevo —murmuró Raquel mientras servía un té a Melania Jacoby.

—Déjala, Raquel, déjala. Es su manera de no pensar en esto; ya le pasará. No es nada malo hablar solo, ella lo hace desde pequeña y yo desde hace años.

—Bueno, yo hablo sola, señora; pero lo que no hago es contestarme, y su sobrina se contesta. ¡Hasta se ríe! —rezongó Raquel.

Leonor Jacoby llamó por teléfono: saldrían todos juntos desde casa de Bernarda, estaban ya esperándolas. Tres mujeres enlutadas salieron a la calle una mañana de domingo; salieron a las calles desiertas; salieron dando la cara al viento de otoño. Era uno de esos días en los que el viento y la atmósfera son tan espesos que pesan sobre la cabeza y aplastan el alma. El sol resplandecía alto, el cielo estaba azul y las nubes se deslizaban deprisa camino de algún lugar sobre el que descargar la lluvia, que no tardaría en aparecer. Caminaban las tres mujeres a paso rápido. Melania, Raquel y Corina eran una estampa extraña en una mañana tranquila. Corina llevaba el pelo ceniza sobre la ropa negra: pantalones negros, botas negras relucientes, manos ocultas bajo piel negra, mochila negra. Melania Jacoby de blanco. Abrigo, pantalón, botas, guantes y bolso. Raquel, pelo negro sobre ropa negra. Hablaban lo justo para no perder el compás al caminar. Una fila de coches esperaba ante la puerta de la casa; saludaron a los primos y a algún amigo. Todo estaba preparado para la partida. Cerraron la caja, todos bajaron a la calle y se fueron colocando en los coches. Corina fue con Alberto y Leonor. Pasaban por los pueblos sin verlos. Comenzó a bajar la niebla cuando llegaron a la basílica. El funeral fue como Alfredo Jacoby habría deseado: gregoriano, rosas rojas, un solo ramo, y un templo lleno de verdaderos amigos. Tenía razón Alfredo al decir que en el día de las alabanzas no hacen falta las esquelas; quien tiene que saberlo se entera y acude. Quien no estaba presente ese día no interesaba ni en la vida ni en la muerte.

Descansó Alfredo Jacoby cerca de la casa y la tierra que tanto había amado, acunado por la niebla y entre el griterío de las gaviotas. Cerca del mar y rodeado de manzanos y nogales; una mañana de otoño, una mañana cansina de niebla y atmósfera pesada y muerta. Todo fue sereno, sin apenas lágrimas, sin inútiles gestos de dolor. Abrazos en silencio, palmadas en la espalda, sonrisas de afecto. Y de esa manera, de la misma forma en la que había vivido, sin ruido, sin estruendo, el cuerpo de Alfredo Jacoby comenzó el descanso eterno.

Los asistentes al funeral se reunieron en la casa de piedra que había sido el sueño de Alfredo. Comieron, hablaron, sonrieron con pena al recordar las cosas que Alfredo decía; llegaban telegramas, sonaba el teléfono. Al caer la tarde, la casa se fue vaciando. Bernarda y Leonor pasarían allí la noche. Corina quería irse a su casa; no aceptó quedarse con Melania, quería estar sola. Regresó con Alberto. En silencio; Corina habló poco aquel día.

Al llegar a casa Alberto Rueda insistió en acompañar a Corina, pero ella se negó con una firmeza que sorprendió a su marido. Corina sí estaba cambiando. Alberto Rueda no sabía si alegrarse o no; era bueno para ella, pero él sentía que aquello la estaba alejando de su lado. La independencia aparente y desenvuelta de Corina, la falsa independencia de la que siempre había hecho gala, estaba dejando lugar a otra más peligrosa para él. No era fácil elegir aquella forma de vivir y ella parecía estar consiguiéndolo. Se despidieron en el portal y Corina entró una noche más en la casa vacía, sin más sonido que el de su propia voz al hablar sola.

Sin quitarse el abrigo, Corina se dirigió al baño, dejó correr el agua caliente, puso el tapón a la bañera y salió de nuevo a la habitación. Comenzó a quitarse la ropa y a ponerla en perchas que colgaba en la barra de otro baño, para que se airease. Mientras lo hacía pensó que la edad agudizaba las manías; ella siempre sería maniática de aquel orden que resultaba ser anárquico en ocasiones; la ropa podía permanecer allí tres o cuatro días y cuando se daba cuenta de ello se enfadaba, con ella misma o con Raquel. Cerró el agua y se metió en la bañera, dejó reposar la cabeza en un rollo de toalla bajo el cuello. Dejó flotar el cuerpo en el agua, se deslizó dentro de la bañera, se dejó caer hasta el fondo y abrió los ojos bajo el agua. «Esto debe de ser casi como estar muerta», pensó Corina: calor en las pupilas, sólo restos de aire en el pulmón y una sensación que no era del todo desagradable. La muerte tenía que ser húmeda, seguro que lo era. Volvió a la superficie y respiró profundamente. Sonaba el teléfono. Sonrió, no saldría de la bañera, no lo haría; que sonase hasta quedar ronco. Volvió a sonar una y otra vez. De malhumor, caminó hacia el teléfono más cercano, el de su mesita de noche. Dejaba un rastro de agua al caminar; mañana Raquel se pondría furiosa al tener que limpiar las huellas de los pies mojados sobre la madera.

—¡Diga!

—Si me hablas en ese tono no diré nada, Jacoby, te juro que no diré ni una palabra más. Esta mañana no nos miraste, ni a Pablo ni a mí, y ahora contestas de esa forma. ¿Dónde están tus modales, Jacoby? ¿Los enterraste esta mañana? —La voz de Jaime Arias era suave.

—Estaba en la bañera, Jaime; no sabía que eras tú, perdóname.

—Yo nunca perdono, Corina, deberías saberlo. De todas formas, no hay nada que perdonar, tú eres así: zafia, mala, vanidosa... En fin, un desastre. Y eso no tiene remedio. —Jaime Arias terminó la frase con un sonido parecido a una sonrisa sonora.

—Es cierto, Jaime, es cierto: somos iguales. No te vi hoy. Bueno, sí, creo que te he visto, pero no sé por qué no te he dicho nada. ¡Ya lo sé! ¡No me has hablado: sería por eso!

—Faltaría más, Corina, cómo iba a ser culpa tuya. Yo no te he hablado, eso lo explica todo. ¿Estás bien?

—Sí, claro que estoy bien. ¿Por qué no iba a estar bien?

—No lo sé. Tienes razón: es una pregunta idiota. Se ha muerto tu padre, estarás más sola de ahora en adelante; tendrás que tomarte más en serio tu trabajo; tus hermanos querrán hacerte la vida imposible; tu padre ya no podrá defenderte; hace menos de un mes que se murió tu abuela y, según cuentan, de una manera un poco extraña y ante ti; no comes decentemente desde hace meses; tienes dolores de cabeza permanentes; vas a cumplir cuarenta años y estás sola; enterraste a tu padre esta mañana y ahora estás sola en casa. Tienes razón, soy estúpido. ¿Por qué no ibas a estar bien? Parezco tonto, ésa es la verdad; pregunto cosas raras.

—¿Es terapia de choque, Jaime? ¿Es eso, o solamente mala baba por tu parte?

—No, Corina, ni una cosa ni otra. Era una pregunta normal a una buena amiga.

—Tienes razón, Jaime, perdóname. Estaba en la bañera y pensé que llamaría cualquiera, ya sabes, alguien dándome el pésame y contándome que mi padre era muy bueno. Pensé que era eso y estaba enfadada. Estoy chorreando agua encima de la tarima y las alfombras.

—¿Estás desnuda? ¿Me estás diciendo que estás desnuda?

¡Corina, por favor! —Jaime Arias se rió fuerte, su risa resonaba a través del teléfono.

—¡Jaime, no seas merluzo! Cuando me dices esas cosas pareces bobo. Como si mi imagen desnuda provocase convulsiones. Y encima parece que te estás riendo de mí como si en vez de excitar a nadie fuese una mujer horrenda que provocase la risa. Mi padre se ha muerto y mira qué cosas me dices tú.

—Cuando se murió el mío, tú me llevaste a bailar al día siguiente. Lo mío es más suave, Corina, una terapia más suave. Tu padre tenía sentido del humor, no como tú, Corina. Por cierto, ese culo y esos muslos a mí me gustan; nunca se sabe, Jacoby. Tienes la nariz torcida, la punta de la nariz hacia abajo, como buena judía; pero bueno, a alguien puede gustarle eso, no desesperes. ¿Quieres que vaya a cenar contigo? Yo lo llevo todo.

Corina Jacoby sonreía mientras se miraba desnuda en los espejos que hacían de entrepaño a las puertas del armario.

—Gracias, Jaime, pero quiero dormir. Necesito dormir un rato, puede que necesite dormir un día entero. Mañana te llamo.

—Como quieras, Jacoby, pero recuerda: si me necesitas silba, no lo dudes ni un momento. Me siento Humphrey Bogart esta noche. Duerme bien, un beso.

Su padre sí tenía sentido del humor, ella un poco menos. Se envolvió en el albornoz, vació el agua de la bañera y cepilló el pelo con vigor. Tendría que cortarlo un poco más, era incómodo tener el pelo tan largo; reposaba en los hombros y eso no le gustaba. Al día siguiente se lo cortaría, era más práctico; tanto pelo en aquella cabeza era difícil de secar cada mañana. Apagó los focos del espejo. Volvió a colgar el albornoz en su lugar, salió a la habitación y se puso un pijama. Mientras se lo ponía se miró en el espejo y le habló a la imagen reflejada.

—Esto no debe de ser nada sexy, franela y hasta bragueta; parezco un hombre. Mejor así; nunca seré nada semejante a una muñeca. La verdad es que me gustaría serlo y lo intento, pero nada que hacer, aunque últimamente estaba mejorando. Mañana se terminó: pelo al dos y a trabajar.

Pensando en Jaime, en el pijama y en la cuestión de ser sexy o no, Corina calentó un café y, sin darse cuenta, se encontró delante del ordenador. Conectó. Amalia no sabía nada de la muerte de su padre. Abrió el correo para enviarle un mail a su amiga y vio que tenía dos de ella. Le contaba que salía a cenar aquella noche con uno de sus compañeros. Un hombre negro, un médico nubio. La vida era extraña, Amalia paseaba por París con un nubio y ella estaba pensando en cortarse el pelo. Podía tener que ver con la muerte de su padre aquello del pelo, puede que fuese una especie de luto. Le daba lo mismo, al día siguiente se lo cortaría. Escribió el mail a su amiga, contestó otros que tenía pendientes y decidió dar un paseo por el chat. No tenía ganas de dormir, ya no tenía sueño. Si se metía en la cama se pondría a pensar sin poder hacer nada por evitarlo, y no serían pensamientos agradables. Entró en el chat y dijo simplemente: «Hola». Inmediatamente vio que Hamamelis le enviaba un privado. Sonrió: Melania tampoco podía dormir aquella noche.

—¿Estás bien, Corina?

—Sí, Melania; sólo vine a dar un paseo, no quiero irme a la cama aún. Miré el correo y vine a pasear, pero me iré pronto. ¿Tú estás bien?

—Sí, cansada. Cansada, pero bien. Supuse que estarías aquí. Jaime llamó esta noche: creía que estabas conmigo; supongo que ya habrás hablado con él.

—Sí, ya lo hice, ya hablé con él. Quería venir esta noche, pero hoy prefiero no mirar a nadie a los ojos, Melania. Hoy no quiero. No esta noche.

—Un beso, Corina. Cuídate, mañana te llamo. ¿Respiras bien?

—Sí, ya respiro bien, Melania, ya llega el aire. Un beso, buenas noches.

Melania Jacoby desapareció al momento. Seguro que no se iba a la cama, simplemente cambiaba de canal. Aquella noche estaría como Corina, sin ganas de pensar ni de hablar con nadie que pudiese compartir su dolor; aquella noche buscaría jardines lejanos en los que encontrar algún remedio a su tristeza. Corina vio que Fohn, el triste, estaba en el chat; le iría bien hablar con él un rato, seguro que estaría serio como siempre y ella no tenía ganas de reírse.

—Hola, viento, ¿cómo estás?

—Bien, reina. ¿Y tú? Veo que hoy no quieres un novio.

—No, hoy no quiero un novio, viento, hoy no lo quiero.

—Hoy tú eres la triste; hoy no sonríes, Inés, ni al entrar en el chat ni a mí; esta noche no repartes sonrisas.

—No, esta noche no. Aunque debería hacerlo. Mi padre está en una nube junto a mi abuela y seguro que los dos están felices. Mejor que yo seguro que están. Pueden ver y mirar sin que los vean. Pueden reírse sin que nadie los riña y dar saltos y moverse libremente. Sí, están mejor que yo esta noche.

—No entiendo muy bien eso de la nube, Inés; parecen palabras de reina loca. Triste y loca :=)

—Ahora sonríes tú, gracias. No son palabras necias ni de reina loca, es la verdad. Están muertos los dos. A él lo he enterrado hoy. Había niebla y el viento parecía calmarse mientras ha durado el funeral y las gaviotas se han puesto a chillar como locas y los elefantes estaban más dormidos que nunca, viento. Los elefantes son unas montañas que hay frente a mi casa, te lo escribo para que no pienses que estoy loca de verdad :=))

—Otra sonrisa; gracias, Inés. Siento lo de tu padre, lo siento de veras.

—¿Por qué lo sientes? Tú no lo conocías.

—Pero a ti sí; lo siento por ti, por el dolor que pueda producirte, porque no es normal que alguien esté tan solo el día de la muerte de un padre como para venir a este sitio, Inés. Por eso lo siento.

—Estoy sola porque quiero, viento; esta noche estoy sola por deseo propio, como si fuese una reina de verdad. La reina ha ordenado que todos se retiren a sus lutos, yo guardo el mío propio y en soledad. Pienso en cómo ha sido el día de hoy, en eso pienso. En mi padre.

—¿Cómo ha sido? Supongo que duro, Inés.

—¿Quieres que te cuente cómo ha sido, viento, eso quieres saber? Yo no me expreso bien, pero siento que ha sido extraño, un día en el que no he sentido. Un día vacío, viento...

Corina dejó salir la pena y la rabia por las yemas de los dedos. No esperó respuesta por parte del hombre y, golpeando las teclas sin descanso, comenzó a escribir.

—Lo decía Cesare Pavese, viento: «Verrà la morte e avrà i tuoi occhi...».* Así llega noviembre. Siempre se llamó mes de las ánimas. El mes de los camposantos, ese último resquicio de la tranquilidad, de los pájaros serenos y de la gente tranquila. Hay personas sentadas en las lápidas. El mirar ausente. Vacío. Esa expresión tan intensa que amedrenta más que la propia muerte. Vendrá la muerte y tendrá sus ojos. Los de mi padre, un difunto inteligente que siempre renegó de este día de alabanzas. Ese día en el que todos fuimos tan buenos, más que buenos, casi arcángeles. A mi padre lo enterré un día de niebla cerca del mar de Llanes y bien dentro de mi mente, con un ejemplar de Hamlet en el que había prometido arrojar la parte más amarga de mi corazón y vivir más pura con la otra, sin que hasta el momento lo haya cumplido definitivamente. Lo enterré con rosas rojas, sin coronas, sin esquelas. Vendrá noviembre y tendrá el color del frío, sonido de mormera, tos y carraspera. Noviembre es un mes que habla suave. Ni se le oye. Es un mes muerto. Tengo una receta para soportar mejor noviembre. Para soportar la garganta enrojecida por el llanto y los gritos de pesar, viento. Para aclarar la garganta haciendo gárgaras. Se usan flores de malva, manzanilla y salvia. La malva y la manzanilla suavizan la garganta, viento. Dos cucharadas en un litro de agua hirviendo. Se deja reposar el férvido tapado una media hora y se cuela. Ya está preparado para ponerse a hacer gárgaras. El tratamiento tiene que acompañarse de un prudente silencio, evitando hablar alto o cantar. Nada de respirar por la boca y sí por la nariz. Abstenerse de bebidas alcohólicas y de condimentos picantes y fuertes en la comida. Perfecto para este mes de noviembre. Mes de recogimiento. Es una cura necesaria para soportar una ciudad y unos ha-

* Vendrá la muerte y tendrá tus ojos.

bitantes representados por un árbol —un carbayu— también muerto. Más simbólico, imposible. Así veo yo la muerte, viento. Vendrá la muerte y tendrá tus ojos... Bueno, supongo que no lo entiendes pero así soy yo, rara, muy rara. Mira, te he dado una buena receta para el resfriado, me ha salido así. ¿Qué tendrá esto que ver con lo de mi padre? En fin, soy rara, viento. Muy rara.

—No más rara que el resto de los que estamos aquí, Inés, no lo creo. Pienso que tú eres especial, llevo observándote días y es extraño que una persona tan joven escriba las cosas que tú escribes. Sabes mucho de plantas, de flores...

—¿Joven? Piensas que soy joven, ya... ¡Joven! :=)) No, viento, no soy joven. Creo que soy mayor que tú. Tengo treinta y nueve años. Prometí hace tiempo no decir mi edad en este sitio, pero tú me caes bien; ésos son los años que tengo, viento del norte, ya no soy nada joven :=)) Y sí, me gustan las plantas, las flores. Algún día viviré de eso. Seré una bruja mezclaflores.

—Tienes razón en una cosa: soy más joven que tú. Tengo treinta y ocho años. Soy más joven que la reina.

—Bueno :=)) pero no tan joven; y yo no aparento mi edad, ésa es la verdad :=)) ¿Quieres ver la web del estudio donde trabajo? Mira, es: www.arquitectosjacoby.com. Me llamo Ángeles. Salimos todos; el jefe se empeñó en que saliésemos todos.

—Bueno, me da igual ver la web de tu empresa o no, pero si te empeñas la veré, Ángeles. ¿No estás dándome demasiada información? Alguien que dice que nunca cuenta su edad no debería decir su nombre, y menos en este sitio. Yo nunca lo hago.

—Yo ahora ya no lo digo a nadie, pero tú me caes bien. En serio que no lo digo a nadie, ¡no me riñas más!

—No te riño, no creo que te esté riñendo, Ángeles. Digo que no debes ser tan confiada, sólo eso. Por cierto: no creo que tengas la edad que dices...

—¡Yo no *mineto* nunca! Te digo que tengo treinta y nueve años. Jamás *mineto*...

—*¿Mineto?* ¿Qué es *mineto*?

—Déjalo :=)) Se me resisten las letras :=)) Me pasa cuando me pongo nerviosa o me asusto :=)) Mira: LETRAS = ZORRAS :=)) Eso es.

—Yo no creo dar miedo ni poner nerviosa a la gente, pero bueno...

—Es lo mismo :=)) Seré yo :=)) Me voy a la cama. ¿Quieres escribirme? Mi mail es cjacoby1@jacoby.com. Escríbeme, viento :=)) Me voy a dormir, adiós.

—Adiós, reina. Cuídate mucho.

Mientras desconectaba, Corina se dio cuenta de que había metido la pata, le había dado su mail, no el de Inés de Castro, y él se daría cuenta. Mañana lo arreglaría. Seguro que era un niño espabilado, de esos que maduran antes de lo normal, y por eso era tan reposado. En la cama pensaba en la calma que parecía tener aquel hombre con nombre de viento airado; no se correspondía el nombre de ese viento, que hasta provoca crímenes, con la manera pausada de hablar de aquella persona. En voz alta dijo: «Buenas noches, padre, cuídame el sueño...». Y quedó dormida.

Ángeles Iriarte entró en el despacho de Corina, suspiró y alzó la vista hacia el retrato de Alfredo Jacoby.

—No suspires, Ángeles; ya no está, no hay vuelta atrás. Recuérdalo sin nostalgia. La nostalgia es un error. El recuerdo, no. ¿Qué tengo que hacer hoy?

—Creo que no debes intentar hacerte la dura conmigo, Corina. Después podrías intentar no hacer el papel de témpano con el resto del mundo, ser normal, dejar salir algún sentimiento; eso no estaría de más.

—Hablaba de trabajo, Ángeles, de trabajo.

—De eso, poca cosa. Nadie espera que lo llames hoy, no creo que nadie lo encontrase normal, así que puedes leer el periódico o discutir con Sol; está en la sala de planos, en el ordenador.

—No le digas que estoy. No quiero hablar con ella ahora. Ni con ella ni con nadie, no estoy de humor.

—Un buen síntoma, Corina; puede que hasta sea un sentimiento, puede que hasta seas humana. Por cierto, esto estaba en tu buzón, en tu mail, pero pone mi nombre. Alguien me llama princesa, alguien a quien no conozco, supongo que tú sí. —Ángeles Iriarte dejó un papel encima de la mesa de Corina y cerró la puerta. Corina estiró la mano y cogió el folio.

ASUNTO: pasa buen día, princesa

Hola... Espero que pases un buen día, que estés serena y tranquila.

Cuídate. Nos vemos, princesa

Sergio

Corina lo leyó varias veces y sonrió. Sí que pasaría un buen día. Sergio, se llamaba Sergio. Abrió la puerta del despacho, vio a Sol del Valle y se abrazaron. Sol le dio el pésame una vez más y Corina se disculpó por haber hablado de aquella forma a su amiga dos días atrás.

—No te preocupes, Corina, ahora lo entiendo. Yo no sabía que tu padre estaba agonizando, no me dijisteis nada; ahora lo entiendo todo.

Corina puso una cara rara, pero no se molestó en decirle a su amiga que ni ella lo sabía y que todas las cosas que había dejado salir entre los dientes apretados no tenían nada que ver con la agonía de su padre; simplemente las pensaba. Pero no dijo nada. Sol creía que había sufrido un ataque de nervios y eso hacía comprensibles sus palabras. No se molestó en aclararlo. Se despidió hasta el día siguiente. Pensó en lo bien que estaría toda la tarde durmiendo. Sería una tarde perfecta.

Metió la llave en la cerradura y le extrañó que no estuviese cerrada con todas las vueltas de la llave; Raquel se estaba volviendo descuidada. Encima de un sofá vio una chaqueta de colores fosfóricos. De ella no era; en su vestidor tenía colgada una parecida, pero Raquel nunca tocaba su ropa. Al caminar hacia el salón vio unas botas camperas y el comienzo de unos tejanos deshilachados en los bajos. Magdalena Jacoby, estirada en uno de los sofás, leía una revista y masticaba una bola de chicle demasiado grande para su boca, emitiendo un ruido infernal.

—Quita los pies del sofá, Magdalena. En Francia podrás hacer eso, en mi casa no.

—¡Corina! Me has asustado —mientras lo decía, Magdalena Jacoby se tiró a los brazos de su tía y ambas rodaron por el suelo.

—Te mataré si no me dices qué haces aquí, si tu madre lo sabe y si no me explicas cómo has entrado.

—Vengo a quedarme, mi madre lo sabe y la última vez que pasé un mes contigo hice una copia de tus llaves; tú misma me lo mandaste, Corina.

Magdalena Jacoby era la única hija de su hermano Alfredo, el único de todos sus hermanos varones que quiso a Corina tal como era. Alfredo Jacoby había muerto en un accidente de coche pocos años después de que Magdalena naciese. Se había casado con una francesa que conoció mientras estudiaba en La Sorbona. Se enamoró de aquella mujer como un loco y, sin decir nada a su familia, una tarde de abril Alfredo se presentó en la casa con ella. Era una mujer bonita, dulce, muy pequeña; junto a su hermano, Caroline parecía una muñeca. Vivieron felices hasta que, una mañana, Alfredo dejó la vida en una carretera de montaña, mientras regresaba de supervisar la construcción de un hotel que habían encargado al estudio de los Jacoby. La muerte de su hermano llenó a Corina de llanto; aquella vez no tuvo que esforzarse para que las lágrimas brotasen. La muerte de Alfredo trajo dolor y obligó a Corina a regresar al estudio: su padre decidió retirarse y ella debía hacerse cargo de todo aquello. Caroline regresó a París y Magdalena creció a caballo entre los dos países. Ahora tenía dieciséis años.

Caroline se había vuelto a casar y tenía otros dos hijos. Magdalena iba y venía de un país a otro, era la nieta preferida de Alfredo Jacoby, veía por sus ojos y siempre que podía encontraba una excusa para ir a París a verla. En septiembre, cuando Corina había estado en Francia, Caroline y su familia estaban de viaje por Grecia y no había podido verlas. Ahora Magdalena estaba allí.

—Vengo a terminar el curso aquí, ya sabes eso del convenio del colegio, Corina; el abuelo lo había preparado todo y yo quiero hacerlo. Lamento no haber podido quedarme más tiempo este verano. Quería tanto al abuelo... No siento haberme perdido lo de ayer, los funerales no me gustan.

—Sí, Magdalena, sé que lo querías y él lo sabía. ¿Ya le has dicho a Bernarda que vas a quedarte con ella? —Corina no quería escuchar la respuesta, pero sabía que tarde o temprano debía hacerlo.

—Voy a quedarme contigo; si no está el abuelo no voy a ir con Bernarda, y lo sabes. No te molestes en decirme que no estás preparada para vivir con nadie; no me digas que te molestaré; no quiero oír que tienes mucho trabajo. Me da igual. Ya he colocado las cosas en el cuarto que voy a ocupar en esta casa, así que no me digas nada de eso, Corina. Es como la muerte: no tiene remedio. Voy a ver a la abuela, no le diré que estás en casa. Cenaré con ella. Un beso.

Magdalena Jacoby se parecía en muchas cosas a Corina; una de ellas era el no escuchar cuando no le convenía. Ella hablaba primero y así evitaba oír cualquier opinión que pudiese no gustarle. No iba a discutir, en eso se parecía a su padre y a su abuelo: no discutía, hacía lo que quería sin derrochar energía. Corina pasó la tarde en la cama durmiendo. Logró no pensar en nada. La despertó el teléfono, era Pablo. Su primo quería hablar con ella. Necesitaba verla en ese mismo momento. Eran las siete. Se duchó y se puso unos pantalones y un polo. Comenzó a preparar café. El timbre de la puerta sonó insistentemente.

—No creo que sea necesario tanto ruido, Pablo.

—¿Cómo sabías que era yo? Ni siquiera has mirado por la mirilla, no he visto el ojo. Eres como tu tía, igual que Melania. Mi madre lo dice siempre.

—No seas absurdo, Pablo, nunca ves mi ojo y sabía que eras tú. Me has llamado diciendo que venías. Y tocas el timbre como un maníaco. Ahora resultará que tengo poderes...

Corina colocó la cafetera y las tazas en una bandeja y dijo a Pablo que la siguiese. Sentados en la biblioteca de la casa, los dos primos se miraron. La cara de Pablo estaba desencajada y pálida y el pelo —cosa extraña— revuelto.

—¿Qué pasa, Pablo?

—No creo que sea el mejor momento, Corina, pero tengo que decirte algo. Sólo tú podrás darme un consejo, sólo tú podrás entenderlo.

—No creo que yo pueda dar consejos a nadie, aunque la gente se empeña en ello; hasta estoy pensando en poner una web de consejos en internet, un consultorio sentimental. Todo el mundo opina que soy buena consejera, pero soy incapaz de arreglar mi propia vida. Ahora tendré que añadir a mis defectos el tener cara de oreja, querido. ¿Qué te pasa? No será tan grave, Pablo.

—Estoy, bueno, más bien soy... ¡No sé cómo decir esto, Corina, pero tengo que contárselo a alguien! Soy... Soy... —Pablo de la Vega movía las manos y los labios incapaz de terminar la frase.

—Eres gay, eres homosexual y estás enganchado de ese tío que va a tu casa a ver los archivos de la tejera. ¿Es eso o es algo realmente grave?

—¿Tú lo sabías, Corina?

—¿Lo de los archivos de la tejera? Claro que lo sabía, estuve el otro día comiendo en tu casa y estaba ese Leonardo; claro que sabía lo de los archivos, todo el mundo lo sabe. La semana pasada le hicieron una entrevista en el periódico a ese italiano; hablaba del trabajo que estaba haciendo en tu casa para no sé qué universidad. Lleva haciéndolo tres meses, ¿no?

—¡Me refiero a que sea homosexual, Corina, a eso me refiero! Tú... Bueno... Tú siempre me has defendido delante de todo el mundo, siempre te ponías como una fiera cuando alguien insinuaba eso. Pero nunca me dijiste nada, jamás me preguntaste nada.

—Sabía que eras homosexual, no tartamudo: de eso me estoy dando cuenta esta tarde. —Corina bebió un sorbo de café—. En cuanto a defenderte, es normal: no iba a dejar que nadie llamase maricón a mi primo, digo yo. Le partiría los dientes a cualquiera que lo dijese. Yo no sabía nada, tú nunca me lo habías dicho. De ahora en adelante cualquiera podrá decir delante de mí que eres homosexual, eso no es extraño. Pero al que diga maricón, le doy una bofetada. Homosexual es definitorio, maricón es insultante.

—¿Sabes que estás loca? —Pablo de la Vega pronunció la frase con una sonrisa entre los labios.

—Sí, claro que lo sé. Es marca de la casa: ser diferente al resto del mundo; no locura criminal ni nada de eso. No me ofende ser diferente. Durante años me ponía enferma, ahora vivo con eso. Pero si oigo a alguien decir que estoy loca, le parto un labio, y espero que tú hagas lo mismo.

—Yo nunca partí un labio a nadie, ya lo sabes, no creo que pudiera. ¿No te importa que sea homosexual, Corina? ¿De verdad que no te importa? Todo el mundo debería ser como tú, no habría guerras.

—Si todo el mundo fuese como yo, no habría guerras porque la humanidad se habría extinguido, Pablo. Nos habríamos machacado los unos a los otros y lo peor de todo es que sería un aburrimiento, yo ya no sería diferente y no habría diversión. Y no, no me importa en absoluto lo que seas. Me importa cómo seas, cómo eres. Y tú eres bueno, leal, fiel y encantador. Mientras no te dé por ir con plumas en el pelo y meneando el culo pidiendo guerra, me da igual; y ni siquiera eso creo que me importase, Pablo, ni eso. Sé feliz y nada más. Vive contigo en paz, y con los demás en lo que puedas; nadie puede vivir tu vida. Sólo te aconsejo discreción y prudencia. Nada más. En nuestro mundo es necesario, ya lo sabes, Pablo. Es un absoluto coñazo, pero necesario.

—Te pareces a tu padre, hablas como él. Gracias, Corina. Necesitaba oír algo así. Sí que eres buena dando consejos, y lo sabes. Lo que no entiendo, nunca lo entenderé, es por qué no los aplicas a ti misma.

Pablo se había sentado junto a su prima y le acariciaba el pelo, le hablaba cerca del oído. La abrazó y ella se dejó mecer. Sintieron la llave en la puerta, no se movieron. Magdalena Jacoby los miró; arrastraba su chaqueta de colores estridentes y mascaba chicle.

—Hola, Pablo. Hola, Corina. ¿Es un abrazo fraternal o te has vuelto hetero, Pablo?

—Hola, Magdalena. Al parecer, todo el mundo sabe que soy homosexual. De todas formas, tu tía y yo hemos pensado que debemos estabilizar nuestras vidas y vamos a casarnos: a ella no la soporta nadie y yo no encuentro una pareja adecuada, así que nos casaremos y yo me convertiré en el señor Jacoby. Me quedaré en casa haciendo las labores propias de mi sexo y tendremos tres hijos; de eso estábamos hablando.

—Ya. Y ese Leonardo del que hablaban en casa de la abuela,

¿vivirá con vosotros? Porque eso lo haría todo aún más interesante, Pablo, no lo dudes. Esta noche se lo contaré a Caroline, lo encontrará muy europeo y sobre todo extraño. Voy a enviarle un mail y a meterme en la cama, mañana tengo que ver la cara de esas monjas españolas y no sé si me gustará. Tengo que ir de uniforme, ¿lo sabíais? Hasta mañana.

Pablo de la Vega puso cara de sufrimiento; parecía a punto de llorar. De entre sus labios fruncidos, como los de un niño enfadado, salieron unas palabras.

—¿Lo has oído? ¡Lo saben! Todos hablan de ello, Corina, es terrible.

—Quita esa cara de mono feo, Pablo; claro que lo saben, todos lo saben. ¿Y? A ti qué más te da. Mira qué boca tan preciosa tienes, De la Vega, unos labios preciosos. ¡Ponlos normales de una vez y levanta la cabeza! Sí que lo saben, todo el mundo lo sabe, es estupendo. Un día de éstos saldré con vosotros a cenar, los tres juntos.

—Lo de la tejera, los archivos, no son más que una excusa. Hace cinco años que estamos juntos. Nos veíamos en Milán, en París, en Madrid, cualquier sitio era bueno. Cualquiera menos éste. Estoy pensando en marcharme de aquí. Tengo la casa de Sintra y allí nadie nos conoce. Puede que nos marchemos a Portugal, a mi casa. Siempre quise vivir allí.

—Piénsalo; lo que tú decidas estará bien. Será estupendo ir a Sintra a veros, me gustará alejarme de todo esto y estar contigo una temporada. Seremos piedra de escándalo, Pablo.

Se besaron y caminaron hacia la salida. Magdalena Jacoby tecleaba en el ordenador; sin levantar la vista del teclado agitó una mano en señal de despedida. Cuando estaba a punto de subir al ascensor, Pablo regresó, abrazó a Corina y le dijo:

—Te quiero, Jacoby, te quiero mucho. Cuídate.

Corina cerró la puerta y le dijo a Magdalena que necesitaba el ordenador de inmediato. Era mentira, pero sería una manera eficaz de que ella se fuese a la cama. Cuando la adolescente se fue a su cuarto, Corina ocupó su lugar frente a la pantalla. Todo estaba conectado. «Tendremos que ponernos de acuerdo en el correo que utiliza cada una», pensó.

Su padre se había muerto y nadie parecía sentirlo, Pablo le había contado su vida sentimental en un suspiro y ni se molestaba en preguntarle cómo estaba ella. Vida extraña. Eso sí, todo el mundo se empeñaba en decirle que se cuidase, pero nadie se ofrecía a cuidarla.

Corina entró en el chat. Amalia la estaba esperando.

—Me enteré esta tarde y te llamé, pero no estabas en el estudio, Corina.

—Hola, Amalia; podías decirme que eras tú, cambias de nick cada día :=))) Este nuevo, el de Nubia, me hace gracia. En fin... De todas formas, casi es mejor así; ya no sufre, Amalia, ahora está en paz.

—Sí, supongo que tienes razón, Corina. Habrías sido un buen médico, puede que mejor médico que arquitecto =)) Algún día serás curandera; tienes el conocimiento de Melania, así que no sería nada extraño que fueses una buena sanadora, Corina...

—No soy mal arquitecto, Amalia. Simplemente no me gusta. Pero tienes razón, algún día me alejaré de esto, me iré a vivir con Melania y me dedicaré a preparar remedios caseros, a cultivar flores. Siempre deseé hacer eso... Me manda un privado Fohn, Amalia.

—Bueno, yo me voy, Sulimán viene a tomar una copa esta noche. No puedes imaginarte cómo es Sulimán, Corina, algún día te lo contaré; quedarás con la boca abierta. ¡Ni te lo imaginas! Por cierto, ¿quién es Fohn?

—Puedo imaginármelo; no te molestes en contarme intimidades, Amalia, imaginación aún me queda. No sé quién es Fohn, aún no lo sé. ¿Viste a Melania esta noche?

—No, esta noche no. Desconecto, llaman al interfono, adiós :=))))

Amalia desapareció de la pantalla y Corina pinchó en el privado que Fohn le enviaba.

—Hola, viento :=)

—Hola, princesa. Te envié un mail.

—Sí, esta mañana :=)) Me llamaste princesa, como ahora :=))

—Veo que estás de buen humor...

—No tengo excesivos motivos para estarlo, lo intento :=))

—Haces bien...

—Te llamas Sergio, venía en el mail :=)

—Sí, pero no pensaba que lo había enviado desde ese servidor.

—No sé desde cuál lo enviaste; sé que ponía Sergio, sólo eso :=))

—Ya... No importa. ¿Qué has hecho hoy?

—Me he cortado el pelo; me puse unos pantalones y un jersey rojo al día siguiente de enterrar a mi padre y paseé así por mi ciudad; me compré dos chaquetas preciosas, italianas; mi madre sonrió y me llamó hija; mi sobrina Magdalena está en mi casa, creo que para una temporada larga; y no debo olvidar el detalle de que hoy mi primo Pablo ha querido contarme que era homosexual, cosa que yo suponía. Ése ha sido mi día :=)))))) Eso he hecho, viento :=))))))

—Es curioso todo esto. Una secretaria que se conecta desde su casa, compra chaquetas a pares, tiene un jefe que es una mujer y en la web de su empresa aparece un tal Pablo de la Vega como colaborador en temas artísticos, creo recordar. Una secretaria que duerme la siesta y no va al trabajo. Y más curioso aún: la secretaria da a los sujetos que conoce en internet el correo del jefe en lugar de un correo de hotmail. Una extraña secretaria...

—¡Oye, no seas así! ¡No vuelvas a reñirme! No lo he hecho con mala intención; es que aquí, si dices la verdad, estás perdida, nadie habla contigo...

—¿Y cuál es la verdad? Me gustaría conocerla, reina, si no es demasiado horrible...

—No, no creo que lo sea. Bueno, para mí sí lo es, porque odio esa verdad, pero no es nada raro. Yo soy el jefe, pero no puedo venir aquí diciendo eso; aquí todos quieren que seas secretaria, deben de asociarlo a esclava. Yo soy el jefe. Un jefe de treinta y nueve años y mujer. Me llamo Corina, Corina Jacoby, y soy arquitecto. Pero si digo eso nadie habla conmigo en el chat, ¿lo entiendes?

—Sí, creo que ahora lo entiendo mejor, Corina Jacoby.

—Gracias, Sergio :=)) ¿De verdad tienes treinta y ocho años?

—Sí, es verdad. ¿Por qué iba a mentir?

—No sé, pero aquí casi todo el mundo miente al hablar. Bueno, no mienten, ocultan parte de la verdad. Todos los hombres son ingenieros de sistemas, que yo nunca he sabido lo que era, pero eso dicen. Y ellas, ellas tienen medidas de modelo. Son como misses :=))) Yo sólo miento en la edad y en la profesión, sólo en eso. Aquí puedo decir lo que quiera, ser como soy de verdad; aquí nadie me ve la cara ni me juzga por lo que digo. Si les gusto hablan conmigo y si no les gusto, me ignoran; es así de sencillo :=))

—No sé por qué no les vas a gustar, reina: eres simpática y siempre tienes la sonrisa en los labios; eso gusta a todo el mundo.

—Bueno, no siempre sonrío; a veces me peleo y grito, aquí y en la calle :=))) Soy un poco mulo, ésa es la verdad, una auténtica acémila :=) Esto es más cómodo y en el fondo más sincero que un bar; esto es una esquina, una barra de un bar en la que hablas con la gente. En los bares y en las esquinas la gente te mira o no, según el aspecto. Aquí no; aquí es la palabra la que se abre paso; aquí pones colores y olores a la palabra; le das vida y la gente se queda contigo o se va por lo que dices, sólo por eso :=))) No importa el aspecto externo, en eso nadie se fija; no lo hay, no se ve. Lo único que importa aquí es el sentimiento, el que expresas con palabras, el que transmites. Las letras pueden ir cargadas de sentimientos.

—Creo que hasta hoy no lo veía así, Corina, pero puede ser. Sé que te molestará la pregunta pero hablas tanto del aspecto externo que quiero preguntártelo: ¿Cómo eres?

—¡Jajajajaja! ¡Ya, la pregunta! La respuesta que doy siempre es: normal, soy normal; desde luego no soy una miss :=)) Mido 1,57 (creo), tengo el pelo rubio, muy corto, ya te dije que me lo he cortado hoy, casi color ceniza; los ojos son como los de los gatos, de un verde extraño; peso 55 kg —Corina se quitó de golpe los cinco kilos que le sobraban desde hacía unos meses—, mis muslos son como los de un futbolista. Tengo las rodillas destrozadas por las caídas, en la nieve o en cualquier sitio, caigo sin parar :=))) Y, en fin, mis caderas son mayores de lo que mi espalda debería soportar :=)) Así soy :=)

—Se te olvida el culo. ¿Cómo es?

—¡Oye, no te pases! No creo que debas preguntarme cómo es mi eso, ¡no creo que debas hacerlo! Es una grosería :=(.

—No te enfades, era broma :=) Una broma; no te enfades, por favor. ¿Y por qué llamas «eso» al culo?

—Vale, pero no me digas esas cosas. No me gusta hablar de esas cosas y lo llamo así pues no sé por qué. ¿Tú cómo eres?

—Normal, como tú. Un poco más gordo. Un poco más alto, 1,90 creo que medía la última vez que alguien me midió, y mis ojos son de ese color, color de gato como los tuyos, Corina.

—Suena bien :=)) Eres grande :=))

—Bueno, princesa, tengo que irme, me espera trabajo que no tengo ninguna gana de hacer.

—¿Tienes trabajo a estas horas? Ya :=)) Eso de teclear debe de ser un trabajo agradable :=)

—A mí me gusta, sí, me gusta mucho, Corina. Es lo mejor de mi vida, mi trabajo.

—Tienes suerte, el mío no me gusta. Lo hago por obligación, pero no me gusta nada.

—Es mala suerte, sí que lo es. Duerme bien, princesa. Un beso.

Corina Jacoby desconectó su equipo, encendió un cigarrillo y quedó mirando a la pantalla mientras dejaba escapar el humo de la boca. Le gustaba aquel hombre, era agradable, serio, callado. Parecía alguien muy seguro de sí mismo. Le gustaba aquel Sergio. Se acostó y a la mañana siguiente continuaba pensando en Sergio.

La vida siguió tranquila en el mundo de Corina. Magdalena no le daba mucho la lata; Bernarda estaba sosegada; Sol del Valle parecía menos amargada que de costumbre, y hasta Leonor bebía menos whisky. Pablo vivía feliz con Leonardo y ella sentía, por primera vez en mucho tiempo, que la vida podía tener matices agradables. Cada noche hablaba con Melania y con Amalia por internet, y cada noche hablaba más tiempo con Sergio. Él se preocupaba por ella, por sus dolores de cabeza, por sus mareos, por su trabajo. Aguantaba sus bromas pesadas e incluso sus desaires. Un día, Magdalena leyó uno de los mails que Sergio le había enviado; los ojos de su sobrina se abrieron como platos cuando vio el nombre y el apellido del remitente.

—¿Eres amiga de Sergio Eitula? ¡Eres su amiga y no me habías dicho nada, Corina! ¡Es una mala acción por tu parte! ¿Cómo no me lo dijiste? ¡Esto no te lo perdonaré! Cuando lo cuente en el colegio, media clase se pondrá histérica.

—No sé de qué hablas, Magdalena, y quita las botas del sofá, me tienes harta con esa manía tuya. ¿Qué dices de Sergio? No sé nada de Sergio Eitula, ¡no sé de qué me hablas! Y Sergio, se apellide como se apellide, no es mi amigo; hace poco que lo conozco.

—¿Y no sabes quién es Sergio Eitula? ¿Hablas con él cada noche desde hace tiempo y no sabes quién es? ¡Eres boba! Eitula es uno de los escritores más importantes del siglo, Corina, «inepta» Jacoby. Escribe libros que leen millones de personas, y lo mejor de todo es que se le considera literario. Hace retratos sociales que la gente devora, Corina. Un genio. Y edita, edita obras de autores que a él le gustan y que nadie editaría. Hace cine, documentales de denuncia y cosas así. Viaja por medio mundo, acude a esos foros sociales que están ahora de moda. Es millonario y lucha contra la riqueza mal repartida. Un tío raro, pero un ídolo del mundo moderno, querida. El otro día salió en *Vogue* con toda su familia.

—¿Qué familia? ¿Quién es toda su familia? En serio, no creo que sea el mismo, Magdalena.

—A ver, Corina, ese Eitula con el que hablas, ¿dónde vive?

—No lo sé, Magdalena, no sé dónde vive, sólo sé que es una persona agradable; hablamos de cosas sin importancia.

—Sergio Eitula, tu Sergio Eitula, vive en Pau la mayor parte del año. Tiene una hermosa casa de piedra cerca de un río que recorre su propiedad. En esa casa tiene un estudio de música, la sede de su editorial, una productora independiente. Es una mansión de película, Corina. Una cocina inmensa, una piscina climatizada en una bóveda de piedra y junto a todo eso, madre, mujer e hijo.

La madre vive en lo que fue una casa de guardeses dentro de la propia finca. La mujer de tu Sergio es de color chocolate; no muy negro: chocolate con leche. Y él es árabe. Su padre era árabe, creo. Ismaili Eitula, ¡sí!, así se llamaba su padre. No sé si era exactamente árabe. Sergio Eitula nació en Macedonia, en Skopje. Su madre es española, se casó con el padre de Eitula después de la guerra civil. El padre era un alto cargo en algún ministerio; ya sabes, Corina, de eso no entiendo. El caso es que desde muy joven se dedicó a escribir. Es licenciado por La Sorbona y tiene un montón de doctorados. Conoció a su mujer en un concierto. Ella es hija de una amiga de su madre. La familia de su mujer vivía en Guinea. La madre de Esperanza Ngo —ése es su nombre— era hija de un cultivador de cacao, un obrero de esos que marcharon a Guinea, Corina. Dicen que él, tu Sergio, se enamoró de ella a lo bestia, que la quiere de una forma tremenda y que muchos de sus libros se los inspiró esa Esperanza.

—Estoy perdida, Magdalena. Me he perdido. Árabes, moros, negros, Francia, Guinea, Yugoslavia... No me he enterado de nada. Supongo que me estarás tomando el pelo o que como siempre te embarullas al explicar las cosas, Magdalena... Y tú has crecido en mansiones, no sé de qué te asombras...

—Mira quién habla de embarullarse. No me embarullo, es la verdad; lo leí en el *Vogue* del mes pasado. No puedo enseñártelo porque se lo llevé a la abuela; si no, verías que es como te lo cuento. Bueno, da igual. Pídele un autógrafo para mí, por favor. Que ponga: «Para mi amiga Magdalena Jacoby, con cariño». Eso o algo muy personal, ya me entiendes, Corina. ¡Y nosotros no tenemos mansiones como la de Eitula, Corina! ¡No seas presuntuosa!

—Me voy a trabajar, Magdalena. Estudia y déjate de gaitas. No tenemos mansiones...

—Creo que precisamente este verano estuvo por el norte de España por un tema de gaitas, algo decía otra revista de eso... Algo para la televisión, decían. Produce grupos musicales. Un fenómeno. Por cierto, tiene fama de gigoló...

—Vale, Magdalena. Gaitas... Sí, gaitas... Y un gigoló. ¿Cómo va a ser un gigoló, Magdalena?

—Un ligón, quería decir, un ligón. Un rompecorazones, Corina. ¡Se me atraviesa este maldito idioma vuestro!

Corina caminó hacia el estudio pensando en toda aquella verborrea de Magdalena. Seguro que su querida sobrina le estaba tomando el pelo. Al llegar, preguntó a Ángeles:

—¿Sabes quién es Sergio Eitula?

—No, ni idea, Corina, no sé quién es. ¿Nos debe dinero?

—No. No nos debe nada... ¿Llegó Leonor?

—No, esta tarde estaba en una obra, no vendrá hasta mañana.

Corina Jacoby marcó el número de su hermana desde el móvil.

—Hola, Leonor. ¿Sabes quién es Sergio Eitula?

—Hola, Corina, buenas tardes; estoy bien, gracias; no me duele nada; la obra va bien. No, no sé quién coño es Sergio Eitula. ¿Por?

—Por nada, bobadas de Magdalena, Leonor.

—Espera, Corina, Marcos está haciendo aspavientos y dice algo de ese Sergio... Dice que es un genio de la escritura, que es una especie de hombre del Renacimiento, pero no logro entenderlo muy bien, las hormigoneras no me dejan escuchar nada. ¿Quién es ese Sergio?

—Nadie, Leonor, nadie. Locuras de Magdalena, que se empeña en decir que yo conozco a ese Eitula. Pasa buen día, Leonor.

Corina Jacoby abrió su correo electrónico y, entre los mensajes que había en el buzón de Inés de Castro, uno le llamó la atención: Sergio Eitula le había escrito.

ASUNTO: de flores y narcisos en el escudo de una reina

Ayer tardé en dormirme pensando en la reina que se alejaba hacia un lecho frío. Aunque mis ojos se cerraban, continuaba viendo la mirada triste de otros ojos a los que nunca me asomé, pero que imagino desde hace unas semanas. La reina que tanto ríe lleva bordada en el corazón la palabra tristeza, y eso me apena. Hace dos días me dijiste que te gustaban los narcisos y que en esta época no crecían. Por eso, supongo que por pensar que era imposible, me dijiste: «Quiero narcisos, viento del norte... Narcisos que no sean de invernadero, quiero narcisos de Asturias». Espero que te gusten los que te envié. Son únicos, parece ser que de un jardín de sueños. ¿Algún deseo más, *ma reine*? Si se ansían, pocas cosas son imposibles.

Cuídate,

Sergio

Corina leyó una y otra vez el mail. No recordaba la conversación de los narcisos. Narcisos y en noviembre, era extraño. La noche anterior sí había hablado con Sergio Eitula, como muchas noches desde aquel día en que su IRC dejó de funcionar y él la ayudó. Siempre eran conversaciones tranquilas, relajadas. Las flores, el tiempo, la vida; conversaciones normales, demasiado normales en un chat. Desde hacía una semana Corina había comenzado a experimentar una serenidad extraña y ajena a su manera de pensar o de sentir: dormía mejor, hablaba menos y sin apurarse. No sabía muy bien en qué consistían las conversaciones con aquel hombre, pero había serenado su espíritu. Fohn nunca le había llamado la atención en el chat, no era alguien que llamase su atención por ocurrente o simpático, pero Corina sentía paz cuando hablaba con él cada noche.

Sonó la línea de su despacho. Era Magdalena. Una Magdalena completamente alterada.

—¡Que no lo conocías! ¡Dijiste que no lo conocías! Esta misma tarde antes de irte al estudio dijiste que no conocías a Sergio Eitula. ¡Lo dijiste! ¿Cómo puedes mentirme en algo así, Corina? ¿Cómo puedes hacerme esto? ¡Tú y Sergio Eitula! ¡Es increíble! Supongo que lo ocultas porque está casado y tú también... ¡De todas formas, no entiendo por qué te manda flores a ti! Perdona que sea tan franca, pero ¡no eres ninguna modelo, Corina!

—Magdalena, no entiendo nada, no sé de qué me hablas. Lo único que entiendo es Sergio. No sé en qué te he mentido. ¿Qué ocurre? Y no es necesario que me llames monstruo o fea, Magdalena. ¡Ese comentario está de más!

—¡Ocurre que en el salón de esta casa hay un enorme ramo de narcisos amarillos! ¡Narcisos amarillos y en noviembre, finales de noviembre para ser exactos! Y en el ramo de narcisos hay un sobre y dentro del sobre una tarjeta que dice: «Para una reina triste, Sergio». Eso ocurre, Corina.

—¿Por qué has leído la tarjeta, Magdalena?

—¡Eso no tiene importancia, Corina! El hecho es que tienes un lío con Sergio Eitula y no me habías dicho nada, así que ahora no te hagas la interesante ni te enfades por que haya leído esa tarjeta. ¡Narcisos en noviembre! Tú y Sergio Eitula. *C'est incroyable!* No os parecéis en nada. ¿Cómo puedes haber ligado con un tío así? ¡Él siempre va con mujeres alucinantes! ¿Lo sabe la abuela? Te matará cuando se entere. Si le digo que Sergio sale en *Vogue* y es millonario puede que tengas una oportunidad, Corina. Conociéndola, puede que hasta le guste. Claro que, para la abuela, ese Eitula será un comunista. Y no es católico; lo tienes crudo...

Corina Jacoby respiró hondo y colgó el teléfono. Su sobrina ya llamaría de nuevo. Le había enviado narcisos. ¿Un lío? Magdalena hablaba de una manera extraña a su edad. Un lío. Sonrió. Corina nunca había tenido un lío. Ella era su propio lío. Cuando Amalia supiese aquello diría lo mismo que Magdalena; Jaime y Leonor harían también el mismo comentario. Bien, sería divertido que pensasen que era un lío. Le había enviado narcisos. Continuó trabajando y, de cuando en cuando, pensaba en las flores que la esperaban en casa. Era agradable recibir flores, sobre todo narcisos. Narcisos en vidrio transparente; narcisos de tallo verde entre el agua cristalina, entrelazados; narcisos para halagar la vanidad; narcisos que adormecen los sentidos y después, al despertar del letargo, los agudizan...

Comenzó a dibujar figuras geométricas en un papel. Descolgó el teléfono y marcó un número.

—Hola, Melania. ¿Cómo estás? Me han regalado narcisos, un ramo de narcisos.

—Hola, Corina, bien, estoy bien. Sé lo de los narcisos, Magdalena me ha llamado varias veces para contármelo. Habla de un hombre, de narcisos, de que el hombre es un escritor de fama, y de un lío. —La voz de Melania Jacoby era más jovial que de costumbre, parecía divertida.

—Sí, Magdalena es como un grano. Bueno, narcisos en noviembre; ¿qué te parece, Melania?

—Bien, no está nada mal. Insólito. Yo tengo narcisos todo el año y no son de invernadero. Bien, me parece bien. ¿Tienes un lío, Corina?

—¡Melania! Son cosas de Magdalena, que se empeña en decir eso y que la persona que me envió las flores es alguien que sale en el *Vogue*. ¿Cómo voy a tener un lío con alguien a quien ni siquiera conozco? Además, yo nunca tendría un lío... Y alguien que sale en *Vogue* no tendría un lío conmigo, Melania.

—No sé, esas cosas nunca se saben, Corina. La belleza es algo subjetivo, aunque Magdalena aún no lo sabe. Las grandes pasiones no las levanta un cuerpo perfecto; lo hace la mente, Corina. Extraño es que alguien a quien no conoces te envíe narcisos; narcisos para halagar la vanidad, recuérdalo, Corina. Quien te los ha enviado te conoce bien; una esmeralda no habría tenido el mismo efecto en ti. Tú no conocerás a esa persona, pero él a ti sí. Ve con cuidado, Corina. Un beso.

El folio que Corina había garabateado durante la conversación estaba lleno de extraños dibujos: flores, ojos que derramaban lágrimas, dados. Lo arrugó, puso el lápiz en su sitio, abrió la ventana y decidió que era hora de ir a ver sus flores. Caminó despacio por la calle llena de gente. Anochecía, le gustaba esa sensación de entrar en casa mientras la luz del cielo se iba apagando. Aborrecía llegar a su casa cuando a las nueve de la noche aún era de día y la claridad invadía las estancias de su hogar dejando a la vista las motas de polvo sobre los muebles. El polvo sobre la madera poco usada volvía a recordarle el vacío. En el campo era distinto, pero en la ciudad, esa claridad la agobiaba.

Magdalena Jacoby apareció en el pasillo de la casa, como un ser demoníaco salido de las sombras. Corina le sonrío.

—¿Mentir te causa placer? No sé a qué viene esa cara de risa, me has mentido y no le veo la gracia. ¿Cómo vas a explicarme esto?

Corina había dejado el bolso y el chaquetón encima de una silla. No contestó a Magdalena. Vio los narcisos. Raquel los había puesto en un jarrón de cristal verde; allí no estaban bonitos, allí no lucía todo el esplendor de aquellas flores. Caminó hacia la cocina con el jarrón en la mano sin escuchar a Magdalena, que la seguía, hablando sin parar, dejó las flores en la meseta de granito y regresó al salón. En él encontró lo que buscaba: un jarrón de cristal incoloro, sin tallar. Un jarrón fabricado por vidrieros de Lyon hacía más de un siglo. Allí estarían bien. Volvió a la cocina y colocó los narcisos en el nuevo recipiente. Sobre la mesa de nogal, entre los candelabros de plata que Melania le había regalado. Miró los narcisos de nuevo, las ramas enredadas en el agua clara, las flores amarillas reflejadas en el espejo de ébano colgado frente a la mesa. Ébano, semilla de ébano de un explorador polaco; tenía gracia.

—¿Vas a dejar de mirar esas flores con cara de boba, Corina? ¿Dejarás de hacerlo o tendré que llamar a Leonor para que te dé un meneo y te saque del estado catatónico?

—Caramba, Magdalena, una palabra nueva y bien pronunciada, qué bien. No son flores, Magdalena.

—¿Que no son flores? ¡Esto es peor de lo que yo pensaba! ¡Quedaste idiota, Corina!

—Más bien sorprendida. Son narcisos. Son más que flores, Magdalena; son narcisos. Estoy sorprendida porque son narcisos de jardín, no son de invernadero; se nota en el aroma, en el trozo de raíz. En Asturias, esta clase de narcisos sólo florece de marzo a mayo; narcisos de tallo largo. Adormecen los sentidos, Magdalena, o al menos eso piensa la gente; a mí me producen el efecto contrario, estimulan mis sentidos. Mira, Magdalena, mira qué perfección de forma: una estrella de seis puntas, una corona alargada. ¿Lo ves? Nadie puede construir algo tan aparentemente simple y a la vez tan perfecto, Magdalena, ningún ser humano. Después salen esos idiotas en las revistas de arquitectura hablando de minimalismos. Los narcisos no engañan, casi ninguna flor lo hace.

—Oye, Corina, todo esto me parece muy bien, pero aún no me has dicho por qué él te ha mandado las flores; perdona, los narcisos. —La voz de Magdalena Jacoby denotaba que ya se estaba cansando de repetir la pregunta.

—No lo sé, no sé por qué me envía narcisos. Supongo que se los pedí, no lo recuerdo. Seguro que le pedí algo que creí sería imposible. Sí, eso fue: él me lo dijo esta tarde. Yo se los pedí y él me los envió.

—Claro, es sencillo: tú le pides a Sergio Eitula narcisos y él te los envía, sin más. Cómo no lo había pensado antes; es de lo más normal, Corina. Cualquiera conoce a Eitula, cualquiera le dice: «Me apetecerían unos narcisos...». Normal, sí, normal...

Magdalena se conectó a internet y habló un rato con su madre y con sus hermanos. Corina saludó a su cuñada y mandó a Magdalena a la cama. Conectó IRC y miró su correo. Amalia salía otra vez con su nubio, así que esa noche no podría contarle lo de los narcisos. «Amalia tendrá un nubio, pero yo tengo narcisos», pensó entre sonrisas; al día siguiente se lo contaría.

Entró en el chat y saludó deprisa. Inmediatamente buscó el nombre de Fohn en la columna de la derecha: estaba allí. Pinchó encima de su nombre, se abrió la ventana y Corina escribió:

—Hola, viento. Gracias :=)) Son preciosos los narcisos. No sé por qué lo has hecho.

—Tú me lo pediste, Corina. Por eso lo he hecho.

—Gracias, los tengo en casa y los miro sin cesar, Sergio. En noviembre no hay narcisos; en mi tierra sólo hay un lugar, un jardín, en donde crecen todo el año.

—Sí, lo sé, creo que son de ese jardín. Un tal Hamamelis me dijo que podía hacerse cargo del envío. Una persona curiosa; lo conocí aquí hace algunos días.

—¿Hamamelis? Sí, son de su jardín; seguro que sí :=))) Espero que no te cobrase, Sergio.

—¿Lo conoces? No, no me pidió dinero: me pidió unas semillas, unas semillas de sauce común. Pensé que no te enviaría los narcisos, pero esta tarde recibí un mail que decía: «Ella los ha recibido». Un tipo extraño, ese Hamamelis.

—No es un tipo, es mi tía Melania :=))) Esas semillas de sauce significan amor a la soledad, o eso creo. Nunca sé por qué hace las cosas.

—¿Está loca? ¿Tu tía está loca?

—No, no lo creo. Tiene un jardín, un jardín que ha construido a base de donaciones, podríamos llamarlo :=)) Sí, donaciones; aunque mi madre lo calificaría de otro modo :=)))

—¿Donaciones? Es raro, Corina, nunca había oído nada parecido...

—Es una historia bonita. Melania se casó muy joven, pero fue muy desgraciada. Abandonó a su marido y regresó a su casa, la casa que sus padres le habían dejado en herencia. Nunca volvió a casarse. Crió a sus hijos y se dedicó a construir el jardín. Con las plantas hace brebajes :=)) Y con alguna de esas fórmulas ganó, y aún gana, mucho dinero, Sergio. Es muy rica. Ella amó a muchos hombres, pero parece que jamás se entregó a ninguno de ellos. Consumaba sus amores plantando las semillas que ellos le enviaban desde los sitios más extraños. Así creció el jardín. Escribió un libro, un libro que, según dicen, posee cualidades mágicas :=)) Bueno, no te aburriré con eso :=))

—No me aburres, Corina; cuéntamelo; es una bonita historia...

—Es casi como un cuento, un cuento que podría titularse *El jardín de los amores de Melania Jacoby*:

»Érase una mujer que tenía una extraña afición: coleccionaba amores. Amores que nunca consumaba más que en forma de semillas. La rara afición de Melania se plasmó en un jardín con arbustos, flores y plantas de todo el mundo. Un ébano, fruto de su amor con un explorador polaco; el aloe se lo enviaron de Socotora; la quinina, de los Andes; la acacia, de Australia; la yuca y la chumbera, del desierto de Coahuila; henna, de Marruecos; planta de opio, de China; cedro, del Líbano; sándalo, de Samarkanda... No tenía un trazado al uso el parque de Melania. Era diferente, sin lógica alguna. Únicamente respetaba las distancias necesarias de plantado. Silvestre, umbrío, abierto, soleado, bien drenado. Mezcló árboles y flores, arbusto y rosaleda, hierbas y plantas, sin control. Al caminar sobre el guijo se encuentran ulmaria, angélica, malvavisco, bergamota, valeriana, primavera, pulmonaria, hinojo y salvia, eneldo y perejil, lirios del valle y tomillo. El trazado de aquel parque fue exacto al de su vida: sin lógica alguna. De los amores de Melania nació el parque, que muchas tardes contemplo desde el cenador que cobija un aloe, y también el *Libro de las plantas para vivir y para amar*. Un clásico que muchos quieren y pocos tienen; sólo los hijos de los amantes de Melania. Ella escribió, de su puño y letra, uno por cada hombre al que amó. El libro tiene propiedades milagrosas, curativas. Al abrirlo, los aromas llenan el aire, se meten en el cuerpo, por la piel. Las hojas van abriéndose por el lugar donde se encuentra la receta que cura el padecimiento de quien lo tiene en la mano. Un mareo y el libro se abre por la hoja del jengibre. Se nota el sabor de la raíz en la boca y, poco a poco, el malestar desaparece. La árnica vuela hacia el tobillo herido; el olmo rojo hacia el forúnculo; la melisa hacia el estómago; la consuelda hacia la cicatriz mal curada; la eufrasia hacia el orzuelo... El sándalo inunda el baño del amante; la menta, su boca; el espliego, su alma; el neroli con aceite de soja, su piel. Cuando se va el amante, de madrugada, del libro salen mariposas amarillas que llenan el aire y espantan lágrimas amargas. Yo tengo uno de los libros, y sé que es verdad. Los días en que me duele un poco el alma, desgastada a cierta edad y por la falta de lógica imperante, tomo el libro en las manos y se abre por la página que más necesito; salen mariposas amarillas que, con sus alas, en una caricia muy suave, recogen mis lágrimas y las llevan a quien pertenecen. Muchos quieren el libro y pocos pueden tenerlo. Es útil a quien cree en el amor brujo, a quien siente y piensa con el alma. No sirve a los incrédulos. La alquimia es, en gran parte, cuestión de sentimientos, de color, de sabor, de olor, de cualquier sentido —y no necesariamente del común, que suele ser el más ausente en estos casos—. Melania Jacoby no carece de él, es sensata hasta el aburrimiento. No es lógica, pero eso no es necesario para vivir ni amar ni plantar semillas que después, con los años, curan a la gente. Melania Jacoby sabe que, en estas cuestiones, dos y dos no son necesariamente cuatro...

»Ésa es más o menos la historia, Sergio. ¿Te has dormido?

—La música no me duerme, Corina: relaja y aviva mis sentidos; y eso que has escrito es música. Hermosas palabras, hermosa historia. Lo cuentas muy bien, Corina.

—Gracias, eres muy bueno. Oye, mi sobrina Magdalena dice que eres un escritor famoso, que sales en el *Vogue* y alguien me dijo que en *Granta*. ¿Es verdad?

—Escritor soy. ¿Famoso? No lo sé, supongo que sí; mucha gente me lee. El *Vogue* no lo leo nunca; *Granta*, de vez en cuando. Corina, no quiero que te enfades, pero quiero decirte algo: si continúas hablándome así, escribiéndome esas cosas, me enamoraré de ti. Ahora tengo que irme. Un beso, princesa. Descansa.

—Bien, enamórate de mí, hazlo. Pero, por favor, no tardes.

Apagó el equipo y caminó hacia la cama. Una noche de noviembre en la que el aroma de los narcisos llenaba su casa. El sentido común, como casi siempre, se ausentaba de Corina Jacoby cuando se pronunciaban las palabras amor, hombres y cariño. Desde hacía años, esas palabras desequilibraban su entendimiento.

La falta de pan agudiza los sentidos.

La falta de amor los obceca.

Los días ya no fueron iguales desde esa madrugada; ni las noches ni los sueños ni la vida de Corina y de quienes la rodeaban. Bernarda de la Vega reñía menos con su hija: no tenía oportunidad, casi ni la veía. Sol del Valle dejó de ser el blanco de las burlas de Corina. Jaime Arias quedó relegado a un segundo plano y Pablo de la Vega confundía el silencio de su prima con respeto por la situación de felicidad que él y Leonardo Scarpia disfrutaban.

Los días de Corina transcurrían llenos de color. Por primera vez en su vida el color la despertaba cada mañana. No era amarillo macilento, era el amarillo Nápoles dando brillo a mil colores más. Letras encadenadas creaban palabras, palabras unidas formando frases, frases que resonaban en su cabeza a cada minuto y que marcaban las horas. Cada hora tenía una palabra. Ése fue el secreto de aquella transformación: la palabra.

Corina era feliz. Le enviaban palabras sin parar, palabras llenas de sentimientos hermosos. Cada noche y cada día recibía mil palabras de Sergio Eitula. Hablaba de Macedonia, de Kosovo, con pasión. Era un sintierra que defendía la independencia de aquellos pueblos con un ardor y una fuerza que Corina comparó a su propia pasión y a su manera de entender la vida. No tuvo dudas: Sergio Eitula se parecía a ella en todo, era un igual. Respiraba la vida deprisa, como si temiese que el aire se terminara de repente. Hablaban cada noche; estuviese donde estuviese, Sergio Eitula se conectaba a internet y hablaba durante horas con Corina. El estudio no era nada en la vida de Corina, dejó de tener importancia. Sus días transcurrían paseando, esperando las llamadas de Sergio Eitula. Dejaba pasar las horas hasta el momento de conectarse a internet. Melania Jacoby, su jardín y su casa fueron el refugio de Corina. Comenzó a tomar en serio su verdadera afición: las plantas, las flores y los extraños brebajes que Melania preparaba con la ayuda de Luisa y Petronilo. Las enseñanzas que desde niña recibiera de Melania, la predisposición del ánimo de Corina en aquellos días y, posiblemente, su natural inclinación hacia un mundo que rayaba en lo mágico, que embriagaba sus sentidos, contribuyeron a hacer de Corina una experta en poco tiempo.

Días llenos de mails y llamadas telefónicas, de palabras, sembraron el alma de Corina Jacoby de una fuerza que hasta entonces no había conocido. Magdalena Jacoby se desesperaba con las ausencias de su tía: Bernarda no consentía que estuviese sola en casa y la obligaba a vivir con ella. Leonor Jacoby lo veía todo desde la lejanía, con preocupación, y Sol del Valle disfrutaba ejerciendo como sumo sacerdote del estudio. Bernarda pensaba que su hija había caído en una melancolía súbita relacionada con la muerte del padre y, aun a disgusto, la dejaba hacer. En ocasiones, Bernarda hablaba con Corina, pero jamás dejaba traslucir una muestra de cariño, de afecto; lo ocultaba entre palabras de reproche que Corina ni escuchaba; las dejaba resbalar, entrar y salir sin dejar huella alguna. Pablo de la Vega fijó su residencia en Portugal y vivía feliz junto a Leonardo; con sus libros y sus investigaciones históricas o botánicas.

Entre las enseñanzas de Melania, recogiendo plantas, transformándolas en el laboratorio de su tía, las horas corrían o paseaban despacio, según el ánimo de Corina. Melania Jacoby se empeñó en que la casa necesitaba un repaso, una reforma a fondo. Tenía más de cien años y era hora de darle un cambio. Preparaba Melania su marcha a otra vida y deseaba dejarlo todo dispuesto. Corina se puso al trabajo y proyectó las reformas con placer; por primera vez en su vida se enfrentó a un diseño arquitectónico con gusto. Dibujaba sin parar; recorría los desvanes y cocinas; se subía a los tejados, mientras Petronilo gritaba que se mataría. Sentada encima de las tejas miraba el mar, el jardín. Desde allí se divisaba la casa de piedra de su padre; veía la cúspide del panteón que albergaba sus restos. Pocas veces iba a visitarlo. El tejado era una buena atalaya; el mar se podía ver desde cualquier parte de la casa, pero el tejado daba una perspectiva diferente, menos plana. Melania había insistido en que Corina buscase un sitio para ella, un lugar independiente del resto de la casa. Y Corina, una vez más, lo encontró bajo las tejas, bajo las vigas de castaño de los desvanes. Sabía que su habitación, la de la casa de piedra, ya no sería suya. Sin su padre no quería volver allí.

En las cocinas y desvanes, en los salones de la casona, Corina volvió a trazar a compás y cartabón un proyecto de vida. Al tiempo que rehabilitaba y respetaba todos los elementos de la casa, borraba sin miramientos cualquier vestigio de pasado dentro y fuera de su cuerpo, de su alma y de su vida. Respetaba lo mínimo, los pilares y las vigas que sostuvieron su ánimo durante años. El resto lo demolía. A cada paso de aquel período demolió sin rencor, sin pena ni añoranza, todo lo que había sido una simple fachada, un exterior que nada tenía que ver con ella.

Una noche, Sergio y Corina escribían en el ordenador. Menos que de costumbre; las palabras tardaban en aparecer en la pantalla. Corina renegó del *lag* y de toda aquella tecnología tan imperfecta.

—Esto no funciona bien, Sergio... Tengo *lag*...

—No creo que sea *lag*, Corina. Yo tardo en escribir. Yo... Creo que tengo miedo. No puedo escribir, no me salen las palabras. Creo que tengo un ataque de pánico, Corina.

Y de nuevo, una vez más, Corina Jacoby fue consciente de que su vida transcurría encima de los guindos y de que a cada paso debía recuperarse de las caídas que la realidad le imponía.

—Lo siento, Sergio, no pensé que a alguien como tú pudiese sucederle eso. Siempre escuché que la inspiración era trabajo. Dicen que Picasso lo afirmaba. En fin, pasará; seguro que es algo momentáneo. Yo, en ocasiones, me quedo trabada con un proyecto más de una semana; claro que mi hermana y Sol me sacan del apuro... Pero ser escritor es otra cosa. A mí con las flores, con los jarabes, no me pasa, yo mezclo las sustancias por lógica y sentimiento...

—¡Corina, deja de hablar, deja de escribir! ¡No tiene nada que ver con mi trabajo! ¡Eres tú! ¡No sé cómo decirte lo que siento! ¡No me atrevo!

—Sergio, no grites, no grites... Yo soy culpable de casi todo lo malo que sucede a mi alrededor, pero ahora no entiendo nada de lo que dices... Supongo que es el idioma, no escribes demasiado bien en castellano... ¡Yo no puedo ser la culpable de que te cueste escribir! Es absurdo, francamente absurdo, Eitula...

—¿Estás sentada?

Eitula preguntó aquello con letra cansina. En esos momentos el sentimiento volvía a presentársele como algo misterioso. Leía las palabras de Corina y era incapaz de entender cómo alguien tan sensible y en ocasiones extraordinaria, podía alcanzar semejante grado de insensatez y falta de entendimiento. La mujer podría estar fingiendo, podría ser una falsa; con esa inocencia superficial que había conocido en tantas mujeres, pero ni siendo cierto le importó lo más mínimo.

—Sergio, estoy en la cama con mi portátil. ¡Claro que estoy sentada! Recostada en la cama, apoyada en los almohadones... ¡Perdona que te lo diga, pero hay días en que pareces un poco lerdo, Eitula!

—Si lo que voy a decirte te enfada, prométeme que no gritarás ni te pondrás enferma. Bueno, no es necesario que prometas nada, te lo diré de todos modos. Cada noche, cada noche que hablo contigo, con las letras, sólo escribiéndote es suficiente para tener la sensación de que estás cerca, Corina. Quiero que sueñes conmigo cada noche. Sueña que te hago el amor. Sueña que te cojo el pelo. Sueña que te desnudo. Sueña que te beso en la mejilla. Sueña que te quiero. Sueña que te quito los zapatos y te beso los pies. Sueña que te cojo la mano. Sueña que vamos al cine. Sueña que brindamos por nosotros en un restaurante. Sueña que vamos en taxi y que meto mi mano bajo tu falda. Sueña que paseamos cogidos de la mano. Quiero que sueñes todo eso y quiero que se haga realidad, Corina. Yo no suelo hablar mucho, no suelo escribir estas cosas. ¡Nunca las he escrito! Pero me he enamorado de ti. Suena absolutamente idiota, es una locura. Admito cualquier cosa que me digas. Pero estoy enamorado de ti. Amo tu forma de escribir, extraña, rara; tu verborrea, tus silencios. Amo tus dibujos, tus horrendas pinturas llenas de esos magníficos colores que jamás había imaginado. Acaricio tanto la foto que me enviaste que la pantalla de mi ordenador se está gastando. Amo tu voz. Cuando cuelgo el teléfono, lloro. Es ridículo, pero lo hago. Nadie puede enamorarse así. He intentado poner freno a esto, juro que lo he intentado, pero ni puedo ni quiero. Te imagino riendo o alborotando. Quiero tu violencia, tus voces, tu dulzura, tus miedos. Te imagino durmiendo, comiendo, paseando. Desde hace tiempo yo no puedo hacer nada de eso, Corina. No me importa nada más que tú. Tu olor, tus ojos. Amplío tu foto mil veces, miro tus ojos, Corina. Veo esas flores en tus manos y me muero. Me muero, Corina. Quiero tus manos asidas a mi nuca. No quiero ofenderte, Corina, antes quisiera morir, pero nunca, jamás, con ninguna mujer me había sucedido esto.

Corina Jacoby había dejado hacía rato la taza con infusión de neroli sobre la mesilla de noche. Volvió a tomar un sorbo, lo necesitaba. Alargó la mano, cogió un tallo confitado de jengibre y se lo llevó a la boca.

—A mí no me importa lo que te haya sucedido con otras mujeres; no es de mi interés, Eitula. No me concierne.

—Corina, el resto. Te he dicho más cosas. ¡No quería faltarte al respeto, a ti no! Quería decir que no es una aventura ni es sexo. Quería dejarlo claro, Corina.

—Con esa frase lo has hecho, ha sido una falta de respeto. Pero tienes razón: no importa nada. Yo quiero ir a dormir cada día porque sé que al día siguiente despertaré para escuchar tu voz y esa voz me mata. Me sube algo por toda la tripa y me dan ganas de acariciarla, de acariciar esa voz. Una locura, una más, pero es lo que siento y así te lo escribo. Y escribo que te quiero, que te echo de menos, que cada vez que me muevo pienso en ti. Que miro un punto en el espacio y veo tu cara. Que cuando alargo los brazos, al bailar, por el jardín o los salones de esta casa, lo único que encuentro es tu cuello y lo tengo entre las manos. No importa que después encuentre el aire; por un segundo he sentido tu piel. Cada vez que veo un ocre, un amarillo, me sale un nombre: Sergio. Sólo me falta ponerlo en mis óleos, tachar amarillo Nápoles y poner «Sergio» en su lugar. Y que respiro y tengo que acallar el suspiro que siempre sale, sin querer. Y si camino por la calle, entre la gente, nunca pierdo la esperanza de encontrarte. Me voy a la cama y siento tu mano en mi cintura, siento el pelo de tu brazo y la mano que se desliza por la piel. Te juro que te siento. Y te juro que sé que no estoy loca, aunque al escribir esto lo parezca, Sergio. Tu voz y tus letras matan la tristeza, alumbran mariposas en mis ojos, hacen que mi corazón lata más deprisa o lo serena. Si esto me sucede con tu voz y con tus letras, ¿qué va a ser de mí cuando me dés la mano? ¿Alguna vez pensaste en eso? Y no me encuentro inmoral ni inadecuada. Me encuentro más tranquila, relajada. Ahora duermo mejor. *Amor mío*. Esas dos palabras me llenan la boca todo el día, a todas horas, aunque jamás te las haya dicho, Sergio. Y ahora, esta noche, me alegro de saber que sentimos lo mismo, Eitula. Y voy a desconectar esta asquerosa máquina que nos separa; no soporto estar lejos de ti, no quiero estarlo. Discúlpame.

Sergio Eitula leyó muchas veces aquellas líneas. No podía entender su forma de irse después de haber escrito aquello, su marcha era ilógica. Desconcertante. Pero de algo estaba seguro: la quería, nunca había querido a nadie de aquella manera. Deseo, paz, amor, odio en ocasiones: esos sentimientos le provocaba.

Aquella noche, cuando se acostó al lado de su mujer, Sergio se alejó de su cuerpo más que cualquier otra noche. Y Esperanza, una noche más, fingió que dormía profundamente. Al día siguiente tendría que hablar con Sergio: el nuevo libro iba retrasado, el editor y el agente la habían llamado varias veces.

Corina Jacoby se durmió de inmediato. Antes del amanecer despertó sobresaltada: no había tormenta, todo era silencio. Se levantó, se puso un jersey de lana y descolgó un abrigo del perchero. Arrancó de golpe una manta de la cama y recorrió los pasillos arrastrándola, procurando no tropezar con ningún mueble.

Subió las escaleras que conducían al desván. Los botes de pintura obstaculizaban su paso y los maldijo. Entró en el enorme cuarto y fue hasta uno de los casetones que se alzaban en el tejado. Con cuidado, puso una silla bajo la ventana, tendría que colocar una escalera, o mejor una superficie elevada, pensó. Abrió la ventana, tiró la manta fuera y agarrándose a la marcación, pegó un brinco y salió al tejado. Se envolvió bien en la manta y esperó. Miraba al horizonte. Sintió un ruido, leve, casi imperceptible. Alguien saltaba sobre el tejado. Sonrió, era el raitán. Aún estaba allí. Se posó el pájaro entre sus manos, en el arrebujo que había hecho con la manta.

—Verás, amigo; veremos juntos si los milagros existen...

Y volvió a guardar silencio. Amanecía y, en el horizonte, un destello atravesó el cielo y se desparramó, dejando una estela después del estallido. Un verde indefinible llenó la línea que separaba cielo y tierra y, a continuación, apareció el sol.

—Los milagros existen, raitán, claro que existen. No importa que alguien diga que tiene una explicación física, amigo. Los dos lo hemos visto. Si el rayo verde se nos ha manifestado, la magia nos llenará, estoy segura.

Gorjeó el raitán y, después de unos silbidos, paseó hasta el hombro de Corina. Los parterres del jardín se fueron llenando de luz; la fuente de dos platos volvía a manar y el raitán imitó el sonido del agua. De un salto, el pájaro se posó sobre el tejado y en unos cuantos brincos alcanzó el canalón de la vertiente. Corina vio cómo se lanzaba al espacio y en un corto vuelo llegaba a la fuente de piedra. Se lanzaba el pájaro a la cascada y Corina sonreía. Sacó un cigarrillo del abrigo y lo encendió. Hacía frío, pero todo aquello que la naturaleza estaba regalándole bien merecía un resfriado.

—¡Otra vez, raitán! ¡Vuelve a lanzarte!

Y el raitán volvía una y otra vez a tirarse a la fuente. Y Corina se reía y palmeaba.

Petronilo pensó que era un fantasma o una visión lo que estaba ante sus ojos. Veía a Melania Jacoby en el tejado, como si los años no hubiesen transcurrido. Mucho tiempo atrás, la señora había subido al tejado —era invierno, como ahora— y, desde ese día, nada volvió a ser lo mismo en la vida de ninguno de ellos. Temblando de miedo, corrió a llamar a su mujer. Nadie podía ir en contra del tiempo de aquella manera. Una cosa eran las pócimas y la magia y otra la brujería. Llamó a gritos a Luisa y los gritos despertaron a Melania. En pocos minutos, tres figuras de ancianos contemplaron cómo una mujer danzaba descalza encima de las tejas, cómo un rayo de sol se posaba en su pelo dorado haciéndolo brillar y un raitán danzaba al son de las risas de la figura envuelta en una manta de piel de lobo forrada con vicuña, la misma que años antes había cobijado a una de las figuras que miraban desde el jardín.

—Petronilo, prepara una taza de chocolate, rápido. Yo iré a llenar la bañera. El tejado está cubierto de hielo. Terminará matándose.

Petronilo caminaba tropezando con las madreñas a cada paso. Luisa lo llamó torpe.

—Es el susto, Luisa. Pensé que era la señora. No puedes saber cómo me siento, Luisa, pensé que era ella de nuevo...

—Ahora es la otra, Petronilo, ahora es la otra...

Melania Jacoby sonrió. Algo había sucedido. Caminó hacia la casa, necesitaba una buena taza de té. Y una infusión de cola de caballo no estaría de más, las piernas le dolían mucho aquellos días. Las obras de la casa debían estar terminadas cuanto antes; le quedaba poco tiempo. Le pediría a Luisa una cataplasma de consuelda y miel, la úlcera apenas la dejaba caminar con normalidad.

Corina se presentó en el comedor vestida con un mono azul y

un cinturón lleno de herramientas. Al parecer, pensaba trabajar en el jardín o en las obras de la casa.

—Buen día, Melania. Gracias por el baño, Luisa. Picatostes, bien. Hoy tengo que terminar varias cosas en la obra. Se me ha ocurrido poner algo para elevar el suelo bajo los casetones del tejado, Melania. El problema será el parquet. Ese eucalipto del suelo no se encontrará fácilmente. Quedará bien una zona elevada, pondremos una mesa de trabajo. Ancha, para las dos. Creo que voy a escribir un recetario de plantas, eso haremos, Melania, las dos juntas. Cuando lleguen los obreros avísame, Luisa. Hoy vamos a empezar con la cocina. Podéis cocinar en la del sótano, ésa ya la arreglaremos cuando terminemos esta parte de la casa. Petronilo, ¿qué haces mirándome desde la puerta y de reojo? ¿Hay más picatostes? Si los hay, ponme más, tengo hambre. No sé qué me pasa. Melania, Petro me mira raro. ¿Le pasa algo?

—Gracias por tus buenos días, Corina. No creo que le pase nada. Puede que verte danzando sobre el tejado en pleno invierno, pero nada más. Se hace viejo.

—¡Ah, es eso! Ven, Petronilo. Tú también, Luisa. Voy a contaros algo.

Los dos ancianos salieron de la cocina, Luisa secándose las manos con un paño de hilo y Petronilo con el ceño fruncido.

—Los paños de hilo son para el cristal, Luisa... Las manos con los de algodón.

La mujer iba a responder cuando la mirada de Melania impuso silencio.

—He visto el rayo verde.

Petronilo frunció más el ceño y Luisa dejó caer el trapo. Melania tomó un sorbo de infusión.

—El rayo verde no existe...

—Petronilo, que tú no lo hayas visto no significa que no exista. Tampoco has ido jamás a Inglaterra y la tienes frente a ti. Y existe.

—¡Pero lo veo en televisión!

—Y yo he visto el rayo verde en directo, Petro. Existe. Y el raitán lo vio. Existe. Estoy segura de que, si me lo propongo, terminaré encontrando la famosa olla del arco iris, Melania. ¿Tú qué dices, Luisa?

—Existe, Corina. Si lo has visto, existe.

—¿Tú lo has visto, Melania?

—Hace años, Corina. Varias veces en mi vida; muchas, dirían algunos. Sí, lo he visto.

Se escuchó la campana de la puerta y Corina brincó en la silla.

—Los albañiles, Petro. Abre, hoy tengo mucho trabajo. Despeja pronto la cocina, Luisa. Os veo raritos esta mañana. La edad, preciosos míos, seguro que es la edad.

Cuando Corina salió del cuarto, Petronilo miró a Melania.

—Ha vuelto a suceder, señora. ¿Qué ocurrirá ahora?

—No lo sé, Petronilo. Ayúdame a levantarme, me duele mucho la pierna. Un fenómeno físico no significa nada, ¿no te parece? Un rayo verde de más o de menos no cambia la vida de la gente; eso son historias de viejas.

—¿Lo sabe ella, señora?

—¿Lo de la magia y la física? Supongo, Petronilo. Es arquitecto; algo ha de saber de física, supongo.

—Hablo de la pierna, de la llaga, señora. Hablo de eso.

—Ni lo sabe ni va a saberlo. Supongo que me expresé con claridad, Petronilo. Ni un comentario.

Sergio Eitula se desperezó entre las sábanas de raso. A Esperanza le gustaban. A él también, pero no con Esperanza como compañía de cama. Lo encontraba improcedente. Pero no pensaba tener una discusión con ella por algo tan nimio. Se levantó pensando que su mujer se habría ido y caminó desnudo hacia la cocina. Esperanza estaba allí. Las jarras del zumo, el café y la leche y unos panes integrales sobre la mesa. La escena presagiaba tormenta.

—He llamado al parvulario, no iré a trabajar. Tenemos que mirar unos contratos y revisar las correcciones de tu libro. Por cierto, está pendiente un reportaje para Canal +. Les dijiste que les enviarías un proyecto, algo sobre lugares literarios, y no lo has hecho. La chimenea del despacho está encendida. Cuando te duches, podemos mirar tu agenda.

Esperanza continuó trajinando por la cocina, mientras su marido sorbía el café sin levantar la mirada del mantel. Aquel cuarto enorme, aquella cocina diseñada hasta en los menores detalles no era el marco adecuado para Esperanza, pensó Sergio Eitula. Ella y sus manías de grandeza. Las marcas. Adoraba las marcas. La aparente sencillez de Esperanza, era eso: aparente. Aquella cocina no era acogedora, parecía una exposición, una foto de *Votre Maison*. Cacharros colgando por cualquier lugar; cobre tratado para simular tener más de cien años, aunque acabase de salir de la tienda. El maldito decorador y Esperanza. Esperanza asintiendo a todo lo que decía el imbécil que trajeron de París. «No importa el dinero», había dicho Esperanza, aquélla iba a ser su casa definitiva. Ella jamás pronunciaba esa palabra en público: dinero. De eso se ocupaba él. De esa manera, ante el mundo, él pasaba por ser el derrochador, el manirroto, el excéntrico, y su mujer la encargada de poner orden en los dispendios de Eitula. Ya estaba cansado de representar aquel papel. Y ahora, Esperanza lo estaba desquiciando con su ir y venir. Realmente no hacía nada, sólo metía ruido para molestar.

—¿Podrías parar? Me duele la cabeza, Esperanza. En media hora estará aquí la criada. Déjalo ya. ¿Por qué no vas a trabajar?

—Te lo he dicho: hay que poner en orden tu trabajo. Vas muy retrasado. Tu secretaria vendrá más tarde esta mañana, ayer la avisé. Hay cosas que no me gusta tratar delante de ella. No le incumben, Sergio. Y si la criada y el jardinero durmiesen aquí, yo no tendría que hacer esto. La casa es grande y no tendrías por qué verlos. Tú y tus manías... No sé para qué hicimos el apartamento para ellos.

Sergio no respondió. Aquella mujer tenía un poder sobre él que no lograba entender. No era sexo. Ni siquiera amor. Ya no. Miedo. Temía a Esperanza. Sus silencios, sus palabras, su suavidad, sus enfermedades. No deseaba que volviese a caer en aquellas tremendas depresiones que al final terminaban por afectarle a él. De alguna manera, ella se las componía de forma que todos sus males fuesen achacables a su marido.

—Voy a ducharme. Si no te importa, antes de trabajar con los malditos papeles daré un paseo hasta el río, Esperanza.

Necesitaba hablar con Corina. Con la excusa del paseo podría llamarla. Entró en el baño y se miró en el espejo. Se hacía viejo.

Las canas lo enfermaban. Y estaba gordo, cada día más. Al momento pensó que las canas le daban un aire de intelectualidad necesario en aquel mundo de mierda de las editoriales, y que la obesidad en un hombre no era nada malo, provocaba ternura. Volvió a pensar en sus editores: no les importaba lo que escribiese, sabían que fuese lo que fuese vendería. La aureola de hombre hecho a sí mismo, su vida de penurias, su actual riqueza, y Esperanza. Incluso ella era un factor en las ventas; el mestizaje estaba de moda. Esperanza. Esperanza, que siempre quería más y le obligaba a trabajar en proyectos que no le interesaban lo más mínimo. No sabía cómo se las arreglaba, pero él terminaba cediendo. Siempre.

A la media hora bajó de nuevo las escaleras. Se encaminaba a la puerta cuando vio a Esperanza embutida en un abrigo relleno de plumas.

—Te acompaño en el paseo, Sergio, me vendrá bien. Hace unos días que necesito descansar. No me siento en forma, pienso en exceso.

Sergio Eitula se mordió los labios con tal intensidad que un trozo de piel quedó entre sus dientes. Lo escupió en la hierba y caminó con Esperanza hacia el río. Lo único que le faltaba aquella mañana era que su madre hubiera decidido pasear y se encontrase con ella. No podría soportarlo.

Esperanza caminaba pensativa: volvía a suceder. Alguien se había cruzado en su camino, una vez más. Siempre terminaba por pasar, pero no le importaba. Sus dioses la protegían. Las monjas españolas no habían logrado arrancar de su alma lo que su madre le enseñaba en la noche, junto a la casa que casi era una choza. En fang, su madre le repetía una y mil veces las enseñanzas de su pueblo. Las españolas, aquellas monjas, eran estúpidas. Ella no. Su cara de niña buena las convencía. Rezaba más que cualquier compañera de colegio. Era la negra con el alma más blanca, la que más flores aportaba al altar. Dibujaba con maestría imágenes de vírgenes y santos con los lápices de colores que el amo le regalaba, y entre los mantos, entre los querubines, deslizaba figuras que casi ni se veían: Nazme, Fam... Las monjas nunca se habían enterado. Pensó en el hombre que le había pagado sus estudios de maestra: el amo. Al fin y al cabo era el amo, no podía darle otro nombre.

El hombre blanco que pagaba el salario miserable de su padre, el hombre blanco que pagaba en comida a su madre por mantener el orden en el ejército de criados que limpiaban la enorme mansión. Los lápices nunca eran nuevos. Eran los que sobraban a los hijos del hombre. Ella siempre daba las gracias como si le hubiesen entregado el mayor de los tesoros. Hacía como que no veía que unos lápices eran menores que otros. Demasiadas veces habían pasado por el afilaminas. Cuando venía el barco de España, ella sabía que tendría nuevos lápices, nuevas muñecas. Lo que les sobraba a los hijos del amo lo poseía ella. Odiaba su nombre, su nombre cristiano. El amo se lo había impuesto. La habían bautizado, pero no quedaba huella alguna de aquella estúpida ceremonia. El mismo día del bautizo, por la noche, su madre salió de la casa con ella en los brazos. En el hombro llevaba colgado un saco, y en el saco, lo necesario para neutralizar cualquier resto de la ceremonia. En un claro del bosque cercano a la casa, su madre la depositó en el suelo, le quitó la ropa y la ungió con las cenizas de sus antepasados, aceite de palma y una pintura roja que ella misma había fabricado. La acarició mientras invocaba a los muertos de su familia; le pasó cien veces la mano por todo el cuerpo, e invocó a Nissim. Su madre le contó años más tarde que después de ese ritual ya no quedaba resto alguno del óleo de los fanáticos cristianos.

Odiaba Bioko, odiaba lo que Fernando Poo había representado en su niñez, en su adolescencia. Y ahora, Sergio estaba intentando robarle de nuevo todo lo que ella había construido. No era la primera vez, seguro que no sería la última, pero ella haría lo que tenía que hacer: invocaría a Fam, traería a los demonios a la tierra. Su marido no lo sabía, pero en una cavidad de la roca, en una pequeña caverna cercana al río de la finca, ella atesoraba recuerdos y todo lo necesario para sobrevivir. Celebraría Malam, invocaría a los muertos. Los cráneos de sus antepasados estaban a buen recaudo en los Nong, en aquellas cajas de cuero y madera. Sergio se podía ir olvidando de cualquier otra mujer. No la habría jamás. Ella sería la única, para siempre. Su hijo, su único hijo, era el mejor de los pasaportes a la vida que se había creado. Su marido lo adoraba. Ismaili, su hijo, era el mejor de los escudos ante las idioteces que Sergio solía cometer. No entendía el amor que Sergio tenía por su hijo. Ella lo había tenido por obligación, como protección. Quiso tener más, pero él siempre se negaba.

Observó a su marido: parecía de peor humor que de costumbre. Continuaron el paseo en silencio y al rato regresaron a la casa. Sergio apagó su móvil, no quería correr riesgos inútiles: Corina podía llamarlo.

Corina no pensó en ningún momento en llamar a Sergio Eitula. Temor, felicidad y vergüenza se entremezclaban aquella mañana en su cabeza. Desconfiaba de ella misma; de sus palabras y, por primera vez, de Sergio Eitula. Tenía miedo. Buscó remedio en el trabajo. Trabajó con albañiles y jardineros. Repartió bocetos, dio indicaciones y no pensó más que en la reforma. Melania observaba su frenético ir y venir. Ella conocía esa sensación que para Corina era nueva.

Las tenadas, la acequia, el estanque, las compuertas de la reguera, todo sufrió la limpieza y los arreglos necesarios. La casa de Melania podría haber resistido un asedio: manantiales de agua, huertos de hortalizas, campos de maíz, gallinas y cerdos. Establos con vacas. El número de animales había disminuido a medida que los hijos abandonaban la casa, pero se había mantenido lo indispensable para el abastecimiento diario. Incluso el pan se cocía en el horno de leña. Aquella vida era del agrado de Corina. Tenía todo lo que necesitaba. Junto a la piscina, mientras entregaba los planos y apuntes para reparar la conducción de piedra que surtía de agua de mar a la alberca, pensó en lo ocurrido la noche anterior, sintió un trallazo en las tripas y movió la cabeza. Entregó el material al capataz, miró al mar y regresó caminando hacia la casa. Al pasar junto a una mata de narcisos volvió a sentir el latigazo en las entrañas. Arrancó una flor, aspiró y sintió cómo el letargo llegaba a su mente y calmaba el dolor.

Subió a su habitación, sacó el móvil de un bolso del mono, abrió el balcón y marcó el número de Sergio. Respondió el contestador.

—Llámame.

Después de colgar pensó que aquella palabra había sonado seca, como el trallazo de sus tripas. Ella era así, pensó. No tenía motivo para mostrarse de una manera distinta, engañosa. Con él no.

Colocó un CD en la columna de música y subió el sonido. La gaita llenó el aire. Se quitó el mono y, frente al espejo del armario de luna que ocupaba una pared entera del cuarto, comenzó a bailar. Subía y bajaba los brazos al son de la gaita y el pandero. Movía los pies y recordaba a su abuela. Sonó el móvil y Corina se abalanzó hacia él. Era Jaime.

—Hola, Jaime.

—Caramba, Jacoby, estás viva. Y bailando, por lo que puedo oír...

—Oirás música, pero nadie ve lo que oye por el teléfono, Jaime...

—Yo sí, cuando se trata de ti. No eres capaz de resistirte al sonido de la gaita, amiga mía. A pocas músicas te resistes. ¿Cómo te encuentras? Se dice que estás pasando una mala etapa por la muerte de tu padre. Tu amiga Sol no deja de contarlo a quien quiera escucharla. Es la reina del mundo esa mujer, ahora que tú no estás en el estudio.

—Que le aproveche, Jaime, me da igual. Tengo que contarte una cosa.

Y Corina repitió palabra por palabra lo escrito, lo sucedido la noche anterior con Sergio Eitula.

—Lo cuentas como quien describe un proyecto de arquitectura. Esa asepsia tuya no me gusta nada. La aplicas cuando quieres alejarte de algo que te importa mucho, Corina.

—¡Bueno, no empieces! Deja de hablar de forma incomprensible, Jaime. ¿Qué te parece?

—No lo sé, no lo sé. Ya te responderé. Esta noche, Corina. Dame tiempo.

Corina colgó el teléfono de mala gana. Si Jaime no quería hablar, nada de lo que ella dijese le haría cambiar de opinión. Se acercó a la chimenea que Luisa mantenía siempre encendida; de esa forma, la oscuridad nunca era completa. Miró cómo danzaban las llamas, pensó en Sergio. Se desnudó pensando en Sergio. Abrió la puerta del baño y dejó correr el agua caliente. Pensando en Sergio acarició la bañera. Estaba en muy buen estado, ni un rasguño. Las patas que la sostenían eran preciosas, garras con acanto. Pocas casas conservaban aquellas maravillas. Todos los baños eran originales de la casa, los mosaicos del suelo, con su colorido un poco apagado pero aún hermosos, los dibujos geométricos, los colores teja y verde enredándose. Como la hiedra y la fachada; el ladrillo visto y la buganvilla. Volvió a pensar en Sergio mientras se dejaba caer hasta el fondo, dentro del agua. La muerte, volvió a pensar que la muerte debía de ser así, húmeda. Pensó en Sergio y sonrió. Desde la bañera se divisaba un trozo de mar. Y volvió a pensar en Sergio.

El día transcurrió entre trabajos: recuperar las ollas de cobre, los antiguos utensilios de cocina, explicar a las mujeres del pueblo cómo debían limpiarlos. Eran jóvenes y ya no utilizaban más productos que los anunciados en televisión. Una de ellas protestó cuando Corina le indicó que limpiase el aluminio con una mezcla de ladrillo pulverizado y sal gorda.

—Me romperé las uñas...

—Córteselas.

—¡No tengo motivo para cortármelas! Nunca he visto fregar así el aluminio. Son ganas de fastidiar a una, no sé por qué quiere que lo limpiemos así...

—Quiero que lo limpie así porque es mi casa, es mi perola y es mi dinero. ¡Apártese!

Agarró con rabia un estropajo, hundió la mano en la mezcla de sal y ladrillo y frotó con brío la perola. Luisa miraba. Corina le guiñó un ojo y comenzó a cantar al tiempo que frotaba.

«Dirigimos nuestros pasos al templo con alegría, una fe nos acompaña, la que nos sirve de guía... Válgame Nuestra Señora, válgame la Virgen Santa...»

—¿Puede limpiar esas botellas, por favor? —Su tono de voz era igual de malhumorado que antes de ponerse a cantar. La mujer que se había quejado por la forma de limpiar el aluminio volvió a los lamentos.

—Huelen mal, ni con lejía se quita el olor.

—En eso tiene razón. Mire, en el rótulo de ese bote dice CARBÓN VEGETAL. Primero aclare bien las botellas y después pone un poco de carbón en cada una. Dentro de tres o cuatro días no tendrán ningún olor.

—Son viejas, no sé qué manía es esa de guardar lo viejo.

—Luisa...

Luisa no necesitó más indicación ni palabra. Se secó las manos en el mandil, agarró a la mujer por un brazo y la sacó de la cocina mientras le decía algo en voz baja.

—Los cuchillos de Taramundi, esos de ahí, los de hierro, los meten en esta maceta con tierra. Cuando las manchas desaparezcan, los frotan con este polvo de piedra. Luisa les dirá dónde encontrar la grasa para untarlos cuando estén limpios, y el papel de seda está en ese cajón de la encimera. Al terminar el proceso, los envuelven con él. Hasta mañana.

Cada día le gustaba menos la gente, pensó Corina. Camino de su cuarto se acordó de Sergio; no la había llamado. Conectó el ordenador y miró su correo electrónico. Jaime le había escrito.

ASUNTO: MALHAYA DE MAL DE AMORES

Desde que encontró el libro en el estante del escritorio de la abuela, Corina ya no está. Un cuaderno de pastas azul prusia, desgastadas. Nada más verlo le recordó los viejos cuadernos de apuntes contables de casa. Hace un mes que lo abrió por vez primera. Estaba escrito con letra de la que entonces se decía inglesa; picuda, cuidada. En la contraportada había pegados una foto de Ingrid Bergman, un capullo de rosa y un par de papeles. Desde aquel día, Corina camina por las calles levitando. Sonríe a todo el mundo, y ella, que siempre sonrió, parece un pájaro, un gorrión, en primavera. Corina recordaba a su abuela, fría, elegante. Nunca demostró otro sentimiento —si es que eso lo era— que la cortesía. En aquel libro de pastas azul prusia descubrió que todo fue una mentira. La mejor guardada. Al pie de la foto de Ingrid Bergman alguien dejó escrito: «Menos mal que no la ha encontrado, porque se habría llevado una desilusión. Quiero a otra». La firma, como el libro en general, estaba desgastada. Tenía que ser de un hombre, decía Corina. Estaba desgastada por las caricias de la abuela. Mientras me lo contaba, Corina me miraba y guardaba la sonrisa de su boca entre las manos. Esa boca que desde hacía un mes tenía llena de sonrisas. Los médicos no entendían nada y no eran capaces de saber lo que ocurría. A ella no le importaba. Al verla así esta tarde pasada sólo pude reír, como hacía tiempo no lo hacía. Ella apretaba el libro contra su pecho y sonreía. Supe que pensaba en el amor. En ningún amor concreto, simplemente en el amor. No necesitaba ni médicos ni exorcismos ni Prozac. No hablaba lenguas del diablo. Sólo recitaba a Dante y repetía *Ti voglio** a todas horas. En la pared del cuarto dejó escrito, también en italiano, algo que no llegaba a comprender del todo: *Bisogna avere un caos dentro di sé, per generare una stella danzante.*** Malpensé y le dije que tomara una infusión de tila y agua de azahar, sólo por controlar un poco. Por lo demás, tampoco estaba nada mal que siguiera así. De cuando en cuando es necesario vivir de los sueños, y más cuando los sueños pueden cambiar una vida entera. También le recomendé un ungüento para las manos. Para acariciar más suave, como seguro antes hiciera la abuela. Para seguir haciéndolo con idéntico amor. Dos cucharadas de aceite de oliva, el zumo de dos limones y tres cucharadas de polvos de talco, se revuelve y se deja reposar un día; por la noche se unta y se ponen unos guantes de algodón. Corina no está enferma y no seré yo quien le quite la sonrisa. El amor es la única enfermedad soportable. Malhaya el tiempo, que termina por curarla. Le dejé encima de la mesa un libro de poemas de Xuan Bello con una página marcada: «Soy esa tarde entre muchas tardes, / la que esconde de la infancia / un laberinto de lluvia y sol. / Soy el silencio de una alcoba, / hace años, donde escribí inútilmente. / Soy todos los días que pasé esperando / lejos, muy lejos del mar. / Soy la hoja seca que yo mismo arranqué, / la que después dejé olvidada / entre las páginas de un libro en blanco. / Soy unos versos de Gérard de Nerval / que hoy justifi-

* Te quiero.

** Necesitamos tener un caos en nuestro interior, para generar una estrella danzante.

can mi vida... / Xuan Bello, la abuela de Corina, Corina y yo, en este caso, sabemos de qué estamos hablando.

Cuídate, Cora

Jaime

Corina leyó varias veces el mail. Apagó el ordenador, abrió un cajón de la cómoda y acarició una libreta de pastas color azul prusia. Cuando su abuela perdió —aparentemente— el juicio la había sacado a escondidas de su cuarto. Su madre o cualquiera de sus tíos la habrían quemado. Se arrebujó en la manta de piel de lobo y lloró en silencio.

Despertó de madrugada. Alguien, suponía que Luisa, había puesto leña en la chimenea y el rescoldo iluminaba levemente el cuarto. Sobre la camilla había una bandeja con fruta, pasas, nueces y pasteles de jengibre; no había olvidado la infusión de neroli.

Conectó el ordenador. No había ningún mail de Sergio. Los dos de su hermana Leonor hablaban acerca de un nuevo proyecto, un hospital. No le interesaban. Entró en IRC. Hacía un tiempo que Sergio y Corina habían creado un canal para ellos, una casa en el aire en donde pasaban sus horas juntos.

—Llegas tarde, Corina.

El saludo de Sergio no era el que Corina deseaba. Respondió con un zarpazo.

—¿Me esperabas? ¿Por qué tenía que venir? No lo entiendo. Yo voy y vengo donde me da la gana, Eitula. Desde siempre. Soy un alma libre, no lo olvides. Nunca.

—Perdona, Corina, ha sido un mal día. Muy malo.

—¿Y el mío ha sido bueno? ¡Qué sabes tú! No me has llamado, así que no sabes si ha sido bueno o malo.

—No he podido llamarte, Corina. Mi mujer no se ha apartado de mí ni un solo momento. Se empeña en que termine mi nueva novela. Supongo que ella piensa que escribir es igual que fabricar algo en serie. Me nota extraño, lo sé.

—Ya. De todas formas, estará acostumbrada, Eitula. Por

lo que sé de ti y por lo que tú mismo cuentas, no debe de sorprenderse de lo que tú llamas estar extraño. Lo soportará. Lo cierto es que, extraño, estás. Yo te lo noto. Serás musulmán, pero desde luego tienes remordimientos. Pensé que el remordimiento era algo propio de los católicos; no pensé que los musulmanes lo padeciesen, Eitula. Bien pensado, quizá sea miedo, Eitula. Miedo a que alguien se entere y te juzgue y te condene al castigo que marca la sura XXIV: «Aplicaréis al hombre o a la mujer adúlteros cien latigazos...». Supongo que pensar que pueden azotarte en la plaza del ayuntamiento de Pau, te pone nervioso. Los hombres impúdicos están hechos para las mujeres impúdicas, Eitula. Nosotros debemos de ser impúdicos. Al menos yo carezco de remordimientos en estas cuestiones. Tu actitud demuestra que la religión, sea cual sea, es algo alienante.

—¿Has terminado ya de reírte? ¿De burlarte? ¿Conoces el Corán de memoria? Cada día me sorprendes, Corina, cada día... Y no soy musulmán: no soy nada, Corina.

—No lo conozco entero ni de memoria. Eran manías de mi padre. También leíamos el *Libro rojo* de Mao Tse-Tung; él decía que era cultura. En España no podían conseguirse, los compraba en París. Mi madre pensaba que era algo maléfico. Mi padre y yo leíamos estas cosas, pero de eso a conocer el Corán de memoria hay un trecho. De cualquier forma, espero que la traducción sea correcta; lo leíamos en francés, así que puede que me equivoque y no sea eso lo que dice, Eitula. Y en cuanto a la sorpresa, ésa es la razón por la que te conectas y quieres hablar conmigo, Sergio. Es normal, es humano. Una flaqueza, no te avergüences. Y lo que se aprende de pequeño no se olvida, así que algo te quedará de tu religión; eso siempre deja poso.

Sergio Eitula respiró profundamente. Le habría gustado entrar por la pantalla del ordenador, abofetear a Corina y después besarla. En ocasiones era desesperante. Antes de decirle que la amaba, le había contado su vida. Entera. Su mala relación con Esperanza, sus aventuras con otras mujeres... Su vida al completo. Jamás debía haberlo hecho. Primero le contó su vida a una desconocida y ahora la desconocida tenía cara y la amaba, amaba a esa mujer y quería ser honesto con ella. «La honestidad no es buena consejera con las mujeres», pensó Eitula antes de responder.

—Corina, quiero que sepas que te quiero y que no tengo ningún remordimiento por ello. Tengo miedo de dañar a Esperanza porque, a pesar de que la relación con ella no es buena, me moriría si le hiciera algún daño. Ella siempre ha estado a mi lado, para lo bueno y para lo malo... Pero te quiero y eso sí que ni puedo ni quiero evitarlo. Te quiero, Corina. Te admiro. Eres fuerte. Tus mails me parecen inmensos. Y no lo digo porque te ame, lo digo objetivamente y, si no conociera a quien los ha escrito, seguiría pensando lo mismo. Pensaría: ¿Quién coño ha escrito esto? Es genial... Qué sensibilidad...

—Ya. Bien, ¿puedes hacerme un favor?

—Lo que quieras, Corina, lo que tú quieras.

—Los guardas. Guardas mis mails y los publicas en tu editorial. Dicen que publicas lo que te gusta y nadie quiere publicar. Publica mis mails, Eitula. ¡Jajajajajajaajajajaja! ¡Terminaré empapizándome de tanto reír!

—¡Deja de hacer esto, Corina! Estoy intentando guardar la compostura, explicarte lo que siento y no puedo, es imposible. ¡No sabes por lo que estoy pasando! Tengo una mujer, un hijo, una familia, y tú pareces empeñada en no entenderlo. Todo es una complicación. Mi mujer está enferma, desde hace años está enferma. Y a mí me da pena.

—Sí, te entiendo perfectamente, lo comprendo y no dejo de pensar en ello, ¿sabes? Pienso que estás casado con una mujer fuerte, una persona maravillosa, supongo que será sensible, buena madre y una compañera que nunca te ha dejado tirado, ni siquiera en los momentos más difíciles. Creo que ella sabe perfectamente todo lo que tú haces, y que no eres ningún cabrón que la dejará tirada. No sólo es una mujer estupenda: es lista. Y como mujer y amiga tuya, lo único que me queda por decir es que hoy, como nunca en mi vida, me siento una hija de puta total, la cómplice de un cabrón, sin que tenga yo nada que ver en el comienzo de esa historia de desamor vuestra. Y lo único que siento es que tu esposa no sepa el respeto que siento hacia ella. Un respeto absoluto, sin la más mínima sombra de pena. Una señora como ella no se merece un sentimiento tan rastrero como la pena. Y un consejo, Sergio: en una ocasión una amiga me dijo: «Corina, los hombres notan perfectamente cuándo una mujer está o se siente sola». Y eso es verdad, Eitula, una verdad tan evidente como que la vida duele. Toma nota y no dejes de pensar en ello, no hagas más el bobo y pierdas a tu mujer por correr detrás de fantasmas. Porque yo no soy más que un fantasma. Soy un puñado de letras, nada más.

—Y eres un sentimiento. Y una voz. Y una cara. Y unas manos. Y una boca. Y no pienso renunciar a nada de eso, Corina. No voy a hacerlo.

—Pues esta noche, en lugar de hablarme de tu mujer, deberías haberme escrito una poesía. Deberías haberme dicho algo hermoso como: «Dans la nuit du tombeau, toi qui m'as consolé, / rends-moi le Pausilippe et la mer d'Italie, / la fleur qui plaisait tant à mon cœur désolé, / et la treille où le pampre à la rose s'allie. / Mon front est rouge encore du baiser de la reine; / j'ai rêvé dans la grotte où nage la sirène...».*

—¿Conoces la obra de Gérard de Nerval?

—No. De nada. Me lo inventé ahora mismo. ¿Quién es el tal Gerardo?

—Te estás riendo de mí, Corina. Estoy comenzando a enfurecerme, no sé por qué haces esto.

—Lo hago porque me jode. Sí, léelo bien, me jode que me trates como a una imbécil. Según cuentas, tu mujer es una enferma mental casi por tu culpa. Otra de las mujeres de tu vida, de esta misma vida, no de otra, terminó siendo una alcohólica por tu culpa; cuando la dejaste le dio por beber. Demasiadas culpas las tuyas. Y yo debo de ser una especie de estúpida, torpe e ignorante astur que por defi-

* En la noche de la tumba, tú que me has consolado, / devuélveme el Posilipo y el mar de Italia, / la flor que tanto gustaba a mi corazón desolado, / y el ramaje donde la vid se une a la rosa. / Mi frente aún está roja del beso de la reina; / he soñado con la gruta donde nada la sirena...

nición desconoce la obra de un simbolista francés, Eitula. Estoy harta de que me hables de tu mujer enferma, de tu puta familia, de tu puta historia. Yo tengo la mía y nunca, jamás, te la he contado. No quiero contaminar esto con nada. O mejor dicho, no quería. Porque me estoy dando cuenta de que esto, esto a lo que tú llamas repetidamente un lío, no es más que eso: una nada. Ya lo decía Magdalena, que era un lío.

—No sé quién es Magdalena, Corina. Estoy comenzando a no saber nada. Y sí, te guste o no, esto es un lío. Si prefieres ser más fina, un *affaire*, pero no deja de ser lo mismo. Y tú puedes contarme lo que quieras, Corina, lo que quieras.

—De Magdalena ya te he hablado, pero tú sólo escuchas lo que deseas. Yo también tengo un marido, Eitula. Yo tengo un hijo. Muerto, pero es. Aún es mi hijo. Yo también conocí a otros hombres. Pero nunca en mi vida he tenido un lío, ni lo tendré. Antes te decía que yo no era más que una sarta de palabras, sólo eso, pero es aún peor: soy una quimera. Soy el monstruo. Soy lo que tu imaginación quiere creer. Por ser, soy hasta la pendencia. No vuelvas a repetirme que te sorprendo o que me admiras. De niña leía diccionarios y aún lo hago. A mi padre y a mí nos gustaba hacerlo. No me admires más, no me llames más y no me busques más, Eitula. Ni fui ni seré el lío de nadie. Yo busco amor, igualdad, que alguien me acaricie el pelo, no líos absurdos que sólo terminan en sábanas mojadas de lágrimas, habitualmente de mujer. Lágrimas de mujer.

—¡Eres absolutamente desesperante, Corina! No quieres entender las cosas. Eres como un niño. Y nunca me has hablado de tu hijo, Corina. Cuentas las cosas a medias; jamás me hablaste de tu hijo.

—Ni lo haré, Eitula, ni lo haré. Sé feliz. No creo que deba volver a verte. No me das nada que compense la desazón que me provoca todo esto. Adiós.

De un manotazo Corina cerró la pantalla del IRC y, cuando se disponía a suspender el sistema, sonrió. Abrió el correo electrónico y comenzó a escribir:

ASUNTO: QUEMADURAS, ASESINOS...

Quemaduras: Se aplica a la zona quemada esencia de espliego —seis gotas en una copita de aceite de oliva o de hipérico—. Pártase una hoja de aloe verdadero. Se hace una compresa impregnando una gasa en agua de hamamelis y se sujeta a la quemadura sin apretar...

La hija del coronel creció rodeada de soldados, desierto y sol de África. Entre La Hípica y la *kasbah*. La Hípica era una playa acotada en tres sectores: jefes, oficiales y tropa. Balneario, casetas, soldados sirviendo té con hierbabuena al borde del mar. Europeas con pamelas en la arena. La *kasbah* aún la recuerda con agrado, con la malicia de quien añora lo prohibido. Dátiles, almendras, panes ácimos amontonados, aparentemente sin control. Especias. Miel con mantequilla. Y Farid, el soldado que la acompañaba. Con él conoció el monte Gurugú y vio el llano hasta Marruecos. De la mano de Farid y con la voz de su padre distinguió pronto la Legión de la Mehala y ésta de los Regulares. Vivió entre botas de caña alta, uniformes color tierra apagada, quepis, fajines y chilabas.

La hija del coronel es guapa, animosa y transparente. Si fuese hombre, hoy sería general. Parece una marquesa del XIX. Y aún tiene ese aire de quien conoció Tawima o Nador llenas de tropas, de chilabas, de alpargatas. De puestos llenos de naranjas, tomates de Trara, judías verdes, alcachofas, melones, mariscos y pescado. La hija del coronel, la consentida de Fadir, mantiene intacta la elegancia y el carácter del colonizador. Macerada en cultura europea, beréber, hebrea e hindú. Come pollo rusadir, cuscús dulce, chuchoca, arroz con col, paella o caviar, lo mismo en una mesa alta que en una baja y sentada en una alfombra. Con la espalda siempre erguida y parece que sin ensuciarse los dedos. Sólo el amor la hizo abandonar el sol y los olores africanos, los paseos en burro y en bicicleta, La Hípica y la *kasbah*. Sólo la mirada de un español la hizo olvidar los ojos color miel del africano. Pero en ocasiones, en la noche, se levanta y pasea hacia el balcón y sus ojos verde menta imaginan que alcanzan hasta África. Y repite un nombre sin cesar mientras acaricia el cristal frío de la ventana con la punta de los dedos, y el nombre resuena, como una salmodia, mezclado con poemas de Omar Khayyam: «¡Qué mísero el corazón que no sabe amar, que no es capaz de emborracharse de amor! Si no amas, ¿cómo vas a poder comprender la luz cegadora del sol y el alumbrar de la luna?» Y, entre susurros, el nombre del Caíd de la Mehala: Abd-al, Abd-al... La añoranza de su amor. «No es amor el amor que no arrasa. ¿Brinda acaso una caricia el calor de una hoguera? Noche y día, durante su vida entera, el amante verdadero se consume de dolor y de placer»; poema que traduce directamente de la edición francesa de Franz Toussaint de 1948.

Nota Bene: Tengo esa edición, Eitula. Mi padre, una vez más mi padre, me la regaló. Y cual Omar ibn Ibrahim el Khayyam, hay en mi vida un Hassan Sabbah y un Nezam-ol-Molk. Es normal que una reina, cristiana o no, tenga un visir y un jefe de asesinos a su servicio. Cuídate de los Hachisistas: en ocasiones, aún salen en defensa de las mujeres maltratadas, sean reinas o villanas.

Yo, la reina
Ginebra

Pinchó el icono de envío y apagó el ordenador. Una risa desordenada agitaba su pecho mientras acudía al encuentro del sueño. Eitula era un egoísta que revolvía sus fantasmas; no necesitaba a nadie semejante a su lado. Otro cobarde.

No tardó en acudir el sueño. No tardó el dolor en hacerla soñar. Y soñó como hacía tiempo no lo hacía. Volvió a rodar por las alfombras y la hierba. Con su hijo. Vio su boca sonriente y sintió su saliva en la mejilla. Notó la suavidad del pelo rubio. Sintió su propia voz repitiendo el nombre de su hijo, y cada vez que lo hacía, Rodrigo, su hijo, palmeaba. Emitía sonidos y se reía. Despertó tarde, demasiado tarde. En ocasiones, el sueño se convertía en una auténtica tortura.

Melania la esperaba en el comedor contiguo a la cocina. No dijo nada. No preguntó nada. Vio el brillo febril en los ojos de Corina; vio las pupilas dilatadas; vio el ojo casi convertido en cristal, la mirada fija y no necesitó preguntar.

—*Vous avez les yeux cernés*, Corina.

—Hoy no, Melania. Hoy menos que nunca quiero hablar en francés. Deseo olvidar que esa lengua existe.

—Como desees, Corina...

—Me encanta ese cuento, *La princesa prometida*. Nunca me ha dicho eso nadie. Quiero decir que no me lo ha dicho ningún hombre, Melania.

Melania Jacoby no pudo responder: un coche entraba por el camino, tocando el claxon. Corina parecía no haber oído nada. Mirando por los ventanales, con la mirada fija, susurró:

—Sale humo de una de las chimeneas de la casa de piedra, Melania. Alguien ha encendido la chimenea del salón de invierno. No puede ser, en casa no hay nadie.

Jaime Arias, Sol del Valle y Amalia irrumpieron en el comedor.

—¡Sorpresa! —gritó Sol del Valle al oído de Corina, que se apartó de golpe.

—¿Qué hacéis aquí? Y tú, Amalia, ¿cómo estás? Pensé que aún estabas en París. Me alegro de verte.

Luisa puso más tazas y bollos en la mesa y nadie hizo comentario alguno acerca del aspecto de Corina. Ni siquiera Jaime Arias.

—Corina, tu madre y Leonor están en la otra casa; quieren hablar contigo. No han venido porque tenían que arreglar unas cosas.

—Sol, agradezco tu amabilidad y discreción, querida, pero todos sabemos que mi cuñada no viene a esta casa nunca, y ahora menos. Si me disculpáis, iré a dar un paseo.

Salió Melania del comedor y Jaime encendió un cigarrillo. Se lo pasó a Corina y encendió otro para él.

—Si quieres te acompaño a ver a tu madre, Corina. Te están esperando.

—Jaime y vosotras dos: ¿a qué viene esta visita y a qué viene el interés de mi madre en verme? ¿Qué pasa?

—Nosotros no sabemos nada, Corina. Puedo asegurártelo.

—Yo diría que sí sabes algo, Sol, amiga mía. Pero en fin, da igual. Vamos, Jaime. Amalia, ¿te quedarás a dormir?

—No, Corina; me encantaría, pero no puedo. Tengo guardia mañana. Otro día vendré, algún fin de semana.

—Vamos, Jaime, vamos a ver qué quiere la abeja reina esta vez.

—¡No debes llamar así a tu madre, Corina, por favor!

—La llamo como me da la gana, Sol. Podéis mirar las obras mientras Jaime y yo vamos al palacio encantado. Seguro que esta expresión te gusta más, Sol.

Amalia estaba seria, preocupada, pero guardó silencio. Al regreso hablaría si era preciso.

Jaime ayudó a Corina a calzarse las catiuscas. Llovía. El agua caía sin parar, un orbayu que llenaba el aire de humedad y se pegaba a la ropa y al cuerpo.

La casa de piedra estaba como siempre. Las hortensias sin flor; era lo único que Corina añoraba, el color. En el jardín de Melania florecían todo el año. De alguna manera, era bonito pensar que de aquellas varas secas, en poco tiempo nacerían los borbotones de colores y las flores grandes, redondas, que hasta impedirían el paso por algunas zonas de la huerta. Era un milagro.

—Yo te espero aquí.

—Jaime, quedarse en el coche no es de buena educación.

—Me importa poco hoy la buena educación, Corina. Aquí estaré cuando regreses.

Corina subió las escaleras despacio, no tenía ni interés ni prisa por llegar y le gustaba notar el agua en la cara y en el pelo. La puerta estaba abierta; saludó a una de las mujeres que cuidaban de la casa cuando estaba deshabitada y se encaminó directamente hacia el salón de invierno. La sorpresa estaba allí en forma de hermano. Julián Jacoby acompañaba a su hermana Leonor y a su madre. Puede que alguien se hubiese muerto y una vez más la tratasen como a una imbécil. Suspiró y los besó a todos. Se dejó caer en un sillón y sacó un cigarrillo.

—Ya sabes que en esta casa no se fuma, Corina.

—Las visitas sí, madre. Yo soy una visita, así que fumo.

Bernarda parecía un poco más vieja. No habían pasado las Navidades juntos, hacía meses que no la veía; le pareció que los años habían hecho presa en la mujer. Erguida estaba, pero las arrugas habían brotado como las flores en primavera, de repente. Corina se alegró: alguna vez tenía que sucederle algo humano a Bernarda.

—Tenemos que decirte algo, Corina...

—Consultárselo, Julián. Después ella decidirá lo que proceda, hijo.

Leonor guardaba silencio y Corina se divertía. Julián era hijo; ella era Corina. ¡Qué coño se les habría ocurrido! Si le pedían que apoyase la campaña de su hermano al Congreso, no podría contener la risa. No, no debía de ser eso. Sabían que no lo haría.

—Corina, nunca vas al estudio.

—No, Julián; ni tú.

—¡Yo soy abogado, Corina, no arquitecto! ¡No tengo por qué ir! Tengo otro trabajo, soy diputado y la patria dispone de mi tiempo. El caso es que hemos pensado que el estudio no puede continuar así. Tienes que regresar al trabajo, pero a trabajar de verdad, o devolvérnoslo. Aunque tú lo diriges, el estudio es nuestro.

Corina exhaló el humo por la nariz y se atragantó. Aplastó el cigarrillo contra el cenicero y encendió otro de inmediato. Miró a Leonor, a su madre, y miró las llamas de la chimenea.

—Te hemos traído los papeles de la cesión, por si no quieres volver, Corina. Con que los firmes será suficiente.

—Julián, no voy a firmar nada. Eres imbécil y lo serás toda tu vida, hermano mío. Nunca la palabra patria me había sonado tan hueca como hoy, ahora, en tu boca. Si todos los patriotas son como tú, estamos perdidos, Julián. El estudio me lo dejó mi padre, es mío. Parece que todos lo habéis olvidado, incluso tú, Leonor. Tú trabajas allí, pero sabes que es mío.

—No, Corina; yo sé que trabajas, o más bien trabajabas, allí, pero no sé ni nunca supe que fuese tuyo. Es de todos. De la familia.

—¿Qué dices, Leonor? Mi padre me lo dio porque ninguno de vosotros lo quería. Tú eres aparejador y no querías el estudio, nunca lo quisisteis. La que no lo quería era yo, y me obligasteis, entre todos me obligasteis a hacerlo. Os convenía.

—Se trataba de una cesión mientras vivía tu padre, Corina. Tus hermanos tienen razón: no hay ningún papel que diga que el estudio es tuyo. Tu padre no lo quería así. Tu padre te conocía bien, sabía que eras voluble, que jamás perseverabas en nada. El estudio no es tuyo, es de la familia. O más bien mío. Tu padre me lo dejó todo a mí, soy la usufructuaria y estoy poniendo orden en los negocios. Tendrás un sueldo y un horario. Si estás conforme, estaremos encantados de que continúes trabajando en él, e incluso podrás dirigirlo, bajo la supervisión de tus hermanos, claro está. Eres buena con las relaciones públicas, Corina, así que no tenemos ningún inconveniente en darte ese puesto.

—Leonor, di algo...

Ante el silencio de Leonor, Corina agregó:

—*Tu quoque*, Leonor, *tu quoque*. El estudio es mío, moralmente lo es. Él me lo dejó a mí cuando no pudo seguir trabajando, y ahora os saltáis su voluntad. Es increíble. No tenéis moral. No tenéis conciencia. No tenéis nada. Yo soy tu hija, Bernarda, tu hija, no un socio ni un empleado.

—No hemos venido a discutir, Corina. Y en cuanto a darnos lecciones de moral, después de lo que he oído decir a mi nieta, a Magdalena, y a tu hermana Leonor sobre tu vida, no eres la más adecuada para dar lecciones a nadie.

—¿Te molesta que intente ser feliz? —Corina estaba quedándose sin fuerzas.

—Me molesta que seas una puta o que puedas serlo, Corina.

—Madre...

—Toma una decisión, Corina. Te daremos unos días. Piénsalo: a tu edad nadie te dará trabajo, y menos con tu historial, con tu fama. Todos saben cómo eres, la ciudad entera te conoce. El no entrar en el grupo tiene estas cosas, Corina. Te lo has ganado a pulso. Y de Melania no esperes nada: sus herederos son sus hijos y sus nietos.

—Estoy trabajando en una cosa nueva, no pasa nada por que ahora no esté tanto en el estudio. Estoy haciendo un remedio nuevo para el cansancio crónico. Y un libro. Estoy escribiendo un libro de plantas, mamá, no estoy perdiendo el tiempo. Y aquí me siento mejor, madre. Estoy cerca de Rodrigo y no pienso tanto, trata de entenderlo... Y lo que me pediste del hospital, Leonor, lo tengo terminado: un esquema...

Corina volvía a ser una niña temerosa, a punto de llorar, que daba explicaciones impropias de un adulto. Sentía la mirada de su madre sin un ápice de sentimiento, parecía airada. Bernarda de la

Vega no tardó en dejar salir la ira por la boca, por el gesto, por el movimiento de las manos. Se levantó de golpe y la impresión de vejez que Corina había tenido se desvaneció en el acto.

—¡Basta ya de imbecilidades, Corina! O vuelves o no vuelves. No quiero oír más lamentos de ti, más padecimientos infundados. No quiero escuchar lo difícil que es o fue tu vida. Estoy cansada de tu martirio inventado. Yo también perdí un hijo, pero aquí estoy, luchando por conseguir lo mejor para los míos. Me harta tu maldita forma de ser, tu lamento perpetuo. Quédate con Melania, quédate con ella y verás lo que te espera. Un remedio para el cansancio crónico, un libro... ¡Despierta, Corina! Nunca has hecho nada por ti misma. Si no hubiese sido por mí estarías en el arroyo. Esta vez no vengas buscándonos de nuevo, esta vez no lo hagas. Piénsalo unos días y deja de lamentarte. Todos tenemos cosas más importantes que hacer que estar aquí, viéndote así, desarreglada, hundida. Con esa facha pareces una campesina. Ni te arreglas el pelo. Y las ojeras, esas ojeras... Tan feliz no debes de ser cuando esas ojeras marcan tu cara. No me gusta verte así. Nunca cambiarás, Corina. Nunca. Eres el único fracaso de mi vida, el único del que no puedo escapar... En fin, piénsalo. La casa de la ciudad es demasiado grande para ti, he pensado que Julián puede utilizarla; la que les cedió tu padre es demasiado pequeña ahora que tienen otro niño. Tú puedes utilizar cualquiera de los apartamentos del centro; elige el que quieras, me lo dices y organizamos la mudanza.

Corina se había levantado despacio. Las fuerzas se le iban. Miró todo lo que la rodeaba. Nada. Al fin era la nada. Nada en las paredes, nada que le perteneciese. Nada que la dañase. Al menos allí. Allí no se dejaría vencer.

—¿Dónde están los papeles?

—Ahí, Corina. En esa carpeta, sobre la mesa.

Julián Jacoby no daba crédito a la facilidad con la que se rendía su hermana.

—Gracias, Julián, gracias.

Corina se acercó a la mesa. Agarró la carpeta, la abrió y sacó los papeles. Sin que ninguno de los presentes pudiese evitarlo, los lanzó contra la chimenea. Vio la cara de espanto de su hermano, la cara de incredulidad de Bernarda y la de Leonor, que no reflejaba nada.

—Si de verdad tú te crees una madre, Bernarda, será cierto lo que dices: yo soy una puta. Y esta puta tenía un buen chulo. Alguien que se preocupaba mucho por ella, Bernarda y queridos hermanos. El estudio es mío, con todo lo que hay dentro. Mientras yo viva, eso es intocable. El local, lo mismo: míos de por vida. Puedo hacer con ello lo que desee: vender el negocio, traspasarlo o quemarlo, mío es. El local no puedo venderlo, pero si quisiera poner una casa de citas podría hacerlo. Y la casa, la casa en la que vivo, Bernarda, es mía. En propiedad. Sin cesión, sin cortapisas. Mi padre, mi chulo, el único hombre que me compraba bragas bonitas, camisones de seda y cosas que jamás te compró a ti, ese hombre, tu marido, me la dio. No malpienses, Bernarda, no malpienses, no hablo de incesto. Hablo de querer, de querer de verdad. De amor y de comprensión. Ese hombre, mi padre, se cuidó de dejar todo eso bien atado, queridos. Os conocía. Por ello haré lo que crea conveniente. Intentaré pensar rápido, pero haré lo que convenga a mis intereses, no a los vuestros. Si convergen, estupendo. No es nada personal, quiero dejároslo claro. Al fin y al cabo, sois mi madre y mis hermanos. Pero es cuestión de negocios: vosotros lo habéis querido así. Sois una mafia mal organizada. ¿El resto de mis queridos hermanos sabe esto, o sólo es cosa vuestra? No importa, qué más da.

—Julián, ¿no lo habías comprobado todo? Supongo que no estarás mintiendo, Corina. De todas formas, he de decirte que tu padre cambió de opinión, deseaba hacer lo que te estamos diciendo. No quería dejarte nada. Debes creerme. Es por el bien de todos.

—No te miento en nada, Bernarda. Y no vuelvas a recordarme que una vez, hace mil años, falsifiqué una nota, una papeleta de la escuela. Está de más. Es un arma que ya no mata ni hiere. Tus abogados te dirán que es cierto lo que digo. Y si mi padre cambió de opinión a última hora, os jodéis todos. Incluido él. Por idiota, por dejarse lavar la mente por vosotros. ¡Pobre patria! En manos como las tuyas carece de sentido cualquier tipo de país, Julián. Haces mal tus deberes. Mal embajador elegiste, madre...

«Y tú, Inglaterra, si en algo estimas mi amistad, ya que mi gran poderío puede darte a entender lo que vale...» Pobre Julián, pobre víctima. Y ahora, si me disculpáis, quiero salir de esta casa y a ser posible de vuestras vidas. La muerte no os la deseo, pero por mí esta casa y todo lo que contiene puede convertirse en humo. No me importa. ¡Con Dios!

—¿Qué dices de Inglaterra? ¡Yo de eso no me ocupo! ¡Yo trabajo en temas de Interior, Corina! ¡Estás loca! ¿Lo ves, madre? No la entiendo...

—Si, Julián, loca estoy, como Hamlet. Pero no olvides lo que te he dicho: aún puedo darte más pruebas del poderío que derrocho, aún está viva la herida que te he infligido...

—¡Madre! ¿Qué está diciendo? ¿Quiere pegarme? ¿Con qué me amenaza?

—Cállate, Julián, cállate. Es Hamlet. Déjalo, no estás entendiendo nada. Adiós, Corina, luego te veré.

Leonor Jacoby aguantó la risa como pudo. La cara de Julián y la de su madre reflejaban horror, aunque por motivos diferentes. Lo hecho, hecho estaba, pero desde ese momento ella se mantendría al margen. Ni Corina estaba loca ni era tan tonta como la gente pensaba. Ella no perdía nada; su hermana no le haría daño, no a ella. Inglaterra... Dinamarca... Podría ser un buen ejemplo. Pobre Julián.

Corina no volvió la vista atrás. Caminó por las estancias vacías; entre muebles tapados con sábanas y llegó a la salida sin mirar nada, porque nada era lo que la rodeaba. Jaime le abrió la puerta del coche.

—¿Todo bien?

—Sí. Lo único que echo de menos son unos limpialágrimas para el alma. En tardes de lluvia como ésta son necesarios, ¿no te parece? Antes de volver a casa de Melania quiero pasar por el cementerio, Jaime.

El todoterreno recorrió caminos de tierra y grava, rozando con los artos y matos que crecían a los lados del camino, traspasando o trepando por los muros de piedra. Las ruedas caían en los baches y lanzaban el agua a los lados. Jaime no ponía cuidado alguno al conducir, le importaba poco el estado del coche o del camino. Limpialágrimas para el alma. Su amiga tendría que haber abandonado todo, su familia, aquel mundo, hacía años. Terminarían dañándola seriamente y eso era lo único que importaba a Jaime Arias.

Corina saltó del coche y abrió la verja del cementerio, recorrió los caminos llenos de hierba húmeda y llegó al panteón. Los laureles a su alrededor le daban el aspecto de una pequeña casa. Las rejas de hierro con figuras de trísqueles, rosas hexapétalas, guardaban la paz y el descanso de los muertos: la privacidad era importante. Eran tantos los motivos ornamentales de la verja que casi no se podía contemplar el interior. Una rueda solar grabada encima de la piedra del frontispicio hizo sonreír a Corina; la cenefa que la rodeaba era hermosa, todo lo era. Hasta la muerte pedía belleza a gritos. Las gárgolas eran cabezas de culebras; serpientes, elementos atados a la tierra, a los instintos más profundos. Los gnósticos, el conocimiento de la razón. Escuadras. Compás. Paleta. El cincel que trabaja la piedra bruta de las pasiones. El Arquitecto Universal estaba presente en cada pedazo de la piedra del mausoleo. Metió los dedos entre los huecos de las rosas y los trísqueles. Miró al interior: alguien había llevado hierbas de Santa María y lirios blancos. Estaban ante la tumba de Rodrigo. En el altar, avellano y un ramo de boca de dragón encarnada. Melania se le había adelantado. Pureza para Rodrigo y reconciliación en el ara. Su tía conocía bien la vida. Bien que la conocía, no era magia, era observación y conocimiento del ser humano.

—Abuela, padre, Alfredo. Hola, Rodrigo. Sé que vengo poco a veros. Pero siempre os hablo, esté donde esté os hablo y os siento. El aire tiene partículas de los muertos o de la gente que se aleja, yo lo sé. Es materia, no se destruye. Vengo de tu casa, padre. Me han dicho que tengo que devolver lo que me diste, que a última hora lo pensaste mejor y no me consideraste digna de dármelo, así que ahora lo hacen ellos en tu nombre. Les he dicho que no. Y a ti lo mismo te digo. Si lograron convencerte, hacer que me odiases, os jodéis todos: no voy a devolver nada. Siento que al final lograsen vencer tu resistencia, padre. Supongo que cuando uno está enfermo se doblega fácilmente. O no. Yo siempre estoy enferma y aun así no permito que lo hagan. Bien, pues no haré lo que ellos quieren. Esa mujer te dominó de tal manera que piensa que va a poder hacerlo conmigo. Ya no la quiero. He asumido que debisteis de recogerme de alguna inclusa, pero aun así no haré lo que quieren ni lloraré ante ellos. Si no me quieren como soy, ellos se lo pierden, padre. Realmente la culpa es tuya, Alfredo. Por morirte. Si tú no te hubieses muerto yo no tendría que haberme hecho cargo de todo aquello. Si puedes, haz algo para controlar los impulsos de tu madre y tus hermanos, querido Alfredo. Siempre me quisiste, siempre me acariciaste el pelo y nunca te enfadaste demasiado conmigo. Ayúdame ahora, por favor. Magdalena está bien, supongo que vendrá a veros un día de éstos. Dice que tengo un lío y creo que lo tengo. Abuela, ¿qué te parece el lío? Yo creo que no es un lío. Me he enamorado de un hombre. Jamás lo he visto; unas fotos medio borrosas, de hace años, pero no me importa. Le quiero. Me dice cosas preciosas, me escribe cartas, abuela, como antiguamente. Y hablo con él por internet, por el ordenador. Una vez te enseñé cómo era aquello y te gustó. Ese hombre me llama, me escribe, y yo soy un poco más feliz. Creo que voy a ir a conocerlo. Mi madre me ha llamado puta una vez más, abuela. No me importa. Dice que la gente, toda la ciudad, malpiensa de mí. Ha dicho que estoy fea, horrenda, vestida como una campesina. Tampoco me importa. Voy a conocer a ese hombre y luego te contaré lo que suceda. Rodrigo, ayer soñé contigo, estabas tan guapo como siempre. Un querubín, un serafín, no importa en qué coro estés, hijo mío. Y aunque no estés en ningún coro de ésos, te quiero igual. Aunque fueses el más burro del cielo, ya que no puedes serlo del mundo, igual te querría.

—Corina...

—¡Jaime! ¡Me has asustado! Estoy hablando con mis muertos y me llamas. Me asustaste, Jaime.

—Quien habla con sus muertos debe esperar que un día le respondan, Corina...

—Tienes razón, Jaime, pero no estoy loca por más que se empeñe mi familia. El espíritu no responde, Jaime. Tal vez con algún gesto. —Corina se volvió hacia las tumbas—. Bueno, queridos, me voy. No sé cuándo regresaré a veros, pero estáis junto a mí siempre. Os quiero.

Ni ella dijo palabra alguna ni el amigo preguntó.

La mesa estaba puesta en el comedor grande. Leonor estaba allí. Melania conversaba con Amalia en voz baja, en un rincón, junto a la chimenea. Corina y Jaime ocuparon sus puestos en la mesa. Durante la comida, nadie habló más que de las obras de restauración de la casa.

—Es casi Mackintosh, el estilo. Cada vez que la veo me lo recuerda, Melania.

—Es estilo Jacoby, Sol, de mi tatarabuelo. No busques grandezas, querida amiga. No creo que esta casa se parezca en nada a Hill House.

—Corina, era una comparación. Un halago a la casa.

—Ya. Y te lo agradecemos. Pero el halago es que esta casa la haya construido un albañil sin mucha idea de quién era ese arquitecto. Hasta el propio Mackintosh se sorprendió. Colaboró en el diseño, pero sobre planos del albañil, Sol. La cómoda que hay en mi habitación, en el vestidor, es suya. Original. La trajeron en un ballenero desde Inglaterra. Como los herrajes de hierro, ¿no te habías fijado en eso, Sol? Y las veinte sillas del comedor, del otro comedor, son suyas también. Vinieron en el mismo viaje. Y esas mesas auxiliares, lo mismo. Creo que las llaman mesas dominó. Y ese aparador, ese de ahí, de fresno lacado, ¿ves las incrustaciones de nácar y los cristales emplomados? Es diseño suyo. Lo hicieron aquí, a partir de un dibujo que él envió con los otros muebles. Y las vidrieras de toda esta casa están hechas según bocetos suyos y de Wright. Esta mesa es de cerezo y los sillones igual. Creo que se hicieron siguiendo dibujos que enviaron. Y la sala de costura entera está amueblada por Thonet. Las sillas de costura y las altas, las mecedoras y los sofás, todo llegó desmontado desde Austria, Sol. Esta casa es un museo.

—Bueno, o una mezcla de cosas, Corina. No sé si en una casa asturiana encaja todo esto. No es una crítica, es una observación.

—Sol, Wright y Mackintosh eran bretones, como nosotros. Creo que algo nos toca de celtas. Nunca te ha gustado mucho la historia de la arquitectura. Lo único que mi familia ha cambiado son los cristales, los emplomados; el diseño. Aquí predominan las serpientes y los soles. Hoy mismo admiré las tallas del panteón, las de la piedra y los forjados de las rejas. Son hermosos. Bellos.

—Si sabes tanto de arquitectura, no entiendo por qué quieres dejar el estudio, Corina.

Sol ya se estaba hartando del repaso de antigüedades que hacía Corina.

—¿Quién te dijo que quiero dejar nada, Sol?

—Luisa, estas morcillas, ¿son de casa o las has comprado?

—De casa, señora, como siempre. Y las alubias y la verdura del pote son de la huerta.

Luisa miró a Melania con desconfianza. En la casa se comía lo que ellos mismos producían. No entendía la pregunta hasta que escuchó a Corina.

—No te apures, Melania. Tarde o temprano el tema tenía que salir. Mientras hablamos pon el arroz con leche en el salón, Luisa, por favor. Seguro que está exquisito, Sol: quemado con gancho, con fuego de carbón, como ha de ser. En esta casa seguimos respetando el combustible patrio. Algún día todos os arrepentiréis de tener en casa el maldito gas natural.

—Ya. ¿Y también es de la casa, Corina? El carbón, digo.

—Sí, de un chamizo que tiene Melania cerca del acantilado, Sol. También hay un yacimiento de azabache a dos kilómetros, cerca de la mina. Hasta petróleo tendremos en unos siglos, querida Sol.

Amalia, que continuaba hablando con Melania en voz baja, sonrió al ver la cara de fastidio de Sol del Valle.

—Terminaréis preocupándome: la sanadora y la médico en permanente susurro. ¿Hay alguien enfermo?

—Tú, de la mente, Corina.

—Más quisiera estarlo en días como hoy, Jaime. Así no me enteraría de nada. No pensaría.

Sentados alrededor de las mesas del salón, permanecieron en silencio.

—¿Nadie piensa decir nada?

—Corina, si alguien ha de hablar deberías ser tú. Ninguno de nosotros sabe qué ha ocurrido en la casa de piedra esta mañana.

—Melania, estoy segura de que tú lo sabes, no sé cómo, pero

lo sabes. Y ellos también. Por diferentes caminos todos, pero lo sabéis. He ido al panteón, a contárselo a mi padre, a la abuela, a Alfredo y a Rodrigo. Hasta yo lo sé. Yo, que nunca me entero de nada, me he enterado. Bien, Sol, esto te hará feliz: no pienso regresar al estudio. Pero es mío.

—¿Tuyo? Tu madre no dice eso, Corina...

—Ella no lo sabía, pero ahora ya lo sabe, Sol. Mío. Mío entero. Puedo hacer varias cosas: alquilar el local, alquilar el negocio o dárselo a mi madre. Y alquilaré el negocio. A ti y a Leonor. Creo que eso os gustará a las dos. Me pagaréis una cantidad en concepto de renta y otra por los clientes que os dejo.

—Los clientes eran de nuestro padre, Corina.

—Puede, Leonor. Pero desde hace años son míos. Piénsalo. Cualquiera me dará una buena cantidad de dinero. Si no lo queréis, no hay problema. Recibiré buenas ofertas.

—¡No hemos dicho eso! Nos interesa. A mí al menos, Corina. Leonor puede hacer lo que quiera, pero a mí sí me interesa. Ya lo he hablado con mi marido.

—La oferta es para las dos, Sol, para Leonor y para ti. Juntas. Sin Leonor, no hay trato: las dos, y en igualdad de condiciones. No os pediré nada como adelanto, sólo la renta y el porcentaje de los clientes. Nada abusivo. Amalia, como verás, no me he puesto enferma. Supongo que has venido por eso. Jaime es un alarmista.

Corina sonreía. Parecía invadida por una calma súbita. Fumaba y bebía absenta elaborada por la propia Melania, pero no estaba agitada. Estaba tranquila. Calmada.

—Date tiempo, Corina. Esto puede ser la calma que precede a la tormenta. De todas formas, me alegro de que lo asumas de esa manera. Me alegro de corazón.

—Ya era hora, Amalia.

—Jaime, estás tan callado hoy que me sorprende oírte decir eso. Bien, ya no pasaré hambre y podré dedicarme a lo que me gusta, es un lujo. De haberme quedado sin nada me habría hecho raquera, habría convertido esta casa en una nueva Posada de Jamaica, con tu permiso, Melania.

—Últimamente te encuentro absolutamente literaria, Corina. En las citas, en tu forma de vida. ¿Algún motivo en especial?

—Sí, Jaime, lo hay y tú lo sabes. Y vosotras, no pongáis esa cara de sorpresa. También lo sabéis, pero hoy no es el día de hablar de ello. Hoy tocaba: ¿de qué comerá la pobre Corina Jacoby cuando su familia la chantajee y ella se resista? Podría haberme convertido en pirata, pero no ha sido necesario.

—Nada era necesario, Corina. ¿Hoy es el día del dinero? Bien, podéis comunicarle algo a mi cuñada: Corina tiene tanto dinero, es tan rica, que podría permitirse no hacer nada el resto de su vida. Esta casa es suya, los campos que la rodean son suyos, la mina de la que habla y el yacimiento de azabache. Los edificios de la ciudad, los de esta villa, los que recibí de mis padres, suyos son todos, y son unos cuantos. Mis patentes, mis canales de distribución son suyos. Todo lo que tengo es suyo. Y sin llegar a ese detallado inventario de los muebles de esta casa, que fue innecesaria vanidad, os diré que lo que tengo es mucho. No creo que ninguno de vosotros sea jamás tan rico como Corina. Eso no impedirá a mi princesa continuar trabajando, lo sé. Lo hará. Libremente, sin presiones, sin prisas. Mis hijos, los que aún viven, lo saben, y también mis nietos. Ellos han recibido su parte y están conformes. Y aunque no lo estuviesen sería igual. Todo está arreglado. La princesa no podrá achacar sus males al dinero, yo lo he impedido. Otra cosa es que sea feliz; en eso no puedo intervenir.

Corina se levantó, avanzó hacia una de las mesas laterales y destapó una caja de plata repujada. El resto la seguía con la mirada. Sacó un librito de papel de fumar y lió una mezcla de hierbas.

—Yo no sabré qué hacer con todo eso, Melania. Yo te quiero porque sí. Una cosa es la casa, o los libros, pero el resto no es necesario, Melania. No sabré manejarlo. Yo quiero trabajar con las hierbas y las plantas, sólo eso.

—Sabrás, princesa, claro que sabrás. Eres la única que luchará por conservarlo. El resto de mis herederos lo venderían, Corina. Díselo a tu madre, Leonor: que no se apene, que no llore en la soledad de su casa por la suerte económica de su hija, de eso me he ocupado yo. Y aunque sólo sea por tener tal cantidad de dinero, la ciudad, la provincia entera, la respetará. El dinero es poder, eso alcanzan a entenderlo. No saben vivir de otra manera. No comprenden que el carbón puede ser un día azabache. No miran más allá de lo inmediato. En fin, como diría Corina: peor para ellos.

Amalia sonreía y Sol permanecía pensativa. Jaime se acercó a Corina y la abrazó. Le quitó el cigarro de las manos y aspiró el humo. Acercó su boca a la de Corina y dejó que el humo pasase a la de su amiga. Luego la besó en los labios.

—Esto lo hago porque eres inmensamente rica, Jacoby, no porque me guste tu aspecto de campesina, ni ese precioso color de ojos, ni esa piel perfecta, ni lo duro que se te está poniendo el culo de tanto bregar por el campo y la casa.

—¡Estáis drogándoos! Y no me parece bien que os beséis de esa manera; y menos ante tu tía, Corina.

—Sol, esto es terapéutico. Es más sano que una de esas pastillas que tú tomas casi todos los días para poder vivir en tu ciudad repolluda. Por cierto, esos pastelitos que estás comiendo tienen aceite de marihuana. ¿Saben bien?

—Por Dios, ¡es ilegal!

—Puede, Sol. Pero nosotros creemos que no: autoconsumo. A mí, la espalda me duele menos y a ti te veo con mejor cara, has comido unos cuantos pasteles, se te ve más serena. O es eso o es la alegría de ser la socia capitalista del estudio.

—Que mi sobrina se bese con Jaime no me preocupa, Sol. Besar estimula el sistema inmunológico. Habría que besarse más a menudo.

—Cierto, besar es estupendo, Sol. Y la marihuana lo mismo. Tengo pacientes a los que yo misma se la receto. No lo escribo en un papel, les sugiero que la prueben. Y cuando vienen a la consulta después de tomarla durante una temporada, se los ve mejor. Es un buen relajante muscular, te lo aseguro.

—Tú sabrás, Amalia, eres médico. Yo nunca la he probado.

—Hoy sí, Sol.

Corina Jacoby continuaba abrazada a Jaime. No pudo seguir hablando con Sol. Petronilo entró en el salón calzado con las madreñas y retorciendo la boina entre las manos. Corina estaba a punto de llamarlo al orden, estaba dejando el suelo de roble lleno de huellas. El roble estaba precioso, sin barniz, sólo cera virgen, y Petro lo estaba destrozando.

—¡Señora, la casa de los vidrieros! ¡La casa de piedra! ¡Se está quemando! ¡Han sacado a la señora y a don Julián, pero se está quemando todo! ¡Dicen que las pomaradas enteras arden, la huerta, el jardín! ¡Todo arde! ¡Hasta la hierba, señora! No pueden hacer nada. Han roto la acequia para que salga el agua; han derribado las piedras del estanque, pero nada puede con ese fuego, señora.

—«Anoche soñé que volvía a Manderley» —Corina pronunció la frase y se acercó a la ventana.

Se veían las llamas. El humo. Se agarró al plomo del ventanal con las uñas. Miró una vez más y salió corriendo. Los demás la siguieron. Corina voló por las escaleras que accedían al desván. Apartó los botes de pintura a patadas, sin hacer caso de las voces que la llamaban. Abrió uno de los casetones del tejado y de un salto se subió a las tejas. Ardía el horizonte. Todo. La finca entera. Era cierto. El fuego parecía consumir hasta la tierra. La lluvia, el orbayu, no podía hacer nada contra la bravura del incendio. Nada.

—Jane Eyre... Pero yo no he sido. No hay ninguna señora Rochester. Yo no he sido. Nadie ha sido.

Y se dejó caer en las tejas mientras miraba el fuego y el humo. Vio cómo su hermana Leonor corría por la hierba seguida de Sol. Amalia y Jaime se habían sentado en el tejado, junto a ella.

Horas más tarde, Corina continuaba mirando el fuego. La noche había caído y las llamas se alzaban aún en una danza irrepetible, que ni siquiera un derviche podría copiar. Se contorsionaban, subían, bajaban del cielo al cielo y volvían a girar. No habían logrado sacar a Corina del tejado; ni siquiera Melania había podido hacerlo. El olor de los árboles, de la hierba quemada, de las hojas, de los pétalos de las camelias, llegaba hasta ella y ella lo dejaba entrar. Estaba segura de que en esas partículas quedaba algo del espíritu de la casa. Sólo necesitaba eso. Aspiraba. Guardaba recuerdos. Guardaba olores y sabores.

Entrada la noche, Corina bajó del tejado. Se habían ido todos. Melania descansaba en una butaca. Su madre y Julián estaban bien.

Nadie sabía por qué había comenzado el fuego y los bomberos no comprendían, no eran capaces de explicar cómo se había quemado la finca entera. Miles de metros cuadrados arrasados. Pomaradas, bosques y hasta la hierba.

—Se han ido todos a la ciudad, Corina. Tu madre está bien; a Julián lo han atendido de un ataque de nervios.

—Sería de pánico, Melania. Pánico. Cuando logre serenarse dirá que yo soy la culpable. Que Dinamarca ha hecho gala de su fuerza. Me llamará bruja. Pero se le pasará el disgusto en cuanto se dé cuenta de la cantidad de viviendas que se pueden construir ahí, Melania. Recalificarán los terrenos, ya verás. Levantarán moles infectas, horrendas. En realidad, dentro de una semana estará encantado. Andará llorando varios días por su mala suerte, una plañidera que sabe que obtendrá una buena recompensa, Melania. Así es Julián; así son la mayoría de ellos.

—Lo siento por ti, Corina. Lo siento.

—No, Melania, a mí me da igual. Jamás sentí esa casa como mía. Realmente nunca tuve nada mío. Lo único mío, los cuadros y la caja de pinturas, está ahora en esta casa. El resto no me importa. Y tú me has regalado un imperio. Nadie puede pedir más.

—No exageres, Corina. Te he regalado una fortuna: el imperio lo construyes tú, si te apetece. Pero debe de ser incómodo ser emperatriz, querida. Continúa siendo princesa; es más agradable, más cómodo.

Corina se abrazó a su tía y sentada en el suelo dejó que Melania acariciase su pelo.

—Tu móvil sonó varias veces. Al final respondí. Era Sergio Eitula.

—¿Qué quería?

—Por la voz parecía querer verte, aunque a mí me dijo que quería hablar contigo. Es educado. Quiere que lo llames o te conectes esta noche, Corina.

—Poca vergüenza tiene para dejarte ese recado.

—Le dije que era la criada, Corina.

—Es igual. No ha debido dejarte ese recado. Si piensa que su inmoralidad ha de ser la del resto del universo, está equivocado.

—¿La princesa vuelve a ser de hielo? ¿El regreso del témpano?

Es una lástima, Corina, una auténtica lástima. Vete a cenar, después toma un baño y a continuación haces lo que quieras. Yo ya te he dado el recado. Me voy a dormir, estoy cansada.

—Melania, los sentimientos, los deseos, no provocan incendios. ¿A que no es posible?

—En el amor, en la pasión, sí. El incendio de casa de tu madre, no lo sé, Corina. En ocasiones, la fuerza de un sentimiento es tan grande que puede mover energías ajenas a la comprensión humana. Si ese incendio fue consecuencia de tus deseos, espero no estar nunca frente a ti, Corina. Nunca.

Melania abandonó la habitación intentando que su pierna no delatase el dolor. Corina estaba desarrollando una energía que la asustaba. Esperaba que supiese controlarla. Aún no sabía que poseía el don, pero pronto debería tenerlo en cuenta; de no ser así, el caos llenaría su vida. No había sido ella la causante del incendio. Las chispas que salieron por la chimenea, las chispas provocadas al quemar los papeles, estaban llenas de odio, pero no del odio de Corina. Los sentimientos negros, las fuerzas del mal, impregnaban cada letra de aquellos documentos y fue suficiente el deseo de un alma blanca para que el mal se convirtiese en realidad. El mal se había vuelto contra los que lo habían creado. Cada hierba se convirtió en un zarzal seco y las gotas de lluvia en líquido inflamable. «El odio es la peor de las maldiciones», pensaba Melania Jacoby, mientras lloraba y caminaba en silencio. Al entrar en su cuarto, Melania vio cómo una sombra salía del vestidor. Luisa llevaba en las manos un camisón y la bata.

—Tiene el don, señora. Lo tiene. Es muy poderosa su energía. Hacía mucho que no la sentía, me da miedo. Ella no es estable, esta tarde lo ha demostrado. Las llamas, ¿vio cómo giraban? No es buen presagio, señora.

—Lo será, Luisa, lo será. Dale tiempo. Yo sé que controlará esa energía. De no estar segura jamás le habría entregado lo que la hará aún más fuerte. Dame unas friegas en la pierna, Luisa. Con linimento de terciaria y verbena. De nada servirá, pero calmará el dolor. Déjame la tintura de hachís en la mesa de noche. El fin se acerca...

—Lo sé, señora.

—A ti te queda tiempo, el suficiente para ayudarla. Pon un poco más de leña en la chimenea, esta noche estoy aterida. Y no me digas que no hace tanto frío: yo lo tengo. Me sale del alma. Se me enfría la sangre al pensar en ella, Luisa. La han tenido sometida durante tantos años que su fuerza, esa energía, se escapa por donde puede. Los reproches permanentes, las amenazas veladas. No sé cómo ha podido soportarlo. Odio a mi cuñada; odio a esa mujer que en nombre de su dios, de su familia y de sus intereses, machacó durante años a Corina. Era la única que se resistía. No debo odiar, Luisa, no debo, pero en días como hoy es imposible evitarlo. ¿Cómo es posible hacer tanto daño a un hijo? La amedrentó. Obsesionó a Corina con la muerte, con su miedo a lo desconocido. No sé ni cómo ha podido mantener el equilibrio para vivir. Nadie puede hacerlo todo mal, Luisa. Ni siquiera Corina. Pobre princesa, pobre mujer a la que nunca dejaron ser niña. Intentaré dormir. Buenas noches, Luisa.

Corina leía un mail de Sergio Eitula.

ASUNTO: NO PUEDO DORMIR ESTA NOCHE...

Hola... Parece que soy yo el que no puede dormir esta noche... Supongo que tú sí estás durmiendo, así que satisfaré mis deseos más ocultos inspirados en ti, para poder relajarme y dormir plácidamente; aunque nada es comparable a tenerte a mi lado, sentir tu respiración y notar tu calor... Mil besos... y algo más; permíteme la licencia, esta noche lo necesito. Que mañana tengas un dulce despertar, amor mío.

Sergio

Leía mientras conectaba a IRC. Las lágrimas se deslizaban por su cara y las llevaba a la boca con la lengua. La sal. El sabor a sal de las lágrimas la hacía sentir algo más que ese vacío que la llenaba. Su madre, ¡menuda madre! Pensaba esa mujer que ser madre era estar siempre encima del alma, golpeándola. Y la ciudad, el mundo, las pequeñas villanías cotidianas... A ella qué le importaban. Qué sola era la noche. Siempre sola. La magnífica habitación, la enorme cama, el fuego, y ella sola; siempre había sido así. Se frotó la nariz y se limpió los mocos con la manga del pijama. Sonrió. Era una guarra. Al menos era ser algo. Lobo con piel de cordero, la habían llamado. Un cordero que se pone piel de lobo para poder sobrevivir, eso era ella. Qué fácil era juzgar. Qué difícil mantener el equilibrio...

Sergio estaba en su canal de chat, el de los dos. El único espacio común que conocían.

—Hola.

—Hola, Corina. ¿Estás bien? Llamé a casa de tu tía.

—Sí, me lo dijeron, Sergio. Contestó una criada.

Corina escribió las palabras apurada por la mentira.

—Tu casa debe de ser especial, Corina. ¿Importáis al personal de servicio de Francia? La persona que me respondió me dijo, con un acento perfecto: «Monsieur Eitula, je suis enchantée de faire votre connaissance». Sorprendente, Corina...

—Era mi tía. Y lo sabes, Sergio. No tengo ganas de entrar en detalles, fue un día duro. Y no me ha gustado que llamases aquí. Lo siento, creo que esto comienza a ponerme nerviosa. No me gusta tanto misterio, Sergio. Estas cosas sólo las había visto en el cine. Ese mundo tuyo es raro, no se parece al mío, Sergio.

—Corina, así ha de ser. No somos libres. Y en todos los mundos pasa lo mismo, Corina; no sé qué tiene de extraño el mío. En fin, no importa.

—Siempre somos libres; siempre. Miedo. Es lo que nos impide ejercer la libertad. Disculpas absurdas, Sergio. Demasiado literario todo esto; Jaime tiene razón. No quiero hablar de ello ahora. Desearía bailar, olvidarme de todo bailando. «Ese corazón se desnuda de impaciencia ante tu voz; pobre corazón que no atrapa su cordura. Quisiera ser un pez para tocar mi nariz en tu pecera, y hacer burbujas de amor por donde quiera. Pasar la noche entera, mojado en ti. Sueña corazón, no te nubles de amargura. Para bordar de corales tu cintura... Una noche para unirnos hasta el fin... Cara a cara, beso...»

—¡Jajajajajajajajá, Corina! Esa parte me toca a mí cantarla, amor mío. Yo sí quisiera ser un pez; yo sí quisiera bordar tu cuerpo entero con mis manos. Eso deseo.

—Qué más da quién lo haga, Sergio. El caso es que podamos bordarnos mutuamente. ¡Dios, qué diálogo más absurdo! Y, en honor a la verdad, yo no he bordado ningún cuerpo. Nunca. Lo intenté, pero no me dejaron.

—No es absurdo, Corina, no lo es... Y estás casada, o lo estuviste. No me creo lo de no bordar la piel de otra persona. ¿Te gusta el *andantino* del *Concierto para flauta y arpa* de Mozart?

—Sí, claro que sí. Es como una pluma paseando por el cuerpo, Sergio. Eso es lo que siento al escucharlo. Y no voy a volver al tema de mi marido, ya te lo he explicado mil veces. ¿A qué viene lo de Mozart?

—Disculpa. Tu marido es un imbécil absoluto, no sabe lo que ha perdido. Viene a que me recuerda a ti, Corina. Y sí, así es el *andantino* de ese concierto. Es como empezar a besar una boca estando medio dormido y despertar de esa manera. Continuar besando el cuello, ese trozo de piel donde parece palpitar el corazón, bajar por el pecho, llegar a zonas más húmedas. Es verte levantar las caderas poco a poco. Es volver a la boca, resbalar los labios con la saliva, rozarlos, morderlos suavemente, es un subir y bajar permanente, un ir y venir al cielo, entre gemidos suaves. Es notar en cada poro un pinchazo que te lleva al placer. Y cuando se está terminando, cuando estás a punto de volverte loco y quieres terminar de sentir, sientes y caes sobre un colchón de miles de plumas. Y después vuelves a dormirte enroscado a la cintura de esa persona. Así siento yo cuando lo escucho y pienso en ti, Corina.

—Te quiero. Y quiero estar contigo...

—Y yo, Corina. Pero en esto hay unas reglas, te lo he repetido muchas veces. Me desconciertas, en ocasiones no estoy seguro de nada. El mail, ese tremendo mail del que casi no entendía nada; tu furia... En fin, Corina, me desconciertas. En ocasiones pareces un niño. Unas veces pareces una mujer de mundo y al instante te conviertes en una mojigata. ¿Qué ha ocurrido hoy? ¿Por qué ese mal día?

—No quiero escuchar más palabras de reproche. Te pido perdón por el daño que he podido hacerte con el mail, pero no me riñas más, por favor. Abrázame.

—Corina, esta noche no desearía más que eso: abrazarte. Dejar que durmieses en mis brazos. Eso es todo lo que deseo. Vigilar tu sueño: tan sólo eso.

—Y yo dormiría, Sergio. Ni te besaría, estoy tan cansada que dejaría caer mi cuerpo junto a ti. El resto lo harían los poros y la piel.

Volvió a sonreír Eitula.

—Si supieses cuánto te quiero, Corina. Si pudiese traspasar la pantalla con mis manos...

—Las letras hablan, Eitula, las letras hablan. Si hubieses estado hoy aquí... Mi familia, mi ciudad, mi todo, Sergio.

—Tu ciudad no puede ser tan terrible, Corina. Tu familia, tu madre, como la mía. Idénticas a la mía. La diferencia es que yo las mantengo a raya, no dejo que traspasen ciertas líneas. ¿Qué tiene tu ciudad, qué te hace? Una villa no ataca a las personas, Corina.

—Te contaré cómo es mi ciudad, sus gentes. Un nuevo cuento, supongo...

»Hace un mes que florecieron las mimosas. Primavera temprana. Hace un mes que anidaron las cigüeñas. Pero muchos no lo notan. Sus habitantes no huelen el ozono. No huelen el laurel. Huelen a muertos. En realidad, no los hay, más bien resucitados. Pero alguien se empeña en ir cerrando balcones. Colgar trapos negros. Curiosa costumbre de celebrar tránsitos a mundos mejores. Conducta de pueblos pequeños, anclados, aislados. Mariposas que algunos vemos amarillas, rojas, verdes, bolitas de colores, bolitas voladoras... otros se empeñan en ponerles lutos. Ciudad siniestra en la que el dolor agrada más que la alegría. Curiosa ciudad donde vende más el llanto que la risa. Ciudad y villa tan cerrada que impide el tránsito del aire. Corte sin rey, llena de bufones empeñados en alcanzar un trono imaginario. Confesión en cada esquina. Ciudad de mierda que pensara Clarín, donde se honra al muerto y se insulta al viudo. Ciudad del «te vas a enterar...», con los dientes apretados, plagiando una sonrisa. Ciudad con arzobispo. Villa sin cardenales pero con curia; en cada café, un Vaticano. Ciudad sin locos egregios porque los mata. Ciudad de chistosos sin chistes. Sin gracia. Ciudad que se sueña ombligo del mundo. Ciudad que envía el *fashion* y el glamour al exilio. Medianía pura. Siniestro total en primavera, que sólo piensa en el cambio del armario, de la ropa. Ciudad sin margaritas en el campo. Ciudad de repollos. Esta ciudad pone barreras a un mundo que no tiene. Cocina entre pucheros la venganza. Come con los dedos la mentira. La libertad no tiene quien le escriba, la disfrazan. Pienso en las tierras de Castilla: el Páramo leonés, la Tierra de Campos, el Duero, la Tierra de Arévalo, el Campo de Pajares, hasta llegar a La Mancha, que comienza nada más pasar el túnel del Guadarrama. Tierra de comuneros que se soñaron libres. Sonrío al aire. La amargura queda en la encía. En la boca del estómago, del alma. Pueblos que casi ni se tienen. Fachadas de barro seco. Enormes iglesias en el medio o en una loma, dominando. "The power and the glory", diría Graham Greene. Ancha es Castilla. Estrecha la visión de quien la habita. Algo tendrá que ver en la historia tanta iglesia, tanta ermita en los caminos. Tanto hospicio y hospital. Templarios, guardianes de un Grial que sólo quiere darse. Yo también vivo aquí, la ciudad de la que hablo es Castilla pura. El color del adobe. El alma de campanario. Es cierto: hay ciudades castellanas fuera de Castilla. Suya es la tristeza del páramo. La soledad de la Tierra. La estrechez de mente. ¿Dónde está la Madre Tierra?, ¿Quién, por qué la convirtieron en una Virgen Negra? Me espanta esta ciudad que adora la mentira, que perdona la muerte y no entiende la pasión. Obliga a vivir encadenado por valores sin sentido. Alabo la pasión, alabo el sentimiento sin fisuras. Y mientras alabo, odio y condeno, sonrío serenamente. La primavera llegará pronto, se la ve de frente. Pero ellos ni la presienten, Sergio.

—Querida mía, *pour l'amour de l'art* debo decirte que si continúas escribiendo así, estas cosas, no volveré a sentarme jamás ante mi ordenador. No podré escribir ni una línea más. Me parecería todo tremendamente malo, comparándolo con esas peroratas tuyas, escritas así, a vuelapluma. A vuelatecla, sería más exacto.

—La última vez que dijiste algo parecido, la frase decía que te enamorarías de mí, Sergio. ¡Y perorata es algo como fastidioso, creo yo! Te escribo lo que siento.

—El amor y la admiración no están reñidos, Corina. Y esto se está convirtiendo en las dos cosas. Eres brillante. Y sí, te amo.

—Ámame, quiéreme, pero nunca, jamás, me admires, Sergio. El amor puede ser eterno, la admiración suele quebrarse. Se sustenta en otras bases. Hoy necesitaría algo más, Sergio. No creo que me conformase con el abrazo... Te quiero, mucho. Y no sé el motivo. Sí sé lo que es: necesidad, que no deja de ser egoísmo por mi parte. Al terminar de trabajar, al terminar este horrible día, me habría gustado abrir una puerta y verte a ti, preparando algo de cena y sonriendo. Haber tirado los zapatos, la ropa, todo al aire y darte un beso y decir: Me ducho y vuelvo. Y cenar en albornoz y darte besos y al terminar, que me tomases de la mano, me llevases a la cama y me besases tú. Y hacer el amor despacio, que durase... Y estar encima de ti, sintiéndote tan dentro de mí que no hubiese lugar a dudas. Teniéndote muy mío, muy cerca, y quedarme dormida así. Y quiero que me acaricies, lo necesito tanto que casi, casi lo siento. Que me quites el pelo de los ojos, que me mires. Ver tus ojos. Y besarte y quererte; quiero quererte con la boca, las manos y los ojos. Ya no quiero ni puedo conformarme con leerte ni oírte. Quiero oír tu voz, pero pegada a mi oreja, sintiendo tus labios en ella. Creo que, el día que te vea, lo primero que haré será llorar. Cómo te quiero... Hoy sí que necesito, más que nunca, tu boca y a ti entero.

—Corina, mañana me voy. Tengo que hacer un trabajo pero me conectaré, como cada noche.

—¿Adónde tienes que ir? Mi madre me ha desheredado... ¿Por qué tienes que marcharte precisamente mañana?

—Corina, volvemos al niño, ¡te comportas como un niño!

Nada tiene que ver que yo me marche con lo que me estás contando de tu madre. ¿Qué es eso de que te ha desheredado? Me cuentas todo eso de tu ciudad, que más bien parece un capítulo de una de mis novelas, y ahora tu madre. Y no es el idioma, ni soy yo, Corina. Eres tú. No te explicas, lo mezclas todo.

Y Corina soltó su ira relatando a Sergio Eitula todo lo sucedido en la casa de piedra. Nada dijo de la herencia de Melania.

—Te creo, pero eso del incendio supera cualquier novela, cualquier realidad, Corina. Te creo, pero tal como lo cuentas, en fin... Lo único que voy a decirte es que si necesitas dinero, si estás en dificultades, puedes contar conmigo, Corina. Siempre.

—Gracias, no necesito dinero, Sergio. Me arreglo.

—Bien, no es necesario que vuelva a decírtelo: lo que tú quieras, Corina. Puedes pedirme lo que quieras.

—*Je te veux...*

—*Je veux que toi sois mon amant...*

—*Je serais ta maîtresse.*

—Te amo, tanto que si no te veo pronto, si no toco tu cara ya, moriré, Corina Jacoby. Nunca pensé que me sucedería esto. Lee bien y no me interrumpas hasta que termine. Mañana me voy a Skopje, y de allí a Kosovo. Serán diez días, no más. He puesto esa condición para rodar el documental. Al regreso, debo comenzar a trabajar en una serie nueva. Ciudades en las que el amor sea protagonista. Podemos vernos en París, yo me hago cargo de tus billetes, del hotel, de todo lo tuyo, Corina, por eso no debes preocuparte. En quince días nos veremos, estaremos juntos. Te lo juro. Nada va a impedir que nos encontremos. Nada ni nadie. Después, veremos qué sucede.

Corina Jacoby fumaba marihuana y leía. Dejaba entrar y salir las letras y los sentimientos que transportaban, como dejaba entrar el humo. Eitula debía de estar acostumbrado a mandar, a ordenar. Sonrió al leer el ofrecimiento de pagarle billetes y hotel. Volvió a sonreír al leer el final: «Después veremos qué sucede...».

—Te lo agradezco, Sergio. París. El George V. ¿Te parece bien?

—Corina, si quieres ir al George V no tengo inconveniente alguno. Hay otros hoteles tan buenos como ése, pero si quieres ése, ése será.

—Bien. No será París. Ni el George V. Será Lisboa, Sintra para ser más concretos. Hotel Palacio de Seteais. Dentro de veinte días. Nos veremos en Seteais dentro de veinte días. Te encantará ese lugar. Y no te preocupes de mis gastos, yo pagaré los míos y tú los tuyos, Sergio.

—Corina, no he querido ofenderte. Me da hasta miedo hablar, en ocasiones me da miedo decirte cualquier cosa. Lo he dicho de corazón, no tienes por qué gastar nada y menos ahora que estás sin un trabajo estable. No soy un millonario que tira el dinero, Corina, pero puedo permitirme pagarte esos gastos. Y hay un problema, no conozco Portugal y no sé si el sitio será adecuado, Corina. Sólo estuve una vez en Lisboa y fue de paso, una noche.

—Yo iré unos días antes, Sergio. Tengo una casa allí, cerca del hotel. Y sí, te gustará. Y sí, es un buen lugar para situar tus historias de amor para el programa, eso te lo garantizo. Todo el entorno parece hecho expresamente para tu reportaje. La sierra es hermosa, desde el hotel se ve el Palacio da Pena. Iremos a Capuchos. Te gustará.

—¿Tienes una casa allí? Corina, no entiendo nada.

—Es de mi primo Pablo. Se ha ido a vivir allí, al menos durante una temporada. La familia se está disgregando. Tiene una casa maravillosa, hermosa, en plena sierra, y mi habitación siempre está preparada, Sergio. Dentro de veinte días nos veremos allí, si estás de acuerdo y puedes arreglarlo. Sólo te pongo dos condiciones: nos veremos al mediodía, a la hora de comer en el Palacio de Seteais. Hablaremos y después veremos qué sucede. No quiero una cita sórdida en la habitación de un hotel, por muy de lujo que sea. No quiero una cena y después una cama ni una siesta canalla, Sergio. No deseo eso. Y la segunda condición es que no me quedaré en el hotel, no dormiré contigo. Suceda lo que suceda, no dormiré contigo.

—Corina, las cosas no funcionan así. ¿Por qué no vas a quedarte conmigo?

—No quiero una herida más en el alma. Ni una más. Y no hables como si todo tuviese que atenerse al guión que has seguido durante años; no quiero despertarme dos días contigo y no volver a hacerlo más. Yo iré a verte, y si realmente siento lo mismo que ahora, que Dios se apiade de mí, no querré dejarte ir nunca, Sergio.

El teléfono móvil de Corina comenzó a deslizarse por la colcha; el vibrador la asustó. Miró la pantalla: Alberto. Eran las dos de la madrugada.

—Te quiero, Sergio. Me llama mi marido. Es raro que esté despierto a estas horas. Te quiero, y no sé por qué tienes que irte a la puñetera Macedonia. Te quiero, te llamaré antes de que te marches. Un beso.

Corina se despidió y respondió a la llamada de teléfono. La conversación fue breve, Alberto Rueda siempre iba directo a la cuestión. Necesitaba hablar con ella y al día siguiente iría a verla. Corina durmió sin sueños. Ni buenos ni malos.

Sergio Eitula apagó el ordenador y paseó por el cuarto. Volvió a la mesa y miró una carpeta; «Las guerras en los Balcanes», el color rojo del rótulo no podía ser más apropiado. Él había creído en la causa de la libertad, de su pueblo, de todos los pueblos. Ahora ya no creía en nada. Pocas cosas eran ciertas. No iría, se inventaría cualquier excusa. Se marcharía a España al día siguiente; deseaba besar a Corina, deseaba tenerla entre sus brazos. Corina Jacoby le daba paz, y a la vez agudizaba sus sentidos de una forma que él no lograba entender. Nunca le había sucedido. Cuando todo terminase, guardaría siempre un recuerdo de ella. Serían amigos. Volvió a mirar la carpeta. Tenía que ir. Resistiría los días que faltaban. Escribió en su agenda la palabra Estoril. Debía llamar a su agente. «París está demasiado manido», le diría. Si la productora no daba el visto bueno, él no haría ningún reportaje para ellos. Nunca más. Aceptarían. Su nombre vendía, su letra vendía y su voz vendía. Los cabrones tragarían, no les quedaba más remedio. Incluso Esperanza se lo creería.

Corina despertó sobresaltada: algo había caído encima de ella. Los terremotos no eran frecuentes en Asturias pero algo la aplastaba. No podía ver, una mata de algo enmarañado tapaba su cara.

Magdalena Jacoby la abrazaba, la besaba y gritaba. «Los terremotos tienen en ocasiones forma humana», pensó Corina. Abrazó a Magdalena y rodaron por la cama.

—Sois muy parecidas. Eres igual que ella, Magdalena; desde lejos no logro distinguiros. ¿Cómo estás, Corina?

Alberto Rueda estaba sentado en un sillón, junto a la chimenea y miraba a Corina fijamente. Esperaba encontrarla mal, y lo que vio no fue una mujer dejada de lado por su familia. Ni arruinada. Ni ofendida. No lo entendía, pero se alegraba.

—Hola, Alberto. Estoy bien. De momento, estoy bien.

—¡Tienes que resistir, Corina! Yo te ayudaré en lo que sea. Le he dicho a la abuela que voy a irme de casa, de su casa, y que trabajaré de camarera o de lo que se tercie. Te ayudaré. Esa Bernarda cree que va a dominarnos a todos. ¡A mí no, desde luego!

—*Merci, ma chérie mignonne...*

—Magdalena, todos ayudaremos a tu tía. No es necesario que te marches de casa. Y ahora, si no te importa, ve a decirle a Luisa que le suba el desayuno. Quiero hablar con tu tía a solas.

Corina vio con perplejidad cómo Magdalena Jacoby obedecía. Sin rechistar. Sólo respondió con un suave: «Sí, tío Alberto» y desapareció por la puerta del cuarto. Corina dio una patada a la ropa de cama en la que se había enroscado en la pelea con Magdalena y se levantó. Se desperezó estirando los brazos hacia el techo, bajó después hasta tocar con la palma de la mano el suelo y rotó la cintura de un lado a otro.

—Veo que algo hay de verdad en las historias de tu madre y de Julián, Corina. Algo no me cuadra: pareces estar en plena forma. Te contorsionas como hace veinte años.

—Veinticinco, Alberto. Hace veinticinco años que estamos

juntos. Voy a ducharme. Si quieres ven y hablamos de lo que cuentan mi madre y Julián.

Entraron juntos en el baño. Alberto lo miró con admiración. Estaba como siempre, impecablemente conservado. El mosaico del suelo, la bañera, los sanitarios y los grifos. La cama turca, rodeada de plantas, en un lateral. La sauna en una esquina. Ninguna casa de la época tenía tal refinamiento arquitectónico. «Cualquiera la convertiría en un hotel de lujo», pensaba Alberto Rueda. Ése sería su destino una vez muerta Melania. En el fondo, le deprimía pensar que era obra de un albañil, de un tejero enriquecido. En una ocasión había visto los dibujos, los planos y llegó a molestarle tal perfección en alguien que no tenía estudio técnico alguno. Corina estaba en la ducha y cantaba una canción de Nicola di Bari. Siempre había sido un poco hortera con las canciones. A él, ese sentimentalismo barato le enfermaba. Se estiró sobre la cama turca; fumaba y pensaba cómo respondería Corina a lo que iba a decirle. El sonido del reloj de péndulo le sobresaltó. Miró hacia él: le molestaba su sonido, sobre todo por las noches. El tactac de los péndulos de aquella casa le quitaba el sueño. Y por toda la casa estaban los relojes. Originales de Molina, Robin, Dent, ocultos en muebles de caoba, en sus cajas, marcaban el tiempo de la casa.

Vio a Corina salir de la ducha, envuelta en una toalla. Dejó que cayese al suelo y comenzó a darse crema por todo el cuerpo. Alberto la miró, siempre había sentido curiosidad por aquella desvergüenza de su mujer. Él no había logrado ser tan liberal como Corina en las cosas del cuerpo y el sexo. Posiblemente fuese la diferencia de edad, aunque Corina lo achacaba a los curas; según ella, lo habían traumatizado.

—Ante todo, Corina, quiero que sepas que estoy totalmente en desacuerdo con tu madre. No está bien lo que te han hecho. Quiero que sepas que puedes trabajar conmigo, en mi estudio; eres buena en tu trabajo. Puedes incluso trabajar desde aquí, no tendré inconveniente. Se lo he dicho a Julián y a tu madre. No es forma de comportarse, no lo es. Y si quieres un tiempo para pensarlo, tómate el que quieras. Entretanto, te daré el dinero que necesites.

Corina sonrió. Todo el mundo se empeñaba en darle dinero. Era curioso, en el fondo, casi un insulto. Era tanto como pensar que ella era absolutamente inútil.

—Ayúdame a ponerme crema en la espalda, Alberto. Sé que no te gusta, pero por una vez ayúdame, no tengo ganas de más contorsiones. ¿Y qué te han dicho ellos?

Alberto Rueda comenzó a sentirse incómodo, pero se levantó de la turca y extendió la crema por la espalda de Corina. Siempre había tenido una piel suave, de niña. Los años no la habían deteriorado.

—Lo primero que han dicho es que tienes un amante; que los has maldecido y que tu tía es una bruja. Y que te arrepentirás, y que yo me arrepentiré por hacerte este ofrecimiento.

—Aclárate las manos; Luisa ya ha dejado el desayuno. Seguro que trae café para ti. Así que eso te han dicho. ¿Sólo eso? Ven, Alberto, yo te contaré más cosas.

Y, envuelta en un albornoz, caminó a la habitación. La mesa junto a la chimenea estaba como ella esperaba. La bandeja y dos servicios; Luisa siempre era eficaz, en todo. Abrió los termos y sirvió café en las dos tazas.

—¿Zumo de arándanos, Corina?

—Sí, estoy a régimen, es un batido que me prepara Luisa con una receta de la bruja; de Melania, ya sabes. No tengo ningún amante, Alberto. Nadie me quiere, como ves, todo continúa igual. Y gracias por tu ofrecimiento, pero no puedo aceptarlo. De momento dejaré terminadas las obras de la casa y la finca y después pasaré unos días en Sintra, con Pablo y el italiano. Y al regreso me pondré a terminar un libro y a trabajar en una nueva fórmula para la fatiga crónica. Melania y yo estamos en ello. Pero te lo agradezco. Cuando quieres, eres un caballero, Alberto. ¿Has ido a ver a Rodrigo?

Alberto Rueda dejó caer la taza sobre el plato con fuerza.

—Corina, no hay nada que ver. No quiero hablar de ese tema. Nunca más. Y lo sabes.

—Sí, nunca has querido hablar de ese tema. De un hijo al que llamas tema.

—No voy a discutir, Corina. Quiero decirte otra cosa. Quiero el divorcio.

—Bien. ¿De mutuo acuerdo?

Alberto experimentó una sensación extraña. No estaba preparado para la respuesta de Corina.

—Por supuesto, Corina. He mandado a los abogados que redacten los papeles; si estás de acuerdo, los firmas cuando vayas a la ciudad. Creo que es lo más conveniente para los dos. La situación no tiene arreglo y es absurdo continuar así. Puedes encontrar a alguien que te quiera, Corina.

—Tú ya lo tienes, Alberto. Ya tienes ese alguien que te quiera. Me alegro. Ojalá la hagas feliz, ojalá la quieras más que a mí, y lo digo sin ningún tipo de resentimiento o mala intención, Alberto.

—Te quise y te quiero a mi manera, Corina. Lamento no haber sabido hacer las cosas de otra forma.

—Terrible manera de querer, Alberto. Dejemos esto. En dos semanas te firmaré los papeles. Antes de irme a Portugal. Supongo que yo podría pedir la anulación.

Corina acentuó el yo y su marido guardó silencio.

—No lo haré. No es necesario, no te odio. Por cierto, todos os empeñáis en darme dinero y vuelvo a darte las gracias por ello. ¿Nadie te ha contado que Melania me ha dejado toda su fortuna? Todo, prácticamente todo. Eso se han olvidado de contártelo mi buena madre y mi buen hermano, Alberto. Estás casado, aún, con una mujer de fortuna.

—No, no me lo contaron, Corina. En ese caso, algún día tendré que ser yo quien te pida algo. Me alegro por ti. Pero es una carga pesada. Necesitarás que alguien te ayude con todo eso.

—No lo creo. Si ella piensa que puedo hacerlo es que puedo, Alberto. Seguro que sí. ¿Qué son esos ruidos? Parecen gemidos...

—Te hemos traído un regalo, vístete y vamos a verlo. Te gustará.

Corina se alegró. La falta de emoción en Alberto no había logrado desquiciarla. Era monótono, monocorde, pronunció toda aquella palabrería sin variar los tonos. Sólo el nombre de Rodrigo lo había turbado. Al menos no gritó al pronunciarlo. Ésa era su especialidad: amedrentar con el grito cuando no encontraba argumentos. Ahora ya no tenía poder sobre ella. Nadie lo tenía.

Corina se vistió deprisa. Al bajar las escaleras los gemidos se escuchaban más claramente. Oyó un ladrido y corrió a la cocina. Su tía, Luisa y Magdalena jugaban con dos cachorros. Dos perros preciosos que se revolcaban por el suelo.

—Son tuyos, Corina. Alberto te los ha traído. Un pastor alemán y un mastín del Pirineo. Hacía tiempo que en esta casa no teníamos perros, me alegro de volver a tenerlos.

Corina se arrodilló y los perros se acercaron a sus manos extendidas, las lamieron. Acarició a los cachorros y sonrió.

—Vamos a bautizarlos, Magdalena. El del parche negro en el ojo, el mastín se llamará Kazán, y el pastor alemán Bari.

—Kazán era un perro lobo, querida.

—Ya lo sé, pero me salto la especie, Melania. Qué más da. Vamos a dar un paseo, a ver las obras. Melania, puede que no te guste, pero he pensado en rehabilitar la ermita del acantilado. Si no quieres, no lo haré.

—Corina, es tuyo, puedes hacer lo que te dé la gana con todo. Supongo que ya te lo habrán contado, Alberto.

El tono de Melania no era pacífico, era casi un desafío, y Corina decidió poner tierra de por medio. Salieron Magdalena, Alberto y los cachorros. Corina dio instrucciones a Luisa para la comida. Creyó oírla decir que por ella el hombre podía comer barro, pero salió sin responder.

Corina buscó al capataz y le pidió que los acompañase. Caminaron hasta la ermita y Corina sacó de la mochila unos planos. El hombre asentía. Alberto vio cómo su mujer señalaba hacia unos viejos tendejones y el hombre volvía a asentir. Charlaron un rato y Corina se unió a Alberto.

—Veo que te has metido de lleno en todo esto, Corina. La casa estaba bien, pero estás dejándola absolutamente impresionante. Vuelve a brillar en todo su esplendor. Sí que eres buena en el trabajo, y en éste te has lucido. ¿Qué vas a hacer en los tendejones?

—Algo que aún no tengo muy claro, Alberto. Melania recibió un proyecto hace unos meses. Algo sobre la investigación oncológica y el mar. Vamos a crear una fundación; un laboratorio a pie de playa. Al parecer las algas y otros bichos del fondo marino de esta costa tienen unas propiedades especiales. Los abogados están estudiándolo. Vamos a contratar a biólogos, médicos. Ella ya no estará, pero yo continuaré. Espero que no te moleste: la fundación se llamará Rodrigo Jacoby.

—¿Qué importa que me moleste o no? Harás lo que quieras. ¿Por qué dices que Melania no estará aquí?

—Se está muriendo. ¿No lo has visto?

—¡Cómo voy a ver que se muere, Corina! Está como siempre, y a su edad nadie está así. ¿Más presentimientos?

—No. Conocimiento empírico, Alberto. Observación, como todo lo mío. Conozco lo que veo, lo que puedo probar, lo que puedo sentir. Siempre ha sido así. Por eso la matemática me vuelve loca.

—La matemática y la física se prueban, Corina.

Alberto Rueda sonrió por primera vez.

—¡No me líes! Me has entendido. Sé que se muere por las hierbas que toma, por su forma de caminar, por cómo se le crispan los labios. Le quedan pocos meses. Yo no me doy por enterada. Eso la pondría peor. Morirá cuando yo esté en Portugal.

—Esto supera cualquier tratado de ocultismo, Corina. Espero que estés bien de la cabeza. Hasta dices saber la fecha de la muerte. ¿Eso también es empírico?

—No, eso me lo ha dicho ella. No de forma directa, pero lo dijo. Y así será.

El móvil de Alberto sonó y Corina apresuró el paso. Magdalena y los cachorros bajaban por el camino de la playa.

—Magdalena, no bajes; vamos al bufón si quieres, pero a la playa no. Después tendría que subir y mi no respirar no está demasiado bien estos días.

—Se suele llamar asma, Corina. Bueno, vamos. ¿Qué tal con Eitula? ¿Cuándo vendrá a verte? Por cierto, sé lo de tu herencia y estoy encantada. Como no tienes hijos, será para mí. Voy a estudiar biología, me quedaré en España. Vendré a vivir contigo, cuando seas vieja yo te cuidaré, Corina. Y no lo hago por el dinero, ya lo sabes.

Magdalena se dio cuenta tarde de las palabras que había pronunciado. Iba a pedir perdón cuando Corina le acarició la cara.

—Déjalo, Magdalena. No importa. Te he entendido. Y yo no creo en la herencia, pero en fin, la vida dirá, Magdalena. La vida dirá. Todos deberíamos nacer iguales, todo esto debería revertir al estado. Algo bueno haremos con todo ello. Si sirve para paliar males, bueno será.

—Vale. Tomo nota. Ahora, Eitula.

—No hay Eitula, Magdalena. Se terminó.

—Lo siento, Corina. Estás muy guapa, pero ya te lo dije: ese tío sólo sale con modelos o tías del cine. O escritoras guapas, de esas que no se sabe qué cuentan pero enseñan el ombligo, ya me entiendes. Y no te llamo fea, eso que quede claro. Pero la realidad termina imponiéndose. ¡Esas brujas operadas nos ganan en todo! Por cierto, me preocupa mi culo. Creo que si sigo comiendo terminará como el tuyo: grande.

—Yo lo tengo de cubana, ya lo he decidido, Magdalena. Así que estoy conforme con mi culo. Quien no me quiera así, peor para él. Y no hay ningún él.

—¿Quién es él?

—Nadie, Alberto. Hablábamos de la falta de los él en la vida de Magdalena y en la mía. Mira, la marea cubre prácticamente la arena. Es un sitio precioso, Alberto, precioso. Siempre lo fue.

Magdalena gritó a los perros y bajó a saltos el camino hacia el agua. Una hondonada en medio de los prados aparecía de repente. Un bufón, así se llamaba en aquella tierra la playa en mitad del verde de los campos. El mar entraba hacia la tierra, empujando y de pronto la tierra se hundía y formaba aquellas playas en mitad del campo, rodeadas de plantaciones de maíz y manzanos.

—Sí, es hermoso. Extraño que el alcalde aún no te haya dicho nada del camino, Corina.

—Lo ha intentado, pero no puede hacer nada. Lo ha dejado por imposible. Antes lo lleno de tierra, Alberto. Es mío. La gente lo dañaría. Bajo los tendejones que te he enseñado hay grutas naturales, es asombroso; allí crecen las plantas y las algas de las que te hablé. Será un trabajo emocionante, estoy segura. Ahora dime el resto. Cuéntame quién es la mujer que te ha llamado por teléfono y qué más te ha dicho mi madre. Traes cara de embajador, Alberto, y aún no has hablado de ello.

Corina se estiró sobre la hierba y cerró los ojos. Alberto Rueda la miró. Estaba hermosa. Acarició su pelo, lo extendió dejando que se llenase de pequeños trozos de hierba. Corina abrió los ojos y le retiró la mano.

—Es una mujer normal, Corina...

—En fin, una pena. La definición la deja a la altura del betún.

—Estoy bien con ella. Tenemos aficiones comunes. Y ella no está muy contenta de salir con un hombre que legalmente está casado. Es incómodo. La ciudad... No tengo intención de casarme con ella, ni mucho menos. Pero estaré más conforme si nos divorciamos, y ella también.

—¿Es aparejador? ¿Delineante?

—No, Corina. ¿Por qué preguntas eso? Y podría ser arquitecto. No eres la única, querida.

—Por las aficiones comunes. Que yo sepa tus aficiones no van más allá de los planos, Alberto.

—Con ella tengo otras, Corina. Muchas otras. No ha estudiado. Nunca le gustó. Le encanta estar en casa. Con eso a mí me basta.

—«En mi pueblo, sin pretensión, tengo mala reputación... No, a la gente no gusta que uno tenga su propia fe. No hace falta saber latín, yo ya sé cuál será mi fin...» Buen poema. Ahora dime lo de mi madre, hay más.

—La finca de los vidrieros. Quieren hacer una urbanización, Corina.

—Esto me libera de remordimiento: el del fuego debió de ser Julián. Necesitan mi firma, claro está. Bernarda no puede vender nada sin mi firma y les faltan huevos para hacer ellos la promoción y obra, así que la venden. Ni una semana han tardado.

—Les han hecho una oferta muy buena, Corina. Tu madre está dispuesta a darte tu parte ahora.

—No es cuestión de partes. A Bernarda tardan en llegarle las noticias. Ya no necesito el dinero. Bien, diles que no. A no ser que construyan algo absolutamente integrado en el paisaje. Tejados de teja o pizarra, casas de corredor, etcétera. No quiero lo de Celorio en la finca de los vidrieros. Ésa es la respuesta. Y les añades que, como saben, tengo dinero suficiente para pagar anuncios en los diarios nacionales y movilizar a media provincia en contra de cualquier proyecto que no respete el entorno. Y, por supuesto, están los abogados de Melania. No habrá promotor que se acerque a esa finca si hago correr el rumor. Que me presenten el proyecto y después hablamos. Tardará meses, pero no importa, ese terreno será más valioso cada día. Si te preguntan si es una amenaza, les dices que sí lo es. Es estupendo ser rica, no lo había pensado nunca, Alberto. Vamos a comer. Tenéis que regresar.

Sergio Eitula estaba en el aeropuerto. Había llamado a Corina varias veces y otras tantas ella le había colgado. No aceptaba la llamada. Desde que estaban juntos nunca le había hecho eso. Su agente le observaba. A miles de kilómetros las preguntas parecían ser las mismas. Todo el mundo parecía enterado de lo que no sabía.

—¿Quién es esta vez? ¿La conozco?

—No. Y no quiero preguntas. Es alguien especial para mí, mucho. No tiene nada que ver con todo esto. Nada que ver con las editoriales, ni las televisiones. Nada. Vive en un mundo normal, no en este mundo de mierda.

—Pues este mundo de mierda te paga muy bien, Sergio. No puedo creerme que hayas cazado fuera de tu territorio. No es propio de ti.

—Déjalo, no puedes entenderlo. Nunca había sentido algo así. Es rara. Vive en España. Ahora ha dejado de trabajar, creo. No sé mucho de ella ni me importa. Vive fuera de la ciudad, en un pueblo. No sé mucho más. Es extraña. Pero hace que me sienta vivo. Y no quiero hablar de ello. Acuérdate de llamar hoy mismo a la productora y a la editorial. Entregaré el libro ya. Estoy comenzando otra novela. Y a la productora le dices que la primera ciudad elegida es Sintra.

—Era París.

—He cambiado de opinión, Albert. Muy manido. Lisboa, Sintra. Buscaré ciudades con encanto. Con auténtico encanto, no ciudades de postal.

—Está el tema de las subvenciones. No es tan fácil, Sergio.

—Facilísimo. Os ponéis en contacto con el gobierno luso. Estarán encantados, os darán lo que pidáis. En esta carpeta tienes la dirección del hotel que quiero y la fecha. Iré una semana antes que el equipo, en una semana lo organizo, escribo el guión y comenzamos a rodar. Voy por un café; no soporto esta espera, cada día odio más los aviones.

Sergio Eitula caminó por la sala. Algunas personas lo saludaban y él respondía de mala gana. Nunca entendería por qué la gente lo miraba y se empeñaba en hablar con él. Lo abrumaba.

Albert vio cómo se alejaba Eitula. Una muesca más. Tendría que andar con cuidado, solían salirle caras las juergas de Sergio. Si Esperanza se enteraba, Sergio entraría en una depresión y no escribiría. El resultado sería que perderían dinero todos, sobre todo él. Eitula era su mejor inversión, la más segura. Oyó el sonido de un móvil. Sergio lo había dejado en el sillón. Miró la pantalla, podría ser Esperanza. La pantalla decía: Ginebra. Continuaba sonando y Sergio no le veía agitar la mano. Albert respondió.

—¿Sergio?

—En este momento no está. ¿Quién es?

Albert intentaba poner su mejor acento castellano. Era ella, estaba seguro. No le diría su auténtico nombre, las busconas de Sergio solían ser prudentes, sabían que si hablaban se les terminaba una vida llena de regalos, viajes y cenas en restaurantes de lujo, amén de la publicidad que para las niñatas podía suponer que alguien de la prensa insinuase la relación. Su cotización en la industria editorial subía como la espuma. Lo negaban con cara de sí pero no y así salían del paso.

—Corina. Corina Jacoby de la Vega. ¿Quién es usted?

—Albert. Su agente, señorita. Si espera unos minutos podrá atender su llamada. Vendrá en un momento.

—No es necesario. Dígale que me llame. Gracias.

Albert Camí permaneció mudo. De asombro. La mujer había recitado su nombre con una autoridad asombrosa. «Como si fuese la misma reina de Francia», pensó. Y él, él había actuado como un idiota: le había respondido como un tonto. La tal Ginebra tenía una voz profunda, rota. Una voz hermosa. No podía ser la nueva amiga de Sergio, con aquella voz y aquel tono era imposible.

—¿Qué haces con mi teléfono, Albert?

—Te han llamado. Dijo que era Corina Jacoby de la Vega. Que la llames. No dijo «por favor». Dijo que la llames.

—Ya. Vete acercándome las maletas a la puerta de embarque, voy ahora.

Corina respondió a la llamada al primer tono.

—No pude llamarte, Sergio. Mi marido y Magdalena vinieron a comer. Se acaban de ir.

—No te preocupes, amor. Tengo que embarcar. Me conectaré y te llamaré por teléfono. Pero quiero pedirte algo: ven a Milán. Nos podemos ver en Milán la semana que viene. Haré escala allí, al regreso; nos veremos en una semana, no quiero esperar más. En el hotel Poliziano. Una semana, Corina. Hazlo. Ven. Yo te haré llegar los billetes.

—Es imposible. No puedo hacerlo.

Sergio Eitula creyó escuchar el sonido de un sollozo y no quería eso. Si Corina se ponía a llorar, él no iría a Macedonia. Tomaría el primer avión a España.

—Bueno, no te preocupes. Escríbeme cada día, por favor. Mándame un mail cada día. Quiero leerte. Quiero saber que estás ahí, pensando en mí. ¿Lo harás?

—Lo haré. Cuídate. Te quiero.

—*Moi aussi, chérie. Moi aussi. Je t'aime, Corina. Je t'aime trop...*

—Nunca se ama demasiado, Sergio. Nunca. Vuelve pronto. Yo te escribiré.

Albert Camí no podía creer lo que había escuchado. Le había dicho que la amaba. No habían sido las bromas habituales, ni el tono habitual.

—¿Era ella?

—Sí. Y no quiero ni un comentario más. Te veré al regreso.

—¿Vendrás vía Milán?

—No, Albert, pero tampoco te importa. Mi vida personal no forma parte de nuestro contrato. Adiós.

Corina Jacoby sintió el peso de la tristeza aquella tarde más que ningún otro día. Más que ningún anochecer de aquel tiempo en el que había elegido una nueva vida. Se estaba quedando sola. Hasta Alberto se iba. Su familia se estaba desmoronando. Melania se moría. Y ella, sola. Durante años prefirió el sufrimiento callado y la supuesta rebeldía, a estar sola. No sabía si aquello le gustaba. Sergio estaba lejos. Sonrió: siempre lo estaba. Era extraño, pero cada vez que dejaba su casa de Pau era como si se alejase de ella. Era extraño y era absurdo.

Se retiró pronto a su cuarto. Las obras iban a buen ritmo. Sólo los tendejones y la ermita estaban en los inicios, el resto pendiente de remates. Los cacharros antiguos de cobre estaban listos para colgarlos; las vasijas de barro negro y las lecheras ocuparían el mismo lugar que ocuparon durante años. Nada iba a cambiar. Luisa conocía el lugar exacto de cada objeto, a su regreso todo estaría terminado.

Encendió las candelas. Los conos que ella y Melania preparaban. De todos los aromas, de todos los colores. Conectó el CD y la voz de Jacques Brel pareció llorar la «Chanson des vieux amants». Estuvo a punto de cambiar de pista, pero dejó que continuase sonando. Se dejó caer sobre la cama. Miraba al techo y escuchaba. Tenía trabajo. Estaba contenta escribiendo. Melania la ayudaba: *El libro de las flores para vivir y para amar*. «Demasiado largo el título», pensaba. Pero de momento lo dejaría. Estaba segura de que nadie lo iba a publicar, pero, en todo caso, lo haría ella desde la fundación. Esa tarde, después de que Alberto y Magdalena se fueran, había pasado un rato en el laboratorio. La mandrágora americana, la pulmonaria, la melisa, el saúco y el bálsamo de Judea. Era feliz comprobando los procesos. Ver cómo se saturaban las soluciones, cómo expresaban la concentración. El anillo de hierro, los matraces; las balanzas de doble brazo o de plataforma. Los matraces de separación. Los condensadores. Allí veía la verdad. Veía las transformaciones, podía seguir todo el proceso de las cosas. Primero veía crecer las flores, las plantas y los arbustos. Después cómo se transformaban en lo que ella quería dentro de los matraces o de las cápsulas de evaporación. En ocasiones, el resultado era inesperado y eso la excitaba aún más. La química era vida en estado puro. En un edificio, en su proyecto, no podía dejarse llevar por los olores, los sabores, las sensaciones. Allí, en los laboratorios de Melania, sí.

Alguien encendió la luz de su mesa de trabajo. Los cachorros se desperezaron y caminaron por la habitación.

—Si duermes ahora no podrás hacerlo durante las horas que son para el sueño, Corina. Te he traído una bandeja con las infusiones y unas manzanas asadas. Y dos frixuelos. Sólo dos.

—Gracias, Luisa. Sí, sólo dos. Me comería la fuente entera, pero sólo dos, es lo prudente. Voy a trabajar un rato, tengo que pasar en limpio las notas de esta tarde. La mandrágora americana es demasiado fuerte; puede que deba retirarla. ¿Melania duerme?

—Sí, Corina. La señora duerme.

—Mientes. Aún no le ha hecho efecto el láudano. Está despierta. Cada día le duele más. No quiere morir y eso acentúa el sufrimiento. No se deja llevar. Quiere quedarse conmigo y no hay tiempo. Sé que cuidarás de ella. Cuando llegue el momento yo estaré aquí. Si todo es como creo, morirá plácidamente, Luisa. Mañana, cuando anochezca, dile a Petronilo que cave una fosa bajo el aloe de Socotora, junto al cenador. Que guarde los tapinos de hierba. Antes deberá buscar una plancha de madera para que no se llene la fosa de tierra. Cuando esté terminada que reponga un poco de tierra y la cubra con el tapín. La misma noche en que la entierren deberá ir al panteón de los vidrieros. Las llaves ya sabes en dónde están y también sabes lo que ha de traerme, Luisa. Los dos cuerpos que quiero. Que nadie note nada. Lo acompañará tu sobrino: a un retrasado nadie lo creerá. Cuente lo que cuente, nadie dará crédito a sus palabras.

Luisa parecía haberse convertido en una figura de escarcha. Corina se había levantado y mientras iba bebiendo un pocillo de infusión le daba aquellas órdenes que ella obedecería punto por punto. «Ni la propia Melania poseyó tanta energía, nunca», pensó Luisa.

—Tú no te fías de mí, Luisa. Piensas que no podré controlar la energía. Intentaré hacerlo. Ahora estás paralizada por el miedo. Pareces de hielo y estás bajo cubierto, Luisa. No es el relente el que hace temblar tu cuerpo. ¿Qué te ocurre? —Corina se volvió hacia los cachorros—. Venid, bonitos.

Los cachorros se acercaron y Corina los acarició.

—¿No vas a responderme, Luisa?

—Lo sabes. La señora y yo pensamos que no lo sabías.

—Desde hace años, Luisa. Pero nunca quise pensar en ello. Ni utilizarla, me daba miedo. Ahora no. Así que, si no la utilizaba, no podíais saberlo. Y, de todas formas, vuestra energía es mucho más débil, Luisa. Lo sabes. No te asustes. Tú estarás aquí, cerca de mí, durante mucho tiempo. Me ayudarás a controlarlo todo. ¿Qué habría sucedido si me hubiese dejado llevar, Luisa? Piénsalo. Las cosas suceden cuando han de suceder, nunca antes. Y todo tiene un motivo. De haberme enfrentado antes al mundo, a mi propia madre, a mi familia, hubiese pensado toda mi vida que yo era culpable y ellos tenían razón. Ahora reparto mejor las culpas. El creerse superior nubla el entendimiento. Ahora estoy más segura de las cosas. Éste era el momento. Voy a trabajar un poco, Luisa. Pasa buena noche.

El frío sacudía el cuerpo de Luisa mientras caminaba por el pasillo. Pensó en ir a ver a Melania. No tenía objeto, ya no había marcha atrás. Corina. Corina Jacoby, la niña eterna, la del alma triste. La princesa de un reino de cielos siempre grises. Corina Jacoby poseía la potestad del universo del conocimiento. La sumisión, la incapacidad para el enfrentamiento, siempre había sido miedo a la energía. Sabría cómo actuar, lo controlaría. Ahora Luisa estaba segura. Aun así, bajó las escaleras temblando.

Corina encendió el ordenador y comenzó a pasar las notas que había tomado en el laboratorio. Miró con una sonrisa a los perros, tumbados a sus pies. Una pena serena le oprimía el estómago, los ojos, la garganta.

El teléfono de su mesa emitió un ruido sordo. Era su número privado. Descolgó y oyó con dificultades la voz de Sergio Eitula. Y la pena se convirtió en algo vivo, ya no tan sereno como unos minutos antes. La voz revivía la pesadumbre.

—Hola, amor mío. Al escuchar tu voz vuelvo a vivir. Estoy en Skopje. Te gustaría, es hermosa, toda Macedonia lo es. Apunta el nombre del hotel; es fácil, en todos los sitios hay uno: Gran Hotel de Skopje. ¿Estás bien?

—Sí, estoy bien, Sergio. Preocupada, pero bien. No sé a qué tienes que ir a Yugoslavia, no lo entiendo.

—Ya no existe Yugoslavia.

—No pienso discutir de nacionalismos, sabes que odio esa palabra. Siempre trae la guerra. Tengo dos perros. Me los ha regalado Alberto. Dos cachorros preciosos. Están aquí conmigo.

—Ahora el cabrón de tu marido es atento. ¿Por qué te ha regalado eso? ¿Quiere volver contigo? No me hagas eso, Corina.

—Me los ha regalado porque sí. Sabe que me gustan. Y no es menos cabrón que tú con tu mujer, Sergio. Hablemos de otra cosa. ¿Cuándo vuelves?

—Una semana. En una semana estaré en casa, Corina. Escríbeme. Escríbeme cada día, por favor. Iré a Kosovo y de ahí a Sarajevo. Después a casa. Cuéntame cada día lo que haces. Yo no estoy tan mal. En realidad, estoy casi feliz de volver. Me gusta esto, Corina; me apasiona mi trabajo.

Corina escuchó pacientemente las palabras de Sergio. Lo feliz que era en aquella tierra, con aquel trabajo. En ningún momento se permitió decirle que cambiaba de opinión de un instante a otro. El hombre estaba realmente feliz. Y, si él era feliz, ella debía serlo. Al menos eso era el amor, decían. No entendía aquello, pero se esforzó en no hablar. La pena, para ella. Él, que fuese feliz. Cuando colgó el teléfono empezó a dudar de las definiciones del amor, de aquellas que la obligaban a ser feliz por el hecho de que su amante lo fuera. No era nada feliz, y menos viendo cómo Sergio sí parecía serlo. Cerró la carpeta del *Libro de las plantas* y abrió el correo. Encendió un cigarrillo y comenzó a escribir:

ASUNTO: NO TENGO UNA GRANJA EN ÁFRICA...

Como en una película: si hoy es viernes, tú estás en Skopje. Y me pides que te escriba cada día; que te cuente cómo paso el tiempo. Y no sé hacerlo. Lo mío no es la palabra, Eitula. Posiblemente lo mío sea el gesto. La caricia. No lo sé. Yo no tengo una granja en África: tengo una casa entre bosques y praderas. Una casa que ni siquiera es mía. Por eso, no puedo contarte nada sobre colinas ni planicies. Desde mi casa se ven montes altos y casi siempre semiocultos por las nubes y la niebla. El mar, se ve y se siente. No tenemos criados negros ni leones. Sólo perros, vacas, gallinas, corderos y, en ocasiones, algún pato. No soy una baronesa del norte de Europa. Te escribo sin saber qué decir, no qué callar. Esta vez creo que me he quedado sin palabras. Y tú quieres un e-mail largo y yo no puedo dártelo. No esta noche. Tú estás como quien va de safari, feliz, lleno de risas y de fuerza, y viajas en avión, y cruzas ese mar como yo salto un charco de la calle. Y mañana estarás tan lejos, que la voz no será más que un recuerdo. Una hora. Puede que ni siquiera eso. Ni una hora, desde que te fuiste de lo más cerca que estás nunca de mí. De esta pantalla o del teléfono. Y ya estoy como en trozos. Ya no soy. Veo el nombre de Eitula en el correo. Veo Zappa o Fohn en ICQ. Sin color, sin ese azul que delata tu presencia. Y todo, todo esto que ni siquiera es, me recuerda que no estás. Que casi ni existimos. Escondidos. Detrás de estos dos nombres tan idiotas vivimos escondidos. Y sin embargo, te quiero y te extraño. Vuelvo a sentir frío, vuelvo a estar sola. Regreso a un mundo tan oscuro, tan vacío, que todo me importa nada. Ya sé que es idiota, que ni siquiera te conozco. ¿Qué me has dado? ¿Qué me das tú que otros no me dieron cara a cara? Puede que esté haciendo el ridículo, pero esta noche, tan grande es el vacío que siento que me muero. Me están dando náuseas, es como sentir vértigo. Esta noche voy a subir a un tren y en un momento estaré en Barcelona, Montpellier, Mónaco. Llegaré a Turín y después a Milán. Creo que me gustaría más Florencia, pero voy donde tú estarás en unos días. Mientras trabajas pasearé por la Piazza del Duomo. Puede que me acerque a la Galleria Vittorio Emmanuele, me sentaré en ese café, en el de los mosaicos, y tomaré un cioccolato. Seguro que me acerco al Castello Sforcesco, y a Santa Maria delle Grazie. Espero despertar pronto de este sueño. Me está dando pánico quedarme perdida en Milán, sin ti. *Domani... parleremo*. No pienso continuar escribiendo. No quiero escribir esto...

*Je t'aime*

Ése fue el único mail que Corina escribió a Sergio Eitula durante aquella semana. Habló con él cada día, pero no volvió a sentarse ante el ordenador. Se ocupó de preparar su marcha. Terminaba planos de la ermita y los tendejones; pasaba notas al capataz y paseaba por los campos con sus perros. Bari y Kazán perseguían a las gallinas y a los patos del estanque, y ella les lanzaba piedras para alejarlos de los animales. Las vacas huían despavoridas ante las carreras de los cachorros. El raitán los acompañaba en muchas de aquellas caminatas. Posado en el hombro de Corina o a lomos de los perros, cantaba el raitán y recorría los campos.

El hórreo se había convertido en el estudio de pintura de Corina. Los días de frío subía las escaleras de piedra y pasaba horas pintando. Los óleos de esos días estaban llenos de figuras extrañas y los colores eran estridentes, estrepitosos; parecían lanzar gritos. Cuando el sol se dejaba ver y calentaba los poyos de piedra que estaban bajo el hórreo, Corina dibujaba al aire libre. Dibujaba la realidad como la veía. Nadie encontraba parecido con el modelo, pero a ella la satisfacía. No sabía si era feliz, completamente feliz. Pero lo que sentía se parecía mucho a lo que ella esperaba de esa palabra. Sólo añoraba el abrazo de Sergio. Encontrarlo en la cama o cerca de la chimenea. Era difícil añorar lo que nunca había sentido, pero aquella vez algo sustituía al conocimiento.

Sergio regresó en una semana a Pau y volvió a conectarse cada noche. El hombre parecía haberse vuelto loco. Insistía en adelantar el viaje a Portugal. Nunca le había hablado tanto de amor ni de sexo. Aquello acongojaba a Corina y a la vez la hacía sentirse tan querida, que muchas noches se dejaba llevar y el sentimiento de que las manos de aquel hombre la tocaban acababa siendo tan real que se dormía notando su mano en la cintura.

Una de las tardes en que amenazaba lluvia y Corina esperaba la hora para conectarse a internet, Melania pidió a Luisa una copa de licor de violetas. Mientras dejaba que el licor pasease por su paladar, por sus encías, miraba a Corina.

—Espero que estés segura de todo esto, Corina.

—¿Qué es «todo esto», Melania? Últimamente todo el mundo me habla de «todo esto», «líos», «el asunto», etcétera. No me entero de las cosas si no se me dicen claramente, Melania, y lo sabes.

La anciana sonrió.

—Ese hombre, el nuevo trabajo, todo. Es una buena edad para cambiar. Es mala edad para equivocarse, Corina...

—Ya...

—Te estás volviendo silenciosa, monosilábica, Corina. Ya, ¿qué?

—Que sí, que es buena edad para cambiar. Y que sí, que estoy segura de que quiero este cambio. Aquí soy feliz.

—¿Y él?

—¿Qué él?

—Corina, por favor... El hombre de los narcisos, el escritor; el hombre que llama a esta casa a todas horas; el hombre al que llamas amor mío o al que insultas y gritas. Ese hombre. ¿Está de acuerdo? ¿Le has dicho lo que quieres de él? ¿Sabe realmente cómo eres?

—Sí, claro que se lo he dicho. Le quiero. Supongo que es una locura, pero lo sabe, sí que lo sabe... —Corina sonreía levemente, como si sólo ella pudiese adivinar lo que pasaba entre ellos dos.

—Me refiero a que si él sabe que va a dejarlo todo por ti, que va a irse contigo. Si sabe que dejará a su mujer y a sus hijos, que lo dejará todo y tú serás el centro de su vida. ¿Le has dicho eso?

—Sólo tiene un hijo. Y sí, se lo he dicho... Bueno, no exactamente, pero él lo sabe. Sabe que yo no quiero una relación absurda, no quiero un amante. Quiero lo que nunca tuve: una familia.

—¿En serio lo sabe? ¿Se lo has dicho así, de esa forma, con esas palabras?

—¡Melania! Sí, supongo que sí. ¡No entiendes nada! ¿Qué piensas que quiere él? Puede tener a la mujer que quiera, cuando quiera, pero me quiere a mí. ¡No tienes idea de las cosas que hace! Me despierta cada mañana con palabras llenas de amor, Melania. Ayer por la noche me llamó para decirme que no iría a cenar a casa. Pensé que se había confundido, pensé que habría querido llamar a su mujer y la voz se me llenó de ira. No me duró mucho la ira, Melania: él sabía que me llamaba a mí, y quería decirme que no estuviese esperándolo despierta frente al ordenador. Está contento de haberme conocido, dice que me quiere como soy: loca, cuerda, llena de aromas, llena de olor a trementina... Dice que quiere besarme. Y eso es amor, Melania. Amor...

—Si tú lo dices será amor, Corina. Tienes que verlo. Nadie se enamora por carta o teléfono, nadie.

—¡Eso lo dices tú! Sí que es posible. Nadie me ha llenado de tanto sentimiento como él, como sus palabras y sus letras. Nunca. Ya no soy Ofelia. Ya no soy Hamlet. Por una vez soy yo y soy feliz. Estoy llena de vida. ¿Sabes qué es la vida? La vida es grande, es inmensa, es tierna, tiene una voz que me hace temblar. La vida me besa cada noche, la vida me hace gemir cada madrugada, la vida se viste de nacionalista cada amanecer, la vida me estrecha entre sus brazos y me hace respirar contra sus labios, la vida se llama Sergio Eitula.

—¿Respirar contra qué labios, Corina? Creo que esto te está superando, jamás has sentido ni esos labios ni ese aliento del que hablas.

—¿Precisamente tú dices eso? ¿Ya no crees en la magia, Melania? Te estás haciendo mayor. Los labios pueden volar y el aliento lo mismo. Y ya sé lo que puedo sentir, Melania. No quiero plantearme nada, no ahora. Este mes, en unos días, nos encontraremos. Iré a Lisboa. Veré a Pablo. Sergio vendrá allí. Ya veremos qué pasa... Ya veremos. Por cierto, mañana me voy a la ciudad. Espero que hayan empaquetado todo lo que quiero traer aquí. Me iré directamente a Lisboa. Al regreso te contaré lo que ha sucedido.

Las palabras de Melania hacían mella en Corina. Nunca lo reconocería, pero esas preguntas, las mismas que Melania Jacoby le había hecho, se las hacía ella cada noche, cada amanecer.

No le había dicho nada a Sergio de su divorcio. Ni del dinero. Ni de su libro; a él, lo del libro le parecería un juego, una burla de Corina. Realmente él no sabía nada. A trozos, así conocía su vida. Sergio Eitula pensaba que ella era una mujer aburrida, una provinciana en busca de un entretenimiento. Continuaba empeñado en pagarle el teléfono, los billetes de avión. Sergio Eitula tenía una imagen de ella que tendría que deshacer. Al mirarse a los ojos, él entendería la verdad. Al menos eso esperaba Corina.

La risa se le escapaba de la boca cuando él se empeñaba en preguntarle por sus amantes. Eitula pensaba que ella hablaba así a todos los hombres; pensaba que había tenido amantes, que su marido se lo merecía. Eitula había creado una novela en torno a ella. Esperaba que, después de mirarse, cambiase el argumento.

El día de la marcha fue duro. Corina abrazó a Melania con suavidad. Se despidió como si al regreso su tía fuese a esperarla sentada en el cenador de piedra y con la merienda preparada, los candelabros de plata mexicana encendidos y las botellas de licor de cristal esparcidas por el mantel de hilo. Petronilo y Luisa permanecían serios y ella les envió sonrisas. Prendidas en las sonrisas, llevó el aire el pensamiento a la cabeza de Luisa. Las órdenes. Todo debía hacerse como ella había ordenado. Y así se haría.

Durmió en la casa de la ciudad, entre paquetes y cajas preparadas para enviar a su hogar, al nuevo. Cenó con Jaime, Leonor y Amalia. Se negó a explicar detalle alguno. Sí, se encontraría con el hombre allí; ya hablarían al regreso. Y al día siguiente partió hacía Lisboa. No tenía prisa en llegar, ninguna. Enfiló el puerto de Pajares con el empuje de quien nada teme. Era la primera vez que viajaba sola. Alberto Rueda la había llamado y estaba sorprendido.

—No estás preparada, Corina. Jamás has conducido más de cien kilómetros. Y tu coche ya es viejo.

—Si me canso daré la vuelta, Alberto. Y me he comprado un coche nuevo. La marca de siempre, soy fiel a Rover. El Ranger que salió hace un mes. Es precioso. Color guinda, ya sabes. Mi favorito.

Y había sonreído con maldad pensando que Alberto Rueda sufriría. A él también le gustaba la marca y el modelo. Al momento dejó de sonreír. A ella no le importaba que Alberto sufriese. No quería que sufriese, no tenía motivo alguno. El pensamiento inmediato a la risa le confirmó que las definiciones de amor estaban equivocadas: si hubiese querido a Alberto, si le hubiese amado, sí tendría sentido. Ahora ya no.

Las rampas del puerto le parecieron infinitas. El miedo estaba apoderándose de ella y sacudió la cabeza. «Miedo al miedo», pensó, y se dedicó a disfrutar de la música y del paisaje. Adriana Varela era demasiado triste y Cassandra Williams, lo mismo. Cocciante estaba bien. Y así, cantando a voz en grito «Pour elle», continuó camino de Castilla. Eligió carreteras secundarias, dejó atrás León y Salamanca. Su destino era Ciudad Rodrigo.

Pueblos yermos, casas de barro medio derruidas. En medio de aquella nada se alzaban iglesias y ermitas. Ermitas con espadañas, con campanas que seguro nadie haría repicar. Pensó en el refrán:

«Barro y cal encubren mucho mal». Así eran aquellas iglesias y así eran muchos hombres. Los nidos de las cigüeñas estaban llenos. En cada torre, un nido. Cigüeñas volando en medio del desierto de los pueblos castellanos. Cigüeñas sustituyendo a hombres. Magia en el vuelo de aquellas aves de patas largas. Y entre cigüeñas, iglesias, canciones y pensamientos, Corina atravesó las murallas de Ciudad Rodrigo.

Compró un bocadillo en una tienda de ultramarinos, habló con la tendera y paseó hacia la catedral. El calor empezaba a notarse, la primavera entraba dejando rastros de colores en la tierra, en el cielo. Ella estaba cansada, en eso también influía la estación. Aún estaba en Asturias, en su reino. Un poco más al norte, en Miranda do Douro, la habrían entendido perfectamente si hubiese hablado en bable. Y Sergio le hablaba a ella de nacionalismos históricos, de lenguas perdidas. Aquel hombre sabía de la historia lo que él deseaba.

Ciudad Rodrigo, la antigua Mirobriga, era un pueblón de Castilla. Los palacios de los Castro, de los Águila. El castillo de Enrique II de Trastámara, las casas de las Cuatro Calles o de los Gómez de Silva no quitaban esa impresión. La gente parecía vivir encerrada; eso ocurría en Castilla, desde siempre. Ella conocía bien todo aquello, el entorno. Su padre se había encargado de ello. Planificaba las excursiones como quien planea un viaje a un país lejano y desconocido. Trazaba mapas en la mesa del comedor, las rutas en rojo, y estudiaba con antelación los monumentos que visitarían. Eran días de fiesta en los que ella disfrutaba. La mayoría de sus hermanos, no. Alfredo y ella eran los más participativos. Aportaban cosas nuevas que su padre tenía en cuenta, revisaban libros y atlas. No eran aquellos viajes paradas en monumentos y de nuevo al coche: se quedaban varios días para visitar los alrededores, para conocer las costumbres.

Entró en la catedral que, de pequeña que era, nunca se lo había parecido. Austera como la misma tierra en la que se erigía. Ni románica ni gótica. Un tránsito. Como el de ella. Un niño se le acercó. Se ofreció a enseñarle la catedral. Corina iba a responder que no, pero miró la cara del niño. Estaba tuerto. Ningún niño debería estar así. Nadie debería estar enfermo.

—Mi abuelo cuida de algunas cosas de aquí, señorita. Es el que tiene las llaves y yo me sé muy bien la historia.

—Vamos a ello, explícame todo lo que sepas. No conozco nada.

Y mientras el niño repetía la lección aprendida Corina volvía a disfrutar de la belleza y de lo mágico que cualquier catedral encierra. La imagen de doña Urraca y la de san Francisco de Asís parecían pender de la piedra misma, parecían carecer de basamento. El niño le explicaba que la imagen de san Francisco era la primera que habían realizado del santo. Y continuó el parloteo camino del coro. Allí Corina sonrió al ver las misericordias: las tallas eran todo menos católicas. La madera estaba llena de tallas que representaban animales y plantas. También tenían cabida escenas más escatológicas: un mendigo defecaba en una de las tallas. Poco veían los clérigos y mucha burla hacían los constructores.

—Toma, ahora iré a ver el claustro yo sola, si no te molesta. Lo has hecho muy bien. Gracias.

Le dio un billete de cinco euros y avanzó hacia la puerta de madera que daba entrada al claustro. Lo mejor estaba allí, después del portalón. Un viejo con la boina asomando por un bolso de la chaqueta le dio el alto. Le pedía cinco euros por traspasar de la sombra a la luz.

—Déjala, abuelo. Sólo quiere mirar un poco.

Y de manera disimulada enseñó el billete al viejo, que abrió la puerta. La luz del sol dio de lleno en la cara de Corina. Allí estaba la armonía. La belleza más pura. Los árboles del centro subiendo hasta el cielo. Belleza casi desnuda. En el silencio, casi podía escuchar los pasos de los frailes que paseaban por las piedras buscando un poco de aire; los imaginaba saliendo desde el antiguo monasterio tras un poco de luz, de calor. Escapando del frío de las celdas. Sentada en un poyete pensaba mientras dejaba que el sol se posase sobre ella. Se estaba bien allí. Sin ruidos, sin gente. Una mano se posó en su hombro.

—Que dice mi abuelo que tenemos que cerrar.

—Vamos, hijo. Sí, se hace tarde.

Cruzó la frontera por Fuentes de Oñoro. A la entrada de Guarda, a pocos kilómetros, se detuvo en una fuente. Varios hombres trabajaban en unos bancos de piedra. Eran canteros. Corina observó su trabajo. Al poco rato uno de ellos se acercó a la fuente y la saludó. Eran de Miranda do Douro, canteros de Miranda. Entendió perfectamente al hombre, su lengua era la misma. Nada desunía a los pueblos, nada borraba el pasado. Ni gobiernos ni personas. Ni en lo político ni en lo sentimental. El sentimiento volaba de rama en rama, de nube en nube, y nada lo mataba. Las partículas quedaban pegadas. Alfonso II había llevado sus huestes hasta la misma Lisboa. Su querido Sergio, seguro que no lo sabía. Nacionalismos...

Condujo sin parar hasta Castelo Branco. No logró dormir y al amanecer estaba nadando en la piscina del hotel. Arriba y abajo. Para cansar el cuerpo y que algo de ese agotamiento aletargase el alma. Partió hacia Lisboa sin demasiado entusiasmo. El miedo regresaba. No sería una fiesta.

Esta vez eligió la autopista. Optó por la costa para llegar a Sintra, dejo atrás Lisboa, Estoril, y a la salida de Cascáis compró fruta a los vendedores de la carretera. El mar estaba bravo; la playa de Guincho, llena de jóvenes con sus tablas de surf. Llamó por teléfono a Pablo y le dijo que pararía en algún sitio de la costa, comería cerca del mar y se iría a casa.

El océano estaba solo. Nadie lo observaba. Ni la hora ni la fecha eran propicias a las visitas. Corina se acercó al monumento que señalaba el punto como el más occidental de Europa. Apartó unas hierbas con la mano, se sentó y comenzó a morder una manzana. Miraba el horizonte, escuchaba el sonido de las olas al estrellarse contra el acantilado y cerraba los ojos. El aire se estaba tornando frío, pero no importaba. Había paz. Había olor, sabor, sonidos. Sentía cómo todo atravesaba su piel, por los poros. Sentía los olores en la pituitaria y el sonido entrar por los oídos y meterse en algún lugar de su cerebro. Recordó a Melania. Buscó con ahínco el recuerdo y abrió los ojos. En el cielo, sobre la línea que separa tierra y mar, se proyectaron las imágenes: Melania envuelta en mantas, en el cenador; Luisa a su lado, conversando y acariciándole las manos. Se levantó de golpe. Aquello no era un recuerdo: estaba sucediendo.

Las imágenes se borraron del horizonte. Un coche avanzaba

por la carretera levantando polvo. Corina miró alrededor: no había nadie más, nadie cerca. Caminó deprisa hacia su automóvil. El otro se detuvo justo junto al de ella. Pablo de la Vega se bajó y abrazó a su prima.

—No es magia, preciosa. Es conocimiento. En ciertas cosas eres previsible, Corina.

Leonardo se acercó a Corina y se fundió en el abrazo.

Atravesaron la Serra da Lua camino de casa. El portón se abrió y Corina se encontró segura. Nadie le quitaría el miedo que había pasado aquel día y medio, pero lo había logrado. Leonardo y dos mujeres se encargaron de bajar el equipaje. Ella entró en la casa y telefoneó a Luisa.

—Sí, está mal. Ha sido de repente. No hace falta llamar al médico, Corina. Lo sabes.

—No puede ser, Luisa. No puede ser ahora. Sé lo que digo. Y ella también lo sabe. Algo raro sucede. Pase lo que pase, recuerda mis instrucciones. Si sucede algo yo no regresaré. Diréis a todo el mundo que estoy con Pablo y que estoy tan afectada que no puedo regresar. La misma noche del entierro ya sabes lo que has de hacer. Y desde hoy aumenta las dosis de láudano y de lo demás. Desde ahora mismo. Que no sufra, Luisa. Gracias por quererla tanto, por acariciarle las manos, por arroparla de esa manera. Gracias, Luisa. No avises a sus hijos ni a sus nietos, la desquiciarían.

—Petronilo ya ha sacado la tierra... —Luisa no preguntó nada. La escena de la que hablaba Corina se había desarrollado hacía unos minutos. No necesitaba preguntar.

—Bien; ahora, pásame a mi tía.

La voz de Melania era la de una anciana sin fuerzas. Algo estaba fallando. Algo no iba bien. Corina escuchó decir a su tía:

—En ocasiones, el deseo de alguien en quien confías es más fuerte que el propio, Corina, y eso precipita o tuerce los acontecimientos. Te quiero.

Pablo, que estaba junto a Corina, tomó su mano y la acompañó al salón.

—Es normal que se muera, Corina. Le ha llegado la hora. Es muy vieja.

—Lo es Pablo, lo es. Pero aún no toca, no aún.

Leonardo se unió a ellos y Pablo y él empezaron a contarle los adelantos en sus trabajos, sus investigaciones históricas. Le hablaron del libro que estaban a punto de publicar sobre los iberos y la Sierra de Sintra. Ya comenzaban a preparar otro sobre la influencia de aquella comarca en los escritores: Lord Byron, William Beckford, Andersen...

Corina los miró fijamente.

—¿Es esto una broma? ¿Leonardo? ¿Pablo?

—No, Corina. ¿Por qué ha de ser una broma? Te lo conté en los mails.

—Pablo, pensé que eran catálogos, catálogos para el Ministerio de Turismo de Portugal. No un libro.

—No le haremos sombra a tu amor, Corina.

—¡Por Dios, Pablo! No es eso. Es el asombro: todo en mi vida parece girar en torno a la literatura. Hasta la coartada de esta cita estúpida es la literatura. La suya. Yo ya no la necesito: Alberto me ha pedido el divorcio.

—¡Estupendo! Supongo que se lo habrás concedido encantada.

—Sí, lo firmé antes de venir. Y no sé si estoy encantada. Me ha dejado él y eso no es precisamente halagador, Pablo. Claro que yo me separé de él antes... ¡Por Dios! ¡Parece que estemos hablando de juegos de escuela! No, no me importa. El daño que me hizo, hecho está. No lo olvido, pero esta vez sí perdono.

—Te hemos preparado una sorpresa, Corina. Ven.

Leonardo Scarpia condujo a Corina hasta el jardín. Abetos Thuja, secuoyas y araucarias crecían de manera ordenada. Corina echó de menos la vegetación autóctona; los nobles lisboetas encontraron más distinguida la importación de especies raras que ahora crecían en la sierra. Posiblemente aquello le daba un aspecto fascinante a Sintra y a todo su entorno.

Llegaron a una zona desde la que se veía la casa con dificultad. Las camelias aún estaban en flor y los rododendros comenzaban a tener brotes. Una cascada bajaba hacia el jardín; rebotando en la piedra musgosa, el agua entraba en una acequia bordeada de rocas. Todo puro engaño. La acequia era una piscina y la cascada procedía de un depósito, pero para quien no lo conocía el resultado era espectacular.

—Después dirán que soy mal arquitecto, Pablo. Esto ha quedado precioso. Nadie sabría decir si es de verdad o de mentira. ¿Cuál es la sorpresa?

—Ven, ven, cara... Esto, ésta es la sorpresa.

Un pabellón, una pequeña construcción que Corina no conocía ni había proyectado ni rehabilitado, se erguía ante ella.

—Es el antiguo pabellón de la piscina, Corina. Lo hemos arreglado. Durante el tiempo que estés aquí podrás elegir entre tu cuarto de siempre o esta casa.

—Pablo, Leonardo, os lo agradezco, es precioso. Pero él no vendrá aquí y yo no quiero dormir sola. Habéis puesto chimenea. Es precioso.

Caminaba Corina por el pabellón y lo miraba todo: jarrones con flores, velas, conos de olor de los que ella les enviaba desde la casa de Melania. Un salón con una pequeña cocina totalmente equipada. Un arco que separaba una habitación del resto del espacio. Una enorme cama con dosel en el medio del cuarto y otra chimenea.

Se dejó caer en la cama y comenzó a llorar.

—¡No vendrá! No creo que venga ni siquiera a Portugal. ¡No vendrá! Y yo no sé si quiero que venga.

—Si no viene, él se lo pierde, Corina. Él se lo pierde.

Leonardo terminó de hablar y la besó en los labios.

—Sabes a fresa...

—Son los caramelos que hacemos en casa, de frambuesa, Leonardo. Os he traído muchas cosas. Mañana os las daré. ¿Funciona el sistema de calor de la piscina?

—Todo lo que tú proyectas funciona, princesa.

—Pues voy a nadar.

Al cabo de un rato Corina braceaba en el agua queriendo cansarse, agotarse, caer rendida en la cama y que el tiempo pasase raudo. Se dejaba hundir hasta el fondo de la piscina y resistía cuanto podía. De nuevo pensaba en la muerte, tan húmeda, con aquella sensación de paz que sentía dentro del agua. Así debía de ser.

Durmió bien, soñando con colores. Se despertó aún mejor, pensando en sonidos y palabras. Sergio la llamaría. Siempre le deseaba buen día. Desayunó con Leonardo y Pablo; miraba su teléfono sin parar. Los dos hombres hablaban de cosas sin importancia intentando distraerla. El resultado era absolutamente nulo: ella no dejaba de mirar al móvil y respondía a sus preguntas con palabras y frases carentes de sentido.

—Voy a llamarlo, tiene que estar enfermo. Nunca en estos meses ha dejado de llamarme para desearme buen día. Algo le ha pasado.

—Corina, la televisión está puesta. En el canal internacional.

—¿Eso qué coño tiene que ver con lo que digo, Pablo?

—Si un hombre así se muere, suelen decirlo, Corina.

—¡No sé por qué van a decir nada de Sergio!

—Alguien que es candidato al Goncourt suele ser noticia, Corina. Y además, sus reportajes cada día tienen más seguidores; hasta se habla de un movimiento Eitula. Desde esa pequeña editorial, las consignas que lanza están comenzando a seguirlas miles de personas en todo el mundo. Antiimperialista; antiguerras. Es muchas cosas ese Eitula, Corina. Y no se ha muerto. De todas formas, si se hubiese muerto, tú lo sabrías.

—Pablo, eso tampoco es justo con ella. No se ha muerto, pero ella no tiene forma de saberlo. Según lo que me habéis dicho, nadie del entorno de Eitula conoce esta relación.

—Leonardo, no me refiero a eso. Luego te lo explico.

—Voy a llamar yo.

El teléfono de Corina salió lanzado contra un sillón y ella corrió hacia la alberca. Se tiró de cabeza y al momento emergió. Por toda explicación la oyeron murmurar que el teléfono de Sergio estaba fuera de cobertura.

—Sal de ahí, Corina. Aun estando el agua caliente, si no nadas cogerás una pulmonía. Anda, sal ya.

—Soy Ofelia, llevo el dolor de la locura en mi mente. Déjame morir en paz...

Leonardo arrojó a la piscina camelias y hojas. Corina puso los brazos en cruz y dejó que su cuerpo flotase entre las flores. El pijama se le había pegado al cuerpo y el pelo se ondulaba alrededor de su cabeza. Pablo la miraba: estaba pálida, hermosa. Los ojos cerrados y la boca entreabierta. Eitula la dañaría. El alma de Corina no era nada fácil de entender.

De la piscina emergió un sonido:

—«¿Y no volverá otra vez? ¿Y otra vez no volverá? No, no, porque ya está muerto en su sepulcro de piedra y nunca más volverá...»

Corina recitaba con los ojos cerrados y Pablo, desde la orilla, no pudo resistirse al espectáculo de dolor escondido tras la farsa de su prima.

—«¡Oh, rosa de mayo, preciada niña, amorosa hermana, dulce Ofelia! ¿Es posible que el juicio de una tierna doncella sea tan frágil como la vida de un anciano?»

—Eres un buen Laertes, Pablo, pero déjame morir en paz. No es tu voz la que deseo escuchar...

Sonó el móvil y respondió Leonardo. Hablaba en francés.

—Es para ti, Corina: Hamlet.

Corina nadó hasta la orilla, se arrebujó en un albornoz que le tendió Pablo y escuchó una voz:

—Buen día, princesa, señora de la luz, candil en mis tinieblas.

—¿Dónde estabas? No me has llamado a la hora de siempre; estaba asustada, Sergio.

—Cuando un hombre habla así a una mujer no espera esa respuesta. Me han dicho que ya estás en Sintra. Tenemos una cita.

—Sí, lo sé. Dentro de tres días.

—No. La cita es hoy. Te espero a las dos en el Palacio de Seteais. A la hora de la comida, como tú deseaste, princesa. Te quiero.

Corina se dejó caer sobre la hierba.

—Está aquí. Ya está aquí. Casi pegado a nosotros, en el palacio, en Seteais. Ha venido antes de lo previsto. Está aquí...

—Con franqueza, nunca he conocido a nadie como vosotros: hacéis que todo esto parezca una obra de teatro, una película. «Está en palacio...» Lo pronuncias como si fuese un drama, Corina.

—Y nosotros agradecemos que nos quieras, Leonardo. Entiende el *nosotros* como mayestático, querido Leonardo. No pienso ir. No iré. Me está empezando a doler la cabeza y todo me gira. Todo me da vueltas.

—Querida prima, esta vez sí irás; esta vez irás, y sola. No se puede llenar la cabeza de un hombre de sueños y después atraerle a miles de kilómetros para decirle que no lo verás. Mañana tendríamos otra sesión de llanto en la alberca. Irás y comerás con él. Tienes que conocerlo. Yo te acercaré en el coche. Si quieres volver, a la hora que sea, iremos a recogerte, Corina.

—No sé cómo es. No lo reconoceré...

—¿Estás diciéndonos que nunca, ni en foto, le has visto?

—Sí, Leonardo, eso digo. Una foto que me envió estaba borrosa. No le gusta hacerse fotos. Me dijo que tenía alergia a las fotos.

—Puede que esto explique muchas cosas...

—Leonardo, ¿qué quieres decir? No me pongáis nerviosa, por favor.

—Que tu querido Eitula es casi, sólo casi, el doble de grande que tú. Te dobla en tamaño, princesa, y no se ajusta precisamente al canon de belleza clásica.

—Eso no me importa. Sí, él dice sin parar que es feo y grande. No sé, eso me da igual. ¡A mí qué me importa si es alto o si es bajo! A mí me importa lo que siento cuando me habla.

—Ya. Los juegos prohibidos...

—Pero ¿qué dice este hombre de juegos prohibidos, Pablo? ¿Qué tiene eso que ver con Sergio y conmigo y con ser grande o pequeño?

—Nada, Corina, nada. ¿Él te conoce a ti?

—Bueno, sí, supongo. Le he dicho que peso menos de lo que peso. Y le he dicho que tengo el culo grande. No sé de qué me habláis y me siento peor a cada momento. A él le gustan las mujeres grandes, con mucho pecho y esas cosas. ¡Yo qué sé!

—Entonces estamos de suerte: se quedará impotente nada más verte, Corina. Regresarás pronto a casa.

Pablo de la Vega se arrepintió de las palabras pronunciadas: su prima se iba a poner a gritar. Para su asombro, Corina miró a Leonardo, después a él y se puso a reír a carcajadas.

—Tienes razón, Pablo. No hay de qué preocuparse. No soy su tipo. Hasta Magdalena me lo ha dejado claro.

—Ni él el tuyo, cariño. Serías una muñeca en manos de esa bestia.

—Déjalo ya, Leonardo. Déjalo ya.

—Sí, eso, déjalo, Leonardo. Tiene razón Pablo, no quiero pensar en nada. Voy a descansar un rato y después nos vamos.

A las dos menos cuarto de la tarde, un deportivo enfiló la entrada del Palacio de Seteais. A mitad del trayecto, se detuvo. En mitad de la enorme explanada que separaba la entrada del arco de triunfo que unía los dos edificios del palacio, un hombre bajó del coche y abrió la puerta trasera. Una mujer descendió, besó al hombre y caminó hacia el palacio. Caminaba de cara al viento. El paso firme y el porte regio. La gabardina blanca se abría y dejaba a la vista la americana negra y los pantalones de igual color. Dejaba a la vista la blusa blanca. Todo ello, el conjunto de la soledad acompañando el paso de la mujer, resaltaba por su sencillez frente al neoclasicismo del edificio y la magnitud del espacio abierto.

—Parece una princesa.

—Lo es. Toda mujer lo es cuando va al encuentro del hombre al que ama, Leonardo. Y creo que es la primera vez que ella está convencida de haber encontrado un hombre al que desea entregar todo. Vámonos. Nos llamará. No creo que él opine lo mismo. No le dará tiempo a mirar dentro del alma de mi prima. Ahí está la sofisticación auténtica, el refinamiento. Esa sencillez que aparenta es falsa. Hasta en la ropa: esa sencillez en el vestir es difícil de lograr con poco dinero. Su afabilidad, su naturalidad, está perfectamente estudiada. Ella no lo hace aposta, pero lo hace. Ni es simple ni sencilla. Ingenua sí que es.

Corina no entró por la puerta principal, dio un rodeo. Relajó el paso, tomó impulso y accedió al hotel por un acceso lateral. Se dirigió al comedor. Había dos mesas ocupadas. Dos parejas de ancianos. El resto estaban vacías. Se sentó junto a los ventanales y contempló las paredes y las lámparas. En algunos lugares las pinturas, las cenefas pintadas a mano, necesitaban una restauración, pero aun así Seteais resultaba hermoso. Volvió a mirar a derecha y a izquierda. Sólo los camareros. Encendió un cigarrillo, sacó de su bolso una pastilla y la tragó sin esperar a que le trajesen agua. Alzó la mano para pedir un zumo de tomate. Se iría de inmediato, tomaría el zumo y se iría. Se acercó el *maître* y Corina pidió el zumo. A su espalda, una voz fuerte y ronca la contradijo:

—La señora y yo tomaremos champaña. Ahora y durante la comida.

No necesitó volverse. En realidad, no podía ni mover un músculo. Sintió una boca posándose en su mejilla y un «Hola, amor mío» susurrado en la oreja. A punto de caer de la silla, Corina Jacoby intentó mantener la compostura. Lo siguiente que escuchó terminó de confirmarle que estaba haciendo un ridículo espantoso. Sentía náuseas.

—Abre los ojos, Corina.

Y los abrió de golpe. No se había dado cuenta, los ojos se le habían cerrado sin que ella les diese la orden, habían obedecido a un impulso que ella no controlaba. Al escuchar la voz, su voz, se cerraron... Seguro que padecía algún mal extraño. Debía salir de allí cuanto antes.

El reflejo de la luz que entraba por las ventanas la cegó un momento. Después, la voz tuvo cara.

—Has llegado tarde.

—Te esperaba a la entrada. No te vi.

—Ya...

—¿Estás bien, Corina?

—No. No sé qué me pasa. No estoy bien. Creo que estoy enferma.

—Nerviosa. Yo también estoy nervioso, Corina. Supongo que es normal.

—Tú sabrás, Sergio. Yo no tengo experiencia en estas cosas. Es la primera vez que me pongo nerviosa por algo así. Nunca había tenido una cita. No me dio tiempo.

La conversación transcurrió durante toda la comida como si se tratase de un combate de esgrima. Atacando, retrocediendo. Parecían una pareja normal discutiendo después de años de convivencia. Sergio le acariciaba la mano y, al principio, Corina la retiraba. Poco a poco, la mano blanca reposó tranquila en la del hombre.

—¿En qué piensas?

—En ti, en tu nombre...

—No tiene nada de extraño. Yo diría que llamarse Sergio es muy normal, Corina.

—No, no en ese nombre. Pienso en Fohn. En el viento que puede volver loca a la gente. Es apropiado.

—Yo no vuelvo locas a las personas, Corina.

—A mí sí. A mí me has vuelto loca, me has hecho perder el juicio. Eres como el viento de mi tierra, el viento de otoño. El viento de las castañas. Sí, me has hecho perder la razón... Me arrasaste con las palabras. Tus palabras.

Sergio Eitula firmó la factura y se puso en pie. Era grande, sí que lo era. Y la cara extraña. La nariz picuda, aguileña. Unas gafas casi invisibles dejaban ver unos ojos verdes como los de los gatos. Tenían los ojos iguales, los suyos eran del mismo color. Ambos tenían ojos de gato.

—Vámonos, Corina.

Salieron del comedor y Sergio Eitula se encaminó a las escaleras.

—No quiero ir a tu habitación. Quiero pasear. ¿Tienes coche?

—Sí, tengo coche. Y no es mi habitación. Es la nuestra, de los dos. Vamos.

Corina guió a Sergio hacia su destino. El Monasterio de los Capuchos. El hombre no hablaba y Corina guardaba silencio. Cuando llegaron, un enorme cartel anunciaba que el monasterio estaba cerrado por obras.

—Un monasterio católico, Corina. ¿A qué venimos aquí? Está cerrado.

—Ven. No importa que esté cerrado. ¿Ese jersey es tuyo?

Y sin esperar respuesta se lo puso.

—Vamos, ven, vamos.

Sergio Eitula obedecía, perplejo. Vio cómo Corina saltaba la barrera. La vio caminar y la siguió. Vio cómo forzaba una portilla de madera y la traspasaba. Si los detenían sería un desastre. Se agachó para traspasar el portal de piedra y lo que vio le hizo comprender el interés de Corina por el lugar. Casi era una gruta, el cielo se apreciaba al caminar al centro, pero antes, la piedra, la hiedra y la vegetación impedían la visión de la luz.

—De la tiniebla a la luz. Aquí reposaban los peregrinos, Sergio. Es hermoso. El monasterio más pequeño de Europa, dicen. Antes no venía nadie; ahora se llenará de gente. Si lo arreglan, lo estropearán. Mira la fuente, es octogonal. Supongo que es el paso del cuadrado al círculo. El tránsito a la regeneración. En el cielo, la habitación de las almas. Querías lugares con encanto para las historias de amor, Sergio. Ya has conocido dos: Seteais y Capuchos. Vamos a ver las celdas, son sorprendentes.

Subieron unos escalones y llegaron a las celdas de los frailes. Sergio Eitula reconocía que era hermoso, pero lo que más le importaba en aquel momento se había colado dentro de una de las grutas en donde dormían los monjes. Volvió a doblar el espinazo y siguió a Corina. La luz que entraba por el ventanuco de piedra hacía brillar su pelo. Al volverse para hablar con Sergio, Corina lo miró. Extendió la mano y Sergio la acarició. Corina Jacoby se acercó al hombre, se puso de puntillas, le besó los labios y susurró contra ellos.

—Yo también te quiero. Como a nada. Como a nadie. Pero quiero decirte algo que no sé cómo decir. Pablo me regaló hace tiempo un libro. En él, una mujer le decía a un hombre: «No sé besar, se me olvidó». Eso es lo que tengo que decirte: no recuerdo la última vez que besé a un hombre, Sergio...

Sergio Eitula abrazó a la mujer que le miraba a los ojos y que parecía a punto de llorar. Sobre el trozo de piedra que había sido cama de un monje abrazó a Corina. La acunó. Era una situación extraña, insólita para él.

Corina Jacoby miró de nuevo los ojos de Sergio, se levantó, se sacó el jersey por la cabeza, se sentó a horcajadas sobre el regazo del hombre y pasó la lengua por sus labios.

—He dicho que te quería y de la mejor manera que pueda te lo demostraré. Si hay algo que no te guste, me lo dices.

Y paseó la punta de la lengua por los labios de un Eitula fascinado por el espectáculo; y lo besó en los ojos; y volvió a su boca. Sergio Eitula abrazó con fuerza a Corina, enganchó sus labios y la besó entrando a saco en un cuerpo que durante años fue fortaleza. Corina desnuda sobre la piedra. Corina abriendo los ojos y mirando cómo él paseaba las manos grandes por su cuerpo. Corina riendo. Corina sonriendo. Corina abriendo los ojos y esforzándose en mirar con ellos muy abiertos. Corina sentada sobre él, enganchada a su cuello. Corina dejándose caer sobre su cara. Corina susurrando su nombre y dibujando por su piel colores que salían de las yemas de sus dedos, trazando la palabra amor a cada pincelada. Corina arrimada a su boca diciendo: «Je suis ta maîtresse...».

Corina Jacoby se liberó del miedo y dejó entrar el placer. Lo tragó apurando cada sorbo de aquellas sensaciones. Pasó la lengua por la otra piel como los niños por los palotes. Llenó su boca de la otra boca y capturó cualquier partícula que él pudiese tener entre los labios y la lengua. Sabía a café. Soltó una carcajada pensando en sus sesiones de infancia, cuando sus amigas contaban sus aventuras y ella no encontraba ningún placer en una boca con sabor a café. Bebió la saliva, la dejó resbalar y pensó que nunca, jamás nadie la había querido tanto como aquel hombre.

Se vistió y salió a las escaleras sin miedo, sin vergüenza. Sergio Eitula la siguió con una sensación extraña. No podía ser cierto lo que ella contaba. Nadie besaba así por instinto. Era imposible. Esa mujer era increíble. Ahora bajaba triscando por las piedras y ya no era una niña, pero estaba feliz, se la veía radiante. Era tan pequeña...

Al llegar a la fuente Corina se detuvo.

—Eitula, está lloviendo y diría que se escucha el mar. Sé dónde está el grifo que da agua a la fuente, ya verás.

Y se metió en una especie de cueva rodeada de mosaicos. Al poco, de la fuente manó agua. Y ella regresó. La niebla daba un aspecto tenebroso al bosque y a las piedras. Los árboles se agitaban y Sergio se giró para decirle a Corina que debían irse. No pudo hablar.

Corina Jacoby bailaba bajo una fina lluvia que proyectaba la fuente. Movía los brazos como las ramas de los árboles, paseaba las manos por el cuerpo con una desvergüenza insólita en una europea; Sergio sólo había visto ese movimiento en las mujeres árabes. Y en otra ocasión. Había visto lo mismo en otra ocasión, en España, en Asturias. No era posible. Las cosas no ocurren así. Tardó tiempo en quitarse la visión de la cabeza, la asturiana bailando descalza. No era hermosa la mujer, no al uso ni a la moda; pero le había impresionado. Por extraña; el cabello rubio, la boca, la nariz. Parecía un cuadro. De no tener que haberse ido al día siguiente la habría buscado.

—¡Corina! Yo te conozco... Asturias...

Dejó la mujer el baile y lo miró con cara de confusión.

—El baile, junto a una ermita rodeada de árboles, llovía... La vieja sentada en el poyo del atrio, y tú, tú bailando descalza. Te caíste y yo te ayudé a levantarte. Eras tú. Eres tú.

—¿Tú? Sí... Las manos largas, la cara, el acento extranjero... Eres tú... —Corina gritó—: Dame las llaves del coche, abre el coche, Sergio ¡Rápido! —Se lanzó al interior, buscó en su mochila el móvil y marcó el número de Melania. Tardaban en responder. Al final Luisa lo hizo.

—Luisa, soy Corina.

—Ha sucedido hace unos minutos, Corina. Tan sólo unos minutos. Se fue con la cara plácida. Sin dolor. Sonreía sin parar y murmuraba palabras que ninguno entendimos. Todo está preparado. Se hará como dispusiste.

Corina Jacoby no derramó una sola lágrima. Colgó el teléfono y respiró profundo.

—¿Te importa si cenamos en tu habitación, Sergio? Tengo hambre. Y frío.

Melania Jacoby cruzó de la tiniebla a la luz entre los brazos de un explorador polaco, el hombre al que más había amado, el hombre que le hablaba con pasión de Sri Lanka, el hombre con el que había pasado noches de amor y tardes buscando lugares lejanos en los mapas de su biblioteca. El hombre que le había regalado las semillas del ébano que crecía en su jardín. Sintiendo sus caricias mientras traspasaba de la oscuridad a la luz, sonreía feliz.

Corina entró en la habitación del hotel, se dirigió al cuarto de baño, abrió los grifos de la bañera y se sumergió en el agua. El círculo se había cerrado. Ahora, Melania era feliz. Las manos de Sergio habían acariciado el cuerpo de su tía, y los recuerdos facilitaron el paso a la luz.

Sergio entró en el baño, se sentó sobre la tapa del retrete y miró a Corina.

—Mi tía se ha muerto.

—¿Tienes que irte?

—No, ¿por qué tendría que irme? Ya está muerta. La hemos ayudado, se ha ido feliz.

—¿La hemos ayudado? ¿Qué quieres decir, Corina?

—Nada, ya te lo explicaré en otro momento.

—Y ahora, ¿qué harás? Supongo que deberás dejar su casa. Sé que no te gusta esto, Corina, pero vuelvo a repetírtelo una vez más: te ayudaré en lo que sea, dinero no te faltará mientras organizas tu vida.

Corina Jacoby sonrió levemente. Susurró «Gracias», y sumergió la cabeza en el agua. Al volver a la superficie escuchó a Sergio.

—Es curioso, las mujeres más importantes de mi vida han sido pequeñas y carentes de recursos. Hasta mi mujer lo es. O lo era; ahora que está conmigo, ya no.

—¿Ha dejado de ser pequeña? ¿Ha crecido?

—Corina, querida, tu sentido del humor es extraño. Quiero decir que ahora es rica, disfruta de lo que nunca tuvo antes.

—¡Ah! Pensaba que me esperaba un futuro de crecimiento continuo a tu lado. Pensaba que llegaría a ser un gigante, Eitula.

—Tan sólo ha sido un comentario, Corina, y me parece una falta de respeto hablar ahora de mi mujer. Te lo he dicho muchas veces.

—¿A ella o a mí? ¿A quién se le falta el respeto, Sergio?

—A ella. ¡No es normal que hablemos de ella tú y yo!

—Diría que hablar de ella no es nada irrespetuoso, en todo caso lo sería lo que hacemos tú y yo, pero hablar de ella no me parece faltarle el respeto. Tú sí se lo faltas estando aquí conmigo, y yo soy tu cómplice, así que no hablemos de nada. Mejor será.

Sergio Eitula se desnudó y entró en la bañera. El agua se desbordaba y Corina se reía y lo besaba. Los cambios de humor de Corina desconcertaban a Sergio, que sólo sabía que, en ese momento, aquella mujer era el centro del mundo.

Pasaron muchas horas y, a cada minuto de ellas, Sergio y Corina estaban más seguros de haber encontrado lo que desearon toda una vida. A punto de quedarse dormido, Sergio escuchó cómo Corina lo llamaba. Estaba sentada en un sillón; en la mesa auxiliar el camarero había dejado la cena y un termo con agua hirviendo.

—Antes de que te duermas quiero decirte algo: esto sólo lo haré esta vez. Solamente esta vez, Sergio.

Y le enseñó un frasco de cristal. Desenroscó el tapón y extrajo un cuentagotas.

—¿Qué es eso?

—No importa lo que es. No tomo anticonceptivos, Sergio.

—¿Qué estás diciendo, Corina? ¡No puedes hacer eso!

—¿Cómo que no puedo hacerlo? ¡Si no tengo relaciones sexuales, por qué tendría que tomar nada! Y aun teniéndolas. Si quieres anticonceptivos, esa parte te la dejo a ti.

—¡Corina, todo el mundo tiene relaciones sexuales! Siempre me cuentas eso y yo no digo nada, pero no me trates como a un tonto, por favor. Que esté enamorado de ti no me convierte en tonto, Corina.

—Yo casi nunca miento, Eitula. Si quieres buscamos un método que no sea nocivo para nadie. Pero no volveré a hacer esto.

Como un niño enfurruñado, Eitula musitó:

—Odio los preservativos...

—Y yo odio los infartos, las flebitis... Y el egoísmo, odio el egoísmo, Sergio...

—Bien, mañana compraremos algo, te lo prometo.

Corina puso el agua del termo en una taza y dejó caer varias gotas de color amarillo del cuentagotas. Cerró el frasco, lo guardó en su mochila y con la cucharilla revolvió el agua.

—Te he preguntado qué es eso, Corina.

—Una solución de extracto de tejo, sabina, corona de rey, taraguillo, azafrán y cierta clase de hierbabuena. Algo absolutamente nocivo para la salud, Sergio. No volveré a tomarlo, nunca.

Dejó la taza sobre la mesa y volvió a la cama, besó a Eitula y se metió debajo de las sábanas, rozando con la boca la piel que encontraba a su paso.

Sergio Eitula besaba a Corina y le hablaba en francés, contra la boca.

—Eres la mujer más ardiente que he conocido, Corina. No te cansas jamás. Y eso que me has hecho, en fin, nunca nadie me lo había hecho de una forma semejante. Me llevas al cielo con tu boca, Corina.

—Por favor, no hables de eso, no compares más. Me hace daño. Y si te llevo al cielo con mi boca debes agradecérselo a una zanahoria y a mi querida Amalia. Me pasé una tarde entera practicando con una zanahoria...

El cuerpo de Sergio Eitula se sacudió con una risotada que no pudo evitar. Corina era un animal extraño.

—Vi un cuadro, en París. Te lo he comprado, Corina. Falta que me digas adónde he de enviártelo.

—¿Para qué quiero un cuadro? No quiero un cuadro. Te quiero a ti.

—Es una inversión, Corina. Es un cuadro de una artista que empieza a cotizarse, te vendrá bien tenerlo.

—Me voy. Te he dejado la dirección de mi casa encima de la mesa. Te espero a comer. O antes, si logras despertarte.

—No quiero que te vayas...

—Ni yo quiero irme, pero me voy.

El teléfono de Pablo de la Vega sonó de madrugada. Leonardo y Pablo dieron un bote en la cama. Al colgar miró a Leonardo con cara de sueño.

—Era ella. Tenemos que ir a buscarla. Ahora, a Seteais.

Entretanto, Corina preparaba sus cosas y dejaba la habitación en orden. Desde la cama escuchó la voz de Eitula.

—¿La casita de tu primo queda lejos? No tengo ganas de ir. No quiero que nadie se entere de esta relación, Corina.

—¿La casita? Ah, ya la casita. Es como la *chambre* con derecho a cocina de los emigrantes de mi tierra. En la tuya vivían así: habitación con derecho a cocina y retrete. Sí, la casita... No, no queda lejos. Dos o tres kilómetros. Te quiero, hasta mañana.

Corina entró en el coche. A la pregunta que ni Leonardo ni Pablo efectuaron, ella respondió:

—Le quiero. Tanto que me duele. Me duele respirar. Me duele mirar su cara. Me duele poner mi nariz sobre su piel y dejar que entre el olor. Supongo que es vulgar esta expresión, pero se me ha metido en el tuétano. En el alma. Mañana vendrá a casa. Es gracioso: no se cree nada de lo que le cuento. Piensa que soy una especie de Mesalina. Sí, eso piensa...

Los dos hombres se miraron. Pablo miró a su prima por el retrovisor.

—¿Qué le has hecho? ¿Por qué piensa eso?

—Nada, Pablo. No pienso contarte lo que hago con un hombre en una cama o en una celda de piedra. Sí, puede que razones no le falten para pensar eso.

Leonardo parecía divertido y Pablo le lanzó una mirada llena de ira. Su prima era lo menos parecido a Mesalina que él había conocido. Aquel Eitula sí que era una especie de maníaco. Tendría que hablar con Corina, que continuaba su charla de manera agitada.

—Cuando Amalia sepa que la zanahoria resultó no se lo podrá creer. Al parecer, soy una maestra. ¡Cuánto tiempo he perdido!

—¿Qué zanahoria?

—No voy a entrar en detalles, Leonardo. Sólo decirte que jamás me había enterado de manera precisa de lo que era un francés. Y, según Amalia, era importante saberlo. Así que un día se empeñó en enseñarme. Con una zanahoria. Y no voy a contaros más. Tengo sueño. Estoy relajada. Hacía tiempo que no me encontraba así. De todas formas, todo esto me da miedo.

Llegaron a la casa, se abrieron las verjas de hierro y Corina volvió a soltar una risotada.

—Casita...

Ni Pablo ni Leonardo entendieron el significado de la risa y de las palabras, pero guardaron silencio.

—Por cierto: Sergio piensa que soy una pobre desgraciada sin una perra. Y quiero que continúe pensando lo que quiera. Con tal de que esté a mi lado me importa poco lo que piense.

—No entiendo nada. ¿Por qué piensa eso?

—Ni idea, Leonardo. Pero quiero que continúe pensándolo. ¡Qué más da! Si eso le hace feliz, me parece bien.

Deseó buen sueño a los hombres y se encerró en la habitación. No se duchó. Así, el olor y las huellas de las caricias durarían más. A punto de meterse en la cama, vio su ordenador. Estaba encendido. Se sentó frente a él y escribió un mail.

ASUNTO: OJICANTA...

Marañuela rosada: confianza. Ojicanta: esperanza. Níspero: perseverancia. Lila silvestre: humildad. Sándalo: virtud. Ruibarbo: consejo. Dos rosas, una roja y otra blanca: el fuego de tu mirada abrasa mi corazón... Sasafrás: perfidia. Tamarindo: orgullo. Tomillo de hoja grande: sé mi apoyo. Globularia: depravación. Acacia amarilla: amor secreto...

Con la cabeza apoyada en la palma de la mano, recostado sobre el pliegue de la sábana, él la miraba. Hablaba despacio, susurrando, mientras la otra mano paseaba por la piel de ella. Pasaba la punta de los dedos por todo su cuerpo. Corina tenía los ojos cerrados, la boca sonriente. Escuchaba... Desmadejada, boca arriba, el cuerpo laxo. Con esa sensación parecida a una bajada de tensión controlada. Ese descontrol en el que cuerpo y alma sólo ansían sentir, en el que el gusto y el olfato se acentúan...

Mientras acariciaba los labios de Corina con sus dedos, él le dijo: Te he comprado un cuadro... Sin moverse, ella contestó: ¿Para qué quiero un cuadro...? La mano de él abandonó la boca. Se levantó de golpe y, sentado en la cama, la miró. Ella continuaba en la misma posición, sin inmutarse, con los ojos cerrados y la misma sonrisa. Él vio cómo abría los ojos, cómo saludaban sus pestañas a la luz, las pupilas contraídas, cómo lo miraba. Y no entendió nada. Sólo que la quería y que a ella no le importaban ni los cuadros ni las piedras de colores. Sólo el sentir, y que era el momento de besarla otra vez...

Quiéreme, Eitula. Quiéreme hasta hacerme creer que el mundo es hermoso. No quiero cuadros. Te quiero a ti.

Y envió el correo.

La mañana siguiente no comenzó excesivamente bien. Sergio llamó para decir que no iría. Aquello era un lío y no veía la necesidad de conocer a nadie del mundo de Corina. Protestaba, y a cada protesta Corina respondía con un «Te quiero», un «Te deseo». Y la voluntad de Eitula se doblegó.

Leonardo estaba nervioso. Pablo, de malhumor, aunque intentaba que no se notase en demasía. Comenzaba a no gustarle el sujeto. «Ese gabacho es un prepotente», pensaba Pablo. Aun así, hizo un esfuerzo y, a la hora prevista, todo estaba preparado. Corina caminó hacia las verjas; iba arrancando capullos, hojas. Las deshacía entre sus manos y las dejaba caer al suelo. Tenía la piel llena de luz, sus ojos brillaban y sus labios estaban hinchados de tanto besar. Aquella mañana se había mirado al espejo; su boca ya no era triste y mortecina: tenía vida. Y le había sonreído a su propia imagen.

Puso un dedo en el interruptor y las verjas se abrieron. Salió a la carretera y miró hacia las curvas. No tardó en aparecer el coche de Eitula y no tardó en llenarse de sonrisas la boca de Corina. Le hizo señales y el coche entró en el camino de guijo. Saludó a Sergio con la mano y le indicó que continuase. Cerró la verja y caminó hacia la casa. Pablo y Leonardo estaban en la puerta. Perfectamente vestidos; perfectamente arreglados; perfectamente asombrados. Un hombre se bajó del coche y se paró ante ellos. Ninguno de los tres supo qué decir. Se miraban. Sergio Eitula volvió a pensar que aquello era una locura total. Aquellos dos sujetos mirándolo, vestidos como modelos en un día de campo. Uno de ellos era el primo de Corina; no sabía quién podría ser el otro.

Tenía que salir de allí. Podían ser todos, incluida Corina, una panda de locos. Albert, su agente, se lo había advertido: no sabía nada de aquella mujer, y una noche no lo comprometía a nada. El jardín era impresionante, y la casa, lo que estaba viendo, no se correspondía con lo que él esperaba. Le asaltó el pensamiento de que aquellos sujetos querrían sacarle dinero. Su imaginación se disparaba por momentos.

—Hola, Sergio. Supongo que ya os habéis presentado.

Corina, con el pelo recogido en una coleta. Tan pequeña, tan hermosa; la cara lavada, aquella voz ronca. Se le quitó a Eitula el miedo de golpe. Tres voces respondieron al unísono.

—¡No!

Y Corina, sonriendo. Corina, con una expresión de dulzura que Pablo de la Vega jamás había visto en ella, cogió la mano de Sergio Eitula y avanzó hacia la casa mientras hacía las presentaciones.

La comida transcurrió con una normalidad que en algún momento inquietó a Pablo de la Vega. La situación no era normal y, aun así, su prima actuaba como una perfecta anfitriona. La placidez del rostro de Corina le alegraba, pero estaba dando a la situación un tono extraño. Escuchó la voz de Leonardo y dejó aquellos pensamientos de lado.

—¿Hace mucho que os conocéis?

—Hace meses, Leonardo. Ya lo sabes.

—Era por introducir un tema de conversación que no tuviese nada que ver con la comida, los vinos o el tiempo que hace esta mañana, Corina.

—Tu casa es preciosa, Pablo. Este salón, los muebles... Supongo que te habrá costado trabajo encontrarlos, hoy en día los anticuarios no tienen estas piezas a la vista, no se encuentran fácilmente. A nosotros, la casa nos la ha decorado un sujeto parisino. Mi mujer se empeñó. Creo que lo vio en una revista y le gustó el estilo. Por supuesto no tenemos plata, me parece agobiante...

Corina vio cómo Pablo de la Vega se atragantaba con una porción de tarta de arándanos que ella había cocinado aquella misma mañana. A su primo, las palabras de Sergio no le hacían gracia. Se animó a aumentar un punto más la angustia de Pablo.

—Sergio, te expliqué mal las cosas. La casa no es de Pablo, realmente es de Leonardo. Como son pareja, siempre me refiero a esta casa como la de Pablo y la considero mía. Los muebles son de la familia de Leonardo. Tienen esta villa desde hace años, la construyó su abuelo. Aquí no hay nada de anticuario, Sergio. Muchos estarían encantados de poder tener estos muebles en su tienda, pero a Leonardo no le hace falta. Todos se compraron en el momento de la construcción; en realidad, se encargaron a medida.

Leonardo Scarpia había terminado su licenciatura en Arte con una beca, como todos sus estudios, y su casa natal estaba lejos de parecerse al entorno que le rodeaba. Su infancia había transcurrido lejos de la Piazza del Duomo; Leonardo había crecido en uno de los arrabales industriales de Milán. Pero la clase, la elegancia y las dotes teatrales no han de ser genéticas. Sabedora de ello, Corina había pronunciado las palabras y no se sorprendió al escuchar la respuesta de Leonardo. Sí se sorprendió, en cambio, al ver la cara de Sergio Eitula cuando mencionó la palabra pareja. La cara de su primo Pablo era también digna de foto: el pedazo de tarta había regresado a su boca y lo dejaba reposar en uno de los carrillos. La estupefacción le estaba haciendo perder los modales, pensó Corina.

—Realmente es como te ha dicho Corina, Sergio. Pero mi casa, mis casas, todo lo que tengo, lo comparto con Pablo. Y, por supuesto, con Corina. Casi me aburre esta clase de vida: vivo de las rentas. Gracias a Pablo, ahora he tomado de nuevo interés por la investigación.

Encendió un cigarrillo y se lo dio a Corina. Pablo de la Vega miraba a un lado y al otro. No era capaz de improvisar nada.

—¡A mí me parece bien!

El tono de Sergio Eitula fue apurado.

—¿Qué es lo que te parece bien, Sergio? Creo que no te hemos entendido.

—La homosexualidad, Corina. No tengo nada en contra, por supuesto que no...

—Nunca lo hemos dudado.

Pablo de la Vega logró tragar el trozo de tarta y respondió a Sergio fríamente. Cada vez le gustaba menos el individuo. Corina se estaba equivocando. Cuando ya estaba a punto de levantarse con la excusa de descansar un rato, la voz de Leonardo volvió a provocar un vuelco en su corazón.

—A nosotros también nos parece estupendo vuestro lío. No tenemos nada que decir sobre que tú estés casado y tengas un lío con nuestra Corina, Sergio...

—¡Yo no tengo un lío con nadie, Leonardo! Aborrezco esa palabra.

—Claro que no, querida. Estoy de acuerdo. No es nada deshonesto lo tuyo con el señor Eitula. Es una traición en toda regla, eso es lo que es. Esto es un lío *a la catalana*. Sólo eso. Se llama así y también lo hacen los burgueses franceses. Realmente, la gente no sabe qué es un lío; un lío en condiciones es el de los dogoneses. Los dogoneses son una tribu que vive en Mali, en la falla de Bandiagara, y tienen tres mujeres: una por interés, otra para amar y una tercera, la más joven, para cuidarlos.

—Encuentro todo esto inapropiado, Leonardo...

—Creo que el señor Eitula tiene razón, Leonardo: lo es. Totalmente inapropiado. Sobre todo cuando él nos ha informado que su mujer contrata a decoradores franceses. Cuando la nombra ante Corina. Tiene razón el señor Eitula: es inapropiado, Leonardo. Me voy a descansar un rato. ¿Me acompañas? Puede que Corina tenga que hablar con nuestro invitado.

Pablo de la Vega exhalaba hielo entre los dientes. Eitula podía ganar un Goncourt, podía ser una eminencia con la pluma, pero era una persona cargada de vanidad y prepotencia, sin la más mínima sensibilidad. Corina miró en silencio a Sergio.

—A mí no me importa, Sergio. Pablo es un poco extraño. Supongo que me quiere demasiado. No importa lo de tu mujer.

—Perdona. Me sentía relajado, cómodo. Ha sido eso, Corina. No volverá a suceder. Lo siento. De todas formas, son extraños. Y, desde luego, los homosexuales me ponen muy nervioso. No entiendo el motivo, pero me sucede eso.

—No lo entiendo, pero no importa, qué más da. Ven, quiero enseñarte algo.

Caminaron por el jardín, vieron la piscina y llegaron al pabellón. Al entrar, Sergio Eitula no miró la decoración. Abrazó y besó a Corina, ella le arrastró a la habitación y Corina volvió a convertirse en una esclava. A cada beso, a cada caricia, encadenaba su alma a la de su amante.

Nadie la había querido tanto, nunca. La besaba con cuidado; le acariciaba el pelo con sus manos grandes y ella las besaba. Metía los dedos de las manos en su boca. Se recreaba en la piel, en el sabor, en los olores mezclados. Cerraba y abría los ojos con asombro a cada sensación nueva.

—El mail que me escribiste ayer es precioso, Corina. Precioso...

—Es lo que siento. Sólo puedo hacer lo que siento, Sergio. La comida nunca me sale de la misma manera. Depende de mi estado de ánimo; unas lentejas pueden ser tristes o alegres. *Como agua para chocolate*, Sergio. Así es mi vida y así es mi forma de entenderla. Yo creo que la mujer de la novela, Tita, existe. Los sentimientos se transmiten en las letras, en las miradas, en la comida. En todo. El odio y el amor se pueden traducir en cada acción de nuestra vida. Cada mujer, en su cocina, hace alquimia, Eitula.

—Crees demasiado en todo, Corina. En todo...

—Hasta ahora ni siquiera creía en mí. Ahora mi credo eres tú. El resto del mundo, el resto de las cosas, no tienen importancia, Sergio. Ninguna.

—Yo también te quiero, Corina. Pero no se debe querer tanto. Hace daño...

—No voy a discutir eso; no lo haré. ¿Quieres bajar a Lisboa? Aún están las tiendas abiertas y podremos visitar la ciudad. Recuerda que estás trabajando.

—Bien. Vamos.

Corina se levantó, pulsó unos botones del CD, caminó hasta la piscina y se dejó caer en el agua. Los Gipsy Kings bramaron a todo volumen «Hotel California». Sergio la miraba nadar, descansar flotando boca arriba. Entró en la piscina y la abrazó. Corina. Corina la áspera. Corina la huraña. Corina la malhumorada. Corina la de la palabra dulce, la de la letra transmisora de sentimientos. Corina la amante... Corina la extraña.

—Abrázame más fuerte. Cuídame. Quiéreme. No me dejes nunca sola...

—Yo te cuidaré, Corina. Yo te cuidaré. Yo te quiero y nunca estarás sola. Nunca más.

—En el agua se está bien, Sergio. Tú sabes a agua. A agua con azúcar, con caramelo. El agua aísla. Limpia. Como tú. Me aíslas y me quitas a cada caricia la pena, me haces olvidar.

—Siempre quieres olvidar, Corina. Siempre hablas de pena y no sé por qué. No sé qué deseas olvidar.

—Vámonos ya. Si no nado tengo frío. Esta noche cenamos aquí, ¿te parece bien?

El coche salió de la villa en dirección a Lisboa, con una Corina enganchada de la mano de Eitula. Con el pelo húmedo, sin maquillaje, enfundada en unas gafas negras. El mundo le parecía hermoso a cada minuto.

—¿Te gusta esa música, Corina? Me refiero a la que has puesto antes.

—Sí, mucho, Sergio. Supongo que a ti te parecerá horrenda. A mí me gusta.

—En fin... No importa. Supongo que ésta no será de tu estilo. —Y subió el volumen de la música.

—Cassandra Williams... Sí, me gusta. Pero no entiendo lo que dice. Jamás fui capaz de aprender inglés. Pero sí, me gusta. Tienes tendencia a pensar cosas, Sergio. Piensas de mí cosas que no sabes si son ciertas o no. Ayer me creíste una especie de prostituta de lujo. Hoy, con mi primo y Leonardo, has estado tenso; has pensado que podíamos ser una panda de maleantes o más bien de aprovechados. Te debates en esas dudas, Sergio.

—¿Cómo sabes eso?

—Deja de mirarme con cara de asombro y pon la vista en la carretera, por favor. Conduces demasiado deprisa. Lo sé. Por tu mirada. Por tu lengua que, en ocasiones, cuando está en mi boca, sabe a duda, a miedo. Por tus manos: acarician con temor. No eres capaz de entender que te quiero porque sí, porque has sido lo mejor que me ha pasado en la vida y te quiero tanto que me duele. Lo sé porque huelo tu miedo. Miedo a engancharte de mí; miedo a querer. Porque piensas que no hay amor feliz. Como Françoise Hardy. Y yo, cuando estoy contigo, no pienso nada, no dudo nada. Como tu compatriota: soy la más bella del baile. Así quise sentirme siempre y así me siento ahora.

—Eres bella, mucho. Más de lo que crees. Nunca te has mirado bien. O no han sabido mirarte, no lo sé. Pero eres bella. Nunca vi esa mirada en nadie, Corina. Es pura belleza.

Llegaron a Lisboa en silencio. Y caminaron de la misma manera. Corina sólo necesitaba la mano de Sergio enganchada a la suya, no necesitaba las palabras. No en aquel momento.

Pasearon por Rosio, visitaron el elevador de Santa Justa y por Via Augusta entraron en la Praça do Comércio. Corina compró un libro de poesía. Un joven vendía sus poemas en libretos grapados. *Efeitos especiais*. Se llamaba Carlos Gouveia e Melo.

—Otro día iremos a la Alfama, Sergio. Ahora estoy cansada. La espalda. La edad no perdona.

Y, sentados en una terraza de un café, en una esquina de la plaza, repasaron las notas y las fotografías que habían ido tomando. Él añadía apuntes literarios y Corina, arquitectónicos.

Al regresar a la villa saludaron a sus anfitriones y se encaminaron directamente al pabellón. El estupor de Pablo iba en aumento.

—Déjala, Pablo, déjala. ¿No ves qué brillo tiene en la cara?

Desde que la conozco nunca la había visto así. Es hermosa, Pablo; lo es. Hay que mirarla dos veces para apreciarlo, pero es una muñeca de porcelana con aires de princesa guerrera. Ahora está encontrando lo que nunca tuvo. Déjala vivir. Lo que suceda no importa. Esto nadie se lo arrebatará. Ya ha sufrido suficiente.

Pablo de la Vega dejó deslizar una lágrima, se enganchó a la cintura de su amante y musitó un «sí» apenas audible.

Sergio llevó su ordenador a la casa de la piscina; Corina cambió su ropa por un pijama y se recogió el pelo en un moño. Se pusieron a trabajar.

—¿Has entendido la idea?

—Sí, Sergio, creo que sí. Estoy pasando las fotos de la cámara, ahora te lo enseño. Eso que has escrito no me gusta: demasiado aséptico, no refleja lo que uno siente al traspasar el arco que da entrada a la Praça do Comercio, esa luz, el mar al fondo. La sensación que transmites es la de una ciudad para una visita turística, Sergio. No es precisamente la visión que yo daría de una ciudad para el amor. Tendremos que volver a Lisboa, ir a la estación de ferrocarril de Rosio. El ferrocarril es propicio a las historias de amor. Y nos queda Sintra.

—Sí, tienes razón. Nos queda trabajo. He pensado incluir Portugal como país, entero, no sólo Lisboa. Creo que podremos hacerlo. ¿Alguna idea?

—Coimbra. Ése puede ser el final. Comenzamos en Lisboa, como lugar de encuentro. Y terminamos en Coimbra, con la historia de Inés de Castro. Si te parece, escribimos algo de Mariana Alcoforado, la monja de Beja. En Francia, esa historia les encantó en el pasado. Podemos unirlo todo. No es necesario ir a Beja a rodar, una voz en *off* camino de Coimbra puede contar la historia.

—Bien, magnífico.

Y continuaron trabajando. A cada rato se cambiaban los ordenadores y leían lo que el otro había escrito. Discutían y regresaban al trabajo. Ya era noche cerrada cuando el teléfono de Sergio Eitula emitió un pitido seguido de otros más. Respondió mientras caminaba hacia el exterior.

—Dime, Albert.

—No estás en tu hotel. He llegado esta noche y no estás en tu hotel. El equipo de rodaje llega la semana que viene. Espero que tengas al menos un esbozo del guión terminado. No sé cómo saldremos de ésta. El Ministerio de Turismo de Portugal está encantado con la idea, Sergio, pero no podemos cometer errores.

—Saldremos como siempre: bien. Y sí, tengo prácticamente terminado el guión, no un esbozo de guión. Antes de que termine la semana estará completo. Por cierto, he pensado que rodaremos en Coimbra. Prepáralo todo. Tres días en Lisboa y tres en Coimbra.

Albert protestaba sin parar y Sergio escuchaba impaciente.

—Te he dicho que lo haré de esa manera. Te gustará la historia. Mañana te la explicaré con todo detalle.

—¿Estás con ella?

Sergio Eitula dudó. Después se enfureció y por último respondió con una voz menos seca de lo que hubiese querido.

—Sí, Albert. Estoy con ella. Y ahora, si no te importa, voy a continuar trabajando. Un minuto, Albert, quiero hacerte una pregunta: ¿cómo crees que es ella, Corina?

—No sé. Bueno, sí lo sé. Como todas: alta, de grandes pechos. Como todas, Sergio. ¡No sé a qué viene la pregunta!

—A nada. Nos vemos.

Sergio colgó el teléfono y lanzó una risotada. Pechos grandes, alta... Pablo y Leonardo se acercaban por el camino y pararon en seco. Se miraron.

—¡Está claro que está loco!

—Se ha reído, Pablo. Más que loco es una imagen horrenda. No quiero pensar en Corina. Francamente: es un monstruo de fealdad. Las manos, tal vez los ojos, pero nada más.

—Pues no pienses en Corina; no en lo que estás pensando. Vamos, hagamos frente al *Cyrano*, que ni eso es, carece de sensibilidad alguna, cada vez estoy más convencido. ¡Espera!

Sergio hablaba de nuevo por teléfono. Leonardo y Pablo aguardaron entre los arbustos.

—Esto es ridículo, Pablo. ¡Parecemos espías de una película absurda!

—Está hablando con la otra. ¡Déjame escuchar!

—La otra es Corina, si no me he perdido hasta ahora...

—¡Déjame escuchar! Le está diciendo que se encuentra mal. Que le encantaría estar en casa. Le pregunta por su hijo. Y ahora le dice que se va a cenar a Lisboa. ¡Es un canalla!

—Pablo, entiendo perfectamente lo que dice, no es necesario que me lo radies...

Sergio Eitula colgó su móvil y entró en el pabellón. Corina tenía las manos sobre el teclado y escribía sin parar. A su lado un cigarrillo se consumía en el cenicero lleno de colillas.

—Era Albert. Fumas demasiado, Corina.

—Sí. «Fumo mucho. Demasiado. Fumo para frotar el tiempo y a veces oigo la radio, y oigo pasar la vida como quien pone la radio. Fumo mucho. En el cenicero hay ideas y poemas y voces de amigos que no tengo. Y tengo la boca llena de sangre, y sangre que sale de las grietas de mi cráneo y toda mi alma sabe a sangre, sangre fresca no sé si de cerdo o de hombre que soy, en toda mi alma acuchillada por mujeres y niños que se mueven ingenuos, torpes, en esta vida que ya sé. Me palpo el pecho de pronto, nervioso, y no siento un corazón. No hay, no existe en nadie esa cosa que llaman corazón sino quizá en el alcohol, en esa sangre que yo bebo y que es la sangre de Cristo, la única sangre en este mundo que no existe, que es como el mal programado, o como fábrica de vida, o un sastre que ha olvidado quién es y sigue viviendo, o quizá el reloj y las horas pasan...»

—«Te mataré mañana cuando la luna salga y el primer somormujo me diga su palabra, te mataré mañana poco antes del alba cuando estés en el lecho, perdida entre los sueños y será como cópula o semen en los labios, como beso o abrazo, o como acción de gracias, te mataré mañana cuando la luna salga y el primer somormujo me diga su palabra y en el pico me traiga la orden de tu muerte que será como beso o como acción de gracias o como una oración para que el día no salga, te mataré mañana cuando la luna salga y ladre el tercer perro en la hora novena en el décimo árbol sin hojas ya ni savia...»

—Preciosos poemas, Sergio. ¿Te gusta Panero? Dicen que está loco. A mí no me lo parece...

—Me gusta Panero, Corina, y quiero matarte de esa forma...

Cuando Leonardo y Pablo entraron en el pabellón empezaron a comprender lo que unía a Sergio y a Corina. Habían escuchado los poemas, vieron cómo él leía por encima de su hombro a la vez que le daba un masaje en el cuello. Ella torcía la cabeza y se besaban. Comentaban algo que miraban en el ordenador y se acariciaban al mismo tiempo. Eitula no parecía la fiera que había soltado la carcajada siniestra; su cara no era la misma: la ternura se reflejaba en ella cuando miraba el cuello de la mujer. Y la mano acariciando el pelo no era ninguna imagen ruda.

—Buenas noches. No queremos molestar, pero es tarde. Os hemos traído alguna cosa de comer. Y de beber, por supuesto.

—No me di cuenta de la hora. ¿Cómo estáis? Nosotros estamos trabajando en el proyecto de Sergio. Mira, Pablo.

Y mientras los tres hombres comentaban las líneas que salían en la pantalla, Corina repartió platos y vasos por la mesa.

—Nosotros nos vamos, Corina. Es una cena para dos. Estamos cansados. Magnífico trabajo, sí que lo es.

—Mañana volveremos a Lisboa, Leonardo. Tendréis que dejarnos algún material para estudiarlo. Y gracias. Me gusta esto, me divierte.

—De nada, querida. Es una manera de contar la historia de Lisboa diferente, muy diferente. Por cierto, he quedado sorprendido con tu *Libro de las plantas*. Precioso, bello. Así es.

—No volveré a darte las gracias, Leonardo. Aún me falta mucho para terminarlo.

—Bueno, tanta alabanza no referida a mí, me aburre. Buenas noches.

—Siempre fue así, Pablo. Necesitas el halago.

—Como tú, querida prima.

—Sí. ¡Ale! Si no queréis nada más, marchaos. Tengo hambre.

Sergio Eitula tenía un gesto contrariado cuando se dirigió al sofá. Se sentó y dejó que Corina se acurrucase junto a él. Comieron casi sin hablar. Corina se levantó de pronto.

—Tengo frío...

Puso palos y troncos en la chimenea y encendió la madera. El fuego comenzó a crepitar.

—Me duelen la espalda y la cadera, aún hace frío. ¿Qué te pasa?

—Nada, ven. No hace tanto frío, Corina. Siempre tienes frío.

Ven. Es eso del *Libro de las plantas*. Aún no me lo has enseñado. El trabajo de esta tarde es estupendo. Pero me preocupa eso del *Libro de las plantas* del que habláis todos. Yo no podré ayudarte. Supongo que lo entiendes. No en mi editorial. Es lo que quería decirte. Cuando lo tengas terminado, Albert lo llevará a varias editoriales; eso sí podré hacerlo, Corina.

—Vamos a la cama. Tengo frío. No quiero hablar del libro, y menos aún de tu editorial o de ninguna. No te he pedido nada, Sergio. Nunca. Sólo que me quieras. Y no sé si publicaré el libro algún día.

La chimenea de la habitación estaba encendida desde hacía rato. Se metió en la cama y vio cómo Sergio la miraba.

—¿Ahora qué pasa?

—No sé si debo quedarme aquí. No es correcto, debería irme a Seteais.

Corina apartó las sábanas con los pies, se levantó de un salto y caminó hasta quedar al borde agarrada a una de las columnas que sujetaban el dosel. Se encaró al hombre.

—No es correcto. ¡Nada de esto lo es! ¡No es correcto! No es normal que yo pasee contigo por Lisboa; no es normal que estemos juntos de esta forma; no es correcto que tengas a tu mujer y a tu hijo tirados, en una casa de lujo pero abandonados, mientras a mí me conviertes en tu puta. No lo es, nada lo es. ¿Y qué? ¿Qué me importa a mí la corrección, el orden o nada? Yo siento. Yo te quiero. Yo te deseo y el resto del mundo puede desaparecer, no lloraría por ello. Al parecer, tú sí.

—Tú también estás casada. La única diferencia es que no tienes un hijo, Corina. Puede que así lo entendieses. Nos separan tantas cosas...

Las manos de Corina se quedaron blancas, sin apenas color, de tanta fuerza como hizo contra la madera.

—Nada nos separa. En mi puerta, en la de mi casa, hay una *mezuzah*. En mi cartera, una estampa de santa Rita. Conozco el Corán. Tú eres musulmán. ¿Y qué? ¿Voy a dejar que eso, unos símbolos, nos separen? Y qué poco me conoces, qué poco lees en los ojos o en las letras: yo tengo un hijo y lo sabes. Enterrado. Ahora está bajo tierra. No en una tumba fría: bajo tierra. En mi tierra. Envuelto en una sábana, es lo único que lo separa de la tierra. La tierra es una madre que cobija. Tengo un hijo al que quiero con locura. Un hijo precioso. Rubio. Jugaba con él. Me tiraba en las alfombras y jugaba con él. Le hablaba. Lo tocaba. Y él, a mí, me acariciaba la cara. Decían que era deficiente. Y lo era. A su padre, al que tú llamas mi marido, le aterraba acercarse a él, a mi hijo. Y a mí. Me despreciaba. En casa, en la cama, en todo. En el trabajo no: le convenía, le hacía sus proyectos. Él era el trabajador incansable y yo la inútil. Sus mejores edificios los he diseñado yo. Nunca miró mis manos. Las tenía llenas de cosas que ofrecer. Llenas de amor. Llenas de las mismas caricias que ahora te doy a ti y jamás di a nadie. No las quiso. Nunca. Y mi hijo, Rodrigo, se murió una noche de luna fría; de luna negra. Se lo llevó la maldita luna. Y en mi casa todos respiraron. Profundo. Llenando los pulmones de aire nuevo. En los míos, en mis bronquios, aún guardo el último suspiro de mi hijo. Él respira conmigo. Para ellos, la muerte de mi hijo fue un alivio. Para mí, un poco más de muerte en la vida. En una vida que nunca pudo ni dar ni recibir: estaba prohibido. Normas, reglas... Y si hubiese vivido, si aún estuviese vivo, yo te querría igual. Me sobran caricias, me sobra amor para dar. Y todos, todo el mundo, y ahora tú, se empeña en que lo esconda. Y no voy a hacerlo. ¡No creo en tus reglas! ¡Ni en las de ellos! Creo en lo que siento y siento que te quiero y te deseo. Y sé que vivo porque mi cuerpo se mueve con el tuyo. Cuando te tengo dentro. Por tu boca. Por tu semen cuando resbala por mi matriz. Por tu lengua cuando está enganchada a la mía. Por tus ojos mirándome cuando no resisto más y grito de placer. Por la mano que me agarras cuando creo que no podré respirar de tanto gozo como siento. Y lo siento por ti y para ti. Y tú, tú me hablas de lo que está bien. ¡Vete con tu bien! Ni siquiera conoces el sentido de esa palabra.

El rostro de Sergio estaba más blanco que las manos de Corina. Se acercó a la cama y agarró la cintura de la mujer con fuerza. La besó y le acarició el pelo. Ella dejaba que la besase y lo empujaba a la cama. La furia y el placer se confundieron en una noche larga, pero sin sombras en la mente de ninguno de los dos.

El despertar se llenó de caricias, de miradas; pocas palabras tenían cabida. Corina no quiso ir a Lisboa. Le dolían las caderas y quería terminar de preparar los textos de Sergio. Eitula se fue camino de Lisboa con una sensación extraña. No la conocía. No había logrado conocerla. Le asustaba aquella pasión que demostraba incluso en los textos que escribía.

Corina tardó en levantarse. Cuando lo hizo preparó una infusión de hojas de fresno, grosella y toronjil; salvia, arenaria roja y caléndula. Con los mismos frutos preparó un emplasto que envolvió en un trapo de hilo. Con la jarra de infusión y el emplasto, caminó hasta el sofá. Se puso la cataplasma en el sacro y bebió un vaso de la tisana. El tiempo estaba cambiando. El viento arreciaba y las ramas de los árboles, los arbustos, el jardín entero cobraba una nueva forma. Eso era lo hermoso de las plantas, de los árboles: a cada mirada cambiaban. Estaban en permanente mutación. El saúco rojo estaba floreciendo; los frutos color escarlata eran venenosos, pero bellos. Todo lo bello solía ser peligroso, pensaba Corina. El ligustro no tenía frutos y la hierba mora aún no estaba en plena floración. Tendría que volver a casa. Hablaba cada día con Luisa, confiaba en ella. Pero unos días más, a lo sumo una semana, y tendría que regresar. Los tendejones para los laboratorios estaban preparados; los técnicos comenzaban a instalar los distintos equipos y al parecer algún biólogo ya había llegado al pueblo y estaba preparando su casa. Tendría que decírselo a Sergio. Una vez más él diría que le había mentido. No entendía que no era necesario contar nada, que le cansaba tener que explicar cómo era su vida. Había cosas que se notaban, se olían, se sentían. Ella sabía muchas cosas de él. Por los silencios, por la voz, por las respuestas a preguntas que ella en ocasiones no hacía. Torcía la boca de una manera especial cuando algo le desagradaba, en un gesto repetido y casi imperceptible. La manera de tocarse el reloj constantemente cuando estaba nervioso. Respondió al teléfono.

—Tardas en contestar, Corina.

—Amalia, ¿cómo estás? Estaba pensando. Me di cuenta ahora de que estaba sonando. Estoy tumbada con una cataplasma en el sacro, me duele la espalda. Lloverá pronto.

—Bien, trabajando mucho. Estoy en tu casa, he pedido unos

días de descanso. Alguien tiene que estar aquí; Leonor y yo nos iremos turnando. Los laboratorios están quedando fantásticos, Corina. Es espectacular todo esto. ¿Tú estás bien? Dejando aparte la espalda, a nuestra edad duele todo. No empieces a ponerte neurótica pensando que te mueres.

—Sí; estaba pensando que tenía que regresar. En eso pensaba. Al mirar el jardín de Pablo recordé el de Melania.

—El jardín está como siempre, las estaciones no se notan en él, ya lo sabes. Dicen que es el microclima, pero francamente es como si todo él fuese un invernadero gigantesco, Corina. Es fascinante. ¿Estás con él?

—Sí, ahora se ha ido a Lisboa; yo no tenía ganas. En diez días estaré en casa, Amalia. Quiero proponerte algo; cuando vuelva hablamos.

—Espera, alguien quiere decirte hola.

*—Ici la France! Bonjour madame la marquise...*

—¡Jajajaajaja! Jaime, ¿estáis todos instalados en mi casa? Me encanta, seremos una comuna.

—No, Corina, he venido a traer unas cosas de Amalia. Me iré hoy, pero después de comer. Luisa está haciendo tortos de maíz y eso no lo perdono. Sé que estás bien, la ausencia de mails plañideros en mi correo me lo indica. Cuídate, Corina. Te quiero.

Corina colgó el teléfono y se levantó. El dolor había cedido. Regresar. Debía regresar. Encendió los ordenadores y se puso a trabajar en el guión. Volvió a sonar un teléfono. No era el sonido de su móvil. Miró a su alrededor y vio el móvil de Sergio. Albert. Pensó si debía responder a la llamada; podía ser importante, y él conocía su existencia. Respondió.

—Soy Albert. No has venido a dormir ni me has llamado.

—Señor Camí, Sergio se ha ido. Ha olvidado su teléfono. Soy Corina.

Albert Camí estuvo a punto de colgar. Sergio lo mataría y mataría a la mujer. Si se enteraba de que ella había respondido los mataría a los dos. Podía llegar a ser extremadamente violento. Lo zarandearía, eso lo tenía asegurado.

—Ya. Bueno, no importa, volveré a llamar... No le diga que he llamado, no es importante.

—Señor Camí, él mira las llamadas, las recibidas, las perdidas. No se preocupe, no peligra nuestra integridad física, al menos de momento. Déjeme el recado si lo desea, yo se lo daré. Regresará a la hora de comer.

—Dígale que tendríamos que vernos. El guion. No sé si usted lo sabe, pero está haciendo un guion para una serie. Y necesitábamos repasarlo, he de enviar un resumen a París, señorita.

Albert Camí volvió a pensar que aquella voz le dominaba. No entendía el motivo por el que le explicaba aquello. Al fin y al cabo, no era más que otra de las putas de Sergio. Al momento cambió de opinión, la voz transmitía confianza. Y la respuesta le dejó más asombrado aún.

—Estamos en una villa a pocos kilómetros de Seteais, del palacio. Si lo desea puede venir. Tome nota de la dirección, venga ahora si quiere. No es agradable estar solo en un hotel. Al menos para mí.

Albert tomó nota y no pensó en las consecuencias. Salió raudo. Aquel cabrón de Sergio había alquilado una villa. Desde luego la productora no lo pagaría y Esperanza miraba todas las cuentas de los bancos; hasta los recibos del teléfono miraba la zorra aquella. Albert la temía en la misma medida que la odiaba. Conocía todas las aventuras de su marido, pero era absolutamente indigna; se parapetaba tras sus imaginarias enfermedades mentales y ejercía un poder sobre Sergio que él jamás entendería. La comodidad, eso debía de ser. Mientras pensaba todo aquello llegó a unas verjas, miró incrédulo el muro y más incrédulo aún vio cómo las verjas se abrían. Aquello iba a costar una fortuna; hasta tenían jardinero, le estaba saludando. No saldrían de ésta, Sergio se había pasado aquella vez. Condujo paseo arriba y llegó a una rotonda. Aparcó el coche y miró a su alrededor. Hacia él avanzaba una criada.

—Buenos días. Busco al señor Eitula...

—Buenos días, señor Camí. Ha tardado poco en venir. Ustedes, los franceses, tienen debilidad por la velocidad. Soy Corina Jacoby, encantada de que esté en mi casa.

Albert Camí no era capaz de asimilar nada. Aquella mujer de pelo rubio no medía más de un metro sesenta, o ni siquiera eso.

Iba calzada con unas botas camperas, vestida con unos pantalones de pana y un suéter desgastado. Y un mandil, llevaba un mandil. No pudo decir nada. Aquellos pelos, recogidos de mala manera en aquel moño.

—Buenos días.

Albert Camí miró hacia un lado, al lugar de donde procedían los saludos. Habían sido dos voces diferentes. De pronto se dio cuenta de que la mujer y las dos voces le habían saludado en francés, casi sin acento. Dos hombres esperaban en la entrada de la casa. Dos hombres jóvenes. Uno de ellos se parecía a la mujer.

—Señor Camí, le presento a mi primo Pablo y a su amigo Leonardo, y si no le importa pasaremos, estoy quedándome helada. He de ayudar a la cocinera a terminar un plato que estábamos preparando.

Entraron los cuatro en la casa. Albert se arrepentía de estar allí. No sabía quiénes eran aquellos hombres, ni terminaba de comprender lo de la mujer. No podía ser ella. Era absolutamente imposible.

Los dos hombres le ofrecieron un oporto y le invitaron a sentarse. La casa era magnífica, suntuosa. Poco a poco se enfrascaron en una conversación que hizo a Camí olvidarse de todo pensamiento que no fuese la literatura. Pablo y Leonardo eran dos personas encantadoras.

—Señor Camí, si lo desea, podemos ir a ver eso que tanto le preocupa —interrumpió Corina.

La mujer se había quitado el mandil y le sonreía. Salieron de la casa y cruzando por el jardín llegaron al pabellón.

—Esta piscina es preciosa. Han aprovechado muy bien el recurso de la cascada, señorita Jacoby.

—Corina. Si no te molesta nos tuteamos, me resulta enojoso el usted a cada rato. No es una cascada natural, Albert: yo lo proyecté para que lo pareciese. Sí, quedó bien; casi nadie nota la diferencia. Quedó integrada en el jardín perfectamente, me gusta.

—¿Tú la proyectaste?

—Soy arquitecto, Albert. Creo recordar que hasta doctora en arquitectura, pero eso no tiene mérito, diría que prácticamente me regalaron el doctorado. Desde hace unos meses lo he dejado, no trabajo en esto. Me dedico a las plantas. Bueno, ya te lo contaré si quieres. Pasa. Aquí trabajamos estos días.

Albert Camí entró en el pabellón. Escuchó las explicaciones de Corina y vio en la pantalla lo que había escrito. La miraba asombrado. Aquello no estaba escrito por Sergio. Él era más cortante al escribir, más austero en la palabra. Lo que estaba leyendo destilaba cada uno de los olores y colores que describía. Escuchó a Corina decirle que se iba a duchar, y algo de Sintra. Respondió que sí y continuó leyendo. La mente de Albert comenzó a ver un porcentaje en lo que leía. Olía el dinero. Cualquier editorial pagaría mucho por aquello. Pensó que ese porcentaje ya lo tenía: presuntamente, aquello lo había escrito Sergio.

—¿Qué coño haces aquí? ¿Quién te dijo que vinieras?

Albert Camí no se volvió. La voz era suficiente, la cara sería aún más temible. Cuando se estaba dando la vuelta escuchó otra voz.

—Yo le dije que viniese, Sergio.

—Yo no te mandé que lo hicieses, Corina.

—Yo no hago lo que tú me ordenas, Sergio. Y te recuerdo que es inútil que hables o insultes en francés. Amén de inútil, es de mala educación. En esta casa se habla castellano.

Albert se había vuelto. Una mujer levemente maquillada; el pelo suelto y desordenado; vestida de negro de pies a cabeza: pantalones y una camiseta ajustada. Una camiseta que terminaba en un pico y dejaba ver el comienzo del pecho. La voz era la misma, pero no era posible. La mujer que estaba ante Sergio, mirándole a los ojos, era hermosa, mucho. Y la altura. Miró hacia los zapatos. Un tacón se asomaba por el dobladillo del pantalón. Corina Jacoby podía parecer una fregona o una mujer absolutamente sofisticada.

—Él sabe hablar, Corina, aunque parezca que se ha quedado sin lengua. Te he dicho mil veces que no quiero que nadie sepa esto, eres incapaz de entenderlo. Estamos aquí instalados, ahora se presenta Albert. ¿Quién coño más sabe que te has liado conmigo?

—No voy a contestar a eso. Es una insolencia, una grosería y hasta una falta de caridad. Doy por hecho que es el susto. El miedo con el que vives permanentemente, Sergio. Ya hablaremos de ello. Anda, ven. Albert no dirá nada, no le interesa que nadie lo sepa. Y a los míos, les eres indiferente. Ellos no son un peligro para ti y tú no eres interesante para ellos.

Y, ante el asombro de Albert, se abrazó a Sergio y lo besó en la boca. Aun con tacones parecía diminuta junto a Eitula.

—Vamos a comer. Hoy he hecho la comida yo, espero que os guste a los dos.

—Sergio, esto que he leído es magnífico. Te has superado. Es diferente...

Eitula no respondió, daba por hecho que lo era. No se molestó en pensar que quien lo había escrito prácticamente en su totalidad era Corina. Albert miró a Corina y ella respondió con una sonrisa.

La mesa del comedor estaba cubierta por una pesada tela granate. Sobre ella, un mantel de encaje de Bruselas, blanco. Un decantador de cristal tallado y asa de plata repujada y una vajilla de flores, las copas con unas iniciales casi bordadas sobre el cristal. Los bajoplatos, los platos del pan. La plata y las flores refulgían. Albert Camí lo miraba todo con estupefacción.

—Leonardo, distribuye tú los puestos, por favor.

—Cada uno que se siente donde quiera, qué más da, Pablo.

—¿Quién cumple años?

Fue la única pregunta que se le ocurrió a Camí y la respuesta fueron las miradas interrogantes de los habitantes de la casa.

—Albert, ellos comen así todos los días. Gracias a Dios, han prescindido de la fastidiosa costumbre de tener que servirnos nosotros con alguien al lado, a la francesa.

—Claro, Corina. Y tú comes cada día en un comedor distinto, dependiendo del tiempo.

—No, Pablo, el grande no lo utilizo nunca. Y menos ahora que estaré sola.

Y se rieron Pablo, Leonardo y Corina, sin que Eitula y Camí comprendiesen el porqué de la risa.

Apareció la cocinera e hizo un gesto a Corina.

—Vengo ahora. Espero que os guste la comida, son recetas de Melania.

Camí miró de forma interrogante a Sergio y éste se encogió de hombros.

—Es su tía. Era su tía. Se murió.

Albert Camí era una figura de piedra. Cada vez comprendía menos. Una arquitecto que no trabajaba pero proyectaba aquella maravilla de piscina. Los dos hombres en aquella casa; eran amantes, eso lo tenía claro. Sergio dominado por la furia pero a la vez amansado por los besos de Corina. Una extraña mujer que estructuraba textos como lo haría un profesional, y decía ser arquitecto.

—*Voilà!* Espero que os guste. Manuela, déjalo en esta mesa, yo lo iré pasando, gracias. Ésta es la comida de hoy. Los restos los tomaremos en la cena. Sopa de malvas y pollo con rosas. El postre vendrá después. Albert, te aseguro que está muy bueno, pruébalo. Tenemos una comida alternativa, pero prueba esto.

Con prevención, Eitula y Camí comenzaron a comer. Los otros lo hacían como quien toma un filete, con absoluta normalidad. De la prevención, pasaron al deleite.

—Está exquisito, Corina. Realmente exquisito. Extraño, diferente.

—Sergio, creo que ayer te lo dije: Laura Esquivel tiene razón. La cocina es pura alquimia. Yo creo en esas historias. Malva sencilla transmite dulzura. El pollo lo he cocinado con rosas amarillas, rosas blancas, rosas de china y rosas de cien hojas. Así que estamos comiendo infidelidad, sigilo, voluptuosidad y agradecimiento. Todo eso comemos. Ahora, cada cual le dará el uso adecuado a cada virtud de la flor. O a cada defecto, si algo de lo que he dicho es un defecto o algo poco honorable. ¿No te parece, Albert? Al entrar en nuestros cuerpos lo transformaremos en lo más conveniente, según lo que sintamos. La magia está dentro de cada uno.

—Sí, Corina. Supongo que sí. Yo sólo diré que me gusta esta mezcla.

Sergio Eitula habló poco durante la comida. El postre le agradó, pero tampoco dijo nada. Helado de chocolate con flor de tomillo y violetas confitadas... Prefería no conocer el significado de aquello.

Tomaron el café en el salón y Albert elogió un mascarón que colgaba de una de las paredes.

—«En las arenas de Magallanes te recogimos cansada, navegante, inmóvil bajo la tempestad que tantas veces tu pecho dulce y doble desafió dividiendo en sus pezones...» Éste será de alguna playa de Lisboa. O, tal vez, de una de las goletas que trajeron los materiales. Todas las cosas tienen su historia.

—¿Has estado en Isla Negra, Corina?

—No, Albert, pero me encanta Neruda. Toda su poesía amorosa. Nunca iré allí. No me interesa. Me daría miedo, está en el fin del mundo.

—¿Cuándo nos vamos?

—¿Quién se va, Pablo? ¿Adónde?

—Sergio, te queda Sintra. Recuérdalo. Si no te importa, id vosotros. Yo quiero quedarme en casa. Te falta ver el Palacio da Pena. Y el Castillo de los Moros. Yo iré escribiendo sobre ello, ya lo he visto muchas veces. Te hago el borrador y cuando regreses lo tendrás casi terminado. Así Albert estará más tranquilo.

—Estoy absolutamente tranquilo, Corina. La comida, la infusión o esta casa me han dado tranquilidad. Sois algo extraños. Estar aquí es como formar parte de una película de Visconti. Si no te importa, me quedaré contigo.

—A mí sí me importa, Albert. Tú te vienes con nosotros. Me ayudarás con la cámara.

Salieron los cuatro hombres camino de Sintra y Corina se refugió en la casa de la piscina. Se quitó la ropa y se metió en la cama. Lloró durante un rato. No sabía por qué, pero lloraba de una forma silenciosa, apenas sin ruido. Escuchó voces y miró el reloj. Habían pasado cuatro horas. Alguien entró en la casa, dejó caer la ropa junto a la cama y se tumbó en ella. Alguien la besó.

—Sabes a sal, amor mío. A sal.

—Supongo que son lágrimas. Algo se me metió en los ojos, no sé qué ha podido ser. Me he quedado dormida llorando, Sergio.

—Se te ha metido demasiado sentimiento, Corina. Eso ha sido.

—Puede ser. Es difícil todo esto. Cómo cuesta bajar a la tierra. Y a ti no te gusta que te tome de la mano y te traiga de regreso. Quieres que te lleve al cielo con mi boca y dejar la tierra a un lado.

Como la canción, ya sabemos andar por el sol sin quemarnos los pies, estamos aprendiendo. Pero cómo cuesta, ¿verdad? Tanto, que nos ponemos a hablar de espuma de afeitar, de calcetines, a trabajar juntos... Es como si quisieras vivir en una isla, Sergio. Tal parece.

—Bien, bajemos a la tierra. Tengo que decirte algo: me voy mañana. Albert tiene los billetes. Regresaré el lunes a primera hora, en cuanto pueda. El fin de semana quiero pasarlo en casa, Corina. Debo hacerlo.

—Ya. El fin de semana en casa, es lo normal.

—Cariño, estoy un poco preocupado. Hoy, por primera vez desde que iniciamos esta relación, he notado algo raro. Algo raro en ti, en tu actitud. Durante la comida me hablabas a mí, esas cosas de las flores... Tenía que decirte: no entiendo demasiado bien lo que te ocurre. Los dos sabíamos que esto no sería fácil, Corina. Para mí también son duros los fines de semana, pero me veo en la obligación de sobrellevarlo como mejor puedo. Espero que esto dure mucho tiempo. Será algo a lo que deba acostumbrarme. He notado un cierto cinismo hoy en tu estado de ánimo y también he notado como un reproche hacia mí. La verdad es que no entiendo demasiado bien el porqué de ese reproche... Corina, yo quiero que esto funcione, pero como te he dicho muchas veces creo que para que funcione tendremos que aprender a soportar ciertas cosas, como que cada uno tiene una vida paralela a nuestra relación. ¡Y bien que me jode esto!

—Y en una película sería pasear por una calle mojada dando patadas a un bote, con un pie. Y ver cómo riegan y dejar caer una lágrima que se confunda con el agua de la manguera. Y sería una habitación de hotel llena de amor y pasión, de ojos abiertos a la incredulidad, de manos que acarician, de dos bocas que no terminan de creérselo. Y habría una estación de tren o un aeropuerto. Y un destino final, con unos besos llenos de cariño y de costumbre, y un: «¡Hola! ¿Ya has vuelto?». No sería una historia como otras; todas son diferentes, todas son hermosas. Estamos viviendo una historia de cine. Eso es lo que tú quieres, Sergio. Entre semana, la pasión. De viernes a lunes, la costumbre.

—Corina, tú intentas que esto parezca algo normal, es como si estuvieses haciendo una película a tu medida. Es cierto lo que dices del cine, pero tú has creado esa película, la que a ti te conviene. Sabías desde el principio que esto es lo que es; que tengo una vida montada a la que no voy a renunciar. Esto volverá a sucederte, Corina. Dentro de veinte años nos reiremos de esto; nos contaremos nuestras historias. Serás mi mejor amiga. Pero no puedes pensar que nada es eterno.

—Yo no puedo pensarlo, tú sí. Tu matrimonio lo es. Da igual. No quiero hablar ahora de esto. Lo que haya de suceder, sucederá, Sergio.

—Corina, odio esas frases tuyas. Me dan miedo. Parece que adivinas lo que pienso. Y yo tampoco quiero pensar, quiero hacerte el amor.

—Tú quieres follarme, Eitula. Y yo no voy fornicando por ahí. Yo amo. Sin eso, sin amor, el sexo no es nada. Prefiero la nada a ser la puta de nadie.

—No te llames puta con ese desprecio, Corina. Amor mío, trata de entender, por favor...

Corina Jacoby se levantó y encendió un cigarrillo.

—Es la hora de la cena, yo iré en un rato.

—No pienso ir.

—Ahorremos este espectáculo a mi primo y a Leonardo. Y ahorrémosle el bochorno a Albert. Parece un tipo medio decente. En un rato iré, Sergio.

—¿Has terminado lo de ese Castillo de los Moros y el Palacio da Pena?

—No; te lo enviaré por mail. Mañana cuando te marches lo terminaré.

Y se encerró en el baño. Salió con el pelo mojado; sus ojos también lo estaban. Al abrir el armario se fijó en algo que había dejado en la casa hacía mucho tiempo; debían de haberlo guardado en aquel armario al hacer el pabellón. Ella se había puesto aquella ropa ante el espanto de Leonor. Su hermana se vistió de dama del XIX, no podía ser de otra manera. Sacudió la ropa y comenzó a sonreír. Marcó el móvil de Pablo.

—No digas que soy yo. Disimula. Haz como que es alguien, quien sea.

—No te entiendo... ¿Qué dices?

—Eso, una conferencia a larga distancia. ¿Tienes música árabe?

—¿Cómo dices? ¿Qué sucede?

—Sucede que creo que te estás volviendo lelo, eso sucede. Me has entendido perfectamente.

—Sí, Oum Khalsoum, Alfrah Baladi...

—Bien; en media hora estaré en el salón. Cuando escuches el timbre pones la música y dejas sólo dos luces indirectas. Pon dos pañuelos rojos sobre ellas. Pensarán que es una mariconada vuestra. No les extrañará.

—Te estás extralimitando.

—La gente normal dice «Te estás pasando». Puede que me haya extralimitado, pero esos dos que tenéis ahí se extrañan de nuestra forma de vivir. ¡Más rara es la de ellos! Cuelgo. Acuérdate de lo que tienes que hacer.

Y comenzó a vestirse. Bombachos. Justillo. Se colocó ajorcas en los tobillos, en las muñecas. Sacudió el velo. Regresó al baño. Se cruzó los párpados de lado a lado con una raya negra. Con un lápiz sombreó los bordes, la mirada sería más profunda. Se pintó los labios de un rojo sangre que jamás utilizaba. Se ajustó el pañuelo que dejaba a la vista tan sólo la mirada, recogió los crótalos, se puso unas sandalias y, envuelta en el velo, caminó hacia las luces de la casa.

Albert Camí disfrutaba de la velada. Sergio Eitula estaba interesado en la conversación, le venía bien para su historia sobre Lisboa. Aquellos dos parecían no hacer otra cosa que estudiar todo el día. Albert les había pedido un original de su último estudio y eso molestó a Eitula. Camí ignoró la mirada, aquel licor le daba valor. Se estaba cansando de Sergio, él no era su esclavo, era su agente. Y tenía más autores. No tan valiosos, cierto, pero no le debía pleitesía. Charlaban animadamente cuando sonó un timbrazo. Pablo de la Vega se puso en pie y caminó hacia un mueble. Leonardo le observó y recibió por toda respuesta un gesto de silencio. La conversación se había cortado en seco. Comenzó a sonar una música extraña. Camí pensó al momento que era un detalle: música árabe, a Sergio le agradaba. La música y las bailarinas orientales, pensó sonriendo. Cuando estaba a punto de hacer un comentario, Pablo apagó las luces; sólo dos pequeñas pantallas permanecieron encendidas. Sobre ellas, dos pañuelos. Antes no los había visto. Albert empezó a pensar que había tomado demasiado licor. De pronto se fijó en Sergio: su mirada se dirigía a la puerta de entrada. Una mujer vestida de odalisca movía los brazos al son de la música. Los movía como serpientes. Hacia delante y hacia los lados, con suavidad. Sus caderas se balanceaban lentamente. De pronto la música se aceleró y el cuerpo de la mujer la siguió. Adelantaba un pie y luego el otro, los crótalos de los dedos seguían el ritmo. Las pulseras de los pies y las manos se movían a impulsos de la música. El vientre entraba y salía, parecía ir adelante y atrás, el velo bailaba alrededor de las caderas y la mujer se envolvía en él. Lo dejó caer y comenzó a recorrer el espacio que la separaba de los hombres. Danzando por las alfombras llegó al centro, en una de las contorsiones se subió a la mesa y justo en aquel momento la música se hizo más rápida. Las caderas y el vientre se movían como una auténtica serpiente, las manos avanzaban hacia Eitula y volvían a retroceder. La mujer dejó caer el cuerpo y poco a poco quedó arrodillada sobre la mesa. Una copa de licor cayó al suelo; a nadie le importó. El cuerpo se retorcía y los ojos de todos seguían su movimiento. La música paró en seco y la mujer se detuvo.

Sergio Eitula permaneció inmóvil. Albert Camí no podía retirar la mirada de la mujer. Les habían llevado una bailarina. Eran muy extraños, realmente extraños, pero él estaba agradecido. Los dos individuos no tendrían ningún interés en ella y Sergio estaba atrapado. Era su noche, la invitaría a tomar una copa en Seteais.

—Si fuese tu marido te mataría. Con mis propias manos...

—Si fueses mi marido ni me habrías mirado, puedo asegurártelo...

—Te mataría igualmente... Eso que has hecho es mío, sólo para mí. Estoy a punto de matarte. No sé cómo has podido hacer esto...

Corina Jacoby se arrancó el velo de la cara y se puso en pie. Se encaró a Eitula y lanzó una carcajada.

—¡Soy Ofelia, no Desdémona! ¡No lo olvides, moro! Y nos falta un Yago. Querías una odalisca y yo te he dado lo que quieres. Me voy, hace frío. Que paséis buena noche todos.

Salió Corina y tras ella Sergio Eitula. Albert miró a Pablo y a Leonardo.

—Esa mujer es una bomba...

—Es mi prima, Albert...

—Mis primas no bailan ni se mueven así. No es un insulto, Pablo. Lo digo con admiración. Me descubro ante ella. La matará. Sois buenas gentes, os advierto que debéis cuidarla. Si ella está enamorada, la matará. La negra jamás lo dejará libre. Sé muy bien lo que digo. Vive instalada en la comodidad. Él ni la toca. La desprecia, pero es mayor el temor que le inspira. No creo que Corina sea de esas mujeres que viven aventuras y las olvidan. He leído lo que escribió sobre Lisboa, el paseo. Destila olores, sabores, pena. Transmite sentimiento en estado puro. Él nunca sería capaz de escribir de esa manera. Jamás. Me voy, mañana volamos a Francia. El señor ha de cumplir con su familia; los fines de semana son sagrados. Estaré de vuelta de nuevo el lunes; me gustaría que vinieseis al rodaje. Y, pase lo que pase, si no os importa, os visitaré. Me interesan vuestros libros. Y vosotros. Sois absolutamente extraños. Esta secuencia, en una novela, nadie se la habría creído. ¿Ella ha sido siempre así?

—Sí, Albert, siempre. Nunca tuvo con quien serlo, nunca fue así con una sola persona. Ahora está volcada en él. Es una extraña especie, un cruce entre un caballito de mar y un corcel árabe. Así es ella.

—Ya. Es necesario que os advierta de algo más: no la ayudará, a nada. A nada que le cueste. Si lo necesita puede que le dé algo de dinero, pero nada más. Que ella no espere nada. La otra lo controla todo, absolutamente todo.

—No lo necesita.

—Leonardo me ha dicho que está sin trabajo. Y Sergio algo me contó. Al parecer no anda muy sobrada de dinero. Supongo que por eso le gusta a él: así las ata. Siempre ha sido así. Unos regalos. Le habrá pagado el viaje en avión, le pagará los hoteles, y después, un día, se enfurecerá por cualquier motivo, se hará el sufridor, el desgraciado, y le dirá adiós. Puede que hasta me encargue a mí de eso. Pero esta vez no, a ella no...

—Albert, acompáñame, por favor...

—¡Leonardo, Albert no tiene la culpa de lo que hace ese sujeto!

—No, Pablo, no lo estoy echando de casa. La farsa ya dura demasiado y Albert no le contará nada a ese cobarde de Eitula; está disfrutando con esto. Acompáñame, Albert.

Y salieron al jardín. Caminaron hacia las cocheras y Leonardo señaló el todoterreno de Corina.

—En ese avión ha venido, Albert. Ella no está con él por dinero, por interés. Se ha enamorado. Puede que él no lo sepa nunca, que esa venda cubra sus ojos para siempre. Pero jamás encontrará un amor como el que ella le está ofreciendo. Aunque la conozco desde hace poco tiempo, estoy seguro de que moriría por él.

—Pero... ¿ese coche es suyo? No entiendo nada, Leonardo. ¿Se lo has comprado tú?

—Yo soy el paria de esta farsa, Albert. No me interrumpas, Pablo, por favor. Ella es una de las mujeres más ricas que conocerás en tu vida. Yo, al menos, nunca conocí a alguien con una fortuna similar. Aun siendo pobre, nadie la trataría como a una puta. Si es una puta es porque ella lo desea, por darle a ese hombre todo, y digo absolutamente todo, lo que él quiera. ¿Recuerdas esas películas en las que los protagonistas viven en mansiones campestres? ¿En donde las tierras que poseen les surten de todo lo que necesitan? Ella vive en una casa así. Rodeada de campo, de mar. Ahora es feliz. Nunca hasta ahora lo fue y ahora lo es, Albert. Ahora puede vestir como una campesina o como una princesa. Es feliz de campesina, ésa es la vida que ha elegido. Nunca he conocido a nadie como ella. Cuando todo el mundo nos dio la espalda, cuando esa ciudad absurda, banal y provinciana nos cerraba las puertas a Pablo y a mí, ella nos abrió la suya de par en par. Y no era rica, no tenía el poder económico que tiene ahora. No importó. Ella se mueve con el corazón, pero no te engañes, Albert: no es ninguna tonta.

Albert Camí durmió satisfecho aquella noche. Eitula tendría lo que se merecía, pensaba.

Sergio siguió a Corina hasta el pabellón. Entró cuando se estaba quitando las pulseras de los tobillos. Se abalanzó sobre ella y la lanzó encima de la cama.

—Pórtate como una puta conmigo y ante mí, con nadie más.

—Y tú, nunca, jamás, toques ni beses a nadie como lo haces conmigo.

Corina Jacoby terminó la frase dentro de la boca de Eitula. Y aquella noche no dieron tregua a los cuerpos. Al amanecer, Corina Jacoby se despertó sobresaltada. Se arrimó al cuerpo de Sergio y encontró unas sábanas. Vacío.

Volvió a quedarse dormida. Ocupó el lugar de Sergio en la cama. Las sábanas aún conservaban algo de su calor, la almohada olía a él.

Era mediodía cuando logró incorporarse de la cama. Llamó por el teléfono interior y al poco Manuela le daba los buenos días.

—Mudaré la cama, señora.

—Déjalo, Manuela. No quiero mudarla.

—Yo he oído decir a la señora muchas veces que los sentimientos se guardan en el cuerpo. Que el cuerpo es un cofre en el que se van metiendo cosas y allí quedan. Después se dejan salir, según el momento. Y es la verdad. Pero si uno se aferra a un objeto, a una sábana, el olor, el calor se va tornando en algo que no es lo que era. Mejor el recuerdo metido en el alma: ahí está fresco, ahí es como era, señora.

—Tienes razón, Manuela. Toda la razón. Siempre he pensado que así ha de ser. Aferrarse a algo tangible puede llevar a engaño. Cambia las sábanas.

Se duchó y dejó que Manuela terminase de limpiar el pabellón. Oyó un pitido en el ordenador. Un mail. De Amalia. Le preguntaba cómo iba todo, cómo estaba. Para no estar preocupados, le preguntaban lo mismo de continuo.

Respondió, con cansancio. Realmente no tenía nada nuevo que contar. Un cuento, como no contase un cuento... Sonriendo comenzó a contárselo a su amiga.

`ASUNTO: SAPONINAS, TANINOS, MUCÍLAGOS...`

`Los dedos de Jaime pasaban las hojas de un libro de arte. Corina pintaba. Cambiaba de color constantemente, sin decidir entre el amarillo Nápoles, el verde vejiga, el azul ultramarino, el violeta o el naranja. Daba lo mismo. Era` una habitación casi vacía; había una mujer desnuda, de espaldas, en una posición parecida a alguien a quien acaban de dejar en pleno baile. Un tocadiscos, tres cuadros en la pared. Un madero con unos labios crucificados, una estrella, y un ojo llorando. Un hombre dando la espalda salía por la puerta. Así era el cuadro. Leonardo leía de pie, apoyado en la pared, y Pablo bordaba un tapiz, copia de alguno del Museo de Cluny.

Corina dejó los pinceles, limpió los dedos con trementina y se tumbó en el suelo, mirando al techo, con los brazos cruzados bajo la cabeza.

—Tengo que contaros algo. Estoy enferma. Creo que muy enferma. No como ni puedo trabajar. No pinto ni duermo y sólo pienso en una cosa: en él.

Alguien comentó: Corina, llevas haciendo eso desde que tienes cuatro años. No es nuevo, es una dolencia crónica.

—Esta vez no, esta vez es diferente. Hace unos meses estuve en Lisboa, con él. Después del Congreso de Salamanca nos fuimos a Portugal. Vilar Formoso, Guarda, Coimbra... hasta llegar a Lisboa. Sabéis que su luz me produce efectos raros. Pasear por esas calles es vivir. Bajar la avenida de la Liberdade, llegar a Rocio, atravesar Santa Justa, San Nicolau, llegar a la Praça do Comercio y ver el mar... ¡Cuántas veces os conté lo que siento con esa luz! Esta vez iba de su mano. Larga, fina, fuerte. Fuimos a la Alfama, calleja arriba y abajo. Cenamos en Baccus y después fuimos al Fraggile. Todo parecía ir bien. Al día siguiente fuimos a Guincho y a Sintra. En la playa, en Guincho, paseaban jinetes a caballo. Él no decía nada.

Llegamos a Capuchos. Yo le expliqué que era el monasterio más pequeño de Europa, que Felipe II se jactaba de que en sus dominios se encontraban el más grande, El Escorial, y el más pequeño, éste.

Estábamos cerca del surtidor, entre las rocas y la vegetación que rodea al convento. Recuerdo que fue allí... Le oí decir:

—Corina, tenemos que hablar. No podemos seguir así... tú no puedes continuar así. No vas sola a ningún sitio. Siempre estás pensando en mí, no vas al cine, ni trabajas, ni siquiera lees ya los periódicos. Es algo agobiante. No para mí, para ti. Tienes que poner distancia a todo esto, hacer vida normal.

No sabéis lo que sentí. El estómago se contrajo, la nuca me dolió más que nunca y el aire no me llegaba a los pulmones. Por supuesto, no lloré. Sabéis que nunca lloro. Al parecer, dice él, somos ilegales. Y yo no sé qué es ser ilegal. Sé desde hace tiempo que una cosa puede ser muy legal, pero profundamente injusta. Y sé que lo quiero, y que sin su voz, sin sus manos, no quiero vivir. Sé que tengo que vivir, pero no quiero... Sólo sé que el amor no es ilegal, que nunca puede serlo. Ahora él está fuera. Y no llama. Y yo no vivo, hago como que vivo pero es mentira.

Dejaron el libro, la revista y el tapiz. La miraron: tenía los ojos llenos de lágrimas. Jaime le acarició el pelo y musitó: «Nunca crecerás, Corina, nunca crecerás».

En el salón entraba el sol de media tarde y Leonardo sonreía al hablarle.

—Corina, lo tuyo es cuestión de saponinas, taninos, mucílagos, cumarinas y creo que de antroquinonas, estoy seguro. Los hombres no padecemos de eso. Amamos y queremos por entregas, sin plazo fijo. Las saponinas son glucósidos, precursores de las hormonas femeninas. Taninos para la cicatrización de tu herida. Mucílagos para esa inflamación de corazón, y cumarinas para el olor, olor a heno recién segado, que es el tuyo, el que tú tienes. Esta vez sí estás enferma, estás empachada de sentimiento. Antes carecías de él, nunca supiste lo que era, por eso no dolía. No entierres el amor ni el sentimiento, haz como él: dáselo a trozos. Y entretanto, vive. Ama y vive.

Así estoy, Amalia. Como la mujer de ese cuento: perdida, dolorida, sin entender nada... Si no soy, supongo que no estoy. Así que ni soy ni estoy, Amalia. No sé cuándo volveré, ya te iré contando...

No había más correos. No sonaba el teléfono. Era de nuevo la nada. Abrió el archivo del guión y comenzó a escribir sobre la Serra da Lua, sobre el Palacio da Pena. Cuando Pablo y Leonardo entraron en el pabellón, ella estaba camino de Coimbra, narrando en el papel la historia de Mariana Alcoforado. Transcribiendo una de las cartas.

... sólo tuve conciencia del exceso de mi amor después de apelar a todos mis esfuerzos para curarme de él, y creo que no habrías osado intentarlo si hubieses previsto tantas dificultades y tantas violencias. Estoy persuadida de que amándote, así ingrato como eres, experimentaría emociones menos penosas de las que siento al despedirme de ti para siempre. Comprobé que te amaba menos que a mi pasión, y me costó un esfuerzo extraordinario vencerla, después que tus injuriosos procedimientos hiciéranme odiosa tu persona.

Los dos hombres miraron por encima del hombro de Corina y ella dio un respingo en la silla.

—¡No entréis así! ¡Me habéis asustado!

—Desde ahora me pondré pulseras en los tobillos, Corina. Y tú, Pablo, entrarás dándole a los crótalos, para no asustar a la princesa.

—Eso nos faltó ayer. Sí, debíais haberos vestido de sarracenos. Una danza con sables o algo así los habría impresionado aún más. Se ha ido, supongo que lo sabéis.

—Sí, Corina. Toma, me ha dejado una carta para ti. Según él, era demasiado dramático dejarla aquí, sobre la almohada. Realmente, pienso que sí sois apropiados el uno para el otro: a ambos os gusta el drama. Solamente le faltó llorar.

—Un Boabdil, Pablo, supongo que eso ha de ser. —Leonardo estaba convencido de que Eitula era un truhán. Si en alguna ocasión lo había defendido, ahora ya estaba convencido de que Pablo tenía razón.

Pablo y Leonardo se sentaron en el sofá. Se besaron y Corina desvió la mirada. En el fondo, no se acostumbraba a las efusiones de los dos hombres.

—Corina, Mariana Alcoforado no es buena lectura en estas circunstancias, pienso yo. ¿Qué dice el papel?

—El papel dice: «Seas como seas, te amo». Eso dice, Pablo.

Y esto es para el guión, le dije que le enviaría el borrador terminado este fin de semana. Aún me queda Coimbra y Quinta das Lagrimas.

—Literatura del siglo diecinueve, ni más ni menos. Lo de los dos. De todas formas, sus libros no son tan románticos. ¿Cuándo regresa?

—El lunes, Pablo. Supongo que el lunes regresará. Me ha dejado claro que los fines de semana no hay teléfono. Cosa que yo sabía. Él me manda notas, pero si yo se las mando a él, no le gusta. Dice que odiaré las vacaciones, que odiaré los fines de semana, que tendré que acostumbrarme. Yo no pienso odiar nada. No sé por qué dice eso...

—Estas cosas son así, Corina. Y francamente, he leído lo que estás escribiendo y eso no es un borrador de nada. Espero que te pague por ello. Es un trabajo muy valioso, eso no lo escribe él ni en sueños, querida. Está escrito con el corazón. Él escribe con las yemas de los dedos. No le sale el sentimiento. Espero que todo esto no te dañe, Corina. Un empacho de placer y sentimiento, en ti, puede ser grave. Me temo que él se lo toma como un juego y tú no sabes las reglas.

—Sí, Leonardo, puede que tengas razón; qué difícil es esto... Tengo miedo. Mucho miedo. Miedo a querer tanto que pueda molestarlo. Miedo a querer y hacerme daño. Miedo de él, de mí, de todo lo que nos rodea. De lo que nos une, de lo que nos separa. De todo tengo miedo. Si me quisiera tanto como dice creo que sería menos feliz y estaría más atormentado. Eso, al menos, pienso yo. Está feliz con esa doble vida.

—No creo que él entienda esto como tú, Corina...

—No lo sé, Pablo, no lo sé. Entre el placer y el dolor hay una frontera estrecha, tan estrecha que en ocasiones la cruzas sin querer y sufres. Ésa es otra regla, o más bien una realidad de este juego. Y él parece tan feliz con el alma dividida que no entiende lo que yo siento. Tiene que darme tiempo. Para quererlo. Para estar lejos. Para estar cerca. Necesito tiempo y confianza. Yo nunca me había enamorado. En ocasiones trato de poner distancia, eso es cierto, pero no porque no le quiera, sino porque me falta hasta el aire y las piernas no me sostienen, sólo por eso. Y no quiero que piense que dramatizo ni que esto será un valle de lágrimas. No es ni será nada de eso, espero.

—Cora, estás enamorada, perdidamente enamorada. Y a esta edad nuestra, si amas de verdad y no te corresponden, estás herida de muerte.

Manuela trajo la comida. El viento arreciaba y Corina no quiso ir a Lisboa. Se quedó trabajando en el guión de Eitula. Llovía con fuerza y ella tecleaba sin descanso. La bandera del correo le indicó que tenía mail. Leyó las quejas de Sergio. Estaba triste, no podría dormir sin ella a su lado. Le respondió adjuntando el guión.

ASUNTO: NO ESTÉS TRISTE

No estés triste, no lo estés. Ya sabía que tendría que hacer de dura, como siempre. Yo no soy nada dura, ya lo sabes, me da miedo cualquier cosa, todo me da miedo. Menos cuando estoy contigo, entonces se me quita todo. Incluso cuando me llamas me pasa algo parecido a cuando estoy cerca de ti. Me agarro al sonido y me mantiene. Yo beso el aire cada día. Las moléculas, la energía. Estás en el aire, en cada rincón de mí, en los poros de mi piel. En la raíz del pelo, aunque lo lave, aunque lo seque... estás. La energía no se quita con el agua. Y hay momentos en que se siente más la ausencia. Añoranza, dices tú y dices bien. Porque yo añoro: a ti. Te añoro entero. Añoro la presencia de tus manos en mi cuerpo. Añoro que me des un caramelo de tu boca, con tus labios, con tus dientes. Añoro el agarrarme a tu mano mientras con la otra me acaricias. Añoro tu mirada, añoro tu deseo, que es el mío. Añoro tu voz hablando mientras como una manzana. Añoro la cara que tienes cuando hablas de tu trabajo, el entusiasmo que pones en ello. Añoro agarrarme a ti para cruzar un charco. Añoro ir de tu mano en un coche. Añoro el palpitar de tu corazón en mi oído. Añoro el sonido de tu respiración. Añoro tu saliva en mis labios, tu dedo deslizándose dentro de mi boca. Añoro tu lengua haciéndome sentir vértigo. Añoro tus dedos dentro de mí. Yo te quiero, yo te añoro. Yo te deseo. No pienso terminar con ningún pero...

Adjuntó el archivo y envió el correo.

Abrió el archivo de su libro: *Flores y plantas para vivir y para amar*. Le pareció un catálogo, y se dio cuenta de que aquello podía llenarse de sentimiento: ahora ella lo poseía. La energía estaba cerrando el círculo. Comenzó a escribir desde la primera página y así transcurrió el fin de semana. Escribiendo. Durmiendo y esperando correos. El ordenador era un heraldo cruel. Aquel fin de semana, su correo estuvo prácticamente vacío.

El lunes amaneció con niebla; el sol se dejaba ver sólo a ratos. Un cielo al que parecían subir humos y colores grises se tornaba en azul cobalto a trozos, a retazos. Era un buen día para comenzar a rodar aquella historia, pensaba Corina. Un día como la pasión: los claros y las sombras. Sergio era afortunado: si se mantenía así durante todo el rodaje, la atmósfera era la adecuada. Se vistió, la llamaría pronto. Se puso unas camperas; no sabía por dónde comenzarían el trabajo, así que los tejanos y las botas estarían bien para cualquier lugar. Oyó pasos sobre el guijo. Salió corriendo a la puerta.

—Hola, Corina.

—¿Albert? ¿Qué haces aquí? ¿Qué ha pasado?

—Nada, nada grave. Te has puesto pálida de pronto. Sergio no podrá venir hasta más tarde. Al parecer no ha querido decírtelo por teléfono. Yo soy el mensajero. Vendrá más tarde, Corina.

—Bueno, es igual. ¿Dónde van a comenzar? Iré yo, Albert.

—No, Corina, no puedes ir. Su mujer ha venido con él. Sergio está furioso. Absolutamente enfurecido. Ella jamás ha hecho eso. Nunca ha ido con él a ningún lugar de trabajo. ¡Dios! ¡Estoy expresándome muy mal! No es mi idioma y estoy nervioso. Él lo lamenta, Corina. Y sé que lo lamenta de verdad, esta vez sí. Te necesita.

Corina Jacoby volvió a traspasar el umbral de la puerta y se dejó caer en el sofá. Erguida, con la mirada fija en la chimenea.

—Ya es primavera... Esta mañana he visto llegar a las golondrinas. Siempre me pregunto si son las mismas. Sé que es imposible que lo sean. Pero pueden serlo, supongo... Ya es primavera y hace frío, tengo frío. Enciendo la chimenea todos los días, Albert. ¿Sabes? Yo tengo un raitán, es mío. Me acompaña. Y ahora tengo dos perros, me los ha regalado mi marido. Mi ex marido. Firmé el divorcio antes de venir, Albert. Hace años que estamos separados.

—Corina...

—Perdona, Albert. Quise decir petirrojo. Un raitán es un petirrojo, en mi tierra se les llama así. Corre por el jardín, tras de mí. Salta. Se posa en mi hombro y camina conmigo. Si estuviese aquí, me recordaría mi casa. Me quitaría las espinas, supongo. ¿Sabías que una golondrina y un raitán arrancaron las espinas de Cristo? Eso dicen. ¿Quieres que tomemos un café, Albert? Creo que necesito un café.

Sin esperar respuesta se dirigió al trinchero y sacó dos tazas. Las dejó sobre la mesa y preparó la cafetera.

—¿Para qué dices que me necesita Sergio?

—Le faltan unas páginas. El archivo no llegó completo. Corina, quiero que sepas que no estoy conforme con nada de esto. Pensé que eras otra clase de persona. Me he encontrado con algo inesperado. Te ruego que no le digas nada, no quiero tener problemas con él. Pero al menos quiero quitarme la mala conciencia, Corina. Me parece indecente. No eres la clase de mujer que él trata. No lo eres. Espero que no te enamores, Corina.

—¿Con azúcar y leche? *Je suis sa maîtresse*, Albert. Eso es lo que soy, por voluntad propia. Pero esa voluntad la forjó él. Hizo que lo quisiera de tal manera que ahora soy eso: *sa maîtresse*. Él me paga con amor, eso creo.

Albert Camí no respondió. La vio acercarse al ordenador, abrir un archivo y enseguida el sonido de la impresora rompió el aire.

—Es demasiado ruidosa esta impresora, pero es la única portátil que tengo. Compraré otra. Parece que ha terminado. Toma, están colocadas en orden. Las hojas, quiero decir.

—Cuando terminemos en el Castillo de los Moros, él vendrá, Corina. Mañana trabajaremos en el Palacio da Pena y pasado en Lisboa. Cada tarde, cuando termine, podrá escaparse un rato. Yo le ayudaré.

Salieron al camino. Corina pegaba patadas a las piedras. De pronto detuvo el paso. Miró hacia la alberca, a un arbusto y emitió un silbido. Un pájaro se zambulló en el agua, volvió a la piedra que rodeaba la piscina y luego voló hasta posarse en una mano que Corina había extendido. La mujer lanzó la cabeza hacia atrás y soltó una carcajada que asustó a Camí.

—¿Cuándo has venido? Raitán, raitán, estás lejos de tu casa.

Y el pájaro saltó de la mano al hombro de la mujer. Y Albert Camí escuchó una especie de murmullo.

—Son las palomas: zurean. Se arrullan, Albert. Es un sonido peligroso, engañoso. En ocasiones presagia grandes males. Un beso, Albert. Espero verte pronto. Te he metido entre las hojas una nota con mi correo electrónico y mi móvil. Si necesitas algo de mí, llámame.

Albert Camí se debatía entre la pena y la incredulidad. Corina con el pájaro sobre el hombro. Pensaba que era el mismo de su tierra. Y las palomas, cada vez era más fuerte el sonido. Se estaba haciendo insoportable.

—Es mi raitán, Albert. ¿Ves su pata derecha? Esa minúscula argolla de cobre. Es él. No te asombres. Estás en la Serra da Lua, la sierra de la Luna. Un lugar mágico. El palacio, Pena, está construido sobre una antigua capilla, y bajo esa capilla habrá restos de civilizaciones que adoraban a los astros. Siempre es así. Los cristianos tapan así los restos molestos, imponen su culto como otros imponen su voluntad, Albert. Esconden los cultos que ellos consideran heréticos tapándolos con sus construcciones. O tal vez todo sea lo mismo: puros actos de magia. Puede ser eso. En fin, todo esto para decirte que no estoy loca de amor, aún no al menos, y que éste es mi raitán.

Albert Camí besó a la mujer en la frente, la abrazó y salió de la propiedad con la mayor rapidez que el camino permitía.

Corina regresó a la casa. Abrió el archivo de su libro, pulsó un botón del equipo de música y éste comenzó a sonar. Tomó otro café y una pastilla que parecía un caramelo. La tranquilizaría. Encendió un cigarrillo y se dejó caer en el sofá.

El raitán entraba y salía del cuarto. Jacques Brel cantaba y ella con él.

—«... En nuestro cielo han existido muchas nubes. Tantos años de amor empachan. A menudo hacía yo las maletas. A menudo tú decías: Basta, me voy. Y en este piso que parece muerto ya cada mueble es un recuerdo y ya nada se parece a nada cuando tú has perdido el gusto de un beso y yo el deseo de la conquista...»

El disco se había terminado, pero Corina encendía cigarrillo tras cigarrillo y musitaba sin parar una canción diferente a la que había cantado con Brel. Una salmodia, una queja surgida de algún lugar recóndito del alma. La garganta era su instrumento.

*Non, rien de rien*
*non, je ne regrette rien*
*ni le bien qu'on m'a fait*
*ni le mal... tout ça m'est bien égal!*
*Non, rien de rien*
*non, je ne regrette rien*
*c'est payé, balayé,*
*oublié... je me fous du passé!**

Musitando, dejando salir entre los dientes las palabras, apretando las mandíbulas tan fuerte que dolían, caminó hacia el dormitorio. Abrió el armario, sacó un jersey de cuello alto, se lo puso. Arrancó de una percha la gabardina. Agarró la mochila y la tiró sobre la cama. Buscó las llaves del coche y con ellas en la mano salió al jardín. El viento soplaba lo suficiente como para mover hojas y ramas. Sí, tendrían buenos planos. La pasión reflejada en la naturaleza.

Leonardo y Pablo habían escuchado el repentino zureo de las palomas; se habían mirado en silencio cuando el arrullo aumentó de intensidad. Se asomaron a la ventana: todo parecía tranquilo pero el sonido continuaba. Monótono, constante. Era un concierto que provocaba ansiedad. Volvieron al trabajo con preocupación. Al rato, un ruido volvió a sobresaltarlos: un coche saliendo a toda velocidad por el camino.

* No, nada de nada / no me arrepiento de nada / si del bien que me hicieron / ni del mal... ¡todo eso me da igual! / No, nada de nada / no me arrepiento de nada / lo pagué, lo barrí, / lo olvidé... ¡no me importa el ayer!

—Corina...

Desde la puerta vieron un jarrón de barro y las flores que contenía, todo esparcido por el suelo.

—Trae unos jerséis, Pablo. Va al castillo. Se matará o lo matará a él. ¡Dios! ¡Odio a ese hijo de puta!

Corina ascendía por la Serra da Lua, derrapando en cada curva. El coche se acercaba peligrosamente a los paredones de piedra de las villas. Llegó a una parte de la fortaleza por donde no entraban los turistas. Pegada a la muralla, una casa de piedra rodeada de tiestos repletos de geranios. Aparcó el coche a un lado y llamó a la puerta. El hermano de Manuela le abrió. Se saludaron y Corina le pidió que la acompañase hasta llegar a un lugar cercano al rodaje. El hombre cogió un manojo de llaves y caminaron pegados a la muralla hasta llegar a un portalón de madera. Dentro del recinto subieron y bajaron por caminos que estaban fuera de las rutas que marcaban los planos de los excursionistas. Despidió al hombre y trepó por las rocas. Escuchaba voces, la de él entre ellas. Vio cómo trabajaban. Vio los folios que ella había escrito, distribuidos entre aquella gente. Sergio se movía de un lado a otro o descansaba en una silla. Estaba feliz. Una vez más, Corina Jacoby pensó que, o el mundo estaba equivocado, o ella estaba loca. No se alegraba de aquella felicidad, no quería ver a Sergio feliz si ella no estaba cerca.

Una mujer se acercó a Sergio, le puso una mano en el hombro y comenzó a leer los papeles. Sus papeles. Sus textos, los que Corina había escrito con devoción, sin mesura, sin cuidado, a la hora de describir toda aquella belleza. La mujer tenía un lápiz en la mano y señalaba algo. Corina sintió el sabor amargo de la bilis en la boca. La ira sabía a bilis. Las uñas le hicieron sangre en la palma de la mano. Musitó: *Ve...*

Y el raitán, saltando por las rocas y emprendiendo un corto vuelo, se posó en el brazo de la mujer que dejaba reposar la mano en el de Sergio; saltó hasta la mano y comenzó a picotearla. La mujer la retiró sobresaltada. El raitán iba y venía en vuelo rasante sobre las cabezas del grupo. Albert Camí sintió un pálpito, el corazón le latía aceleradamente. Un silbido rompió los comentarios de los técnicos y demás comparsas de Eitula. El pájaro voló y todos siguieron el aleteo con la mirada. Chocaron de frente con una imagen: una mujer vestida con tejanos y jersey de cuello vuelto; una mujer cubierta por una gabardina; una mujer de cara al viento, el cabello volando, prendido en el aire. Sobre ella se había posado el pájaro. Sobre su hombro. La mujer tenía fija la mirada en ellos. Uno de los cámaras se acercó a Eitula.

—¡Ésa es una imagen perfecta! Parece hechizada. Mira cómo el viento le levanta el pelo. La gabardina parece una capa. Ni hecha de encargo. Grabémosla, Sergio. Es fantástica. Es la imagen que plasma el guión; esa mirada que nos está lanzando... —Y sin esperar respuesta comenzó a grabar. Sergio Eitula dio un empujón al cámara y le gritó que dejase de filmar.

—¿Quién es esa mujer, Sergio?

—¡Cómo quieres que lo sepa, Esperanza! Pero no podemos grabar a nadie sin su consentimiento. Por ahora, vamos a dejarlo. Me está poniendo de malhumor el día.

—El día es perfecto, Sergio.

—Lo será para ti, Esperanza.

—Esto ya lo supera todo. Mirad...

Dos hombres, uno a cada lado de la mujer, los miraban. Parecían escoltarla. Dos hombres altos, hermosos, le hablaban mientras ella no quitaba la mirada del grupo.

—Parecen modelos...

—¿Quieres cerrar la boca de una vez? ¡Vámonos!

Esperanza empezó a caminar y al pasar junto a la roca donde estaban las tres figuras sintió algo sobre ella. La mujer la miraba, no dejaba de fijar en ella la mirada. Sintió rabia. Odiaba a la mujer del pájaro. No sabía quién era, pero la visión la estaba dañando. Se sintió mal. Volvió a la niñez. A Guinea...

—¡Albert, Sergio! ¡Que alguien le diga que deje de mirarme!

Debían pasar justo bajo la roca, no había otro camino.

*—Je me fous du passé...*

No hizo falta gritar ni elevar la voz. La frase voló en el viento justo cuando pasaban bajo ellos. Corina la había dejado salir como una queja.

Esperanza elevó la mirada llena de ira. La roca estaba vacía. Ni rastro de la mujer ni de sus acompañantes.

Corina caminaba por una vereda sujetándose a Leonardo. No podía caminar, su cuello estaba tan contraído que el vértigo le hacía sentir náuseas.

—Estás loca, Cora. Podías haberte matado. No merece la pena. Nadie lo merece, y él menos que nadie. No logra entender el sentimiento. No vuelvas a verlo, será peor si lo haces. Rompe con esto.

—Llévame a casa, a mi casa. Llévame a casa, Pablo.

Leonardo condujo el coche de Corina y ella se dejó caer a su lado. Pálida, las mandíbulas apretadas.

—Es mala, Leonardo. Anida en ella el mal. No está enamorada, está acomodada. Tiene el alma más negra que la piel. Él la teme. No es para menos. Esa suavidad de modales encierra esparto. La envidia, la ira, la codicia, el odio, el rencor...

—No puedes saber eso, Corina...

—¡Oh, sí que lo sé! Fui a verla cara a cara. A sentir su olor. No es buena, no lo es. Mañana, si encuentro un vuelo, me iré.

Manuela se apuró a preparar maletas: los tres se irían al día siguiente.

Corina paseaba por el jardín cuando escuchó un alboroto. Caminó rápido a la entrada y encontró lo que sospechaba: Sergio Eitula de pie ante las puertas de hierro, Albert al volante de un coche y Leonardo y Pablo cerrándoles el paso.

—Déjalo entrar. Déjalos. No me matará. Le faltan cojones para vivir, aún más para matarme. Perdería demasiadas cosas que él piensa que valen algo. ¡Que pase!

—Debería matarte. Pero es cierto: perdería demasiadas cosas buenas y tú no estás entre ellas. Así que pierde el miedo, no vengo a matarte. Quiero hablar contigo. A solas.

—¿Miedo? No soy yo la que sueña con sapos y ranas croando, Sergio. No sueño que me rodean esos bichos, que me invaden. Vivir no me da miedo.

—¿Cómo coño sabes eso? Jamás debí acercarme a ti. ¡Estás loca!

—Puede. Pero ven, aquí no quiero gritos.

Llegaron a la casa. Sergio se sirvió un vaso de licor de violetas.

—Ese licor nubla el sentido, Sergio...

—¡Así debía de estar el día que lloré y te supliqué que nos conociésemos! ¡Estás loca! ¡Realmente loca!

—Te lo había advertido, Sergio. Siempre te dije cómo era. Tú lo sabías. Mil veces te advertí sobre mi manera de ser. Te pedí que fuésemos amigos, que el amor no era forma de tratar a una amiga: «No te deseo eso. No quiero ver tus ojos olvidados en un día lluvioso, perdidos en la bolsa sin fin de aquellos que nada pueden recordar...». Te lo dije, Sergio. Y no hiciste caso.

—Richard Brautigan. No me vas a enredar con poemas, Corina. ¡Y esto no tiene nada que ver! Esto es un embrollo tremendo. Nunca has entendido nada. Nada.

—Sí, yo lo entendí. Entendí que te quiero. En ocasiones me odio por ser tan débil. Frente a ti lo soy. Y eso me molesta. Me hace perder el control y yo nunca, o casi nunca, pierdo el control de nada. De nada que me importe. Lo que no me importa, lo dejo. Tardo tiempo, el que sea, pero controlo yo. Nos conocimos porque se me estropeó algo en el ordenador, pero te juro que no sé cómo llegamos a esto. No tengo ni idea. Sí me acuerdo de las flores, pero no del resto. Eso me lleva a pensar que te conozco desde siempre, o al menos desde hace mucho tiempo.

—No quiero uno de tus discursos, Corina. No quiero nada de ti ahora. Pareces carecer de conciencia. No tienes remordimientos. Es como si todo esto te pareciese normal. ¡No tener remordimientos por lo que estamos haciendo es ser unos cabrones!

—Lo de los remordimientos es completamente nuevo para mí. Al principio no me parecía estar haciendo nada malo. Me invento mis películas. Ella, tu mujer, fue primero una malvada que te maltrataba, no te daba de comer y poco menos que te pegaba. Después, como eso no era verosímil, fue otra mujer enamorada, que luchaba por conservarte cerca. Tú me hiciste creer eso, me contabas cosas de manera que tu matrimonio parecía un infierno. Y tuve remordimientos. Poco a poco, dejé de tenerlos.

Sergio Eitula intentó detener el discurso de Corina, pero no fue capaz. Ella fumaba sin parar, se había servido una copa del licor de violetas y parecía ir desgranando las palabras suavemente, como si le escribiese una carta. Una carta de amor.

—Cuando te conocí, yo no estaba especialmente desesperada. Me encontraba casi bien. Ahora estoy, estaba, mejor. Me das paz, ánimo y otra razón para vivir. Por eso la situación es tan desesperante muchos días. El nombre de lío es apropiado. Me da miedo que esto se rompa. Me da miedo que continúe. Y sin ti la vida me parece vacía. Este comportamiento tuyo de «Claro que debemos tener remordimientos, el que no los tenga es un cabrón...» es típicamente católico, por mucho que te joda. Hago algo malo, lo reconozco, soy menos culpable. Y no es eso, de ninguna forma. Si estamos haciendo algo malo somos unos cabrones, nos arrepintamos o no. Supongo que lo que te voy a decir es poco propio de una amante, pero igual voy a decírtelo: estamos jodiendo muchas vidas. Pero no sólo con esto: con todo lo que hacemos. Tú, hasta con la pena que dices sentir por tu mujer. De la pena no se come. Ni se vive. Ni se deja vivir. Si no te quisiese sería más fácil. Esta vez te toca joderte: déjame tú, Sergio. No podrás sufrir por que te dejen, esta vez tendrás que ser tú. Al parecer, siempre te han dejado tus amantes, esta vez no será así. Quiero una cosa que nunca te he dicho: quiero fidelidad. No sólo que no me lo cuentes, quiero que la ejerzas. Quiero un amigo, quiero un amante fiel en todos los sentidos. Si te parece mucho pedir, dímelo. Claramente. Si te ves incapaz de cumplirlo, me lo dices. No te molestes en pedir lo mismo de mí. Sería una pérdida de tiempo. Para mí sólo existes tú en este mundo de mierda. Y un último consejo de amiga: «Qué olvido tan necio del género humano diferir a los cincuenta o sesenta años los buenos propósitos y querer dar principio a la vida desde esa edad...». Séneca era un hombre sabio. Piensa en ello, tú sí que estás a tiempo. Yo, después de lo visto hoy, no. Esa mujer nunca te dejará marchar. Sabe que tienes una amante. Se lo he puesto fácil, hasta me ha visto la cara. Y aun así, le da igual. Está acostumbrada...

—¿«Esa mujer»? ¡Es mi mujer! ¡No tienes ni la más mínima idea de lo que ha hecho por mí! Ha estado a mi lado en momentos en los que tú habrías echado a correr. Ahora que tengo dinero es fácil quererme. Es fácil para ti y para cualquiera. No tienes ni idea de cómo es. ¡Vas de divina, la más hermosa del baile, tú misma lo dijiste! Ella también es hermosa. Y tú, tú que eres capaz de vivir con un hombre que te desprecia, que no te toca, ¡tú me juzgas y la juzgas! ¡Qué bonito es una cena y una habitación de hotel! Sobre todo si es de lujo. ¿Qué le has dado a tu marido para que te comprase ese coche? No trabajas, eres una niña mimada que lo quiere todo. Es de risa que la llames a ella, a Esperanza, acomodada. ¿Qué eres tú? Un ama de casa de provincias en busca de aventura y te ha tocado el premio gordo de la lotería, eso pensabas. Te has equivocado. Por Esperanza mataría y tú eres incapaz de entenderlo...

—Por ella matarías... Yo moriría por ti. Ni ella te merece ni tú a mí. Se han repartido mal los papeles de esta farsa. Yo trabajo, Eitula. Más de lo que piensas. Y hace años que me separé legalmente de mi marido. La semana pasada firmamos el divorcio. Nunca viví de él. Tenía un padre que se encargaba de mí. Y de todas formas, soy buena en mi trabajo. Era un buen arquitecto. Ahora me interesan otras cosas. Por cierto, el coche lo pagué yo, entero. Y Alberto, se llama Alberto, jamás me pasó pensión. Nunca lo quise. No me hacía falta su dinero, Eitula. Ganaba lo suficiente. Y hace años, unas convenientes uniones hicieron posible que a mi familia dejase de preocuparle su patrimonio: lo aumentan constantemente. Esa imaginación te pierde, déjala para tus libros. Conoces cada resquicio de mi cuerpo y fuiste incapaz de ver el alma. Estaba en cada caricia que te di, en cada mail mío que recibías. En todo...

—¿Estás separada? ¿Te has divorciado? No me lo habías dicho. ¡Eres una mentirosa compulsiva! ¿Cómo puedo creer nada de lo que dices? Mientes sin parar.

—De haberte dicho que era una mujer separada nunca habrías venido. Te conozco, yo sí te conozco. Pensarías que era una mujer desesperada, alguien que se iba a aprovechar de ti: es tu estilo. No quiero que pienses nada raro. Nada más raro de lo que piensas ya de mí. ¿Y no te importa que lo sepa? ¿Te da igual que Esperanza sepa que tienes una amante?

—¿Y qué si lo sabe? ¡Es cosa nuestra, de ella y mía! Podrá suponerlo, pero nunca se lo he dicho, jamás.

—Lo sabe, claro que lo sabe... Lo vuestro es de una moralidad encomiable, Sergio. Sois dos amorales. No, aún peor: sois dos inmorales, sabéis bien lo que os traéis entre manos. Si al menos lo hubieseis hablado... Pero no. Eso puede dañar, eso puede hacer que veáis cómo sois el uno y el otro. Patéticos, así sois.

—Me voy. Puede que mañana entres en razón y te des cuenta de lo equivocada que estás. ¿Tú me pides fidelidad? Estás loca. ¿Qué derecho tienes tú a pedirme nada...?

—El que tú me has dado: el amor. El creer en ti. El quererte. Ese derecho, que no lo da ni un patrimonio ni un papel. Prefiero la fidelidad a un cuadro. Soy así de rara.

—Me voy. Diles a tus perros que no me ladren al salir. No los soporto. Esos dos maricones repeinados me ponen de mala hostia.

—Esta faceta tuya, la de las palabrotas, la desconocía.

—Desconoces muchas cosas. Mañana hablaremos. Recuerda que la semana que viene me voy a Coimbra. Si has pensado mejor las cosas, puedes venir. No sabía lo de tu marido, así que lo siento. Pensé que continuabas con él y no podrías justificar los gastos de un hotel. Reitero mi ofrecimiento: lo pagaré todo. Por eso no debes preocuparte, yo reservaré el hotel de Coimbra, el que tú dijiste.

Corina dejó entrar el aire hasta donde pudo. Visualizó los bronquios, los pulmones. Estaba a punto de perder la respiración. Cerró los ojos y vio el aire, se lo imaginó entrando y logró que un poco, lo suficiente para no desmayarse, entrase en los pulmones.

Sergio Eitula se despidió con un «Hasta mañana» y un beso en la boca. Corina dejó de respirar con aparente normalidad en cuanto el hombre desapareció entre las sombras. Cayó de rodillas y comenzó a arrancarse la ropa. No lograba desabrochar el sostén. Se ahogaría. Comenzó a llorar y la respiración se hizo más dificultosa. Leonardo entraba en el pabellón cuando Corina se dejaba vencer por la angustia, y al momento entró Pablo.

—¡Arráncale el sostén! ¡Si no puedes desabrochárselo arráncaselo, como sea!

Se echó al suelo de rodillas y puso la cabeza de su prima en el regazo. Leonardo cortó el sostén con unas tijeras y contempló en pie la escena, pálido. Pablo le hablaba a Corina; Leonardo escuchaba cómo le pedía que se imaginase el aire, con colores. Corina hizo un amago de sonrisa y se agarró con fuerza a la mano de

Pablo. Le pidió algo. Leonardo sustituyó a Pablo y acarició el pelo rubio. Un Pablo muerto de miedo buscó entre los frascos de su prima y encontró el que necesitaba: en la etiqueta estaba escrita la palabra *aire*. La boca de Corina se llenó de un líquido verde y poco a poco, entre sorbos del brebaje, caricias y palabras, su respiración se fue volviendo normal. La manzanilla, el tojo y la grasilla habían cumplido su función. Esa noche, al cuerpo de Corina lo arroparon dos cuerpos de hombre. No se apartaron de ella ni un instante.

Volvió a su casa, como si nunca se hubiese ido. Amalia la esperaba con cara de preocupación. Jaime había dispuesto la comida. Los cachorros saltaban encima de ella. Leonor le decía que su cara no estaba muy lozana. El único momento del día que estuvo sola se tiró encima de la cama. Una hora. Faltaba una hora para la cena, ese tiempo era para ella. Se empeñaban en tratarla como a una auténtica demente. No tenía ninguna intención de suicidarse, pensaba Corina sonriendo. Se incorporó. La historia no había terminado. Eitula no iba a tener tanta suerte. Dio un golpe a un botón del CD y se lanzó a bailar.

«... Una mentira y un credo por cada espina del tallo... Una rosa es un rosario... Quise cortar la flor más tierna del rosal pensando que de amor no me podría pinchar...»

En bragas y camiseta, descalza y con una chaqueta que había sido de su padre, Corina triscaba por la habitación al son de la rumba que cantaban Raphael y Pastora Soler. Eitula la habría llamado hortera. Le daba igual. Girando caderas y brazos en el aire, así la encontró Luisa. Pensó la mujer que, desde niña, Corina se quitaba la pena cantando y bailando, como los gitanos. Siempre que acampaban cerca se iba con ellos, para desesperación de Bernarda.

—Ha llamado el señor Eitula, Corina. Y Manuela, la de Portugal, le ha dicho a Pablo que estuvo en la casa.

—Ya sé de dónde es Manuela...

—Sí, supongo que lo sabes. Quería decirte que ese hombre ha llamado dos veces.

—Gracias, Luisa. Gracias. Estoy cansada.

—Sí, ya se nota.

—Bailar relaja, Luisa. Ven...

Y agarró a Luisa por la cintura y le dio vueltas y más vueltas por el cuarto. La mujer se soltó de golpe.

—No has ido al cenador.

—Ya iré.

—Murió sola. Tú estabas lejos.

—Yo estaba cerca, muy cerca, Luisa. Y no me hables de eso. Pasado está. Y deja de pensar que no tengo corazón ni alma ni cabeza. La que no tienes cabeza eres tú: si hubiese ido al cenador, toda esa corte que tenemos en casa me habría seguido. Ahora iré, antes de la cena.

Luisa se alejó pasillo adelante pensando que algo de razón tenía Corina. La casa estaba llena. Le gustaba, le recordaba otros tiempos.

Corina oyó el sonido del correo. Un mail. No había tardado.

Leyó un escueto «Tenemos que hablar. Llámame».

Puso los pies sobre los barrotes del sillón y escribió golpeando las teclas del ordenador.

ASUNTO: NO QUIERO LLAMARTE...

¿De qué hablaríamos? ¿De ella? ¿De cuánto la quieres? Eso ya lo sé. ¿De cómo es? También lo sé: una mujer corriente. Ella es una mujer muy normal. Él la quería. A su manera. Como quien quiere a un animal doméstico. Es cómoda. Un buen perchero. Por eso nunca la dejó, por eso no se molestó en pedir el divorcio. Nunca se molestó en nada. Dice que ella lo ayudó mucho. Sobre todo cuando las cosas no iban bien. Cuando no iban tan bien como ahora. Antes ella trabajaba, él no. La amó mucho, con pasión, como él ama todo. Ahora no. Ni la toca. Y piensa que le está haciendo un favor, a ella. No le pega, no la insulta... Ven la tele juntos. Van al cine juntos, con su hijo. Suelen cenar juntos, eso sí. Mantienen las formas. Formas heladas, macabras. Sombras pálidas de un pasado en común. Ella no lucha, está cómoda. Tienen dinero. Van a la nieve. Se compraron una buena casa. Él tiene un buen seguro de vida. El chico va a un cole caro. Él tiene una amante. Ella va a un gimnasio de moda. Viajan por el mundo, a lo grande. Compran cosas caras. Se divierten... Curiosamente, duermen en la misma cama. Ella va de normal. Hace como que no presume, pero se moriría sin sus amigos de fin de semana. Sin el golf. Ahora, los zapatos de clavos y los palos son de progres: es un buen deporte, caminas mucho... Él va de persona íntegra, de las que nunca engañan. Por supuesto, fueron de izquierdas. Y a poco que los escuches, aún afirman que lo son. Juntos están bien. Al menos eso creen. De vez en cuando, él habla: «de esta puñetera comodidad que me impide irme de casa... Pero ya sabes, está el chico...» Y yo digo: «Sí, claro, el chico, ella, tú, la gente, tus amigos, tu trabajo, tu dinero...». Realmente sólo llego hasta el «Sí, claro». Lo otro me lo callo. Últimamente ejercito el sano ejercicio de callar, el de escuchar. No exige palos ni clavos. Tal vez alguna espina, pero bueno... Estas historias de amor y desamor, a mí, me dejan casi muda. Por la mentira que encierran en sí mismas. Por la cobardía, oculta bajo otros nombres aparentemente más honestos. Por la naturalidad con que nos lo tomamos todos. Empiezo a pensar que dura más el matrimonio sin amor, el que es más frío. El que se asienta en el cariño, en el respeto. A mí, estos que se enamoran tan así, tan a lo bestia, me dan miedo. Después se desenamoran con la misma rapidez. Mi amigo, el de la mujer corriente, se pasa el día enamorado. Del aire, del amor, de lo que sea. Pero a ella no la deja. ¿Pena? ¿Egoísmo? ¿Y ella? ¿Qué puede pensar una mujer así? Por muy corriente que sea digo yo que pensará. Sabrá que algo está pasando, y si lo sabe, consiente. Y no hablan. Ni siquiera hablan de ello. Si alguien no lo remedia terminarán odiándose. Maltratándose de tanto no hacer ni decir nada. Ellos no lo saben, pero así es como terminarán, viejos, sin poder mirarse a la cara y odiándose. Pobre Sergio, le faltan un par de cojones para ser feliz y para dejar que la mujer corriente intente lo mismo.

Es un buen cuento, sí que lo es...

Saludos,

Sherezade

Envió el mail. Alguien la llamaba a voces. Leonor se estaba desgañitando. Se puso unos calcetines y unos pantalones de algodón anchos, llenos de bolsillos, se calzó unos escarpines y corrió pasillo adelante hasta las escaleras. Abajo se escuchaban risas, voces. Estaban contentos. Ella no lo estaba. Entró en el comedor y los vio allí, repeinados, repulidos, vestidos como dandis.

—No quisiera ofender, Corina, pero estás horrenda.

—Si quieres, me marcho a cenar al comedor de la cocina; me da igual, Leonor.

—Leonor, los equivocados somos nosotros. Tendríamos que habernos cubierto de harapos y tirarnos ceniza por la cabeza. Y no le digas esas cosas a tu hermana: es feliz en su papel de cuidadora de cerdos. Puede cambiar el papel cuando le venga en gana.

—Jaime, ovejas habría sido lo mismo, pero menos guarro. Menos... No sé, menos maloliente.

—Menos impactante lo de las ovejas, Corina. La princesa de los cerdos suena bien. Hay un cuento; creo que el porquerizo era él. Pero da igual.

—Eso, da igual, Jaime. Mejor será que cenemos.

Cenaron y cada uno habló de sus cosas. Corina respondía a todo de manera mecánica. Tomaron el café en el salón y allí, Jaime Arias destapó la caja de los truenos. No con el resultado que esperaba.

—Corina, Leonardo y Pablo han tenido el disgusto de conocer a tu amigo. Soy consciente de que utilizo mal el término *amigo*: yo jamás he tenido derecho a eso que le has dado al escritor, pero no quiero darte motivos para una pataleta. ¿Vas a contarnos algo, o debemos conformarnos con las escasas referencias que estos dos nos dan? No sueltan prenda, querida.

—No creo que mi hermana tenga que hablar de eso en público, Jaime. No me parece el momento.

—Creo que Jaime tiene razón, Leonor. Puede que sea el mejor de los momentos. Hemos vivido en una familia en que todas estas cosas se ocultaban. No creo que deban publicarse, la discreción está bien. Pero en realidad vosotros lo sabéis, así que no me importa. ¿Qué queréis saber?

—Todo.

—Amalia, todo sería un exceso. Puedo decir que lo quiero como nunca quise a nadie. Puedo decir que él no me quiere así, creo. Me quiere mucho, pero no lo suficiente.

—Suficiente, ¿para qué?

—Para dejar a su mujer, Jaime.

—Cora, lo conociste hace cinco días, creo recordar; no más. Nadie deja su casa en cinco días.

—Pablo, lo conozco desde hace meses. Pensáis que unas cartas o una pantalla no transmiten sentimientos. Os equivocáis. He conocido a gente enganchada a un ordenador hora tras hora. Daban pena. Pero no por estar ahí, sentados mirando a una pantalla. Daban pena porque estaban, y están, solos. Si tuviesen un mínimo de cariño en su vida no harían eso. Yo sé más cosas de su vida que muchas personas de su entorno. El secreto es ése: comienzas contando cosas que nadie contaría cara a cara. Piensas que jamás conocerás a esa persona. Es un nombre, un nick, y una pantalla. Nada más. Poco a poco comienzas a necesitar ver, tocar, oler. Es casi como el cortejo tras una reja. Antiguamente lo hacían. No sé si es buen ejemplo. Pero ése es el secreto: no ves más que lo que te escriben. No importa qué aspecto tiene la persona; no importa más que lo que te transmiten unas letras, unas palabras. Puro Cyrano. Es algo bueno internet. Se convierte en puro sentimiento y desnudas el alma. Poco a poco vas haciéndolo. Y cuentas, os lo repito, lo que jamás mostrarías a una persona cara a cara. Por eso yo sé tantas cosas de él y él mías. Las importantes. Ahora se siente engañado por mí. Ahora yo me siento engañada por él. Llegaremos a un punto intermedio. El péndulo descansará alguna vez.

—Pueden mentirte, Corina...

—Sí, Leonor. Cierto. Pero de igual manera te mienten y te estafan en la vida real. Mírame a mí. Me engañaron.

—Tú te dejaste, Corina.

—Sí, Amalia. Me dejé. Pero me engañaron. Y no había pantalla por medio.

—Yo he sido testigo de cómo es ese sujeto, Corina. Como tú no hablas, yo lo hago: es despreciable.

—No del todo, Pablo. Cuando vi la escena del ordenador ya

no estuve seguro de nada. Ese hombre está pasando por algo desconocido para él. Y Corina aprieta demasiado, no lo deja respirar. Fue a buscarla y no estábamos, ni siquiera lo avisó.

—¡Faltaría más, Leonardo! ¡Que le hubiésemos dejado una nota de despedida!

—Pablo, no me hables así, el cariño que le tienes a Corina te nubla el juicio. Yo creo que le aprieta demasiado. Sergio Eitula no conoce a nadie como Cora. Es normal que se asuste. Diría que está aterrorizado.

—Leonardo tiene razón: ¡Esta mujer me asusta incluso a mí, y he crecido con ella! ¡El tío debe de tener colitis, no es para menos!

—Que se tome un té con limón, Jaime. Yo no le he hecho nada extraño.

—No diré nada al respecto, Corina. Pero no tienes razón y Leonardo sí. ¿Sabe algo de todo esto?

—¿Qué es todo esto, Jaime?

—¡La faceta de lela se deja ver! De la casa, de las casas. De la casa Jacoby, las marcas, las patentes, los laboratorios. De las cuentas del banco. Del dolmen que la señora anterior y la actual ocultan a los cabrones de Patrimonio. De la piscina, de la playa privada, de esas cosas que la gente normal tiene a montones.

—Yo soy normal; yo vivo como una persona normal. Y la respuesta es: no. No sabe nada. Eso espero, al menos.

Corina miró fijamente a Leonardo y a Pablo. Los dos apartaron la mirada.

—No, no lo sabe. Y no me importa. Si de verdad queréis saber cómo estoy yo, ésta es la respuesta: «Lo extraño, como se extraña las noches sin estrellas. No estar con él, por Dios que me hace daño. Lo extraño cuando camino, cuando lloro. Lo siento como algo muy mío. Por Dios que sí lo extraño...».

—¡Qué ordinaria! Manzanero o Manzanita, no estoy seguro. Ni siquiera Neruda.

—Esa canción la cantan los dos, Jaime. Me da igual ser ordinaria. Para ti, Shakespeare será un hortera... Es la mejor forma de poder decir lo que siento, esa canción. Si él no está a mi lado, todo me importa poco, Jaime. Más bien nada. Lo que hago cada día, lo que haré de ahora en adelante, será con un único fin: no morirme para estar cerca de él en cuanto pueda; cuando él quiera. Y pienso constantemente en sus manos, en su boca; pienso en sus ojos mirándome; pienso en su cara cuando me acaricia, en esa mirada que tiene cuando me mira en la cama. Pienso en él cuando como, me recuerda las veces que hemos comido juntos. Pienso en él cuando camino y no tengo su mano cerca. Pienso en él cuando lloro y su lengua no recoge mis lágrimas. Y pienso que lo único que deseo es tener su mano cerca en la hora de mi muerte; morir agarrada a esa mano peluda, grande. En eso es en lo único que pienso: en lo llena que estará mi vida junto a él y lo vacía, lo asquerosamente vacía que estará cuando esté lejos. «Vendrá la muerte y tendrá tus ojos...» Sus ojos...

Nadie habló, pero quien había escuchado a Corina en París, el verano anterior, recordó las palabras que ella había pronunciado en la terraza de un café.

—Bueno, ahora sí que no quiero hablar más de él. Ahora creo que debemos hablar del famoso «todo esto», de la casa, de los laboratorios. Amalia, te hago una propuesta: quiero que dirijas el proyecto, los laboratorios. Yo no distingo un virus de una bacteria, sería ridículo. La fundación te pagará más de lo que ganas en el hospital trabajando como una mula. Lo malo sería que no te gustase la tranquilidad del campo. Pero yo no quiero liarme con esto. Son demasiadas cosas. Estoy escribiendo un libro...

—¿Es por inspiración del divino galo?

—No, Jaime. Ya lo estaba escribiendo con Melania, pero ahora le daré un enfoque nuevo. El galo se ríe de ello. Bueno, me anima, dice que le gusta. ¿Qué te parece lo del trabajo, Amalia?

—Me parece muy bien, Corina. Pediré una excedencia. Me gusta, es algo nuevo y creo que puede resultar.

—¡Le gusta! ¡A ése le gusta! Jaime, te estás riendo de ella. Tú sí que vas de divino, querido: no tienes ni idea de lo que está haciendo Corina. Y no has leído el guión que escribió para Eitula. Le pagarán por algo que ella ha escrito, y no sabes lo que ha escrito. Una auténtica belleza, Jaime. Así que deja de hablar de lo que no sabes.

—Oye, Pablo, no te pongas gallito. Yo no he dicho nada, es sólo que me ha pillado de sorpresa, nada más.

—No deis gritos, ya somos adultos. ¿Y a mí qué me toca hacer, Corina?

—Leonor, el estudio es para ti. Siempre lo quisiste. Así que tú, al estudio, a vigilar a la reina del tiralíneas. Mañana la llamaré. Es discreta nuestra Sol. No ha venido.

—Su marido no la ha dejado, Corina.

—¡Pues que se divorcie, Leonor! Pablo, Leonardo y Jaime: si podéis trabajar juntos, os necesito. Tengo algo para vosotros: catalogar los edificios, los documentos y todo lo de Melania. Yo ni sé ni quiero aprender. El dolmen que dice Jaime, algún día tendré que hacer algo con eso. ¡Ah, algo más! Los abogados: eso será cosa vuestra. Yo no tendré más hijos, a mi edad ya no se tienen hijos. Y vosotros sois muy ricos. En cuanto a mis sobrinos, que lo trabajen. Quiero arreglar las cosas de tal manera que, cuando muera, todo pase a una fundación. Parte a la fundación de Rodrigo y otra parte ya pensaré a qué.

Todos estuvieron de acuerdo y se fueron a dormir tranquilos. Todos eran niños que se negaban a crecer; eso era lo que los mantenía unidos. Se perdonaban las travesuras mutuamente. Corina, al final, había logrado ser general. Sin quererlo, sin intentarlo.

El silencio recorría cada rincón de la casa. Los péndulos de los relojes y alguna tabla que crujía rompían momentáneamente la calma. Corina salió del cuarto con una bolsa en la mano. Pesaba. Los escarpines silenciaban sus pasos. Buscó en el cuarto del calzado sus madreñas. De un cajón de la alacena sacó una navaja y se la metió en un bolsillo del pantalón; de un altillo, una linterna. Salió por la puerta de la cocina que daba a un patio, y desde allí caminó hasta el cenador.

La luna estaba a punto de ser llena. En el jardín, sí había ruidos: ranas, búhos, ramas crujiendo y hasta se notaba el crecimiento de las flores. Al menos, ella lo presentía y convertía el presentimiento en sonido. Llegó al cenador y dejó la linterna sobre uno de los peldaños, alumbrando el aloe. Se arrodilló en la tierra y dejó que sus manos entrasen entre ella. Aún estaba suelta. Encontró lo que buscaba: un tablón. Petronilo había hecho bien su trabajo. Debajo, en la tierra, yacían Melania y Rodrigo. Se arrastró y, evitando las espinas, alcanzó el tronco del aloe. Con esfuerzo sacó una piedra casi plana de la bolsa. Agarró la navaja con las dos manos y aró un surco, encajó la piedra y a gatas volvió al cenador. La linterna no alumbraba bien el lugar; regresó con ella y la colocó de tal forma que iluminase la lápida. Estaba bien sujeta. Grabado sobre la roca, una serpiente mordiéndose la cola, cerrando un círculo; dentro de él, un ojo y un sol. A un lado de la serpiente, la inscripción: *Et in Arcadia ego*; al otro: *I tego arcana dei*. Se dejó caer sobre la hierba y la acarició.

—Estáis en casa. La tierra os dará calor y fresco. La tierra es una buena madre. Es como la seda: refresca en verano y protege del frío en invierno. Si alguien supiese esto dirían que estoy loca. Más aún de lo que dicen. Pero vosotros sabéis que no es locura: es amor. Os quiero cerca, conmigo. Aquí estáis en casa. Fundidos con la tierra que amasteis. Melania, yo te habría hecho un funeral vikingo. Te gustaba *Beau geste*. No me he atrevido, Luisa no me habría dejado. Pero habría sido estupendo, Melania. Una balsa en la playa, en la nuestra. Una balsa y tú, ardiendo. Perros ya no tenías, pero Petronilo me habría traído alguno. Tú y el agua; tú y el fuego... Rodrigo, te quiero. No necesito decírtelo, pero te quiero. Y ahora me voy. Todo está en orden, Melania. La casa llena.

Uno de los cachorros lamió la cara de Corina.

—¿Quién os ha dejado salir? Si ladráis os retuerzo el pescuezo.

—Vienen conmigo, Corina.

—¡Petronilo, me has asustado! ¡No tengo salud para esto, coño!

—Cualquiera lo diría. Ven, te he traído otra cosa. No la pediste, pero yo te la doy. Siempre la has querido, lo sé.

De entre unos matos sacó una caja, un arcón de madera con trísqueles tallados, y se la puso en las manos.

—Ábrelo. Te gustará. Está limpia. Luisa no lo sabe, no quiero líos con ella.

Corina abrió la caja de madera tallada: un cráneo estaba dentro, entre unos paños blancos.

—Los hijos de los viejos dicen que era como tú. Creaba cosas de la nada. Guárdalo.

—No, Petronilo. Todos lo verán y nadie sabrá de quién es.

Dirán que es una nueva excentricidad mía. Gracias, Petronilo. Vámonos ya. Él escuchará desde mi mesa los relojes que tanto amó. Nunca lo conocí, pero todo lo que tenemos hoy es gracias a sus manejos. Que vuelva a casa. Todos volvemos a casa.

Y, con la calavera en las manos, Corina entró en su habitación seguida de los perros. Aquella noche durmió bien, tranquila, serena. Estaba en casa y rodeada de los suyos.

La vida fue regresando a la normalidad. Amalia se instaló definitivamente en una de las casas de la finca. Pronto colgaron del corredor tiestos con geranios y otras plantas que Corina y Luisa le llevaron. El laboratorio comenzó a funcionar. Ella se mantenía alejada. Una vez a la semana se reunía con ellos y escuchaba las explicaciones de Amalia y de los investigadores. Leonardo y Pablo se instalaron en otra casa y Jaime iba y venía. Magdalena se empeñaba en dejar la escuela de las monjas y marcharse a vivir con ella. Corina se negaba sistemáticamente, pero los fines de semana era casi obligado tenerla en la casa. Sol del Valle había ido a verla; se la veía feliz con el trabajo en el estudio. Su marido estaba dejando de tener una importancia vital en su existencia. Ahora ganaba más dinero y el dinero le ahorraba explicaciones.

Sergio Eitula atacaba la resistencia de Corina cada día. Con mails, con llamadas de teléfono. La añoraba, decía, la quería tanto que si no la veía de nuevo se moriría. Una noche la llamó borracho, apenas se entendían sus palabras. Gritaba que lo dejaría todo por ella. Juraba que no podía escribir una línea. Juró mucho aquellas semanas, repitió mucho la palabra amor aquellos días. Y Corina le respondió con un mail. Cuando hablaban por teléfono nunca podía decir lo que deseaba, se apuraba demasiado, y en el IRC parecía que las palabras se malinterpretaban. No quería pedirle a gritos que la abrazase. Y eso, el abrazo, el beso, era lo que ella añoraba. Lo único que le faltaba a su vida.

ASUNTO: LA NOCHE DE LA LÍRICA

No te abrumes, que las cosas del querer son cosa de dos. No te abrumes, que yo ya no me abrumo. Ni me escondo. Ni me avergüenzo. Todo vale cuando quieres algo. Algo, no necesariamente a alguien. El querer no es concreto ni se viste de hermosura externa. El querer va en dos direcciones. No con la misma intensidad, no hace falta. Pero no necesariamente quiere más quien más veces dice te quiero. Yo lo sé. Y tú lo sabes. Y tú, que piensas que tienes las cosas más claras que yo, estás equivocado. Repites sin cesar las palabras amor, te quiero...

Yo quería cariño desesperadamente. Quería dejar de ser una piedra de hielo. Quería una mano en mi mano. Sentir la punta de unos dedos en mi pelo. Despertar entre sábanas arrugadas de tanta piel deslizada sobre ellas, húmedas aún de lágrimas, de sudor. Despertar sobre una almohada llena de olores.

Y tú, que tienes un corazón lleno de fantasía, lleno de monedas para dar en los semáforos, me diste lo que yo quería. Y no te engañes, no pensaste en lo que querías tú.

Y amor con verdad se paga: estoy bien contigo metida en la cama. Ahí estoy segura; ahí me das la mano; ahí sé que estás. Porque ahí sí eres tocón y me pasas la mano por el pelo. Y paseas tu cuerpo por mi espalda. En la calle me dejas sola, no me dejas ni tocar la punta de tu dedo. Si en vez de vernos dos días fuesen dos semanas, pasearía contigo, te arrastraría a las terrazas. Te llevaría al cine, a merendar. Entraríamos y saldríamos. Veríamos la tele. Haríamos el vago. Cenaríamos sin la sensación de que cuando se termina el postre está más cerca la salida del avión. No se encuentra lo que se busca. Se encuentra lo que se quiere encontrar. Tú buscas algo que yo no sé muy bien qué es. Y yo no quiero que cambies. Ni digo, como tú dices: Te amoldo a mí. Si no lo dices en broma, bien torpe eres. Yo me amoldo a lo que me amoldo. Y eso es egoísmo puro por mi parte. Porque, cuanto más creas que yo me amoldo a ti, más me darás tú. Pero, en el fondo, sabes que no es verdad: yo ni me sujeto ni me amoldo por amor ni por cariño. Puedo ceder, pero nada más. Y no cambiaré. Sería tan fácil para un camaleón como yo... Fingir que soy buenísima. Pensar que no pienso. Pensar que nada importa. Pero no voy a hacer nada de eso. Yo moriré como soy. Peleando por salir a flote. Jugándome el tipo a cada minuto. Resbalando, cayendo y volviendo a levantarme. Luchando por lo que creo justo.

Diciendo lo que pienso. Tú, en cambio, morirás pensando en las grandes cosas que podrías haber hecho. Yo moriré riéndome de los cobardes que aparentemente se comen el mundo. Tú veras pasar ante tus ojos lo que pudo haber sido y no fue. Yo veré pasar mil batallas y mil besos. Y sonreiré al pasar la frontera, porque fue como yo quise, como siempre pensé que sería. Porque al fin encontré lo que buscaba. Porque abracé a quien quise, como quise. Porque no dejé que nadie me diese lecciones de placer sin amor. Porque yo nunca diré de ninguno de mis hombres: Ya ni me acuerdo de que lo quise...

A ti, a tu vida, le falta lirismo. El placer sale del alma y quien la tiene dividida goza menos. Te añoro, cada minuto del día. Cada día más. Y eso me duele lo mismo que decir: Tócame... Es decir: no me duele nada.

*Je t'aime.*

La contestación no se hizo esperar. Corina Jacoby respondió a la llamada de Eitula con toda la calma que pudo acumular.

—¿El lunes te viene bien? Antes de que otros hombres te metan en su cama...

—No te entiendo. Era un ejemplo, sólo eso. Una metáfora, no un ejemplo, Sergio. Bueno, era lo que era. Da igual. No ando de cama en cama; tú te empeñas en decir eso.

—A mí no me da igual, Corina. Sólo con pensarlo me pongo enfermo. Y eres tú la que habla de eso. Te recreas hablándome de otros hombres. Y tu comportamiento en la cama no es precisamente el de una colegiala, Corina. El lunes, si quieres, nos vemos. Una semana, dos semanas, lo que tú puedas. Me iré el viernes, eso ya lo sabes, pero regresaré al lunes siguiente. ¿Te envío unos billetes? En París. Podemos quedar en París. O en Londres. Puedo arreglarlo.

—España. Asturias. Llanes. Ahí. Espero que puedas arreglar eso...

—Podré. ¿Estás en la casa de tu tía? ¿Hasta cuándo te dejarán la casa? Supongo que tendrá hijos. De todas formas, tendremos que buscar un lugar para vernos, Corina.

—Sí. Me encargo yo, Sergio. Del lugar me encargo yo.

—Gracias, Corina. Cama grande, recuérdalo. No me gustan las camas pequeñas, ya lo sabes.

La conversación se cortó con un «Te quiero». Corina Jacoby dejó el teléfono sobre una mesa. Noches de blanco satén. Eso soñaba Eitula. Cama grande. Miró la suya. Mayor no la encontraría Sergio. La habían construido a medida; al parecer, el antiguo señor de la casa tenía los mismos gustos que su amante. Y no se conformaba con eso: una puerta, disimulada entre los entrepaños, daba paso a un cuarto donde dormía cuando quería estar solo. «Los hombres, las costumbres, no cambian con el tiempo», pensaba Corina. O tal vez sí; ahora, ella, una mujer, era el ama. Y el espacio. Las casas de ahora eran más pequeñas. El resto no cambiaría nunca.

Bajó a la cocina. Miró a Luisa. Limpiaba unos vasos. Con su mandil, su vestido siempre limpio, con la chaqueta de punto arremangada. Vendría de la huerta. No se lo tomaría bien, no le gustaría que Sergio se alojase en la casa. La mujer la vio mirándola y sonrió.

—Ha llamado Magdalena. Viene con Leonardo. Pasará en casa el fin de semana. ¿Le has dicho algo del regalo?

—No, Luisa. Cuando venga lo verá. Luisa, tengo que decirte una cosa. Pero no quiero que me riñas...

—Las criadas no riñen a las señoras, Corina...

—¡Déjate de sandeces! ¡Tú no eres una criada! Y no vamos a discutir ahora. El lunes vendrá un amigo mío a quedarse unos días. Quiero que le prepares la habitación frente a la mía.

—Tienes razón, no soy una criada al uso. Por eso la respuesta es: no. En la casa estaréis solos. Petronilo y yo, ni os veremos. Magdalena no estará. No hay necesidad de que arregle ninguna habitación, Corina: dormirá en la tuya. Todos somos adultos. Las mujeres de la limpieza no subirán esos días a los cuartos.

—Gracias, Luisa. Para mí, es muy importante. Gracias.

—La señora dijo que pasaría. Que era importante para ti.

—Ya. ¿Qué comemos hoy? ¿Viene alguien más a comer?

—No. Hoy comes sola. La médico anda muy alterada con algo que dice han hecho esta semana. Lo que ha hecho está en nuestra cocina, en la de abajo, desde hace años. No le he dicho nada, se lo dices tú. Hablaba de un nuevo compuesto. Y comes verduras a la plancha y una lubina. ¿Al hombre hay que hacerle algo especial? De comer...

—¡Jajajaajajaja, Luisa! No, come de todo. Le gustan las trufas.

Luisa soltó otra carcajada.

—Yo hablaba de comer. En mis tiempos podría haberle hecho algo especial, pero ahora no.

—¿Qué dices que ha descubierto Amalia?

—¡Calla, por Dios! Según ella, un alga con propiedades desinfectantes y un montón de cosas más. Ni más ni menos que el alga de los vidrieros, Corina.

—No es verdad...

—Te lo juro, Corina. Han descubierto un matachinches. Anda, habla con ella. Y de paso le explicas que con eso se hace vidrio.

—Sí, Luisa, ahora mismo. Me acercaré hasta el laboratorio. Vuelvo en un rato.

Corina encontró a Amalia sentada a la entrada, fumando un cigarrillo.

—¿Tienes uno? Me he dejado el tabaco en la casa.

—Sí, me los da tu Petronilo. Toma. Es un canuto.

—Ya no veo; sin gafas veo fatal, ni me había dado cuenta. Bueno, vengo a decirte una cosa.

—¡Ni se te ocurra! Ése, el mismo que me da la hierba, el cara bestia de Petronilo, ya me lo ha dicho. Lo del alga. ¡No quiero comentarios! A éstos ya los he puesto al hilo.

Se rieron las dos y los cachorros se acercaron.

—¡Que no me babeen, Corina!

Corina llamó a los perros y se echaron a sus pies.

—Se vive bien aquí. ¿Te gusta, Amalia?

—Sí, Corina. Estás creando una especie de *mundo feliz*. Una Arcadia. El problema es cuando salimos al mundo real. Da miedo. Así que esto nos aísla y a la vez nos puede matar. Es como estar demasiado protegida de los virus: terminas por no inmunizarte de forma natural. Si no tenemos contacto con el mundo, cualquier cosa podrá matarnos.

—Querida amiga, te agradezco que pluralices cuando intentas avisarme de los peligros que me acechan. Esta cosecha del Petro es buena... Puede que tengas razón, pero no necesito salir a ningún sitio. El lunes llega Sergio.

—Es broma. Es una broma...

—No, no lo es. Estará una o dos semanas.

—Oye, Corina, como amiga y como médico: supongo que tomarás las precauciones habituales.

—Sí, tengo una cosa que compramos en Lisboa. Un aparato que utilizan las francesas, Amalia. Un diafragma, creo que se llama.

—Ya. ¿Y el sida?

—Nos hicimos un análisis. Yo, por hacerlo. Comprenderás que no tenía motivos. Ni me han operado ni tenía relaciones.

—¿Y él?

—Sí, se lo hizo.

—¿Viste la prueba, el papel?

—No, la verdad es que no. Me dijo que allí lo hacían de otra forma. Se hace la extracción, te dan un número y llamas por teléfono; el resultado es de palabra.

—Eso no es cierto. Al menos yo jamás lo he escuchado, Corina.

—Cambiando de tema, ¿recuerdas la tarde que pasamos riéndonos con aquella zanahoria? En mi casa, en la ciudad. Resultó.

—No estamos cambiando de tema. No puedo creer que hayas hecho eso, Corina. No me lo creo, tú no. ¡Cuéntamelo!

Unos gritos que la llamaban evitaron a Corina el bochorno de relatar la proeza. Magdalena se acercaba corriendo y gritando su nombre. Los perros corrieron hacia ella.

—Está preciosa. ¿Sabe lo del regalo?

—No, Amalia, no lo sabe. Sí que está preciosa. Si le sirve para ser más feliz que nosotras, ya será algo.

Magdalena abrazó a su tía y besó a Amalia.

—He venido a comer. Leonardo terminó pronto el trabajo y pudimos venir, Corina. ¿Qué os pasa en los ojos? ¡Estáis fumando porros! ¡Sois un mal ejemplo!

—Lo son, Magdalena, lo son.

—Hola, Leonardo. Magdalena, quiero enseñarte una cosa. Quiero saber si te parece bien. Vamos a los establos. Hemos pensado convertirlos en un almacén y otra parte en un cuarto para ti. Una especie de casa pequeña por si vienes con tus amigas.

Magdalena torció el gesto, pero no dijo nada. Caminó tras su tía. Los establos estaban animados. Pablo, Petronilo y Luisa andaban por allí, parecían mirar al suelo, al cielo. Corina hizo un gesto a Petronilo y el hombre dejó el disimulo. Entró en las caballerizas y al momento salió con unas bridas agarradas a una mano. Un caballo de color negro, de grupa amplia, redonda, la cabeza pequeña, acompañaba a Petronilo. Magdalena miró al animal, avanzó hacia él y le acarició el belfo. Subió hacia los ojos pasando la mano por la piel del caballo. Dio la vuelta y se abrazó a Corina.

—Es demasiado. Gracias, Corina, eres especial. ¡Una casita de amigas! ¡Menuda cursilada! Es precioso. Es árabe, es un *kehilan*. ¿Puedo?

Y sin esperar respuesta, arrancó la brida de la mano a Petronilo, gritó «¡Ayúdame!» y de un salto se subió a la grupa. Antes de que ninguno de ellos pudiese detenerla, Magdalena Jacoby salió al galope.

—¡Se va a matar, Corina! ¡No lleva silla, está montando a pelo!

—No se matará, Pablo, no se matará. Déjala. Si yo tuviese que hacer eso, me moriría. No he logrado montar a caballo en mi vida. Me mareaba hasta en los burros de Remedios, la lechera. ¿Coméis conmigo?

Todos parecían estar ocupados y volvieron a sus obligaciones. El fin de semana sólo estuvo turbado por las galopadas de Magdalena; las discusiones por hacerla volver a casa y el corazón de Corina: latía demasiado fuerte. Los latidos fueron quedando incrustados en las páginas del *Libro de las plantas para vivir y para amar*.

El lunes, Corina se levantó sin prisas. Se sumergió en la bañera con el agua muy caliente. Antes se había frotado el cuerpo con un guante de crin y una mezcla de aceite de oliva, bicarbonato, tomillo triturado, piel de mandarina seca, salvia y diente de león. Dejó reposar la nuca sobre un rollo, procurando que la cara no se mojase. La mascarilla de miel, saúco, polvo de vaina de lila y consuelda debía esperar. Había dejado el teléfono al alcance de la mano. Días atrás, unos operarios habían colocado una antena:

Corina quería que toda la casa, toda la finca, tuviese cobertura. No soportaba que la conversación se entrecortase mientras hablaba. Amalia se había quejado, alegando algo sobre los males que las antenas podían provocar. Corina le respondió que no morirían de eso. Sergio no había llamado. Llamaría. Con un paño de hilo limpió de su piel los rastros de la mascarilla, se lavó el pelo con champú de manzanilla, romero y saponaria y pensó que aquella vida era la mejor. Aun sin dinero, aun sin tanta tierra y sin aquella casa. Los aromas, los colores que la rodeaban, no se encontraban en ninguna ciudad del mundo. La Arcadia, Amalia lo llamaba la Arcadia. Puede que fuese cierto. Más podía parecerse al Edén. Allí, en la casa, en el entorno, la moral judeocristiana navegaba por el aire, al acecho. Una extraña mezcla, eso era la vida. Allí o en cualquier parte. Lo importante era que todos los habitantes parecían estar bien, contentos. Ella lo estaba, fuese lo que fuese aquella vida.

Se vistió con calma. En esos días comenzaba el engañoso calor de la primavera astur. Finales de abril y el calor era sofocante. Poco duraría, pero hoy el sol brillaba y eso le permitía estrenar ropa y calzado. Como un domingo de Ramos, como una niña contenta, Corina descolgó una falda de gasa de colores brillantes y una blusa blanca de hilo, con vainicas. Se calzó unas sandalias de cuero. Cuando estaba con Sergio, la plataforma o el tacón eran necesarios. Aquéllas eran de plataforma. Las miró. Preciosas. Sencillas. Puso la mano en una moldura redonda del entrepaño, en la pared, y se abrió una puerta. Colgados de pequeños clavos, collares de coral, perlas, azabache. Gargantillas de oro blanco y brillantes. En cajas forradas de terciopelo, pulseras y sortijas, pendientes... Todo a granel. Era un cofre del tesoro, pensó Corina. A Melania le gustaban los brillantes; a ella no. Se puso un aro de oro ancho y labrado en la muñeca derecha, unos pendientes de rubíes en una oreja, y en la otra, tres bolas de oro pequeñas. Se adornó el tobillo con una ajorca de oro, fina, delgada. Una serpiente que se mordía la cola. Se miró en el espejo. A él le gustaría. Luisa le había pintado las uñas de los pies de color rojo. Ella no estaba segura, pero la mujer insistió y ahora le gustaban. Nunca se las pintaba de ese color. Luces de bohemia.

Sonó el teléfono.

—Hola, Cora. ¿Recuerdas el sitio en el que nos conocimos? ¿La ermita en la que estabas con tu abuela? Si estás preparada, ven. Estoy aquí. Te espero.

Corina voló escaleras abajo y a la puerta vio algo que la hizo soltar una risotada, una de aquellas risas que aquellos que no la conocían encontraban casi macabras, desgarradas. Leonardo, Amalia, Pablo, Petronilo y Luisa. En fila. Mirándola.

—Toca la campana como antes, Luisa. Llama a todos. ¡Que dejen los campos, que dejen el ganado y que vengan! ¿Qué hacéis aquí? ¿Qué miráis de esa manera?

—Nada. No hacemos nada. Esperábamos que bajases. ¿Ya está aquí? Yo pienso ocultarme. Si lo traes aquí, yo me escondo. Supongo que no sabe nada...

—Pablo, si dices la famosa frase «... de todo esto», te abofeteo. No lo sabe y va a venir. Luego os veo.

—Corina, acuérdate de lo que te dije...

—Sí, Amalia. Los virus... La Arcadia... He pensado que, en realidad, es el jardín del Edén. Menos vida pastoril y más pasión.

Metió la mano en un tarro de cristal y la sacó llena de caramelos de hierbabuena. Se puso uno en los labios y los miró sonriente.

—Adiós. Nos vemos luego. Supongo que algo tendréis que hacer...

Las hortensias, los lirios, las calas, todas las flores y arbustos del jardín estaban llenos de color, de luz y de olor. Arrancó un narciso y echó a correr. Salió por las verjas de hierro y por el camino atravesó el bosque. La ermita se veía, la espadaña. Corrió más rápido, vio un coche aparcado en el camino y las sonrisas parecían estallarle en la boca. Corrió y corrió. Sergio Eitula estaba sentado en un poyo del atrio. Fumando.

—Tú no fumas casi nunca...

Y se lanzó al regazo de Eitula. Se besaron, Corina se reía y lo besaba. Eitula desabrochó los botones de la blusa y una mano de Corina lo detuvo.

—Aquí no. Ven. Toma, es un narciso. Embriaga los sentidos, halaga la vanidad. ¿Recuerdas?

Eitula la llevó cogida de la mano hasta el coche, el narciso estaba dejando escapar una sustancia entre las manos entrelazadas.

—¿Tienes las llaves?

—Sí, está cerrado.

—Déjalo, vendremos después por él. Vamos andando, está cerca.

Mirándose, sin hablar, recorrieron el camino y llegaron a las verjas. Sergio Eitula se detuvo.

—Corina, aquí ya he estado. Os acompañé, a la anciana y a ti. Si es la casa de tu tía, no voy a entrar.

—Ven. No es su casa. Puedo jurarlo y no mentir: no es su casa. Ven...

Traspasaron las verjas y entraron en el camino. Un arco de piedra marcaba el comienzo del jardín. Grabado a cincel, Eitula leyó: PEÑAPOBRE.

—¿Qué es eso, la palabra?

—El nombre de la finca, se llama así.

Entraron en el jardín y a su paso no quedó un pétalo en las flores, ni una rama de árbol con hojas; los arbustos dejaron caer las suyas y, en unos segundos, el jardín se despobló de colores. Rododendros, sasafrás, mirtos, lirios, rosales, violetas, el poleo y la menta; peonias y geranios; calas y mirtos. Todo se despobló de su ropaje e inundó el aire con olores. Una mezcla de olores que entraba por cada poro. Eitula contuvo la respiración. Miraba hacia el cenador. Allí, lejos, en la distancia, vio a una mujer de pelo rojo; sobre su pecho reposaba un collar de perlas de varias vueltas; le llegaba a la cintura. La mujer del pelo rojo le devolvió la sonrisa y caminó hacia el aloe.

—¿Quién es esa mujer?

—¿Qué mujer, Sergio? No hay nadie.

—Una mujer de pelo rojo; estaba allí, ahora no la veo.

—No hay nadie, nadie en la casa tiene el pelo rojo. Vamos.

Y caminaron pisando una alfombra de pétalos y hojas. Sergio Eitula sentía una sensación extraña, cercana al miedo. Los árboles sin hojas, las flores sin pétalos. Estaba soñando, aquello no era posible. El olor.

Desde la casa, Luisa y Petronilo vieron lo que estaba sucediendo; no se extrañaron. Amalia sintió un nudo en el estómago: desde el laboratorio había visto cómo el jardín parecía quedar seco, sin vida. Llegó un olor y lo aspiró. La vida se había quedado prendida en el aire. Desde la casa que ocupaban, Leonardo y Pablo, con las manos entrelazadas, sentían lo mismo que Amalia.

—¿Qué está pasando, Pablo?

—Nada. Una ilusión. Creo que estamos viendo un truco de magia. Pasará en un momento, Leonardo.

El pie de Corina se posó en el primer peldaño de la casa al mismo tiempo que el de Sergio Eitula. El jardín volvió a su estado anterior. Ni una hoja en el suelo. Todas las flores brillaban y lucían sus colores. Las hortensias habían recobrado la belleza. Sergio miró hacia atrás.

—Corina, las plantas, las flores... ¿Qué ha pasado?

—Nada. Yo no he visto nada raro. Siempre están así. Sea la estación que sea, en este jardín, en mi casa, hay flores de todo tipo, Sergio. Dicen que es el microclima. No te lo había advertido: el narciso nubla los sentidos, Sergio. Puede que seas alérgico o más sensible que yo. Tienes la mano llena de su jugo.

Eitula arrojó la flor al suelo.

—Sí, tiene que ser eso. Te juro que he visto cómo todo el jardín se quedaba sin hojas, sin flores.

—Esas cosas no pasan, Sergio. Menos a ti: no crees en la magia.

—Yo creo en ti, Corina. Últimamente, eres mi credo. Copio tu frase.

Entraron en la casa y Corina abrió una puerta. Un comedor lleno de alacenas, con unos ventanales inmensos; una puerta abatible daba paso a otro cuarto, la cocina. Sergio acompañaba a Corina sin entender muy bien todo lo que veía. Siempre había considerado su casa de Pau un privilegio. Una maravilla arquitectónica. Lo que ahora veía dejaba su mansión a la altura de una casa provinciana, y hasta de mal gusto. La cocina era inmensa. Cacharros de cobre colgando de las paredes. Antiguos. Relucientes. Había una olla al fuego y en una mesa, en el centro, platos preparados con quesos y frutas. Una mujer de pelo canoso, con un mandil, lo miraba. A su lado, un hombre tan grande como él hacía lo mismo. De uno de los bolsos del hombre sobresalía una boina negra, enroscada.

—Sergio, te presento a Luisa y a Petronilo. Ellos cuidan de mi casa y de mí. Se ocupan de que todo esté bien en la casa y en los campos.

Un Petronilo azorado extendió la mano y un Eitula no menos asombrado se la estrechó. Luisa hizo lo mismo y pronunció un *enchantée* en un francés perfecto. Sergio Eitula le respondió en la misma lengua de manera mecánica. Quería irse de allí. Todo era anormal. Corina decía que aquella mujer era una criada, una especie de ama de llaves, y hablaba de su casa. El hombre de la boina dijo:

—Yo nací aquí. Siempre viví aquí.

A Sergio Eitula aquello no le importaba lo más mínimo y no supo qué responder. Oyó otra voz, la de Corina.

—Sergio, dale las llaves a Petronilo. Él traerá el coche. Está junto a la ermita del Cristo, Petro. Guárdalo en el garaje, por favor. Ahora vamos a pasear un rato. Regresaremos a la hora de comer.

Sergio siguió a Corina. Salieron por otra puerta que daba a un patio. Corina hablaba y Sergio no escuchaba. Llegaron a un cenador rodeado de narcisos. Corina subió los peldaños y se estiró sobre los cojines que cubrían los bancos de piedra.

—Quiero una explicación, Corina, la necesito. ¿Qué es todo esto?

—Sí, te la debo. Tú siempre has pensado cosas de mí que no eran exactas. Piensas y piensas y creas una historia en tu cabeza que nada tiene que ver con la realidad, Sergio. No quiero faltarte al respeto, pero tu empeño en creerme una pobre mujer sin recursos, o un ama de casa de provincias que debe justificar hasta el último céntimo que gasta... es como si necesitases que así fuese. Siempre que hablas del pasado mencionas a mujeres que dependen de ti: hoteles, cenas, aviones... De todo. Los tiempos cambian, Eitula. Sin necesidad de tener lo que ahora tengo, yo ya podía pagarme todo eso. Hay miles de mujeres hoy en día que pueden. Parece como si te molestase, como si deseases esa dependencia total de ti. Yo dependo de ti, pero no en ese sentido, Sergio. Antes de que me preguntes qué es todo esto de nuevo, que es la frase de moda en esta casa, te responderé y lo verás. Esto es una herencia. Mi tía Melania era la dueña de la casa. De muchas casas más, de muchas cosas. Soy una mujer inmensamente rica: patentes de cremas, de perfumes, de licores. Incluso algún producto farmacéutico. Nunca lo pedí; nunca lo ambicioné. Tal vez por eso lo tengo. Yo nunca quise de ti más que lo que me das: cariño, amor, caricias. Eso no se compra, Eitula.

Sergio miró a Corina. Metió la mano en un bolsillo y sacó una caja pequeña, un estuche.

—¿Eso de las orejas son rubíes?

—Sí, lo son. Me gustan, molan.

—Ya, molan... Esto es ridículo, este regalo. Pero te lo he traído. Toma.

Corina abrió la caja y vio un anillo de plata. Un aro de plata grabado con unas filigranas: una S y una C entrelazadas. Se quitó el anillo de oro y lo guardó en la caja.

—Pónmelo...

—No...

—Tú traes puesto otro exactamente igual. Te has quitado el anillo, el de boda. La última vez que me acariciaste, ese anillo tocaba mi piel. Pero hoy te lo has quitado. Ponme éste.

Sergio Eitula besó la mano de Corina y puso el anillo en su dedo. La besó una y otra vez.

Amalia caminaba hacia la casa. Se había prometido no ir hasta la noche, pero después de ver lo sucedido en el jardín y sentir el olor, no pudo resistir la tentación. Escuchó cómo alguien hablaba en el cenador, y vio a una figura encogida. Dirigió sus pasos al aloe y se asomó por la celosía. Había un hombre encima de Corina. Inició la retirada y una voz la detuvo.

—Hola, Amalia. Pasa.

No podía haberla visto, era imposible.

—Es el olor, Amalia. El olor te delata. Hueles como el alga de los vidrieros, ese desinfectante que habéis descubierto.

Ignorando al hombre, Amalia entró en el cenador, furiosa.

—¡Es mentira! ¡No huelo a eso! Eres como tu tía. No quiero creer que esas cosas pasen, pero eres como ella. Y deja de recordarme lo del alga. Buenos días, señor Eitula, soy Amalia.

—La de la zanahoria, Sergio...

Y las dos amigas se rieron a carcajadas. Sergio Eitula también rió, agarrándose el vientre, que se movía a cada risotada. Sin saber por qué, se encontraba bien. Todo era muy extraño, aparecía gente en su vida sin cesar, pero no le importaba. Lo único que importaba era Corina. Su risa, su boca, su forma de andar. Verla llegar corriendo a la ermita, colorada del esfuerzo, oliendo a perfume y a sudor, lanzándose a sus brazos, acariciándole la piel con su pelo. Eso, y ahora, era lo único importante.

Sergio y Corina volvieron a la casa. Subieron a la habitación corriendo por la escalera. Luisa oyó los ruidos y se dejó caer en una silla de la cocina. La ilusión, la magia. El jardín. Lloró en silencio.

Corina estaba en la cama, sentada sobre Sergio Eitula. Abrazada a su nuca. Tenía la cara roja, irritada. Ariada por la piel y la saliva de Sergio.

—¿Quieres comer?

—Sí. Son las cuatro. Esa mujer nos mirará mal, Corina. Me da vergüenza bajar.

—¡Oh, sí! El gran amante, el hombre al que le gustan las perversiones, mi brutal amante, tiene vergüenza. ¡Piérdela!

—Los servicios están puestos en el comedor, en el otro, Corina.

—Comemos aquí. Supongo que hoy tendremos invitados a la hora de la cena, Luisa.

—Sí, todos han llamado. Parecen haberse puesto de acuerdo, Corina.

Sergio comenzó a decirle a Corina que no quería gente, a preguntarle quién vendría; lo hacía apurado y en francés. Luisa salía y entraba del comedor y Sergio protestaba sin parar. Petronilo entró con una fuente con manzanas y quesos. Luisa le habló y Sergio Eitula cortó la perorata. Prestó atención y no logró entender nada de lo que decían.

—¿En qué coño están hablando?

—Xíriga. Como tú hablas en francés, ellos hablan en su lengua. Los dos son hijos de tejeros. De niño, Petronilo trabajaba en las tejeras. Así que deja esa manía tuya de hablar en esa lengua. Es de mala educación.

—Ella lo entiende.

—Él no. Y ella defiende a su hombre, de esa manera, como puede. Te está llamando maleducado. Lo estás siendo. Come, que te voy a llevar a un sitio.

Corina, sentada, las rodillas dobladas y un pie descalzo encima de la silla, comía queso y manzana sin parar.

—¿Te gustan? Después vosotros presumís de vuestros quesos, Eitula. Me da la risa. Si no fuese por los mierdas que nos gobiernan seríamos potencia mundial en esto. Pruébalos todos: Beyos, Afuega'l pitu, Gamonedo, Pria, Urbies, La Peral... Hasta los nombres son hermosos.

—Ya, pero los coméis con manzanas, como en Francia. Y Francia no es mi tierra, Corina. No lo olvides.

—¡Ah, no, no! No voy a escuchar un discurso nacionalista, hoy no te lo aguanto. Me aburres, querido sin patria. Lo de la manzana es por mi bisabuela, era de allá.

—¿Francesa?

—No quiero hablar de mi familia: me aburre el tema.

—¿Los quesos los hacéis aquí, en la casa? Sois tan completos en todo...

—Percibo una nota de sarcasmo en esa frase. Algunos sí, claro. Otros los hacen especialmente para nosotros. Las etiquetas, ¿las ves?

—No me había fijado. Es un poco hortera. ¡Todo etiquetado, hasta el vino!

—¡Hortera! Eitula, a ti todo esto te encanta. Así que, por favor, deja de fastidiar. ¡Ale! Termina el vaso de vino y vamos.

Una Corina descalza, con unos pantalones cortos, viejos y una camiseta desgastada, intentó salir por la puerta que daba al patio. Luisa se interpuso en el camino.

—Ponte esto.

Y le alargó unas alpargatas tan viejas como la ropa que vestía.

—No quiero que andes descalza, ya lo sabes. Te hace daño.

Corina se calzó las alpargatas, besó a Luisa y volvió a gritar a Eitula que la siguiese.

—¿No te aburre que te traten así? ¿Como si fueses medio tonta, o inmadura?

—Me gusta que me cuiden. Aquí, en esta casa y en la del río negro, siempre lo han hecho. ¿Inmadura? ¿Para qué quiero madurar? Si maduro, podría terminar como tú, y eso sí que no me gustaría.

—No empecemos, Corina.

—Tienes razón. Pero deja de meterte conmigo y con todo lo que ves. Te va a gustar el lugar adonde vamos. Hace calor. Me pondré mala, no he traído sombrero.

—Azotaremos a la doncella, por no tenerlo previsto...

—No voy a picar. No responderé.

Tomó la mano de Eitula y la besó. De la mano, caminaron entre árboles, subieron por un camino y llegaron a la ermita. El arbolado quedaba atrás y los acantilados caían a pico. La iglesia parecía colgar de ellos. Las olas eran tranquilas aquella tarde, lamían las rocas sin apenas ruido. Corina entró en la ermita, mojó los dedos en una pila y marcó la señal de la cruz sobre el pecho. Sergio la miraba sorprendido. Caminó tras ella hacia el altar. Vio cómo se arrodillaba y se sentó a su lado. Un ara de piedra, con símbolos tallados; «un altar desnudo y hermoso», pensó Eitula. Presidía el altar una figura de mujer que, supuso, debía de ser una virgen. Corina le miró.

—¿Te gusta? Es una virgen negra. Sentada, con el niño y la bola. Seguro que es la Magdalena. En el pueblo tienen una, una Magdalena. Es blanca, le debieron de poner la cara más blanca que pudieron. La religión nueva intentó matar todo lo anterior, Sergio. Suele suceder, con todo.

—Si no crees en esto, ¿por qué te arrodillas ante ella?

—Es la Tierra. La Madre Tierra, Sergio. Y sí creo. En eso, sí. Cada uno cree en algo, es necesario. Si no pensase que después de esta vida hay otra, moriría ya, de tristeza. Si pudiese, te llevaría ante el Cristo de la Vega...

—¿Eso qué es?

—Un Cristo que es testigo, Eitula. Cuando un amante jura amor ante él, si reniega o miente, el Cristo baja la mano y jura sobre la verdad o la mentira; dice si es cierto o no lo que se alega. Eso dice la leyenda...

—Vámonos, Corina. No me gustan esos cuentos de brujas y magos.

Bajaron hacia los prados y los cachorros se acercaron a ellos.

—¡Ya os han soltado! Bien, vamos. —Y salió corriendo seguida de los perros.

Sergio continuó por el camino con tranquilidad. De repente perdió de vista a Corina. La llamó a voces y oyó su voz. Parecía venir de un pozo. Caminó más deprisa y llegó a una hondonada; un camino estrecho y pendiente conducía a una playa. Eitula contemplaba aquello, asombrado. En mitad de los prados la tierra se hundía y en ella, bajo sus pies, aparecía una playa. Corina y los perros corrían por la arena. No veía por dónde entraba el agua, apenas se movía, era una piscina. Descendió. Corina se acercó a él.

—Precioso, sé que lo es. Desnúdate, el agua está caliente, es extraño en esta época, pero lo está. Ven.

Los perros siguieron a Corina, que entraba en el agua dando saltos. Se dejó caer y comenzó a nadar. Sergio la imitó. Realmente, aquello era hermoso. Los helechos llegaban hasta el agua salada, se fundían la hierba y el mar. Nadaron y jugaron con los perros.

—¿Recuerdas que un día te dije que haríamos el amor en una playa, como dos morsas, rebozados de arena? Hoy es el día, el primer día, y lo haremos cada día que nos reste de este camino, cada día de nuestra vida. Y cuando seamos viejos haré que nos bajen aquí y me acariciarás, con menos fuerza, pero lo harás. Porque es mentira que el amor y el deseo mueran. Es mentira, Sergio.

Eitula no respondía nada, sintió cómo ella tiraba de él hacia la arena, se dejó caer y dejó que el cuerpo de Corina cubriese el suyo.

La noche llegó a la casa cargada de actividad. Dos mujeres ayudaron a Luisa a preparar la cena. Las luces de la casa y del jardín estaban encendidas como en los días de fiesta. En la habitación, Sergio esperaba a Corina sentado cerca de una ventana, mirando el mar, que se agitaba por momentos. Ella estaba vistiéndose. Sergio miraba por la ventana con miedo. Tenía miedo. De ella, de todo aquello que estaba viendo. Sobre todo, de la fuerza de Corina; lo estaba aterrorizando. Cada día la quería más. Tendría que poner distancia a la situación. Sin hacerle daño, el menor daño posible, pero era necesario poner distancia.

Apareció su pensamiento en la puerta. Y el pensamiento anterior lo borró la imagen de un pelo recogido, un cuerpo en un vestido negro. La vio caminar, abrir una puerta de un entrepaño y ponerse un collar de perlas grandes, redondas; varias vueltas de perlas perfectas; le llegaba hasta la cintura. Vio cómo se colocaba en las orejas unos pendientes. Y la vio meter su dedo en el aro de plata que él le había regalado. La vio caminar al baño, la vio salir con un perfumador en la mano. Vio cómo se lo tendía y oyó su voz diciendo: «La pera, tú aprieta la pera y deja salir el perfume, yo me zambullo en él; en la vida hay que zambullirse en todo». Y la vio entrar y salir de la nube de perfume una y otra vez. La vio calzarse unos zapatos de tacón alto y fino. Escuchó cómo le decía: «Cuando tú estás, tengo que ponerme estos tacones; terminarán por partirme la espalda». Oyó cómo sonaba una canción de Jacques Brel y notó cómo ella se enganchaba a su cuello, y se vio reflejado en un espejo, bailando. Se vio a sí mismo besarle la nuca, tomarla de la mano y bajar las escaleras. De nuevo, los pensamientos de Sergio Eitula se habían borrado. Los pensamientos de distancia.

Atravesaron el vestíbulo y entraron al comedor. Leonardo, Pablo y Amalia hablaban. Al verlos, dejaron de hacerlo. Corina supuso que la conversación sería sobre ellos. Leonardo le ofreció a Corina un zumo de arándanos y a Sergio una copa de vino. Charlaban a la espera de la cena; Sergio contemplaba el comedor. Sus ojos se posaron en un cuadro.

—Ésa es la mujer que vi, Corina. La mujer del pelo rojo. Estaba cerca del cenador.

—Está muerta. Es mi tía, Melania Jacoby. Ya te dije que el narciso te hizo mal, es eso.

Se miraron unos a otros; Sergio insistía. Una voz interrumpió la escena.

—Mi querida princesa de los cerdos, estás preciosa. Ese vestido, esa nuca al descubierto, las perlas, frías, como tú. Pura apariencia. Esas pestañas pintadas, esas manos... En fin, preciosa. Buenas noches, señor Eitula. He venido a conocer a quien me arrebata lo que nunca poseí. Al dueño de lo que siempre se negó a cualquier mortal. He venido a mirar frente a frente al hombre que me arranca esa espina que me hacía vivir: mi teléfono no suena, mi correo está vacío... Merece usted una corona de laurel. Ha vencido la resistencia de esta fortaleza con alma de mujer. Permítame, señor, una última licencia...

Jaime Arias puso la mano alrededor de la cintura de Corina y ella se dejó caer hacia atrás. Jaime llevó una mano de la mujer a su boca y la besó. Todos rieron la broma. Todos menos Sergio Eitula. El hombre, él lo sabía bien, no estaba actuando.

Sentados a la mesa hablaron y rieron, y Sergio Eitula fue integrándose en un mundo que nunca había imaginado. Al menos, para formar parte de él. Su mundo era un mundo de silencios, amistades superficiales de fin de semana. Tan sólo Albert era su amigo, cuando le interesaba. La mayor parte del tiempo le ocultaba todo cuanto podía.

Pasaron los días. Trabajando, cada uno en lo suyo. Corina acudía a la reunión semanal de la fundación y trajinaba en las cocinas de los sótanos con sus pociones, ayudada por Luisa. Por las tardes escribía junto a Sergio. Paseaban por la finca o por la villa. Veían la televisión en el salón o en la biblioteca, que tanto tiempo habían estado vacíos. La estancia de Sergio se prolongaba. Su coartada era un nuevo libro, una novela ambientada en aquella tierra. Recorrieron los pueblos, visitaron monasterios medio abandonados: San Antolín de Bedón, San Emeterio... Veían con pena cómo se dejaban arruinar aquellas joyas. Corina despotricaba contra las autoridades y Sergio la secundaba en las críticas.

Unos días antes de irse, Sergio trabajaba en el ordenador, en el despacho de la planta baja. Cuando Corina no estaba con él bajaba allí, veía el jardín, la veía ir y venir. Escuchó voces, muchas voces, hablando en voz alta. Guardó el trabajo y se asomó a la ventana. Un grupo de personas estaba en la explanada que daba entrada a la casa. Salió a las escaleras y miró. Corina parecía jugar con ellos. Ya eran mayores, pero Corina estaba jugando. Los miró con más atención y vio que eran retrasados. Ya se iban. Sergio sintió una punzada en el estómago, no le gustaba ver la desgracia en directo, le hacía pensar que su hijo podía haber sido así. Corina nunca hablaba del suyo.

—Hola, precioso. ¿Qué haces? ¿Los has visto? Se van contentos, muy contentos.

—Sí, los he visto, Corina. Antes, Esperanza trabajaba con ellos.

Hacía una buena labor. Los ayudaba mucho. ¿Han venido a ver el jardín?

—No. Vienen a cobrar. Trabajan. Son personas diferentes, no inútiles. Hacen mermeladas, licores. Me ayudan con eso. Mi tía les dejó una parte de las patentes. Venden los productos con el nombre de la finca. Así no se sienten inútiles. No lo son. Son trabajadores, buenos trabajadores; ponen mucho empeño en lo que hacen.

—¿Vamos a ir a esa fiesta de la que me hablaste?

—Sí. Me cambio y vamos. Tardaré un rato, aún es temprano.

Llamó a Luisa y le pidió que la ayudase a vestirse. Sergio no entendía por qué tenía nadie que ayudarla. Suponía que deseaba hablar con la mujer. Volvió al despacho y continuó escribiendo.

Pasada una hora, oyó unos pasos en la escalera. Cerró el ordenador y salió al vestíbulo. Se puso una chaqueta de ante, hacía frío. Al volver la vista vio a Corina. No parecía ella.

Un pañuelo en la cabeza, con dos picos, tiesos, erguidos. El pecho cubierto por algo con flecos y bordado entero en azabache, con lagrimones que caían por la espalda hasta la cintura. Un broche cerraba la prenda. Un mandil rojo sangre, tupido de tanta piedra. La falda cubierta por bolas del negro mineral, haciendo dibujos. Una limosnera a un lado de la falda. Los zapatos, de medio tacón, con monedas de plata como cierre. El pecho cubierto de corales. En las orejas, unos pendientes del mismo material. Corina dio unas vueltas sobre sí misma y Sergio vio unas sayas blancas, bordadas con vainicas.

—¿Te gusta? Solitaria, mandil, justillo, falda, limosnera y abanico. Ya estoy. Es el traje típico de la tierra. Un Valentino no tiene tanto valor como esto. Vamos.

Luisa y Petronilo la ayudaron a subirse al coche. Sergio la miraba divertido. Llegaron a un pueblo y entre la gente pasearon y bebieron sidra. Al escanciarla, Eitula renegaba. Una mujer se acercó a Corina y le habló mientras miraba a Sergio. Se despidió sin quitar la mirada del hombre.

—Mi madre llamará esta noche. Tarda en hacerlo.

—Si mi madre supiese esto, lo nuestro, me mataría, Corina. Adora a Esperanza.

Corina no respondió y guió a Sergio entre la gente hasta unos bancos de madera. Sentados, vieron cómo entraba el santo. Unos hombres, vestidos con trajes de terciopelo o de paño, calzones blancos saliendo entre un corte en el bombacho, camisas blancas llenas de lorzas y calzados con corizas de cuero cubriendo los escarpines, cargaban con unas plataformas llenas de panes y flores. Tras ellos las mujeres, vestidas como Corina, tocaban las panderetas.

Corina se lo explicaba todo a Sergio.

—Ayer plantaron la *joguera*. Es un árbol, lo más grande posible, algunos hombres lo llevan bailando hasta el lugar en donde lo plantarán; los hombres lo cargan en el hombro y lo mueven de un lado a otro, como en una danza. Se queda allí hasta el año siguiente. Supongo que será algo pagano. Aquí se ve mejor que en cualquier parte eso, Sergio. Magia y religión unidas. Ya verás ahora el baile.

Unas mujeres, puestas en fila ante un solo hombre, comenzaron a moverse al son de la música. En las manos llevaban unas ramas de laurel y movían los brazos arriba y abajo. El hombre bailaba ante ellas. Corina sonrió al ver la cara de Sergio.

—Puro sexo, pura tentación. Supongo que antes lo bailarían desnudas. Es como si se tapasen el pecho y el pubis. Dicen que es un baile pidiendo fecundidad, pero a mí me parece que piden más cosas. El *corri corri*, así se llama el baile, Eitula.

La noche antes de la partida, Sergio y Corina estaban en el cenador, abrazados.

—La luna está llena. Dentro de unos meses veré más estrellas. Aquello es Venus, ¿lo ves? Brilla. Cassiopea, Hydra, Cygnus, dentro de un tiempo las veré. En junio, al atardecer, procuraré ver la conjunción de Venus y Júpiter. El maíz está creciendo. Cuando está alto y sopla el viento, a finales de verano, parece un mar. Verde, parece un ballet. Antes, cuando crecía el maíz, era la hora de la marcha...

—¿Qué harás, Corina?

—Lo mismo. Vivir. ¿Qué quieres que haga? Procurar no morir. Ni llorar. Ni dejar que mis caderas ensanchen. Caminar. Trabajar. Escribir. ¿Qué crees que puedo hacer?

—Irte a la ciudad, eso podrías hacer. Cambiar un poco.

—La ciudad no me interesa, voy cuando quiero. Desde ahora, cualquier lugar será la nada. Hasta que vuelva a verte. Sea donde sea. Ese día, la nada se ocultará en su guarida. Y regresará cuando te vuelvas a ir.

—No hables así. Me siento mal, no hables así...

Corina no respondió que ella se sentía mal desde hacía tiempo, que no soportaba la idea de perder lo que tenían, que deseaba morir si él no estaba a su lado. Él la habría llamado dramática. Guardó silencio. Y a la mañana siguiente dejó partir a Sergio Eitula. En paz. Fingió dormir cuando él salió de la habitación; fingió dormir cuando oyó las ruedas sobre el guijo. Fingió dormir el resto del día y los días que siguieron a la partida de su amante.

Viéndose en cualquier ciudad, dos, tres días a lo sumo, transcurrieron los años. Dos, tres... Cada vez que ella decidía dejar aquella relación, él buscaba la forma para hacerla regresar. Corina le pedía que se fuese con ella, que le daría tiempo a que el hijo creciese y fuese mayor de edad. Sergio se ponía violento y ella gritaba que la vida no podía ser así de injusta, con ninguno de los implicados en aquella historia. De nada servían los argumentos ni las quejas. Al regreso de uno de los viajes, Amalia dejó salir entre dientes la palabra *encoñado*.

—Está encoñado, le dura mucho, pero lo está; de ti. Encima, le escribes sus libros. Leí una crítica el otro día: dicen que su estilo ha cambiado, alaban el cambio.

Corina preguntó por el significado de la expresión malsonante; lo de los libros no le importó lo más mínimo. Amalia le respondió de mala gana.

—Eso se lo preguntas a él. No se lo podrá creer. Ése piensa que eres una devorahombres y no una pobre garrula, que en el fondo es lo que eres, Corina.

Y Corina se lo preguntó en un mail y recibió respuesta. Pronta respuesta a la pregunta.

`ASUNTO: DIFERENCIA ENTRE AMOR Y ENCOÑAMIENTO`

`Me has preguntado cuál es la diferencia entre amor y encoñamiento. No sé si sabré explicarte bien. De todas for-`

mas, hace días que insistes demasiado en esto, Corina. No entiendo por qué, pero intentaré explicártelo. Estar encoñado es, creo, más o menos como estar enamorado. No, no es eso... A ver cómo me explico, es que no sé muy bien cómo explicarlo... Eso se aplica a los tíos; se dice que están encoñados cuando pierden el culo por una tía, sobre todo en el aspecto sexual. Cuando una tía, una barbie como tú las llamas, los ponen a mil y son correspondidos. Eso es más o menos estar encoñado. No creo que nadie se haga daño por estar encoñado, sinceramente. En todo caso, el daño se hace por otros motivos. Yo creo que es más fácil hacerse daño mutuamente estando enamorado que estando encoñado. Yo te quiero, pero si pasase algo no creo que me suicidase, Corina... Yo siempre soy sincero en los sentimientos y nunca juego con eso; me refiero a que sé en lo que nos estamos metiendo e intento plantearlo como algo, no sé cómo definirlo, pero, en definitiva, como algo que no me traumatice. Al principio fue mucho más duro. Ahora, para mí, se ha estabilizado; yo sé que hablo cada día contigo varias veces, me tranquiliza oírte, me preocupa tu vida, tu trabajo. Sé que quiero verte y que te veré. Seguiré queriéndote, a mi manera, que no es poco. Realmente, a mí, ahora no me afecta tanto la vida como al principio. Lo único que me preocupa es que tú no estés bien y tengas esta sensación de descontrol. Y me encantaría que estuvieses como yo, pensando en esto en positivo y no planteándote cosas demasiado importantes. Ya sé que es fácil decirlo y más difícil conseguirlo, pero te aseguro que yo lo he conseguido. Te aseguro que ahora pienso más que nunca que, si algún día, por el motivo que sea, esto se terminase, seríamos aún más amigos que ahora, Corina. Eso comienzo a tenerlo muy claro: no me apetece nada que se termine, pero no moriría por ello. Yo creo que todo se resume en que no tenemos que pedirle más de la cuenta a todo esto, que no tenemos que esperar más de lo que nos ha ofrecido hasta ahora.

Tú me has preguntado, yo te he respondido.

Te quiero,

Sergio

Corina leyó el mail una vez y otra. Lloraba sin ruido. Recordó a su abuela, a muchas mujeres de su familia. Mujeres desgraciadas, solitarias, a las que los hombres habían querido a su manera. Sergio hablaba de querer «a su manera». Que no era poco, decía...

Respondió.

ASUNTO: EL VIENTO...

Es el viento del día en el que escribo. Aunque no sople. Viento caliente, viento foráneo, viento de locos, viento que mata. Por culpa del viento, de ese viento, desde que he leído un texto escrito por el viento, al viento, como para que lo arrastre sin dejar huella, tengo un agujero en el pecho. Un peso más en el alma. Alguien la enganchó con argollas de oro y ahora quiere soltarla. Soltar lastre...

Trae voces este viento que intentan matar la libertad y el pensamiento; la magia, el amor verdadero. Voces que ven fantasmas en los resquicios de la letra impresa, que predicen un futuro incierto de babeles y de nuevos diluvios. Me gusta oírlas con la tranquilidad del que oye una vieja y caduca letanía.

El mismo viento que a mí me agujerea el pecho y ata mi alma, a otros les revuelve el cuajo, les aumenta la mala leche y avinagra su cara. Contra la sorpresa que puede suponer un agujero en el pecho o un dolor insoportable en el alma, levantan una muralla de amargor y de tristeza. El viento de las locuras, unas buenas y otras malas.

Para los efectos de vientos foráneos hay un remedio; de los de siempre, de los caseros. Podría llamarse un depurativo para el cuerpo y el alma castigados: manzanilla, orégano, malvavisco, apio, miel y agua. Manzanilla para templar las malas babas, orégano para serenar las locuras, malvavisco para conciliar el sueño y apio para los dolores del espíritu. Miel para azucarar la vida y agua para vivirla. Se hace un requemado. Se añade el agua. Cuando comienza a hervir, se añade un puñado de manzanilla, otro de malvavisco, un poco de orégano y unas hojas de apio. Miel al gusto y dos tazas de agua. Cocer despacio. Como quien ama, lentamente.

Se toma una taza de noche y otra por la mañana. La noche se vuelve tranquila y guapa, y la mañana, alegre y gallaspera. Especialmente recomendable para aquellos a quienes les corroe el corazón una larga venganza. Una manera buena para que el ser y el pensar sean una misma cosa. Si me permites parafrasear a Parménides, aquel poeta griego al que terminaron llamando filósofo y metiéndolo en los horribles libros de filosofía.

Tú me has respondido...

Y yo quiero morirme...

Corina

Era sábado. Magdalena Jacoby se había marchado a Francia, pero la casa estaba llena. Leonardo, Pablo, Amalia, su hermana Leonor y Jaime. No podría bajar las escaleras. No podría caminar. Imprimió el mail de Sergio y se vistió. Sus ojos estaban rodeados de una mancha oscura. Las ojeras que arrastraba desde hacía días.

Estaban llegando. Tenía que bajar.

Agarrándose al pasamanos bajó escalón por escalón. Con cuidado. Caería. Llegó al vestíbulo y entró en el comedor. Todos parecían estar muy contentos.

Cenaron, y ella apenas habló. Sus amigos no hicieron preguntas, intentaban distraerla. En la biblioteca tomaron café, té: cada uno hablaba de sus cosas. Jaime no aguantó ni un minuto más.

—¿Qué coño te pasa?

—Nada, Jaime. Me pasa la nada.

—Haz el favor, Corina. Estás pálida. Dinos qué pasa.

—Esto, Amalia. —Le tendió el mail impreso.

El mail fue pasando de mano en mano. Amalia se acercó a Corina y ella se fue hacia el samovar. Apartándose de todos. Preparó una infusión de hibiscos, manzana, escaramujo y cáscaras de mandarina y limón.

—¡Hijo de puta! ¡Hay que ser hijo de perra! «Cuando esto se termine seremos amigos...» Supongo que esto lo darás por terminado tú y ahora, Corina.

—No puedo terminar nada, Jaime. No puedo...

—¡Déjate de idioteces, Cora! ¡Esto se terminó!

Su hermana estaba callada. Con la cabeza baja. Su primo la había llamado idiota. Jaime vociferaba y Leonardo miraba su cara. Leonardo lo sabía. Era extraño.

—Sí, Leonardo...

—¿Sí, qué? ¿Qué pasa, Leonardo?

Leonardo no pudo responder a Pablo de la Vega. Una Corina que hacía años no se dejaba ver volvió del lugar en donde ella misma se había enterrado. Dejó caer la taza que estaba en sus manos. Con una fuerza que parecía imposible, arrastró el samovar por el aparador y de un empujón lo tiró al suelo.

—¡Pasa que no se ha terminado nada! ¡Pasa que estoy embarazada de ese al que llamáis hijo de puta! ¡Pasa que yo sí estoy enamorada! ¡Pasa que me dijo que me amaba! Cientos, miles de veces. Pasa que quiero morir. Eso pasa. Y ahora, ¿qué? Un bastardo más en la familia, se repiten las historias. Me quiere a su manera. ¡Terrible manera de querer! Pero ahora, a mí no podrán desterrarme. Luisa, no te quedes a la puerta, entra. Ya lo sabes. Soy una perra en celo, una más. Una puta. Bernarda dirá que es la sangre que corre por mi cuerpo. ¡Ojalá se helase! ¡Ojalá dejase de circular por mis venas y me cayese muerta! Terminaría con mi indignidad. Porque, aun odiando a ese hombre, ahora mismo lo besaría y cambiaría mi vida por la suya. Tú lo dijiste, Leonor: dijiste que hablaba como una puta. En aquella terraza, en París. Encoñado, enamorado... ¡Qué sabrá él de nada!

—Espera, Cora. No sigas, estás quedándote sin respiración, espera, no continúes...

—¡Y qué si me muero, Pablo! ¡Qué más da! Mejor muerta que la nada. Mejor muerta que indigna. Mejor muerta que vivir sin sentimientos

Jaime Arias se había apartado del grupo. Hablaba por teléfono. Llamó a Corina.

—Habla con él. Lo he llamado. Habla con él o esta misma noche me voy a Pau y lo mato. Te juro que lo hago. No vas a darte el gusto de volverte loca tú sola.

Corina salió a la terraza con el teléfono en la mano.

—¿Se puede saber qué te pasa? Tu amigo me ha hablado en un tono que no tengo por qué aguantar. Menos mal que estoy fuera de casa. Es sábado, sabes que los sábados no debemos hablar. Antes de salir de casa leí tu respuesta. Muy poética, pero siempre estás con esas cosas. Admite la realidad, Corina. Madura.

Corina estuvo a punto de lanzar el teléfono al jardín. Respiró y respondió a Sergio tan serena como pudo.

—No ha sido idea mía llamarte, Sergio. No es el mail. Estoy embarazada.

No escuchaba demasiado bien a Sergio. Palabras sueltas. De pronto le oyó con toda nitidez.

—Corina, estaré a tu lado. Lo arreglaremos. Vendrás a París y abortarás. No te dejaré sola. Estaré a tu lado.

—¿Abortar? ¿Quién dice que voy a abortar, Sergio?

—¡Cora, no podemos tener ese hijo! No podría vivir lejos de un hijo mío. Tenemos que abortar. Mañana me voy a Londres una semana, con Esperanza y mi hijo. Vamos a buscar un colegio para él, el próximo curso lo hará en Inglaterra. Al regreso, te pasaré a buscar. Lo haremos en París, será lo menos complicado. Te llamaré todos los días. Cuídate, por favor.

Corina Jacoby se convirtió en escarcha. Una nube cubrió sus ojos, y una capa de frío su alma. Su cuerpo quedó inerte, en medio del jardín al que se había encaminado mientras Eitula hablaba. Sobre la tierra, sobre la hierba, junto al aloe de Socotora, con la cabeza pegada a una lápida tallada por canteros lusitanos. Una serpiente reptó por las hojas del aloe y se enroscó a su tobillo. En ese lugar la encontraron los que salieron a buscarla.

Luisa desenroscó con cuidado la serpiente. Amalia le gritó: «¡Mátala!». La mujer ignoró el grito. Leonardo llevó a Corina en brazos a la cama. Pasaron varios días turnándose, a su cuidado. Luisa la hacía beber unas tisanas y Amalia preguntaba insistentemente el contenido de la infusión.

—No la curará. Pero evitará que se muera, que quiera morirse, doctora.

Luisa pronunciaba la palabra *doctora* con retintín. No parecía excesivamente preocupada. La mujer sabía que lo único que Corina necesitaba era no perder la energía. Del resto se ocuparía ella misma cuando saliese del letargo. Mejor dormida, mejor sedada; de esa forma, las fuerzas no saldrían sin control. Sergio Eitula llamaba cada día, y la respuesta era siempre la misma: la señora era presa de la fiebre; la señora no estaba en la casa; la señora paseaba... Luisa no dejó que ninguno de los amigos de Corina, sus primos o Leonor, respondiesen: siempre lo hacía ella.

Aquellas noches y días, Corina dormía presa del terror. El mismo sueño se repetía una y otra vez: la izaban a una camilla, unas manos le separaban las piernas, sus pies sujetos, atados con unas calzas de tela verde. Alguien introducía una legra, afilada, negra, en su matriz. Una mano arrancaba con la legra trozos de su útero, parecía perforarlo. A cada embestida ella gritaba, lloraba. Sentía la sangre deslizarse, salir caliente, pegarse a sus carnes. Noche y día, Corina sentía el cuerpo macerado en sangre. Una de esas noches Corina se vio incorporarse de la camilla, arrancar las calzas que la sujetaban, detener la mano que se introducía en su matriz, arrebatar la legra de aquella garra y gritar mientras la arrojaba lejos. De furia, de rabia, de asco. Esa noche durmió tranquila.

Leonor y Amalia se turnaron velando a Corina. Dormían en la habitación oculta tras los paneles de la pared. Amalia se empeñaba en trasladarla a la ciudad, insistía en hospitalizarla. La noche en que arrancó el instrumento de la mano, Corina descansó, sin sueño alguno. Al despertar escuchó las voces de su hermana y Amalia. Apartó con esfuerzo la ropa de cama y se incorporó.

—No me hace falta ir a ningún sitio. Aquí estaré perfectamente.

Amiga y hermana la miraron.

—No estoy loca ni enferma, no más de lo que pudiese estar cualquiera en estas circunstancias. De verdad. No soy ninguna suicida, no tengo ganas de morir. Ahora menos que nunca.

Caminó por los prados seguida de los perros. El mar rugía cuando se acercó al acantilado, y las nubes tornaban del blanco al gris, al negro. Tras ella, a lo lejos, el Cuera quedaba cubierto por jirones de niebla; niebla a trozos, entrelazada como una mantilla de blonda blanca. Paseó por los castros. Sentada en una roca miraba al mar. Las nubes comenzaron a dibujar rostros. Sonrió a su padre, a la abuela, a Melania. Se arropó con la toquilla, el viento empezaba a soplar fuerte. Leonardo la miraba desde otra roca cercana, la había seguido al verla pasar cerca del hórreo; estaba terminando un trabajo y la tarde invitaba a trabajar al aire libre. Cuando la vio pasar con la cara pálida, el vestido suelto, blanco como la piel, la toquilla de Luisa, negra, sobre los hombros, Leonardo pensó en Ofelia. Tanto empeño en ser Ofelia, tanto juego, terminaba por convertirse en realidad. La siguió, y ahora la miraba.

Sin volver la cabeza, Corina lo llamó.

—Ven, Leonardo, siéntate junto a mí.

—Cora, pensé que no me habías visto, querida.

—No te vi, Leonardo. No me arrojaré al mar, no temas. Estoy cansada, Leonardo. Muy cansada. Cuando el viento sopla de esta manera, cuando acecha la galerna, vengo aquí. Las nubes tienen tantos tonos que dibujan caras. Con sombras, con gestos. Voy a tener el niño, Leonardo. Le diré que he abortado, pero tendré este hijo. No podré volver a verlo. Supongo que lo entiendes.

—Sí, Cora...

—Me ha mentido. O tal vez no. Amalia me repitió muchas veces que yo apretaba demasiado, que lo forzaba. Nunca pedí nada que yo no estuviese dando, Leonardo. Más; yo di más. Y ahora dice que me quiere a su manera... Siempre odié esa frase. Es demoledora. Un fusilamiento del alma. Al amanecer... Un crimen que intenta matar lo más sagrado, Leonardo. Si un asesino dice «Es que soy así», no por ello es menos malo. Menos criminal. No está enamorado. Me llamaba amor mío... Si alguien no está enamorado, no dice amor mío, Leonardo. Yo nunca lo diría.

—Algunos hombres lo hacen, Corina. Yo nunca lo hice, pero otros hombres lo hacen. Vámonos, está goteando.

—Sí, las caras se están deshaciendo, Leonardo. Vamos.

Luisa oyó ruido en las cocinas del sótano, en los laboratorios que utilizaban para preparar las fórmulas, los licores. Miró el reloj. Era madrugada. Corina se había acostado al regreso de su paseo. Dormiría hasta la mañana siguiente, la infusión estaba bien cargada. Se calzó las zapatillas y se echó una toquilla encima del camisón. Bajó al sótano y vio las luces encendidas. Alambiques, retortas, balanzas, botellas de vidrio, tapones de cristal esmerilado, condensadores, embudos, matraces... Todo en su lugar, limpio, en orden. Ahora utilizaban poco aquello. Corina trabajaba en las fórmulas, las probaba y a continuación las enviaba a los laboratorios de la fundación, eran más modernos. Algún aceite esencial flotaba en las calderas. Alguna poma llena de un nuevo aroma de Corina. No veía a nadie. Petronilo habría bajado a las bodegas y se le olvidaría apagar las luces. Los gatos podrían haber tirado algún frasco, pero era extraño, allí no entraban. Volvió a sentir un ruido, leve. Una queja, una respiración agitada. Agarró un botellón vacío y se acercó al lugar de donde parecía venir el suspiro. Corina estaba sentada sobre la piedra. Descalza, el pelo alborotado. Encogida. Tenía un frasco en la mano. Dejaba derramar el contenido sobre el suelo. Un reguero se deslizaba por el canal que servía de desagüe. Luisa dejó el botellón sobre una mesa. Corina alzó los ojos.

—¿Sabes qué es? ¿Qué era?

—Sí, Corina. Lo supongo.

—Por un momento pensé en hacerlo. En engañarlos a todos. Hubiera sido una heroína. Nunca lo habrían sabido. La naturaleza habría seguido su curso, pensaría Amalia. La vida habría sido menos complicada. Todos tendríamos la conciencia tranquila...

—No, ellos no lo habrían sabido. Nadie se habría dado cuenta.

—Ni tú misma, Luisa...

—No. Ni yo misma, hija.

—Ya... Ayúdame a levantarme. No sirvo para asesina, Luisa. No sirvo para nada. Llévame a la cama. No tengo fuerzas.

Luisa la arropó y se quedó sentada, mirándola. Dormía. Aquella mujer con apariencia de niña sí que podía matar. Podía matar a cualquiera y no dudaría en hacerlo con sus propias manos. De frente, de cualquier forma, mataría. Era una mezcla extraña: crueldad y caridad se unían en ella. Desde niña. Era capaz de agazaparse en cualquier camino y esperar horas para lanzar una piedra al cogote de alguien si pensaba que no la querían, que la habían maltratado. El problema estaba cuando pensaba que el enemigo era fácil de abatir o más débil. En ese caso, no le proporcionaba placer alguno el daño que pudiese causar. Si veía falta de fortaleza, la pena podía más que la venganza. Nunca le haría daño al hombre al que amaba. Le desearía mil veces la muerte, pero jamás le haría daño. Al hijo que esperaba, menos aún. La conciencia de Corina era singular, misteriosa. Con cinco gotas del líquido que dejó derramarse en el canal, con sólo cinco gotas, habría terminado con la vida del feto. Ni un Borgia la superaba en el conocimiento de las pócimas, pero nunca las utilizaría para hacer el mal. Aquella noche, Luisa supo que la fuerza estaba en un alma apropiada. Melania Jacoby no se había equivocado.

Corina habló con Sergio Eitula. Fue escueta.

—No hace falta que yo viaje a ningún sitio. Esta semana, la semana que pasaste en Londres con tu mujer y tu otro hijo, Amalia deshizo al mío. Y no me grites que no hable así. Hablo con la palabra precisa. Sin rabia. Con pena. He matado. Por ti. Tu matarías por esa mujer y yo he matado por ti.

Fueron días difíciles. Sergio Eitula se apartó del ordenador. Se negaba a hablar por IRC. Y a la primera insinuación de Corina sobre su hijo, sobre el aborto, colgaba el teléfono. Corina había gritado, había hablado con voz fuerte. Con palabras duras, afiladas, como la legra que había soñado. Eitula no discutía. Simplemente colgaba y el silencio, sordo, de color negro, llenaba el oído de Corina. Él repetía sin cesar que estaba enfadada, que ya pasaría. Nada había sucedido. Nada, según Sergio Eitula.

ASUNTO: ASOMBRO...

No, no estoy enfadadísima ni malísima ni nada parecido. Creo que sólo es pasmo, asombro, sólo eso. Contigo no creo que pudiese enfadarme nunca. Tú puedes provocarme tristeza, alegría, pena, ansia... pero no enfado. Es sentimiento. Pero no sé si quiero más sentimiento tan poco paralelo. Sé que calificarás esto de melodramático, pero no lo es, en absoluto. Tú fuiste quien pronunció la frase: «Mataría por ella», no yo. A mí no me pareció melodramático, me gustó, aunque me molestase.

Era un sentimiento... Pero que yo no pidiese muerte ni estrella azul, no significa que tenga que renunciar a todo. Yo procuro entenderte, lo intento. Pero no sé si lo estoy consiguiendo. Ahora tú odias esta máquina y ya no recuerdas que fuiste tú el que se compró otra más rápida, una CPU veloz como el viento, decías, para hablar a través de ella. Para hablar conmigo. Yo tengo una cámara que era indispensable para ti, para verme cada noche, para mirar mis ojos... Escribo «era», porque un día me dijiste que no te gustaba verme siempre. Así que la conclusión es que me ves cuando quieres. Puede que yo me engañe, pero no lo creo, si escribo que tú me arrasaste con tanto sentimiento y que me dejaste así, como estoy ahora, reflexionando sobre esto. No es nada trágico, es algo universal, sólo que esta vez me pasó a mí y eso puede que me moleste. A las reinas no nos gusta perder, tienes que entenderlo. Creo que estás un poco confuso, que no tienes las cosas claras y sé que esto te molesta, y lo siento, pero es lo que pienso. Yo no sé si lo tengo claro. Sé que te quiero. Sé que tenemos que estar lejos. Sé que esto tiene un futuro más que incierto. Sé que soy tu amiga. Sé que si estuvieses enfermo me pondría un uniforme de enfermera, compraría voluntades y, aunque fuesen diez minutos, tomaría tu mano entre las mías. Sé que nunca quise de esta manera a nadie. Casi estoy segura de que nunca más lo haré. Sé que espero verte cada minuto del día, aunque también sé que no es posible. Sé que añoro tus manos en mi cuerpo. Sé que necesito besar tu boca. Sé que tenemos un trabajo, una familia. En realidad, pienso que yo ahora tengo dos familias: la de casa y tú. Sé que una habitación de hotel es lo más parecido a una casa que tendremos nunca. Sé que cuando te digo en una calle, de una ciudad cualquiera: «Vamos a casa...», tú me contestas, molesto, «¡Joder, es un hotel!». Y sé que es un hotel. Claro que lo sé. Y sé que esa respuesta, la tuya, denota miedo. Yo las cosas las encaro así, mirando. Las cosas malas, cuando las miras de frente, dan menos miedo. Ves a lo que te enfrentas. Las buenas, al mirarlas, se sienten más. Yo, por lo menos. No me gusta cerrar los ojos nunca, procuro, hago esfuerzos para mantenerlos abiertos. No me cuesta trabajo decir: te odio o te quiero. Porque lo siento. Si digo te odio, es que odio; si digo te quiero, es que quiero. Pero no basta con odiar, hay que demostrarlo. Hasta matar, si es preciso. Con el «te quiero» pasa lo mismo. Es fácil decirlo y escribirlo. Es difícil hacerlo sentir. Porque ni el odio ni el amor sirven de nada si no se expresan de manera contundente. Si no se hace eso, son solamente palabras. Como las lágrimas, ¿te acuerdas? Mis lágrimas de estos días, ya te lo dije, saben a fluidos. Y en eso pensaba esta tarde. En esas cosas pensaba. Yo sé que esto tiene un ritmo, que tú lo marcas y que yo tengo que decidir si te sigo o no. Lo único que quiero es que si el ritmo cambia, me avises. Un día me preguntaste —yo sí guardo los mails, ya lo sabes— qué esperaba o quería de esto. Te respondí: «Lo quiero todo, siempre lo quiero todo. Por querer, hasta quiero un hijo tuyo». Y es verdad, yo siempre lo quiero todo. Ésa es la pura verdad. Nunca te engañé, ni cuando te dije que si todo no podíamos tenerlo, no importaba. Teníamos lo que teníamos. Nos queríamos y así se puede vivir. Pero aquí falta un quid pro quo. No hay reciprocidad. Y no es suficiente con que digas que lo sientes, que te acuerdas de mí. No, no es suficiente. Tú dejaste de luchar. Creo que sufres un tremendo ataque de pánico. Podemos tener las dos cosas. Pero luchando por ello cada día. No desde un sueño. No desde la fantasía. De eso a mí me sobra, yo desbordo fantasía. No basta con que odies algo que compartimos, tienes que preguntarme si yo lo odio. Y nunca lo haces. Eso es lo que me pasa: susto, sorpresa, ponle el nombre que quieras. Pónselo tú. Y ponte en mi lugar. Intenta hacerlo. La semana pasada renuncié a muchas cosas, y tú no quieres saberlo. No quieres hablar de ello. Simplemente, no quieres. Aborté y no quieres ni escuchar esa palabra: no escuchas, luego no existe. Me da igual. Hoy ya me da igual. Soy un náufrago que siempre encuentra una tabla. Tú eres así. Y no te gusta pensar, porque si piensas tienes remordimientos de católico. Yo creo que de eso carezco. Lo mismo que encaro el placer, con los ojos abiertos, encaro la vida. Creo que tú prefieres ahogarte antes de pedir ayuda; yo no. Puede que no grite socorro, pero de alguna forma se entiende que lo pido. ¿Y qué vamos a hacer mañana? ¿Hablar de ello? ¿Hacer como que esto no pasó? La verdad es que no tengo ni idea. Mañana estaremos trabajando rodeados de gente, y ya pasaron demasiados días. Yo he tenido un aborto, he dejado salir mi sangre y tu sangre de mi cuerpo. He estado sola, Sergio.

En eso pensaba cuando, una vez más, me has colgado el teléfono...

*Je t'aime*

De nuevo, la casa estaba llena. No la dejaban nunca sola. La abrumaban. Envió el mail y bajó las escaleras. Sol del Valle estaba paseando por el jardín. Leonardo y Pablo, en el despacho. Amalia y Leonor tomaban el sol sentadas en la terraza. La Arcadia. El Edén...

Las puertaventanas del comedor estaban abiertas; se acercaba el verano. Luisa los llamaba a la mesa. Corina encendió un cigarrillo y se dejó caer en su asiento. Fueron entrando todos. Faltaba Jaime, no lo había visto.

—¡Apaga ese cigarrillo, Corina! Le hará mal al niño.

—Apaga el sonido de tu voz, Sol. No estoy de humor. Mi primer hijo se crió en mi vientre con unos cuidados exagerados. Y ya ves tú...

Ninguno de ellos respondió. Le hicieron gestos a Sol y hablaron del tiempo y del jardín. Corina se levantó en dos ocasiones de la mesa. Hacía días que los vómitos no la abandonaban.

—Luisa, prepárame una infusión de camote. Házmela para la noche y para la mañana. Ya estoy vieja. Moriré si continúo así.

La mujer se acercó con una taza.

—La he dejado cada noche y cada mañana sobre tu mesa, en la habitación, Cora. No la tomas. Ni comes decentemente.

—¿Qué es eso del camote? Te he traído un jarabe de la farmacia, Corina.

—Amalia, déjate de jarabes. Luisa tiene razón: voy a empezar a cuidarme. Pero nada de farmacias. Solamente en caso de necesidad. La industria farmacéutica es la mayor timadora del planeta. Obtienen más beneficios que la industria de las armas. Y no hagas la observación en voz alta, Sol. Yo vivo de ellas, soy rica gracias a ellas, a las farmacéuticas, ya lo sé; no me lo recuerdes. Voy a fundar un partido radical. Este país lo necesita. Esos bichos nuevos, esos virus que aparecen de vez en cuando, estoy convencida de que los crean en sus laboratorios. Así venden más. Me dan asco.

Sol del Valle miró a Corina con sorpresa. Estaba pensando exactamente lo que su amiga había dicho: que vivía de lo que criticaba. No pudo hacer la pregunta que todos se hacían: «¿Cómo puedes saberlo?», porque, en ese mismo momento, Jaime Arias entraba por la puerta de la terraza.

—No te dejes acoquinar, Sol. Aquí, la nueva Onassis pretende sorprendernos con sus poderes mágicos, cuando lo único que tiene es una capacidad de percepción fuera de lo común. Nos conoce tanto a todos que cuando habla de un tema sabe lo que contestaremos. Todos menos yo. La desconcierto. ¿Cómo estás, Corina? Al parecer, hoy se representa *La dama de las camelias*. Pálida, lívida cual Margarita Gautier.

—Vamos a la terraza. Vomitaré sobre la hierba.

—Todos te agradeceríamos que no te expresases así, Corina. Te aprovechas de tu estado. Embarazo no es sinónimo de ordinariez...

—Sí, Pablo. Y no sabéis lo que os queda por aguantar. Pienso ser una embarazada insoportable. ¿Y a qué estado te refieres? ¿Al mental o al físico? Mal estoy de los dos.

—Cora, Cora... Anda, siéntate en la hamaca y pon los pies en alto. Con la cabeza no sé qué hacer...

—¡Córtasela! Dejará de pensar en ese cabrón, Leonor.

Corina ni se inmutó con la frase de Jaime, pero la conversación derivó hacia la relación con Sergio Eitula. Todos opinaban. Y Corina tomaba sorbos de infusión. Escuchó la palabra *crueldad*. Amalia decía que Corina había sido, en ocasiones, cruel con Sergio.

—¿Has dicho que soy cruel? Puede que sea cierto. No hay duda de que puedo ser muy cruel. Con Sergio no lo fui nunca. Ni siquiera ahora. Él sí lo fue conmigo. Él destiló en mi oído todo el veneno que pudo, como sólo una voz amante puede hacerlo; de un enemigo, yo no lo habría consentido. Jamás. Fui cruel con mi padre porque lo amé tanto que me dolía cada gesto que yo entendía de abandono; ahora me arrepiento porque era mi padre y le debía respeto, obediencia y tendría que haberlo entendido. Ahora soy cruel, sólo un poco, con Sergio, por algo semejante.

—Lo atosigaste, Corina. Siente miedo. Hay que entender esa reacción. Puede que pidieses demasiado. Los hombres son así.

—Amalia, no generalices.

—Déjala, Leonardo. Siempre está con sus manías de interpretación. Parece un psicólogo. Antes era cirujano y ahora investigadora, pero continúa apasionada por la psicología. Debe de ser un psicólogo católico, nuestra Amalia, o budista: encuentra un motivo de perdón a todo. Él me abandonó a mi suerte después de haberme enseñado cosas que nadie me había enseñado. Me dio palabras y sonidos y caricias que yo atesoré como la mayor de las fortunas. Nadie me había dado nunca nada parecido Amalia, nadie. Le quise tanto que me dolía el corazón, el cuerpo, el alma, y hasta la razón tuve perdida por momentos. Aún la tengo y aún me duele. No sé si alguna vez quisiste así, creo que no. A mí nunca me había pasado. Soy tan racional que suelo causar espanto y hasta se confunde mi racionalidad y mi forma sincera de expresarme con la demencia y el chantaje.

—Mejor chantajista que gilipollas, Corina.

—Sí, Jaime, tienes razón. Al parecer, es mejor ser malo. Hay algo en mí que asusta a los demás y ahora sé lo que es: la gente utiliza las palabras sin darles el sentido que tienen, se valen del lenguaje para mentir. Yo nunca hice eso. Las letras forman palabras y las palabras frases y las frases provocan sentimientos. Yo no podría mentir. ¿Para qué provocar un sentimiento, si no deseo hacerlo o es falso? ¿Para qué mentir y dañar?

—Das demasiado, Corina. Te entregas con demasiada vehemencia a todo. Puede ser una razón.

—Puede ser, Leonor. Pero esto tiene magia, sí que la tiene. Sergio Eitula llegó a mi vida en un momento tan bueno o tan malo como cualquiera. La diferencia está en que yo iba a cumplir cuarenta años y, como casi todas las mujeres de esa edad, tenía miedo a quedarme sola o a quedarme sin conocer algo que la vida me debía. Ahora pienso que estas cosas pasan a mujeres como tú y como yo, como Sol o Amalia.

—Yo no permitiría que me sucediese eso jamás, Corina. La dignidad me lo impediría.

—Sol, Sol... No me hables de dignidad, no me llames indigna: tiene muchas caras la indignidad. Y sí, puede que tengas razón: a ti nunca te sucedería. Tú eres como él. Como Sergio. Vivís acomodados, sin pasión, o buscándola fuera de vuestra madriguera. Cálmate, Sol: él la busca con mujeres, otros juegan al pádel o al golf. Me refería a mujeres de cuarenta años; mujeres con dinero y estudios; mujeres que se forjaron en la dureza de la competición con los hombres y que dejaron poca cabida al sentimiento, poca o ninguna. No tuvimos tiempo de jugar ni de amar, sólo de llegar a la meta que se nos había trazado desde niñas. Nos dijeron que valíamos tanto como los hombres, que éramos capaces de hacer lo mismo que ellos; copiamos lo peor del sexo masculino y aprendimos a cazar como los machos de la prehistoria: sin miramientos. Aprendimos a enseñar los dientes y los trofeos ensangrentados como muestra de valía. De todas vosotras, la que menos tiempo dedicó al sentimiento fui yo. Vivía en él, con él, para él. Pero no lo había conocido nunca. Mi matrimonio con Alberto, tan prematuro, no dejó lugar más que al pensamiento de que aquello no era una pareja, que me había equivocado, pero que no había marcha atrás. De alguna manera, vosotras aprendisteis a jugar otro juego, el de los hombres como pareja en una cama, como pareja en todo lo que yo no había conocido hasta ahora. Nos dijeron que éramos iguales que los hombres y nos engañaron. Yo siempre dije que no quería ser igual que un hombre, que no quería descender. Siempre pensé que la mujer era mejor en todo si se lo proponía.

—Cora, tan vanidosa como siempre...

—Sí, Jaime, me equivocaba. La vanidad es mi perdición. Mi teoría falla por lo más estúpido: los sentimientos. Ellos carecen de sentimientos al modo que nosotras los entendemos y por ahí nos ganan la partida. A una mujer como yo, como vosotras, que la inviten a cenar a La Tour d'Argent o a L'Ami Louis, que le ofrezcan un viaje a Nueva York, una visita a Tokio o cinco días en Londres, nos hace sonreír; no está mal tener un amante que te ofrezca eso, pero sonreímos casi hasta con desprecio. Ir a esos lugares sólo es cuestión de dinero y, de eso, ya tenemos; a mí hasta me sobra. Esas payasadas, esas falsedades, las dejamos para las advenedizas que nos enseñan en la tele, en esos programas del corazón que de corazón no tienen nada. Es una pasarela de puterío en la que el dinero otorga el título de señora. Me desconsuela ese modelo de mujer.

—En eso tienes razón, Corina. El otro día vi a una que estudió con mi cuñada. Se casó con un banquero y ahora parece que desciende de la pata del Cid. Él es su tercer esposo. Tiene treinta años más que ella.

—Ésa es la diferencia, Sol. A nosotras, lo que nos atrae es que nos digan que nos quieren, que nos ofrezcan palabras de amor y cariño mezcladas con caricias y ternura. Ése es nuestro talón de Aquiles, ése y no otro. Los hombres están aprendiendo, ven cómo los tiempos cambian y se pierde esa seducción a golpe de poder y de talonario. Ahora hacen esto. Ahora, las mujeres como yo caemos en unas redes que nunca habíamos conocido. Eso sí es cruel Amalia, eso sí es cruel. Lo mío, lo que hago desde hace una semana, es justicia; que, como siempre pensé, es la palabra fina para designar la venganza. Es lo único que me queda: la justicia. ¿Tú piensas que voy a permanecer impasible ante esto? No creo que tú veas normal que un individuo como Sergio se comporte de esta manera. No es correcto tener una mujer en casa a la que abandona cada día; una mujer a la que no toca porque no le atrae; una mujer con la que vivir de manera hipócrita y rastrera el resto de su vida. Ya sabéis lo que pienso de ella, no lo diré más veces. Pero fue él quien me engañó, no ella. No creo que sea normal desear que su mano me toque si él no quiere despertar cada mañana a mi lado. No tengo por qué hacerlo. El amor y el deseo van parejos en mí, no soy capaz de distinguir una cosa de la otra. En realidad, sí sé distinguirlas, pero con él no quiero hacerlo. «Amor, no te llame amor el que no te corresponde...» El amor que yo sentí no nació de «los espíritus vivos de unos ojos». Nació de palabras comprensivas, de palabras llenas de cariño y desvelo. Las palabras y no los ojos abrieron mi boca al beso. Ésa es la gloria de internet, ésa y no otra. Arrasaron mi voluntad las palabras; arrasaron mi corazón las letras; y fui feliz. Cuando lo miré a los ojos no vi engaño: vi la vida en ellos. Me dio la vida a cada caricia, volvió mi piel brillante y tersa, hizo que mi espalda se arquease buscándolo hasta cuando estaba lejos. Y después de hacerme sentir eso, se alejó. «Estamos bien así...»; «Esto es lo que es...». Y ahora llora. Ahora sufre porque quiere mi piel bajo su mano, eso me ha dicho esta mañana. Pasa de un extremo al otro. Nunca encontrará el centro. Ahora busca otras mujeres para saber si es capaz de amarlas y olvidarme. ¿Os parece correcto, moral?

Nadie interrumpía el soliloquio. De nuevo, Corina escribía una carta de amor prendida en el aire. Entre sorbo y sorbo de infusión y de amargura.

—¿Os parece que debo perdonar y olvidarme de todo? No sé lo que haré en un futuro, pero sé lo que haré hoy: procuraré no arrepentirme de nada, viviré sin remordimientos ni reproches, pero no callaré ni una vez más a las cosas que él me diga. No habrá más tregua; no consentiré que ni una vez más me diga que esto es cosa de dos, que se puede querer a dos mujeres y ser feliz, que la vida es así... Porque ni la vida es así ni yo lo consiento, no en la mía. Y si lo fuese, habría que cambiarla, porque la vida es nuestra y nosotros la moldeamos, si queremos. Estoy embarazada y él no lo sabe. Lo engañé. Piensa que maté en su nombre porque esto es cosa de dos y él no estaba de acuerdo en tener un hijo conmigo, un hijo que, según él, iba a criarse lejos de su padre. Lo tendré. Es cosa de tres, no de dos. Mi hijo vota por vivir, quiere vivir, quiere ver este mundo y hacerlo mejor. Si es un chico, procuraré que no sea como su padre. Yo amé tanto que dolía, pero fui tan feliz que poco importó el dolor; ni siquiera ahora importa ya. El aborto es cosa de hombres, hasta eso quieren decidir ellos, y esta vez no voy a permitirlo; esta vez, yo decido tener a mi hijo. No sé si algún día él sabrá que lo tuvimos; ni lo sé ni me lo planteo. De momento sólo le digo que no quiero verlo porque necesito tiempo; cuando el niño nazca lo veré y después, el destino dirá lo que pasa. Los narcisos brillan en el jardín, las amapolas se cierran y se abren como en un baile mágico, las margaritas duermen desde el anochecer a la aurora y el aloe me cobija. Soy feliz. Añoro a mi padre cada día. Y a la abuela, y a Melania. Pero unas muertes trajeron vida; hasta el sentimiento muerto me dio fuerzas para tomar esta decisión. ¿Vais a decirme que estoy loca? Si lo hacéis, no merecéis amar ni que os amen. Fin. Las cartas, como veis, pueden escribirse en el aire. Si la voz es energía, nunca se perderán. Y puede que el aire las lleve a quien corresponda. O que alguien las escuche y crea que el amor verdadero, el que no pueden matar ni la muerte ni el odio, existe. Esa clase de amor existe. Yo lo creo, luego es. En eso consiste la magia, amigos míos.

Ismael y Jimena Jacoby de la Vega nacieron un día de invierno. Ismael, al que Dios ha escuchado, y Jimena, la que escucha, nacieron entre lágrimas silentes de su madre. Pasaron los meses del frío invierno en cunas de caoba que habían albergado a los hijos del tejero y de la mujer del cristal; tiempo después, a los hijos de Melania Jacoby.

Hacía más de un siglo, un ebanista talló en la cabecera de las cunas una serpiente enroscada mordiéndose la cola y un sol dentro del círculo que formaba la serpiente.

Corina Jacoby amamantaba a sus hijos y trabajaba. Tejió con aromas, colores y desdicha, su *Libro de las plantas para vivir y para amar*. Las esencias que fabricaba se hicieron más suaves, relajantes. Y un día de primavera, a las puertas del verano, se cerró el círculo. El libro se llenó de letras, las letras, formaron palabras y las palabras frases. Aprehendidos en cada una de las letras, sentimientos, olores y sabores.

Albert Camí la llamaba de cuando en cuando. Sergio Eitula hacía lo mismo. Vivía un romance con lo que él denominaba el amor de su vida. Corina escuchaba las palabras de Eitula con serenidad, pacientemente. Camí quería el libro. Sergio iba a entregar otro a la imprenta, en breve, y Albert insistía en publicar el de Corina. Ella cedió.

Albert Camí no sólo pensó en el dinero que el libro le proporcionaría. Cual Yago, Camí pensaba en la venganza. Soportaba mal las chanzas de Eitula, su forma de vivir. Comentaba con Corina que el supuesto amor de la vida de Sergio era una becaria, trabajadora en una editorial de París, que tan sólo deseaba un salto hacia un puesto de trabajo mejor. Relataba a Corina cómo Sergio la paseaba por medio mundo, que la mujer se aprovechaba de Eitula. Y Corina escuchaba sin sobresaltarse. Asentía a las explicaciones de Albert, sin dar más importancia al tema. Cierto era que su pensamiento coincidía con el de Albert, pero apenas le importaba. Eitula saldría a flote. Un desengaño más le haría inmensamente feliz. El hombre era feliz en el sufrimiento no sentido, en la simulación.

Corina preparaba con cuidado el bautismo de sus hijos. Una mañana en la que Luisa le hablaba de las boronas y los tortos; Pablo y Leonardo, de los gaiteros que vendrían a la fiesta; Amalia, del vestido que llevaría; una de esas mañanas en las que la cabeza bullía de sentimiento y volaba hacia otros lugares, Sergio Eitula la llamó. Ese día Corina ansiaba, como muchos otros días, sentir la boca de Eitula en la suya. Sergio estaba en Lisboa con la mujer, con la nueva. Feliz. Llamaba para saber cómo se encontraba ella. Apartándose del grupo, mirando las cunas de sus hijos, Corina afiló la respuesta en sus labios.

—Bien, Sergio, bien. Puede que dentro de unos días me marche. Tengo que pensar. Muchas cosas.

—¿Te ocurre algo? Te noto cansada, Corina. ¿Qué tienes que pensar?

—Jaime. Hace años que se divorció. Quiere que me case con él. De hecho, vive más tiempo aquí que en la ciudad.

—Bien, sí. Debes pensarlo. Sí. Te llamaré. Cuídate.

Corina guardó el móvil y regresó sonriendo. Jaime. Pobre Jaime.

A la tarde, los gemelos dormían bajo un manzano. Corina los miraba mientras repasaba las notas de la fundación —Amalia cumplía con el trabajo a rajatabla y no la dejaba descansar, la reunión semanal era sagrada—. No sabía si actuaba bien. Ocultarlos a su padre... ¿Qué les diría cuando creciesen? Mordía una manzana reineta y, apesadumbrada, volvía a pensar. Jimena abrió los ojos; Ismael comenzó a llorar.

Corina movía las cunas. Recordó una añada y comenzó el arrullo. La voz ronca adquiría en aquellas ocasiones una dulzura extraña.

«Señora Santa Ana, ¿por qué llora el niño? Por una manzana que se le ha perdido. Las cuatro esquinitas que tiene tu lecho son cuatro angelitos que velan tus sueños. Ea, ea, ea, ea, ya...»

Con un cigarrillo prendido entre los labios, apoyado en un nogal, Jaime Arias contemplaba la escena. Estaba guapa. Ella, Corina. La escena era bella. Pensó en una pintura: *La mujer de la manzana*. No existía, no estaba en ningún museo: él la estaba contemplando. Sin marco, ni óleo ni pastel. Al natural.

Corina volvió la cabeza y lo vio. Lo saludó con la mano.

—¿Qué cantabas, Cora? ¿En qué trabaja mi querida princesa de los cerdos? Hola, niños.

—No te van a responder, Jaime, no aún. Cantaba una añada, Leonardo me regaló un disco. Un grupo nuevo: Tejedor. Y miro estas horrendas notas que me entrega Amalia, esos informes absurdos: escribe en veinte líneas lo que no debiera ocupar más que dos. ¿Sabes que me han comprado otra patente? Estoy planteándome no vender más, regalarlas. Pero supongo que no lo permitirían. Leonor no quiere, habla de Patarroyo, dice que los laboratorios no me dejarían hacerlo, que me harían la vida imposible, como a él.

—Corina, tú no eres Patarroyo, mujer.

—Jaime, muchas de las fórmulas que poseo son importantes. Aún no tengo el suficiente dinero, según me han dicho los asesores económicos de la fundación. De tenerlo, potenciaría los genéricos, no lo dudes. ¿Sabes? Esto es mucho más complicado que el estudio. Me gusta, vivo bien aquí, pero te aseguro que es mucho más complicado. Ayúdame, acércame a Jimena. Voy a darles el pecho.

Y Jaime Arias volvió a recordar un cuadro. Desvió la mirada: el pecho de su amiga no sólo le provocaba ternura.

El día del bautizo lució un sol radiante. Ismael y Jimena fueron bautizados en la capilla del acantilado. Amalia, Leonor, Leonardo y Jaime fueron los padrinos. En el camino de regreso, Corina observaba a los invitados. Sus cuñadas se retorcían los pies por los castros y la hierba; los tacones se les hundían. Corina sonreía sin cesar, por aquel motivo o por cualquiera. Era feliz. Su familia estaba reunida. Sus hermanos, todos, habían asistido al bautizo. Su madre, Bernarda. Magdalena con su madre y sus hermanastros. Sus amigos la arropaban. Estaban todos juntos. Estaba comenzando a lograr una familia que reía sin hacerla llorar a ella. Hasta Bernarda intentó comportarse bien. No le gustaba la situación, pero se resignaba. Era consciente del cambio de Corina. No le habría permitido ni una palabra de reproche y la mujer lo sabía.

Boronas, panes dulces, tartas de moras, licores, gaitas y violines animaron una romería que duró hasta el amanecer.

Los niños dormían en las cunas cuando Corina escuchó el repiqueteo del teléfono. Sergio. Había asociado un tono distinto a cada una de las personas de su agenda. Aún era temprano. Despertaría a los gemelos. Respondió y se metió en el baño. Si los niños lloraban, él no los oiría.

—Hola, Cora. ¿Qué haces?

—Dormir, Sergio. Dormía. Ayer estuve de fiesta, bailando hasta el amanecer. Creo que hasta saludé al sol, no lo recuerdo bien.

—Cora, sé que no tengo derecho a decirte esto, pero lo haré. Hace días, dos, tres, no lo recuerdo, me dijiste que ese hombre vivía ahí, contigo, en la casa. Necesito verte. Quiero verte. Hablar.

Corina Jacoby se desperezó. Había tardado. Ella esperaba esa reacción, pero la llamada se había demorado más de lo que ella había previsto.

—No hagas ese ruido, Cora...

—¿Qué ruido?

—El que estás haciendo; te desperezas como un gato y me gusta...

—Sergio, no voy a continuar esta conversación, no por ese camino. ¿Quieres verme? Bien. Puede que necesite pasar unos días fuera de casa. Coimbra. Hace tiempo que no voy. Dentro de tres días. Hotel Quinta das Lágrimas. Hasta el nombre es apropiado. ¿Te parece bien?

—Sí, me parece bien.

Corina Jacoby sintió un vuelco en el estómago. Se agarró al lavamanos. Dolía. El dolor no cesaría nunca y para eso ni siquiera ella tenía remedio. El amor, aunque los libros o sus amigos dijesen que eso era imposible, podía ser eterno. No eran fantasías de poetas.

Todos se opusieron. Todos menos Jaime.

—Si quieres ver la cara de ese hombre, la verás, Cora. Y vosotros iréis también. No puede ir sola. Primero la arropamos, aplaudimos esa aventura, y ahora no vamos a dejarla sola. Luisa, tú vendrás con nosotros. No podemos llevar a la niñera, lo que suceda no le importa a nadie. Iremos en dos coches. Yo lo arreglaré todo.

Partieron una mañana soleada hacia Coimbra. Corina acompañó a sus hijos hasta la entrada de la ciudad y en un área de descanso cambió de coche. Que Eitula la viese con Jaime no importaba. Cruzaron las calles de Coimbra a media tarde. El tráfico era caótico, como siempre en esa ciudad. Los conductores no ponían el intermitente, se atravesaban en las calles sin respetar las señales. Corina miraba divertida.

—Nunca estuve en la India ni en ninguno de esos lugares lejanos abigarrados de coches que salen en las películas, Jaime. Pero esto me lo recuerda. Coimbra siempre está igual, parece que entremos en el pasado.

—Tú vas a hacerlo, Corina.

Llegaron a la puerta de la Quinta das Lágrimas y vieron cómo Leonardo hacía esfuerzos para atravesar el arco de piedra. El todoterreno apenas entraba por el hueco.

—Tenías razón, Jaime. Recuerdo la última vez que estuvimos aquí. Al ver las excavadoras te dije que estaban haciendo un lago y tú respondiste que sí, que el lago de los cisnes. Te reíste a carcajadas y al entrar me enseñaste la maqueta de un horrible campo de golf. Al final lo han construido. Qué pena, Jaime, las ventanas continúan siendo de PVC. Es insólito.

Jaime le acarició el pelo.

—La vida entera lo es, Cora. Este sitio ha perdido su encanto por completo. Espera aquí.

Corina vio cómo Luisa y Pablo caminaban con los gemelos. Las habitaciones que iban a ocupar daban a un estanque interior. Más resguardadas de las miradas. Se estaban arriesgando mucho; Corina pensaba que demasiado. Sergio llegaría la tarde siguiente; a Corina comenzó a entrarle pánico. Jaime le hizo un gesto, salió del coche y subió las escaleras. Los azulejos, las malas imitaciones que alguien colocó años antes, ahí seguían. No se habían molestado en poner algo similar al original. Jaime hablaba con la recepcionista, una mujer de sonrisa difícil, incapaz ni de una mueca amable. Unos turistas, con los pies embutidos en sandalias de playa y bermudas paseaban por la entrada. Corina miró el reloj. Las seis de la tarde. El hotel y el mundo cambiaban. A peor.

—Lo sé, Cora, lo sé. Son los nuevos tiempos. Bermudas y chanclas en este palacio y a esta hora...

Y se rieron.

Caminaron por los pasillos y entraron en la habitación.

—¡Jaime, esta habitación no me gusta! Es demasiado grande.

—Querida princesa de los cerdos: es la del rey. Yo estaré cerca de ti, tras esa puerta, por si me necesitas. Si molesto, me voy con los gemelos. Así que mañana, si necesitas el cuarto, me iré con ellos.

—No creo que lo necesite, Jaime...

Al día siguiente pasearon por Coimbra. Bajaron y subieron las callejas en taxis destartalados; los conductores vociferaban y al bajar por las calles empedradas parecían despeñarse. Corina se aferraba a Jaime y miraba el coche que los seguía, en el que viajaban Luisa, Leonardo y los gemelos. Pablo se agarraba al salpicadero con pánico e increpaba al conductor. Pasearon hasta el jardín botánico. Bajando una calle empedrada, Corina señaló hacia unas casas. En cada una de ellas ondeaba una bandera con su correspondiente divisa. En cada casa, un cartel con la misma inscripción: REPÚBLICA INDEPENDIENTE DE... Cada una de ellas era una república, de alguien. Una de las pancartas rezaba: ESTUDIAMOS PARA VIVIR, VIVIMOS PARA LLORAR.

—Mañana jugarán al golf, Corina. No lo dudes.

—Seguro que sí, Jaime. Cambiarán de bandera, como casi todo el mundo. Pero esa frase me gusta. Algunos de ellos no abandonarán nunca la revolución, al menos eso espero.

Corina abandonó al grupo a las puertas del jardín botánico y volvió al hotel. Necesitaba dormir. La estufa, el acueducto, la belleza del jardín, ya la volvería a ver en otra ocasión, cuando su ánimo estuviese más sereno. Caminó en busca de un taxi mirando a Leonardo y a Pablo. Era una escena simpática: llevaban a los niños sujetos con unos correajes, como los canguros; discutían si uno le daba el biberón con agua a Jimena. Discutían por el gorro de Ismael. Eran unos padres primerizos con todas sus consecuencias. Unos buenos padres. Luisa no se alteraba.

Al anochecer amamantó a sus hijos y regresó a su cuarto. Al cabo de una hora recibió la llamada de Sergio Eitula. Se había hospedado en otro hotel. Su voz sonaba dura. Llegaría en diez minutos. Corina le respondió que lo esperaría en la fuente. Él ya sabía en cuál: ella la había descrito en el guión, en Sintra. Había pasado mucho tiempo. Pero él lo recordaba.

Caminó por el jardín sin detenerse a mirar los cedros, las secuoyas o las palmeras de China. Al pasar ante los arcos de la Fonte dos Amores, se detuvo. Contaban que, por aquellos canales, Pedro e Inés se enviaban notas; sobre pequeños trozos de madera navegaba la pasión.

Llegó a la Fonte das Lágrimas. Entre azul y medianoche. Esa frase era la justa para definir el color del cielo. De un paso atravesó el pequeño canal que llevaba el agua de la fuente al estanque. No se escuchaba el tráfico de Coimbra. Los monasterios de Santa Clara, los dos, se alzaban frente a ella. El Mondego era una frontera. Sergio se hospedaba en un hotel del centro. El río los separaba. Sonrió pensando en el fado: destino. Volvió a sonreír. Los sapos y las ranas del estanque. A sus pies, en el estanque, las ranas croaban sin cesar. Flotaban plantas y el agua perdía la tranquilidad por los saltos de las ranas, alguna hoja caía desde las ramas. Se desprendía sin ruido, bailaba por el aire, planeaba y con suavidad se dejaba caer en el agua. Flotaba. Una hoja era como la vida de la gente, de alguna gente.

Sergio Eitula miraba a Corina desde hacía un rato. La odiaba. Escondido entre la umbría la observaba: había adelgazado, las facciones de su cara estaban afiladas. Su vestido parecía una clámide, el color lavanda la favorecía. El escote en pico dejaba ver un trozo de la ropa interior: encaje del mismo tono del vestido. Era curioso, tenía más pecho. Un brazalete subía por su brazo desde el codo. Una serpiente enroscada. Sergio sintió frío y caminó al encuentro de Corina.

—Hola, Sergio. ¿Cómo estás?

—Mal, Corina. Veo que ahora te pones escotes y vestidos largos. Al caminar se abre la túnica. Pareces una princesa. Pero no una princesa del país de los cielos siempre grises: una princesa de Babilonia.

—¿Eso es un halago o un insulto?

—Depende. Te hace deseable. A ti eso te molesta, según creo recordar.

—Sergio, noto un tono extraño en tu voz. No me molesta que

alguien me desee. Si sólo es como objeto de placer, no es molestia lo que me provoca, sino sonrisa.

—¡Oh! ¡La virgen ofendida! ¡La mujer sin mácula! Corina, tú eres peor que una puta. Ellas no fingen amor, son claras: cobran. Has conspirado a mis espaldas. Te jode verme feliz. Y lo de tu libro, eso ha sido una obra maestra de intriga.

—No sé de qué me hablas...

—¡Corina, soy yo! A mí no me engañas: te hablo del libro, de ese libro que al parecer arrasa en ventas. Una mariconada sobre plantas, según me cuentan. Pero esa mariconada cuenta esta historia de una forma diferente a como la he contado yo. Al parecer, tu forma de narrarla, tu forma de mentir, agrada más a los lectores. Y no conforme con eso, te dedicas a decir a mis espaldas que la mujer que me acompaña ahora es una advenediza. Al parecer me encuentras incapaz de atraer a alguien por méritos propios.

—Jamás he dicho eso. Es cierto que no me gusta esa mujer. Es normal que no me guste. Por muchos motivos. Está contigo, a tu lado: ése puede ser uno. En el resto, soy tremendamente objetiva: la llevas a hoteles de lujo, cenas, viajes. Es normal que, como amiga tuya, me parezca poco adecuado. Yo misma te lo he dicho, Sergio. No hay conspiración. Y ni siquiera sabía lo del libro, de las ventas. No me interesa...

—¡No te pedí tu opinión, ni en esto ni en nada! Desde que nos conocimos has intentado cambiarme, has querido que sea como tú quieres que sea. ¿Por qué debería cambiar? Es estúpido, totalmente estúpido. De las ventas de tu libro me he enterado esta tarde. Al parecer, la gente me identifica. Buena venganza la tuya. De haber sabido eso no habría venido.

—¿Te identifican? No seas absurdo, Sergio. Es un libro de plantas, de remedios caseros. De amor, algo se habla, pero poco. Y sí, se puede cambiar. Por amor. Se cambia por amor. No hay rencor en mis palabras, sino certeza. El amor no te obliga a cambiar, simplemente hace que te adaptes a otra persona.

—¿Te dije alguna vez que estaba enamorado de ti?

—No. No me lo dijiste nunca. Yo creo que tampoco te lo dije,

Sergio. *Amor mío* sí me lo llamaste, muchas veces. De tu mujer sí me dijiste que te habías enamorado; pensaba que era pasado.

—Piensas demasiado. No hables de mi mujer, es sagrada. Manchas su nombre. No estoy enamorado de ella, pero aun así la quiero. Tú no lo entenderías jamás. Maldigo y me arrepiento de todas las cosas que te conté, Corina. Tú sólo crees lo que te interesa. ¿Te molesta haber sido un trozo de carne entre mis manos? Eso fuiste y francamente no me importa; tuve remordimientos, pero ahora ya no me importa. Las cosas son las que son. Así que déjate de poner ejemplos, Corina. No me hace mella nada de lo que puedas decir.

—No te arrepientas de hablarme de nada. Ni de otras mujeres ni de nada; intentaba comparar y poner un ejemplo. Según parece, Esperanza y tú lo tenéis claro. Yo no. Yo jamás me habría entregado de la manera que lo hice a ti, solamente a ti, si no hubiera escuchado esas palabras y pensado que eran ciertas; no habría podido. No es ni mejor ni peor, es diferente y es lo que debes entender. Pasé meses, años, diciéndote que yo no era igual que el resto del mundo, que era distinta en todo. Y ese *todo* incluía esto, fui muy clara al respecto.

—Tú no eres distinta a nada. Te crees superior, das lecciones de moralidad y al final eres como todos...

—Ésa es tu opinión y yo la respeto. Pero no es cierta. Otros hombres lo entendieron, se retiraron a tiempo de no dañarme. Seguro que me deseaban tanto como tú, eso puedo asegurártelo, pero no dieron el paso, fueron buenos hombres y personas cabales y ahora son mis amigos. No te arrepientas de haberme contado nada, Sergio, no te arrepientas de eso. En todo caso, deberías arrepentirte de las palabras no pronunciadas, de lo que no has dicho para poner las cosas en su lugar y no hacer daño. Por amor se cambia, al menos se mutan las costumbres, se pliega uno contra la razón y se corre descalzo sobre cristales. Yo en lo esencial no cambié, tan sólo me abrí a ti como nunca antes a nadie. Te di una ternura que jamás dejo traslucir y, de la misma manera, te agredí como no lo hago con cualquiera. En ocasiones me has dicho que te presionaba, y es cierto. Te presioné porque no entendía nada de lo que sucedía en nuestras vidas. Yo te ponía al mismo nivel que a mi gente; tú a mí no, nunca. Yo era y soy un secreto en tu vida, un secreto inconfesable que te hacía soñar despierto y a veces te ayudaba a dormir, un placebo sustituto del Orfidal, un osito al que mecer alguna madrugada y alguna que otra noche. Ahora sé que eso no era amor; pensé que podía ser una forma de amor distinta, maneras de expresión que no se ajustan. Desde hoy sé que no, que nunca te enamoraste de mí. Tú dices que el término *amantes* está bien; yo te dije, te digo y me diré a mí misma: ¡No! Sergio tendría una amante; yo no fui tu amante. No utilizamos el término de la misma forma; sabes que, para mí, amante es el que ama. Así fue siempre y así será. Lo tuyo no sé qué es, no sé cómo se llama ni me interesa saberlo a estas alturas. Es otra cosa que me resulta ruin y desagradable, si las dos partes no están de acuerdo. Si lo están, nada que decir, pero no era mi caso y tú lo sabías.

Corina sintió que las fuerzas comenzaban a fallarle. Se sentó en el banco de piedra.

—¡Yo nunca te violé! No vengas ahora haciéndote la inocente, Corina. Tú diste lo que quisiste.

Corina pensaba en Inés de Castro. Sintiendo las puñaladas. Ella las sentía. Le estaba acuchillando el alma. Morir era mejor que todo aquello.

—No me violaste, es cierto. Suena a disparo, a daga entrando por la piel. No me violaste de una manera física, eso es totalmente cierto. Lo hiciste mentalmente. Violaste lo más preciado para alguien como yo: mi mente, mi alma. La violaste de una manera totalmente arrasadora, entraste a saco. Una menor puede consentir en una relación sexual, pero aun consintiendo, la ley y el sentido común dictan que quien lo hace debe ser castigado. En este tema yo era una menor de edad y tú lo sabías, yo te lo había dicho; era una persona totalmente desorientada, saliendo de un caos de vida. Y me encontré contigo; te conté todo, todo. Nunca había tenido tiempo de ocuparme de mí misma, la vida me lo había aplazado, te lo dije mil veces y mil veces te oí decir que nunca soltarías mi mano. Querías bañarme, quererme, acariciarme, besarme, despertar y dormirte a mi lado; eso escribías cada noche, Sergio, y a la mañana siguiente repetías lo mismo por teléfono. ¿Eso no es amor? Bien, yo pensé que sí lo era. Lo tuyo puede que tenga un nombre que no puedo ni quiero aplicar a lo mío, porque lo tuyo es otra cosa. Escrita está, reflejada la auténtica realidad, la que no quisiste ver ni aceptar nunca. No voy a recordarte lo que uno puede hacer por amor o por otra persona, para qué.

—Ahora toca hablar de mi supuesto hijo. ¡Un hijo que tú sabrás de quién era, mío no! Corina, tú no eres mujer de un solo hombre, eso lo tengo claro desde hace tiempo. Demasiada pasión... Demasiado tiempo lejos uno del otro, así que alguien debía sustituirme. De eso no albergo dudas. No me hagas chantaje con eso, ya no te sirve.

La daga volvió a traspasar el alma. Entraba. Salía. A cada palabra.

—Es cierto, todo fue una mentira: nunca aborté. Me lo inventé todo. Puede que esté loca. De todas formas, qué más da. Yo recuerdo dónde vivías tú cuando eras niño, recuerdo que sueñas con sapos y panaderías, yo sí recuerdo. No sólo por haberte amado, lo recuerdo porque te quiero. Tú recuerdas mis bragas, eso es cierto, las que te gustan. Ahora sé lo que fue esta historia para ti. No lo entiendo, no lo comprendo, pero asumo y reconozco la realidad, la tuya. No digo que me guste, mentiría. Lo único que te digo es que al menos sé algo que antes no había querido apreciar; no es que sea tonta, simplemente buena, tierna y confiada. Quiero ser como soy; poder confiar en la gente y no guardar más rencor que el necesario para poder sobrevivir. Es tan sencillo y tú no lo entiendes. Yo era tu amiga. Da igual que me tires balazos, que me des puñaladas, igual da lo que hagas o digas: la realidad pasada no hay quien la cambie; ahí está. Fueron distintos discursos y diferentes sentimientos. Yo dejé bien claro que lo mío era amor. Si alguien debe avergonzarse de algo no soy yo, eso lo tengo muy claro.

—Corina, no discursees. Vuelves a querer hacerme sentir culpable. Y has reconocido que nunca esperaste un hijo, ni abortaste. De todas formas, Cora, pasemos página. Estoy enfadado por lo del libro. Me enteré ayer. Si Esperanza lo lee, me reconocerá. Sabrá que el hombre del que hablas soy yo. No he venido a reñir contigo, Cora...

Corina Jacoby vio cómo el hombre se le acercaba. Se puso de

pie. No moriría. No allí. Ni lloraría. Suficiente sangre había llevado el canal; demasiada sangre de mujer atormentada.

—Podemos continuar viéndonos, cuando quieras. Jamás encontraré a otra mujer que me excite como tú, Cora; estás preciosa. Y aun sintiendo algo semejante al odio, quiero besarte. Necesito hacerlo. Eres como un veneno.

El hombre se acercaba. Corina Jacoby extendió el brazo con la serpiente de oro enroscada.

*—Noli me tangere...*

Sergio Eitula sintió un dolor en el abdomen y cayó a tierra, de rodillas. Vio cómo la serpiente bajaba por el brazo de Corina. No podía moverse. La serpiente avanzó hacia él y se detuvo; se alzó sobre sí misma y regresó al brazo de la mujer. Unos sapos lo rodeaban, sapos que salían del estanque. Eitula deseó correr, quería levantarse, pero no lograba despegar las rodillas de la tierra. Los sapos danzaban a su alrededor. Cada vez eran más. Corina, de pie ante él, lo miraba.

—Estás rodeado de lo que eres, Eitula. De lo viejo, de lo duro, de lo rígido. Del miedo. Vives en un pozo del que no deseas salir por miedo. Vives en el miedo y en el pasado. Sólo ahí, en tu pozo, te sientes seguro. Ante ti tienes la vida. El nacimiento constante, el cambio. La renovación. Ante ti tienes el símbolo que se desprende de la muerte en cada cambio de piel, en cada ciclo. Ante ti tienes a la Madre Tierra. Estás postrado ante la madre del que habla a Dios; ante la madre de la que escucha. Quédate en tu pozo, Eitula. Aun amándote como lo hago, moriría antes que entregarte nada de eso. Aun odiándome quieres mi cuerpo, dices. Aun amándote como lo hago, sería capaz de dártelo. No de la misma manera. Nadie te quiso como yo. Nunca. Ni te querrán así jamás. Yo no te quise a mi manera: te quise. Te quiero. Pero olvidaste algo: existen especies extrañas en la tierra, en los mares. Soy un hipocampo. O puede que tú lo seas. Da igual. Puede que seas un monstruo. Pero yo te amo. Y ese amor, tú, lo añorarás cada día, cada noche, cada amanecer. Nadie, nunca satisfará tus deseos ni calmará tu pena. Nunca. Ésa es tu maldición. La que has querido, la que has buscado. Te amo y por ello te maldigo, Eitula.

De un paso, atravesó el pequeño canal que nacía en la fuente. Se alejó de la sangre, del dolor, del miedo. Miedo agarrado a las piedras, al agua, durante siglos. Una vez más el miedo. Esta vez ella era más poderosa que el temor.

Entre la umbría, Jaime Arias había contemplado todo. Si el hombre estaba muerto, no importaba. Aceleró el paso. Debía llegar a la habitación antes que Cora.

Esperanza preparaba la cena; Sergio estaba fuera. Cenaría con su suegra, la amistad de la vieja era conveniente. Desde la cocina vio cómo salían llamas de la cueva en donde cobijaba los restos de sus antepasados. Corrió por la hierba y cayó sobre ella. Gritaba, hablaba en una lengua extraña; su suegra intentaba levantarla de la tierra y ella se resistía. En las llamas se consumía su poder.

A la mañana siguiente, los jardineros de la Quinta encontraron a un hombre desmayado junto a la Fonte das Lágrimas. En el mismo instante Corina Jacoby abandonaba Coimbra camino del jardín de Melania Jacoby.

Pasaron los meses y la casa de Corina se llenó de amigos. Amaguestu. Las manzanas pasaban de los molinos al lagar, los duernos y los mazos servían de adornos. Los tambores de castañas colgaban de los espantadiablos de la chimenea. Las boroñas preñadas humeaban.

Sentados a la mesa, todos charlaban. Los gemelos estaban sentados en sus tronas, Magdalena les daba trozos de manzana y Pablo la reñía. Corina no estaba. Alguien la llamó y otra voz respondió que estaba en el cenador. Jaime salió del lagar y fue en su busca.

Tapada hasta las cejas, cubierta por una manta de piel de lobo, Corina parecía dormir.

—No duermo, Jaime, ven. Creo que se me ha roto algún hueso. Al menos se me ha retorcido. ¿Cuánto tiempo hace que vine aquí?

—Una hora más o menos, Cora.

—Pensaba.

—Siempre lo haces, no es novedad.

—Ya. Pensaba en todo lo que nos ha sucedido. Soy la dueña del poder que otorgan las cumarinas; la reina del mucílago, las saponinas y los taninos. Las esencias volátiles bailan a mi paso. Y aún deseo no morir de amor, Jaime. La bruja curamales espera que el sapo logre salir del pozo.

—«Eres el silencio de una alcoba donde hace años yo intento entrar inútilmente. Soy todos los días que paso esperándote, lejos de ese mar que ahora ruge. Eres la rosa mojada por la lluvia, secreta, distante, Cora...» Si Xuan Bello viese cómo he destrozado su verso me mataría. Vamos. Deja a los sapos en donde deben estar.

—En una hora mi vida ha pasado ante mí, Jaime. Entera. «Porque tal vez la vida / sólo nos quiere dar / aquello que después sabe quitarnos...»

—«La vida tiene pétalos / y un rosal donde tiemblan las historias, Cora.» Veo que te ha gustado el libro.

—García Montero siempre, Jaime.

—Vamos, espera la borona. Me pondré enfermo esta noche, tendrás que cuidarme. Por cierto: te he traído una semilla.

Corina Jacoby, envuelta en la manta de piel de lobo, caminó hacia el lagar. Al terminar de hablar, Jaime Arias había besado sus labios. Sabían a sal. Sabían a sidra dulce, a manzana. Sabían a vida.

En el cenador, una mujer de pelo rojo sostenía en el regazo a un niño de cabello rubio. Sonrió la mujer, habló al niño y con él en los brazos se encaminó al aloe de Socotora.

La tierra pareció tragarlos.

Bajo una lápida de piedra. Bajo un manto de narcisos, alguien cantaba una nana.